广视角·全方位·多品种

权威·前沿·原创

皮书系列为
"十二五"国家重点图书出版规划项目

企业公民蓝皮书
BLUE BOOK OF
CORPORATE CITIZENSHIP

中国企业公民报告
No.3

ANNUAL REPORT ON CORPORATE CITIZENSHIP IN CHINA
No.3

主　　编／邹东涛

执行主编／王再文　张　晓

社会科学文献出版社
SOCIAL SCIENCES ACADEMIC PRESS (CHINA)

图书在版编目（CIP）数据

中国企业公民报告. 3/邹东涛主编. —北京：社会科学文献
出版社，2014.1
（企业公民蓝皮书）
ISBN 978 - 7 - 5097 - 5438 - 2

Ⅰ.①中…　Ⅱ.①邹…　Ⅲ.①企业 - 社会功能 - 研究报告 -
中国　Ⅳ.①F279.2

中国版本图书馆 CIP 数据核字（2013）第 303382 号

企业公民蓝皮书

中国企业公民报告 No. 3

主　　编／邹东涛
执行主编／王再文　张　晓

出 版 人／谢寿光
出 版 者／社会科学文献出版社
地　　址／北京市西城区北三环中路甲 29 号院 3 号楼华龙大厦
邮政编码／100029

责任部门／经济与管理出版中心（010）59367226　　责任编辑／高　雁 等
电子信箱／caijingbu@ ssap. cn　　　　　　　　　责任校对／师军革
项目统筹／恽　薇　高　雁　　　　　　　　　　责任印制／岳　阳
经　　销／社会科学文献出版社市场营销中心（010）59367081　59367089
读者服务／读者服务中心（010）59367028

印　　装／北京季蜂印刷有限公司
开　　本／787mm×1092mm　1/16　　　　　　印　　张／21.25
版　　次／2014 年 1 月第 1 版　　　　　　　字　　数／343 千字
印　　次／2014 年 1 月第 1 次印刷
书　　号／ISBN 978 - 7 - 5097 - 5438 - 2
定　　价／79.00 元

组编单位简介

中央财经大学中国发展和改革研究院

中央财经大学中国发展和改革研究院（China Institute for Development and Reform，CUFE）成立于 2006 年 7 月 6 日，是集科研、教学、咨询、培训于一体的学术机构，直属中央财经大学。

中国发展和改革研究院以中央财经大学为依托，秉承中央财经大学科学严谨的学风和求真务实的精神，采用小实体、大网络结构模式，整合社会资源，聚集一批杰出中青年经济学者、企业家和官员，致力于科研创新、教学革新、人才培养、咨询与培训、国际国内学术交流与合作，建设一个学科有特色、人才结构合理、研究和教学并重的有特色的研究院。

中国发展和改革研究院将本着与时俱进、开拓创新的精神，践行"顶天立地，经世致用"的院训，力争形成以"中国经济体制改革和经济发展"为核心的理论创新平台，为中国经济发展和改革作出积极贡献。

中国发展和改革研究院是目前国内高校中致力于"企业公民"理论研究和"企业社会责任"理念普及、推动企业实施企业公民管理模式的科研组织。积极倡导现代企业公民理念，培养中国企业的社会责任感，促使中国当代企业和谐发展并树立良好形象。

北京东方君和管理顾问有限责任公司

北京东方君和管理顾问有限责任公司成立于 2001 年，十年来，东方君和秉承"价值提升者"的服务宗旨，坚持"对话思想、解读政策、构建模式、推进实务"的工作方针，从客户价值出发，为企业的持续发展提供决策咨询和可行性解决方案。2012 年，东方君和获得 ISO9001 质量管理体系认证，为实现卓越服务、提升客户价值奠定了坚实的基础。

十年来，东方君和主要为大中型国有企业提供专项课题研究、咨询和定制化培训三大类服务，涵盖了战略管理、内部控制与全面风险、企业文化、营销策划、品牌管理、企业社会责任、公共关系等诸多领域。十年来，东方君和承担了有关部级或行业重大课题研究，包括：文化部"中国休闲文化及休闲产业发展研究课题"（2000年），联合国"中国与跨国公司课题"（2001~2003年），司法部"传媒与司法课题"（2003~2006年），中国卷烟销售公司"工商协同营销研究课题和中国卷烟现代营销体系建设课题"（2008~2010年）、"我国烟草商业流通体制改革及现代卷烟流通发展研究课题"（2007~2012年）；与中国政法大学民商法学院合作"中西方烟草控制比较研究"（2010年至今），与天津师范大学管理学院合作"服务营销理论与实证研究课题"（2009年至今）。

东方君和拥有较深厚的学术资源和较强的自主研发能力。

2010年，东方君和聘请芬兰汉肯经济学院教授、全球"服务营销之父"克里斯廷·格鲁罗斯教授作为首席学术指导，致力于开展服务营销的研究、咨询和培训。

2012年初，东方君和与中央财经大学中国改革和发展研究院合作共建"中国企业公民研究中心"，围绕企业公民理论研究与实务建立产学研一体化平台，共同编制《中央企业履行社会责任报告》（中国经济出版社）和《中国企业公民报告》（社会科学文献出版社），通过对社会责任的研究、培训和咨询，积极倡导社会责任价值观，推动中国企业界的社会责任实践，促进社会进步。

摘　要

《中国企业公民报告 No.3》是"企业公民蓝皮书"系列的第三册，在继承前两本蓝皮书的研究方法和技术路线的基础上，突出事实梳理和数据挖掘，对 2012 年中国企业公民实践所发生的种种现象进行了深入分析。本书主要包括总报告、分报告、专题报告和附录。

总报告是对全书所涉及内容的总揽性概括，并对 2012 年中国企业公民实践的总体情况进行了宏观总结和分析；分报告从中国企业保护投资者、保护劳工权益、保护消费者权益、慈善行为、反腐败反商业贿赂、社区服务行为、保障产品质量安全等方面对中国企业公民实践进行分析和研究；专题报告主要探究商业银行企业社会责任的履行状况、中国家族企业在企业公民实践中的发展状况、社会组织在企业公民建设中的作用以及我国海外企业公民实践状况；最后的附录部分详细梳理了 2012 年 1 月 1 日至 2012 年 12 月 31 日企业公民实践的发展历程。

构建社会主义和谐社会，就要在增进"企业公民意识"的讨论和争做"企业公民"的活动中正确认识和处理好企业公民权利和社会责任的关系。只有坚持企业公民建设，才能更好地提升企业竞争力，从而实现企业社会价值和经济价值的统一，也才能全面贯彻落实科学发展观，推动和谐社会的建设。希望《中国企业公民报告 No.3》的推出，能够为我国企业公民实践提供理论依据，有助于深化我国企业公民的建设。

Abstract

The book "Annual Report on Corporate Citizenship in China No. 3" is the third of "Blue Book of Corporate Citizenship". On the basis of the research methods and writing technique of "Chinese Corporate Citizenship 2009" and "Annual Report on Corporate Citizenship in China No. 2", this book emphasizes the re-organizing of facts and data analysis, analyzes the practice of Chinese Corporate citizenship during 2012. This book consists of General Report, Topical Reports, Special Reports, and Appendix.

The General Report is a summary of the book, and offers a general analysis of Chinese corporate citizenship. The topical reports analyze Chinese corporate citizenship from the perspectives of investor protection, labor protection, consumer rights protection, charity, corruption eradication, community service and quality guarantee. Special reports discuss corporate social responsibility of China's commercial banks, corporate social responsibility of domestic family-owned businesses, social organization in corporate citizenship development, the practices overseas corporate citizenship. The appendix includes a chronicle of major events in corporate social responsibility from January 1 2012 to December 31 2012.

The construction of a harmonious society requires that enterprises understand and carry out their citizenship and social duties. Only through citizenship construction can an enterprise achieve sustainable growth. Hopefully the publication of this book can provide theoretical ground for corporate citizenship construction.

目 录

B I 总报告

B II 分报告

B III 专题报告

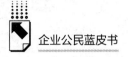

B Ⅳ 附录

皮书数据库阅读 **使用指南**

CONTENTS

B I   General Report

B II   Topical Reports

B III   Special Reports

BⅣ   Appendix

总　报　告

General Report

$\mathbb{B}.1$
中国企业公民实践报告

中国企业公民报告课题组 *

摘　要：

近年来，党中央国务院提出了企业要依照"资源节约型、环境友好型"原则发展，把履行社会责任、进行企业公民实践提高到与企业经营发展同等的重要地位。综合来说，2012年我国企业公民实践有着较为明显的成果，实践的方式和内容与企业发展的关系也越来越紧密。但同样需指出的是，企业公民实践中依然存在着诸如以承担社会责任为幌子宣传企业；选择性披露企业信息；企业公民实践方式有限等问题。本报告从企业公民实践发展的监管体制、社会化监督管理等环境因素出发、针对企业公民实践中各个相关者领域的问题与本质原因做了深入分析，结合投资者报告、劳动关系维护、消费者权益保护、公益慈善及环境保护等问题展开讨论，并

---

* 中央财经大学中国发展和改革研究院的"中国企业公民课题组"成立于2008年，并于2009年7月出版了中国第一本企业公民蓝皮书——《中国企业公民报告》。2013年课题组推出的《中国企业公民报告No.3》主要编写成员包括邹东涛、王再文、张晓、孙凤仪、张爱卿、刘方、靳乾等。

给出了相应的政策建议。

摘　要：

企业公民实践　企业社会责任　政策建议

一　中国企业公民实践的发展现状

（一）企业公民意识和责任感不断加强与深化

"十二五"时期的中国经济，在经过了转型准备期后，随着新一届中央领导出台的新政呈现了新的发展态势。法国路透社 2013 年初分析，2013 年对中国经济来说是非常重要的一年，随着新的高层政策导向逐渐明朗，经济政策将逐渐开放，这些可以从 2012 年至 2013 年上半年的政策趋势看出，如表 1 列示。

表 1　新政策信号汇总

领　域	政策趋势
金融行业	允许民营企业进入银行
城市建设	允许民营企业参与城市建设
农民土地所有权	房地产发展正常化后,地方政府能更多依靠税收而不是卖地来维持政绩,会给地方带来持续的发展动力
城镇化	大量人口从农村转移到城市,保证了房地产行业的稳定发展
服务行业	服务业得到重视将有利于解决社会就业问题

国务院确立的中国经济发展与改革的重大决议起草方案，明确了多个重大经济发展改革关键词，我国将从经济结构调整等七个方面进行重大改革（见表 2）。在全面发展经济的同时，企业作为经济的"单元体"，要紧扣经济发展主题，向可持续性的企业公民角色转变，为整个经济发展提供保障。

表2　经济发展方向性关键点

政策方面	举措	政策方面	举措
结构调整	提高经济增长质量	城镇化发展	新老城区 + 新社区 + 新型城市群
宏观调控	不能替代改革	国资改革	提高资源配置效率
土地确权	学习林权改革	民企转型	产权意识及均等资源配置
收入分配	更加注重初次分配		

我国经济经历了 30 多年的改革开放，取得的成绩总体是好的，而到了 2013 年这个分水岭，国民经济在调动民间资本及激发企业活力方面取得重大突破，将为确立我国经济新的增长点提供基础和动力。

站在中国新的经济发展节点上，我国企业也进行好角色转换，要从新的政策雏形中努力确立自身的发展方向。就这一点来说，国有企业发挥着承上启下的关键作用——既要做好行业"领头羊"，又要担当起经济体制改革中企业公民的责任。企业公民的角色扮演好了，企业发展与社会的步调就趋于一致了，社会和企业发展也就更加深化和稳固了，从而会大大降低经济转型与企业实际发展的摩擦成本。

总体来讲，我国企业基本实现了角色转换，尤其是在 2012 年企业公民的意识和责任感不断增强。这也表明企业发展转型的意愿是强烈的。

随着我国经济结构转型的不断深化，企业的角色也发生了变化。民营企业的发展空间变得更加开阔，出现了一大批优秀企业，在各自行业中起到了"领头羊"的作用，该类民营企业在扮演企业公民角色的实践中发挥了举足轻重的作用。表3列举了民营企业社会责任排名情况。

表3　中国（内地）民营企业经济责任榜

排名	企业名称	主榜排名	主营业务	地区
1	华为投资控股有限公司	1	交换、传输、无线和数据通信类电信产品	广东省
2	江苏沙钢集团有限公司	3	钢铁、铜加工、其他	江苏省
3	恒大地产集团有限公司	7	地产	广东省
4	大连万达集团股份有限公司	6	地产	辽宁省
5	苏宁电器集团	4	家用电器连锁销售	江苏省

续表

排名	企业名称	主榜排名	主营业务	地　区
6	三一集团有限公司	2	工程机械制造	湖南省
7	浙江吉利控股集团有限公司	10	汽车整车及零部件生产和销售	浙江省
8	内蒙古伊泰集团有限公司	20	煤炭、铁路运输	内蒙古
9	腾讯控股有限公司	43	互联网	广东省
10	上海复星高科技(集团)有限公司	5	钢铁产业、餐饮、百货、生物医药	上海市
11	杭州娃哈哈集团有限公司	17	饮料、食品、租赁、材料调拨	浙江省
12	碧桂园控股有限公司	13	地产	广东省
13	联想控股有限公司	15	PC机、笔记本电脑、地产、物业	北　京
14	雨润控股集团有限公司	11	肉制品、食品加工销售、百货连锁地产	江苏省
15	美的电器	9	家电	广东省
16	中兴通讯股份有限公司	8	通信	广东省
17	新疆广汇实业投资(集团)有限责任公司	32	汽车销售及服务、地产、清洁能源	新　疆
18	雅居乐地产控股有限公司	14	地产	广东省
19	重庆龙湖企业拓展有限公司	26	地产	重庆市
20	恒力集团有限公司	71	涤纶丝织造	江苏省

　　根据国资委2012年至2013年上半年的总体经济规划部署，我国国有企业要加快股份制改革的步伐，让国有经济体更加灵活、透明。该规划对我国国有经济履行社会责任提出了更高的要求和标准，表4为我国国有上市企业的经济责任榜（前20名），从一定程度上反映了我国国有企业经济责任的履行情况。

表4　中国国有上市企业经济责任榜

排名	企业(证券简称)	证券代码	主榜排名	证监会行业
1	中国石油	601857	3	采掘业
2	中国石化	600028	1	采掘业
3	中国工商银行	601398	2	金融、保险业
4	中国建设银行	601939	4	金融、保险业
5	中国银行	601988	5	金融、保险业
6	中国农业银行	601288	7	金融、保险业
7	中国移动	00941	6	电信业
8	中海油	00883	16	采掘业

续表

排名	企业（证券简称）	证券代码	主榜排名	证监会行业
9	中国神华	601088	9	采掘业
10	交通银行	601328	11	金融、保险业
11	上海汽车	600104	14	制造业
12	中国电信	00728	8	电信业
13	中国人寿	601628	17	金融、保险业
14	中国建筑	601668	57	建筑业
15	招商银行	600036	13	金融、保险业
16	中信银行	601998	73	金融、保险业
17	中国中铁	601390	37	建筑业
18	浦发银行	600000	65	金融、保险业
19	中国铁建	601186	54	建筑业
20	中国联通	600050	18	信息技术业

与民营企业和国有企业相比，外资企业在华履行社会责任的意识和参与度较以往有了提高，表5显示，在外企在华经济责任排行榜中，前10名以跨国企业集团为主，并且有7家企业分布在汽车行业。

表5 世界500强企业在华经济责任榜

排名	企业名称	总部所在地	主榜排名	主营业务
1	大众汽车	德国	1	汽车
2	汇丰控股	英国	27	银行
3	中国三星	韩国	2	电子、电气设备
4	丰田汽车	日本	7	汽车
5	日产汽车	日本	13	汽车
6	现代汽车	韩国	53	汽车
7	宝马	德国	10	汽车
8	通用汽车	美国	4	汽车
9	本田汽车	日本	21	汽车
10	诺基亚	芬兰	40	网络通信设备
11	戴姆勒	美国	41	汽车
12	福特汽车	美国	30	汽车
13	乐金	韩国	38	多元化
14	宝洁	美国	25	家居个人用品

续表

排名	企业名称	总部所在地	主榜排名	主营业务
15	日立	日本	32	电子、电气设备
16	西门子	德国	19	电子、电气设备
17	巴斯夫	德国	9	化学
18	百时美施贵宝	美国	82	制药
19	渣打	英国	85	银行
20	卡特彼勒	美国	51	工农业设备

通过分析我国企业社会责任报告发布的数量可知，2008 年以来，我国企业社会责任报告公布数量持续增长，2012 年我国企业发布企业公民责任报告的数量高达 974 份，同比增长 18.5%。发布报告企业所属行业也呈现广泛化、深入化的趋势（见图 1）。企业通过发布企业公民（社会责任）报告，将企业公民实践活动公开化、透明化，扩大了社会影响，增强了企业与社会公众的互动。

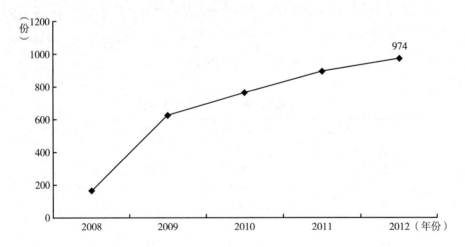

图 1　2008～2012 年企业社会责任报告发布数量

表 6　2010～2012 年发布企业公民（社会责任）报告企业所属行业一览

单位：份

报告发布企业所属行业	2010 年	2011 年	2012 年
农、林、牧、渔业	4	20	20
采掘业	37	45	46
制造业	401	414	419

续表

报告发布企业所属行业	2010 年	2011 年	2012 年
电力、煤气及水的生产和供应业	47	58	61
建筑业	15	28	29
交通运输、仓储业	47	58	58
信息技术业	35	41	43
批发和零售贸易	25	36	39
金融保险业	80	87	87
房地产业	43	36	40
社会服务业	12	15	18
传播与文化产业	5	14	17
综合业	14	47	51

资料来源：课题组根据相关资料整理。

从企业社会责任报告发布的质量来看，参与企业公民实践的企业，参与度越来越高，其所涉及的实践方式也日趋丰富和富有时代特征，这些特点从相关企业发布的社会责任报告便可见一斑。综合来讲，中国企业对外发布的社会责任报告呈现出以下特点：首先，以综合性的企业社会责任报告或可持续发展报告为主流，关注的议题有所扩展，不再单纯地讨论环境、雇员关系和慈善捐赠等，而是顺应国际化潮流，越来越多地关注国际标准和准则、经济、供应链、气候变化以及利益相关者识别等议题；其次，报告的可信度有了提升，大部分报告在表述企业参与实践时多采用客观、审慎的态度，并引用来自政府、员工、产业链供销商、媒体及行业组织等利益相关者的评价或建议，同时依据国务院国资委《关于中央企业履行社会责任的指导意见》《中国企业社会责任报告编写指南》等①多种标准进行编制，使报告标准化；再次，价值创造日益成为社会责任报告的关注点，经济价值、社会价值、环境价值三者缺一不可，大部分报告都直接或间接地披露了这三方面的价值增值情况；最后，报告质量的提升促使读者群不断扩大，报告结构更加完整、规范，表达方式更加人性化，注重引入利益相关方评价或第三方审验以提高报告可信度，吸引了公众的关注度。

———————————

① 到目前为止，国内不同组织发布的有关报告编写标准或指导性意见有 10 个。

（二）大部制改革优化企业公民实践监管体制

随着我国市场经济改革的不断深入，国际化竞争日趋激烈，我国企业面临的问题也更加繁多。如何为企业排忧解难，为其履行社会责任创造良好的社会环境是摆在我国政府面前一道必须解决的难题。这就要求政府加强对企业履行社会责任的舆论宣传，倡导并举办企业公民实践活动，提高企业经营者履行社会责任的意识和认识，激励企业经营者积极承担社会责任。政府还应给企业提供好的外部发展环境，进一步规范行业竞争秩序，提高企业经营者履行社会责任的能力。同时，还应发挥好道德舆论的约束作用，使企业经营者在良好的道德舆论氛围中较好地履行社会责任。此外，政府应做好本职工作，不断培训公务员，为企业经营者树立积极回馈社会的榜样，使企业经营者自觉地履行社会责任。非政府组织在正确引导和规范企业进行企业公民实践中的作用不可小视，应充分发挥其指导性作用。

2013年3月10日，我国公布了国务院对下属各部委机构改革和职能转变的方案，启动新一轮大部制改革，国务院机构将减少到25个。大部制改革的核心是通过精简机构来优化政府的组织结构，促进政府职能转变，转变传统的行政管理方式，实现管理与服务机制的创新，逐步建成更具有现代化特征的公共行政体制，从而更好地行使公共职能权力，提高公共服务效力，满足广大公众的需求。前所未有的大部制改革对自身结构的再造和工作机制的创新提出了更高的要求。大部制带动了编制改革以及事业单位改革，最终将提高政府效能和减轻财政支出压力，将促使政府管理与服务变得更加合理、有效。

本次大部制改革将转变职能和理顺职责关系作为核心，更加突出职能转变，从而强调在更大范围、更深层次上以更大力度加快政府职能转变，从而向市场和社会释放减少干预的宏观信号，同时严格事后监管，改善和加强宏观管理。大部制改革核心的原则、重点和方向是：

第一，充分发挥中央和地方两个政府角色的积极性。投资审批、生产经营活动审批事项权力下放，逐步向小政府加大社会的治理模式转化，更好地发挥社会力量在管理社会事务中的作用，为地方政府更好地履行职能提供财力保障。

第二，优化职能配置。进一步理顺部门职责关系，实现资源共享，最大限度地整合分散在国务院不同部门相同或相似的职责。

第三，充分发挥市场在资源配置中的基础性作用。最大限度地减少投资项目、生产经营活动审批事项，减少资质资格许可，减少行政事业性收费。

第四，改善和加强宏观管理，加强社会管理能力建设，创新社会管理方式。

大部制改革提升了社会管理机制的能动效率，表明国务院对社会管理提出了更高的要求和其更大的决心，而且通过进一步优化社会管理，政府对企业公民实践监管体制的范围也有了进一步的了解并使其完善。

（三）新网络媒体时代企业公民实践监管环境进一步透明化

2013 年党的十八大报告重点提出"在改善民生和创新社会管理中加强社会建设"，基于社会管理的框架体系明确了新媒体在其中扮演的角色和承担的功能，对社会管理方式的创新和社会管理意识的进一步优化做了深层次的指导和指引。当代社会已经进入新网络媒体时代，社会各个角色的互动参与度急速加强并形成了社交行为的一种惯性工具。企业公民实践一方面在回馈社会的同时，通过新网络媒体工具将模范代表性和社会责任的倡导性发挥出来，将快速带动其他企业对公民角色的认知，同时也引进了网络媒体加强了企业自身社会行为的监督和管理。

对于企业而言，新闻媒体就是聚集出资人、客户、员工、供应商、环境、社区、社会、政府、同行等利益相关者声音的集合器，一个微弱的声音，经过传媒放大，常常会对企业的声誉产生非常大的冲击。由信息技术助力的传媒已经引领企业进入透明化时代，客观、公正的报道是推动企业公民实践的重要动力和压力。围观改变中国，围观温暖中国。然而，从另一方面考虑，我国新网络媒体的环境需要进一步规范化、法制化。网络作为虚拟社交工具，是一把双刃剑，规范交流环境将是企业公民实践的监督机制发挥作用的关键性因素之一。

此外，过去三年新闻媒体促进企业公民实践的一个重要渠道，就是通过与学术机构合作，研究和普及企业公民理论，促进企业公民理论与实践相结合，使企业公民实践获得智力支持。例如，由商务部《WTO 经济导刊》杂志社主办的"企业社会责任中国网"，不仅密切关注企业公民实践状况，收入相关法律条文、行业规定、会议记录、社会责任报告以及各种实践成果，还与各大高校以及非营利性研究机构合作，推进企业公民理论研究，规范企业公民（社会责任）报告的编制，开展有关企业公民理念的培训，目前，该网站已成为密切联系企业公民理论与实践推广者的门户网站。

（四）成熟行业组织引导企业公民实践开拓创新

各社会组织对企业公民理论及实践的理解不同，因此参与程度也不尽相同。目前，以履行社会责任的倡导者和促进者姿态出现，并积极参与到企业公民实践活动中来的社会组织主要有：中国红十字基金会、中华慈善总会、中国生产力学会、中国企业联合会、中国社会科学院社会责任研究中心、中国社会工作协会企业公民委员会、南方周末报社、中国企业社会责任联盟、商务部 WTO 经济导刊杂志社、中国企业家杂志社、中国企业改革与发展研究会、21 世纪商业评论杂志社、中国新闻社、光明日报社、中国贸易报社等（见表7）。

表7　社会组织参与企业公民实践活动一览

组织名称	活动时间	活动内容
北京东方君和管理顾问有限责任公司	2012 年 3 月	东方君和与中央财经大学中国改革和发展研究院合作共建"中国企业公民研究中心"，围绕企业公民理论研究与实务建立产学研一体化平台，共同编制《中央企业履行社会责任报告》(中国经济出版社)和《中国企业公民报告》(社会科学文献出版社)，通过社会责任的研究、培训和咨询，积极倡导社会责任价值观，推动中国企业界的社会责任实践
	2010 年 7 月 9 日	由《中国新闻周刊》、中国红十字基金会、中欧国际工商学院联合主办，上海金桥(集团)有限公司协办的第三届中欧社会论坛"企业社会责任主题(金桥)论坛"在上海浦东新区中欧国际工商学院开幕
	2010 年 11 月 3 日	由《中国新闻周刊》和中国红十字基金会联合主办的第六届"中国·企业社会责任国际论坛"在北京香格里拉酒店正式启动，启动论坛以"从增长到发展:方式转变与企业责任"为主题

续表

组织名称	活动时间	活动内容
中华慈善总会	2011 年 3 月 9 日	由中华慈善总会和人民政协报社共同举办的"第三届企业社会责任高层论坛"在北京人民政协报社举行
	2013 年 9 月 27 日	由中华慈善总会新闻界志愿者慈善促进工作委员会(以下简称新闻慈善促进会)与人民网共同主办的"中华慈善新闻网"正式上线
中国社会科学院企业责任研究中心	2010 年 4 月	先后与三家社会责任先进企业建立"中国社会责任研究基地",发挥了较好的典型示范作用
	2010 年 9 月	主持的中国社会科学院研究生院 MBA"企业社会责任"必修课正式启动,这是中国第一个将"企业社会责任"列入必修课程的 MBA 项目
南方周末报社	2011 年 12 月 29 日	《企业社会责任创新特刊》顺利发布,标志着企业经营者企业公民建设意识逐渐加强,同时对企业社会责任的履行状况进行了详细的分析
	2013 年 1 月 8 日	发布《2012 年中国企业社会责任评选报告》
WTO 经济导刊杂志社	2010 年 1 月 14 日	由企业公民委员会与中国可持续发展工商理事会(CBCSD)、商务部 WTO 经济导刊杂志社、日本经济团体联合会海外事业活动关联协议会(CBCC)联合举办的"第二届中日企业社会责任论坛"在北京举行
	2011 年 12 月 4 日	"企业公民委员会第三次会员大会暨第七届年会"在北京召开
	2010 年 1 月 29 日	《WTO 经济导刊》企业社会责任中心与中国药文化研究会合作,在北京举办了"医药百强企业社会责任报告培训"
	2010 年 12 月 1 日	《WTO 经济导刊》联合中德贸易可持续发展与企业行为规范项目和中国可持续发展工商理事会,在上海浦东海神诺富特大酒店举办"责任沟通创造价值——第三届企业社会责任报告国际研讨会"
	2011 年 12 月 2 日	由《WTO 经济导刊》、中国可持续发展工商理事会共同举办的"责任沟通创造价值——第四届企业社会责任报告国际研讨会"在北京召开
中国企业改革与发展研究会	2010 年 1 月 23～24 日	由中国企业改革与发展研究会企业社会责任分会主办的第五届中国企业社会责任高峰论坛在北京举行,此次论坛的主题是"责任与增长"
20 世纪商业评论与 20 世纪经济报道	2010 年 12 月 3 日	由《21 世纪商业评论》《21 世纪经济报道》联合主办,21 世纪企业公民研究中心承办的"2010 年中国企业公民论坛暨第七届中国最佳企业公民颁奖盛典"在北京举行
	2011 年 12 月 2 日	由《21 世纪商业评论》《21 世纪经济报道》主办的"2011 中国企业公民论坛暨第八届中国最佳企业公民颁奖盛典"在北京举行

资料来源：课题组根据有关资料整理。

二 现阶段中国企业公民实践存在的问题及原因分析

（一）投资者权益保护矛盾突出，市场环境恶化

近年来，企业承担社会责任已经上升到了企业战略的层面，这对中国企业和中国社会未来的发展都具有非常重要的意义。对投资者履行社会责任是企业应尽的基本责任，是企业生存经营的基本保证，是一个企业能够持续发展最可依赖的途径。以上市公司为例，企业对所有股东权益的维护是上市企业对投资者履行社会责任的核心，而多数上市企业在履行对投资者权益的保护问题方面未能有实质性的进展。保护投资者权益是政府监管层及社会舆论界长期探讨的焦点。

企业对投资者的责任更多地体现在投资收益层面，然而当前我国大部分企业的股东回报、投资者保护等还停留在表面。社会普遍存在着因公开发行上市而突击建立企业内部管理制度及财务风险控制体系等现象。因此，上述现象也隐含着"上市公司多数是优质企业"的结论。然而我国绝大多数企业仍未上市，要做到对投资者负责，履行社会责任，评判标准很难认定。我们主要以上市公司为对象，对投资者的社会责任履行情况做深入解析。

第一，上市公司的重大决议难以代表小股东权益。2012 年，在对国内2470 家 A 股上市公司的统计中，有1390 家公司没有采用网络投票的方式召开股东大会，该部分的占比高达56.28%，同时有 34 家公司全部开通了网络投票，该部分仅占1.38%，较2011 年的60 家上市公司减少近半。其余公司则是部分采用了网络投票的方式来召开股东大会。

另外，从上市公司股东大会实施网络投票的比例看，国内 2470 家 A 股上市公司中，召开的 8277 次股东大会中仅 1732 次采取网络投票的方式，占比仅为 20.93%。以永泰能源上市公司召开股东大会为例，2012 年召开股东大会12 次，只有 2 次开通了网络投票，占比仅为 16.67%，显示网络投票的方式的推行仍有较大的提升空间。

第二，高级经理人薪酬体系失衡。从 2012 年度净利润增长率最低的前十家公司看，仅有 3 家的公司前三名高管薪酬较上年减少，有 1 家公司的前三名高管薪酬维持不变，有 6 家公司的前三名高管薪酬较上年不减反增。"前三名高管薪酬与公司业绩的匹配程度"得分从 2011 年的 65.09 分下降到 2012 年的 61.13 分，且最近两年均呈现下跌态势，表明高管薪酬与公司业绩的不匹配程度有所加大。统计显示，有 960 家公司 2012 年度净利润增长率和前三名高管薪酬增长率方向相反，占样本公司的 38.87%。

第三，独立董事对上市公司重大决议的影响力不大。统计结果显示，909 家公司不同程度地存在着独立董事未亲自出席会议的情况，占样本公司的 36.80%，333 家公司未披露委托出席及缺席次数，占样本公司的 13.48%。1228 家上市公司的独立董事均亲自出席了应参加的董事会会议，占 2470 家样本公司的 49.72%，统计显示，独立董事亲自出席会议的情况，2012 年得分仅为 83.93 分，较 2011 年下降了 12.52 分，7 年来首次低于 90 分，而且是最近 9 年来的最低值。

第四，上市公司重大经营事项的信息披露质量不高。上市公司在重大经营决策审议中，程序模糊，信息披露不及时，内容不确切，容易对投资者的投资决策造成误导。在信息披露中，甚至有的上市公司采用迂回手段故意干扰投资者对其违规经营的风险识别。从盈利预测重大偏差的情况看，2012 年有 403 家公司披露了一次以上的"盈利预测更正报告"，占样本公司的 16.32%。分析重大事项披露滞后程度，有 57 家公司在异常波动公告中披露了"公司或控股股东确实存在有影响上市公司股票异动信息没有披露的"。从澄清公告披露情况看，296 家公司披露了 1 次以上的澄清公告，占样本公司的 12.11%。其中，安凯客车、斯米克、鲁北化工和华银电力 4 家公司均披露了 3 次澄清公告。

《2012 年中国上市公司 100 强公司治理评价报告》的数据显示，我国上市企业公司治理取得了较为突出的成绩，治理水平得到明显的改善。报告显示，国家控股行业上市公司的公司治理水平（63.6 分）逊于非国家控股公司（66.1 分）。

2012 年，上海证券交易所与中证指数有限公司完成了对新一届上证公司治理专家咨询委员会换届和上证公司治理板块的重新评选工作。新一届上证公司治理专家咨询委员会由国内公司治理研究专家和知名学者组成，共 11 名委

员，胡汝银先生任主席。上证公司治理专家咨询委员会于2007年成立，为上证公司治理板块评选事宜提供咨询和决策建议。

同时，上证公司治理专家咨询委员会（以下简称"上证治理委员会"）对新一轮上证公司治理板块进行了评估。上证上市公司治理板块的理论根据为《上证公司治理板块评选办法》，上证上市公司治理板块每年5~6月重新评选一次。经过上市公司自愿申报、社会评议、咨询机构评议、初选以及专家咨询委员会审议而最终产生。①

截至2013年6月8日，最新一期的上证公司治理指数样本股占沪市A股的比例为64.32%，总市值为100471亿元；根据指数规则，上证180公司治理指数更换10只样本，北京银行、中海油等股票进入指数，中恒集团、上海电气等股票被调出指数；上证公司治理指数、上证180公司治理指数和上证社会责任指数将随上证公司治理板块进行调整，上证公司治理指数由上证公司治理板块的所有股票组成样本股；上证180公司治理指数样本股的总市值为85777亿元，占沪市A股的比例为54.92%；上证社会责任指数样本股总市值为49749亿元，占沪市A股的比例为31.85%。

在本次上证公司治理板块评选中，以下12家机构参加了上市公司治理板块的评议，包括国泰君安证券、申银万国证券、中国国际金融公司、海通证券、华宝兴业基金、兴业基金、易方达基金、建信基金、交银施罗德基金、南京大学金融工程研究中心、鹏远资信评估有限公司、中诚信证券评估有限公司。

某研究机构对投资者咨询专线畅通情况进行调研的一份报告《2013年投资者咨询电话畅通情况调查报告》显示，本次对全部2470家A股上市公司投资者咨询电话进行了三轮"神秘顾客"电话调查。统计结果显示，在全部A股上市公司中（不含截至2013年8月1日已退市公司，含当时尚未退市的金马集团），能够至少接听1次电话并回答提问的有1903家，占比为77.1%。其中，3次都有人接听并回答提问的有938家，占比为38%；2次有人接听并回答提问的有564家，占比为22.9%；1次有人接听并回答提问的有401家，

---

① http://blog.sina.com.

占比为 16.2%。3 次拨打都没能接听或者因其他缘故无法取得联系的上市公司有 565 家，占比达到 22.9%。

按上市公司所属板块不同的分类统计显示，创业板上市公司的电话平均接听率最高，为 73.7%，而中小企业板、上交所主板和深交所主板的电话平均接听率分别为 63.1%、52.8% 和 52.7%。

保护基金指出，从上述调查结果来看，上市公司电话畅通的情况不容乐观，能够接听电话并有效回答投资者提问且态度良好的上市公司不足半数。

从信心指数波动情况看，国内外经济环境成为驱动投资者信心指数的关键因素。具体来看，2012 年 1~4 月，上证指数整体仍保持在 2200 点之上，领先一期的投资者信心指数波动状况与上证指数的波动状况大体吻合。从变化率来看，4 月后，受国内和国外经济基本面状况双重影响，投资者信心指数滑入下降通道，到 7 月信心指数跌至 41.3，为自 2008 年 10 月以来信心指数值的最低点，跌幅达到 27.54%（见表 8）。

表8　2013 年 1~7 月企业家信心指数

单位：%

月度	总体信心指数		国内经济基本面指数		国际金融环境指数	
	环比增长	变化率	环比增长	变化率	环比增长	变化率
1 月	10.9	25.35	15.7	51.64	10	49.02
2 月	-0.7	-1.30	-0.5	-1.08	-2.7	-8.88
3 月	3.8	7.14	6.5	14.25	12.3	44.40
4 月	-4.5	-7.89	-4.3	-8.25	-6.7	-16.70
5 月	1.6	3.05	-1	-2.09	-3.1	-9.31
6 月	-8.6	-15.90	-14.2	-30.34	-6.9	-22.80
7 月	-4.2	-9.23	-5.4	-16.56	-0.1	-0.43

资料来源：上海证券交易所。

（二）侵害劳工权益事件频发，劳动关系亟待治理规范

党的十八大明确提出"构建和谐劳动关系"，并提出了"健全劳动标准体系"、"健全劳动关系协调机制"和"加强争议调解仲裁"三项任务。作为社会经济和社会关系管理体系的核心，劳动关系的核心内容之一是创建和谐社会，这同时也是经济社会发展的基础，更是企业保持稳定和持续发展的百年大

计。现阶段劳动争议的特点，很大程度上表现为法律法规得不到完整和认真的执行。面对我国劳动关系由个别向集体转型的趋势，成功预防和妥善处理集体新形势下的劳动争议是我们面临的新挑战。

截至2012年底，我国已经颁布了一系列劳动法律法规，如《劳动法》、《劳动争议调解仲裁法》、《社会保险法》及《劳动合同法》等，建立了构建和谐劳动关系的依据，保证基本上做到有法可依。党的十八大报告明确指出，加强劳动保障监察和争议调解仲裁，要健全劳动标准体系和劳动关系协调机制，对构建和谐劳动关系提出了新的要求。我国仍处于劳动关系矛盾的多发期和各种利益关系的调整期，构建和谐劳动关系的任务十分艰巨。劳动关系是最基本的社会经济关系，构建和谐劳动关系是保障和改善民生、维护社会安定和谐的基础。

我国虽然制定了全方位、多角度的劳动保护相关法律，但是仍有部分企业出现违规现象，其表现形式主要体现在如下几个方面：一是企业经营者过于重视生产经营和短期效益，轻视劳资关系；二是政府部门对违规问题的惩罚广度、力度不够，造成企业违法成本偏低；三是劳动法制宣传教育力度不够，部分企业经营者法律观念淡薄，守法意识不强。

劳动保护问题在国际上越来越受到重视，其主要原因在于全球就业人数不断增长，失业问题日渐突出。根据国际劳工组织2013年6月最新发布的全球就业分析报告，未来全球失业人数还将增加，2013年将突破2亿人，达到2.02亿人，2015年将进一步增加到2.08亿人。

从我国就业情况来看，就业难的现象也较为严重。2013年，我国经济增速放缓对就业的影响已逐步显现。鉴于很多发达国家经济增长放缓，发达经济体的财政政策对全球经济和新兴经济体产生了溢出效应。这些国家的劳动力市场和投入实体经济的生产性投资，也受到全球经济疲软的影响，这其中也包括中国。鉴于此，一些新兴和发展中国家纷纷采用扩大内需的战略以弥补出口不足的缺口。

以2012年为例，全年城镇新增就业人数为1266万人，城镇失业人员再就业人数为552万人，就业困难人员就业人数为182万人。2012年末城镇登记失业人数为917万人，城镇登记失业率为5.1%（见图2）。

在充分认识了就业问题对构建和谐社会劳动关系产生的不良影响后，国务院进一步加大了支持力度。2013年5月，国务院办公厅发布通知，对大力促

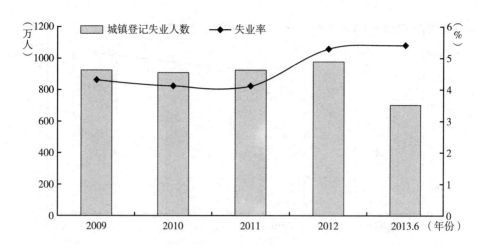

图2 2009年至2013年6月我国城镇登记失业人数及登记失业率

资料来源：课题组根据我国历年《人力资源和社会保障事业发展统计公报》整理。

进就业公平提出了更新的要求，并且在完善公务员招考、规范国有单位招聘以及事业单位对外招聘的制度体系建设中做了明确指示。与此同时，教育部也发出通知，严禁任何形式的就业歧视。此次国务院出台的通知，特别提到了对国有企业招聘的监管。究其原因是大多国有企业和事业单位正在成为就业歧视和不公的重灾区。中国政法大学的一项调查显示，包括政府机关和国有企业在内的国有单位的就业歧视与不公比民营企业和外资企业更严重，其中国企的就业歧视最严重，占60.7%。

劳动保护除了要为劳动者提供权益保障外，还要为劳动者的身心健康、生命安全等提供保障。2012年，我国企业员工因受到工作方式、工作压力等因素的影响，职业病发病率不断升高，工作中的劳动安全也无法得到充分保障。根据30个省、自治区、直辖市（不包括西藏）和新疆生产建设兵团职业病的报告，2012年共报告职业病27420例。其中尘肺病24206例，急性职业中毒601例，慢性职业中毒1040例，其他职业病1573例。从行业分布看，煤炭、铁路、有色金属和建材行业的职业病病例数较多，分别为13399例、2706例、2686例和1163例，共占报告总数的72.77%。共报告尘肺病新病例24206例，较2011年减少2195例。其中，煤工尘肺和矽肺分别为12405例和10592例。尘肺病报告病例数占2012年职业病报告总例数的88.28%（见图3）。

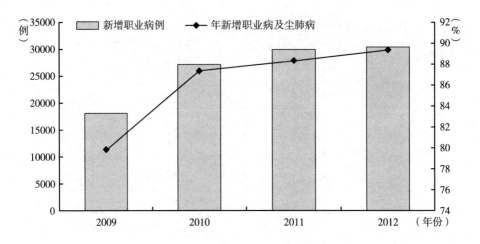

图3　2009~2012年新增职业病及尘肺病示意

资料来源：国家卫生部网站，http：//www. moh. gov. cn/publicfiles//business/htmlfiles/wsb/index. htm。

以富士康为例，3年来，根据媒体报道的案例统计，富士康中国工厂已有16起员工坠楼事件，给涉事员工家属造成巨大的伤害，引发社会舆论的极大震惊与关注。

煤矿企业一直都是矿难发生的重灾区。2011年以来，仅死亡人数在15人以上的重大矿难就有8起（见表9），发生矿难的企业也零散分布在全国各地，充分折射出我国煤矿企业生产安全存在较大的隐患。究其原因，事故煤矿企业往往存在非法越层越界开采、超能力、超强度和超定员组织生产，劳动组织、安全管理严重混乱等问题。这些问题的存在，严重损害了劳动者权益，甚至对整个企业公民建设都构成了危害。

表9　2012~2013年我国各地劳动安全事故汇总

时　间	地　点	死亡人数	事故原因及相关事件
2013年2月28日	河北张家口	12人死亡	河北省张家口市艾家沟煤矿井下发生火灾造成12人死亡
2013年1月30日	黑龙江东宁	12人死亡	被困人员全部升井12人死亡
2013年1月18日	贵州盘县	13人死亡	贵州金佳煤矿事故13名被困矿工全部遇难
2012年12月5日	云南富源	17人死亡	云南一煤矿发生煤与瓦斯突出事故致17人死亡

续表

时　间	地　点	死亡人数	事故原因及相关事件
2012 年 12 月 1 日	黑龙江七台河	8 人遇难 2 人被困	黑龙江七台河煤矿透水事故已确认 8 人遇难
2012 年 11 月 24 日	贵州响水	23 人遇难	贵州响水矿难发现最后 1 名矿工遗体共造成 23 人死亡
2012 年 9 月 6 日	甘肃张掖	10 人死亡	甘肃山丹煤矿被困 10 人全遇难
2012 年 9 月 2 日	江西萍乡	14 人死亡 1 人被困	江西萍乡矿难致 14 人死亡 1 人被困
2012 年 8 月 29 日	四川攀枝花	44 人死亡 2 人被困	攀枝花矿难致 44 人死亡 2 人被困
2012 年 8 月 13 日	吉林白山	17 人死亡 3 人被困	吉林省白山市吉盛煤矿瓦斯事故已致 17 人死亡 3 人被困
2012 年 2 月 16 日	湖南耒阳	15 人死亡 3 人受伤	湖南通报致 15 死 3 伤煤矿事故,4 名责任人被拘
2012 年 2 月 3 日	四川宜宾	13 人死亡 1 人失踪	四川宜宾煤矿爆炸 13 人死亡 1 人失踪
2011 年 12 月 17 日	湖南郴州	11 人死亡	湖南省郴州一煤矿发生瓦斯爆炸事故共造成 11 人死亡
2013 年 4 月 20 日	吉林省延边朝鲜族州贵州六盘水	18 人死亡	和龙市庆兴煤业有限责任公司庆兴煤矿发生瓦斯爆炸事故
2013 年 3 月 12 日	贵州六盘水	21 人死亡	六盘水马场煤矿发生一起煤与瓦斯突出事故

2012 年 12 月 28 日,第十一届全国人大常委会第三十次会议审议通过了《关于修改〈中华人民共和国劳动合同法〉的决定》(以下简称《决定》),《决定》明确规定:"经营劳务派遣业务,应当向劳动行政部门依法申请行政许可。"为贯彻落实法律要求,规范劳务派遣行政许可实施工作,人力资源和社会保障部制定下发了《劳务派遣行政许可实施办法》。

(三)消费者权益保障体系不健全,食品安全成民生难题

满足消费者需求、保护消费者利益是每个企业生存的前提与保障。但是,近年来侵害消费者权益的事件频频出现,企业为了追求高额利润,置消费者的生命安全于不顾,最终给社会带来了严重的影响。本文通过对我国 2012 年企业消费者权益保护的状况进行分析,以企业消费者权益保护为例,阐明当前我

国企业存在侵害消费者权益事件的原因，并就加强企业履行社会责任保护消费者权益、对政府推动企业保护消费者权益、充分发挥各级消费者协会和媒体的监督作用、提高消费者的维权能力等方面提出政策建议，促进企业有效地保护消费者权益。

根据全国消协受理投诉情况，2012 年全国消协共受理消费者投诉543338 件，投诉案件数比 2011 年下降 10.5%；成功解决投诉案例 505304件，比 2011 年下降 11.6%；2012 年投诉解决率为 93.0%，比 2011 年下降1.2%；2012 年为消费者挽回经济损失 56843 万元，比 2011 年下降 29.3%；因经营者有欺诈行为得到加倍赔偿的投诉 7213 件，比 2011 年上升 2.5%；加倍赔偿金额为 1283 万元，比 2011 年上升 87.6%；各级消协支持消费者起诉 1101 件，接待消费者来访和咨询 215 万人次，比 2011 年下降 36.6%（见表 10）。

表10　2011～2012 年全国消协组织受理投诉情况

项　目	2011 年	2012 年	变化幅度（%）
受理数(件)	607265	543338	↓10.5
解决数(件)	571918	505304	↓11.6
挽回损失(万元)	80418	56843	↓29.3
加倍赔偿(件)	7036	7213	↑2.5
加倍赔偿金额(万元)	684	1283	↑87.6
支持消费者起诉(件)	—	1101	—
来访咨询(万人次)	334	215	↓35.6

资料来源：课题组根据全国消协提供的数据整理而得。

消费者投诉问题按性质可分为质量、安全、价格、计量、售后服务、假冒、虚假宣传、合同、人格尊严和其他等问题。表 10 反映了 2011 年和 2012年消费者投诉问题按性质分类的变化情况。2012 年有关质量、价格、计量、合同性质的投诉占比同比有所上升，说明企业应重视产品的质量和安全问题，还应加强维护消费者在这些方面的权益。假冒、虚假宣传的投诉占比同比均有不同程度的下降，说明企业越来越重视诚信经营。

2012 年全国消协受理销售服务投诉 39005 件，同比增长 28.5%。其中，网络购物投诉 20454 件，占销售服务投诉量的 52.4%。^① 不少经营性团购网站问题较多，比如，对入驻的商家或个人的资质审查不严、管理措施乏力、事后补救措施不足等，致使一些诚信缺失且缺乏消费者权益保护意识的经营者利用网络购物商家和消费者不正面接触以及消费者维权能力不足的特点，向消费者提供质价严重不符的产品和服务。

2012 年全国消协受理金融服务投诉 1905 件，其中银行卡服务投诉占60%。在信用卡服务投诉中，售后服务问题投诉超过 30%。消费者反映银行服务的主要问题有：一是未经消费者同意，一些银行擅自为初次办理信用卡的消费者开卡收年费；二是未经消费者同意，一些银行就为信用卡到期的客户寄送新卡并开卡收年费；三是未经消费者同意，少数银行擅自从账户中扣取包年短信息通知费；四是少数银行以正常"冲账"为名，随意增减消费者银行账户余额。

虽然"顾客就是上帝"的口号在国内已经喊了几十年，但是面对"毒胶囊"、奶粉"质量门"、"酒鬼"酒塑化剂超标、麦当劳过期产品加工出售事件等层出不穷的食品安全问题，我们不得不对这句话产生质疑，即便是知名品牌或者占有较高市场份额的企业也面临着消费者的信任危机。

（四）公益慈善虚假问题严重，社会公益事业发展受挫

2012 年是中国经济比较困难的一年，在这样的背景下，中国企业依然勇于承担社会责任，积极从事社会慈善活动，在保持较大捐赠总量的同时，着力创新慈善活动方式，努力提高慈善活动效果，为社会和谐稳定做出了贡献。但在具体实践过程中依然存在着慈善透明度不高、慈善法制建设滞后、捐赠资源流向不均衡、企业慈善活动形式单一等问题，据此，国务院发展研究中心提出了转变政府职能、加强慈善组织内部建设、提高企业慈善行为能力等政策建议。

虽说近年来中国的慈善事业有了较大发展，但慈善统计缺乏统一规范，部分机构的统计对象、范围、方法等存在较大差异，缺乏权威性。目前在企业慈

① 全国消费者协会：《二〇一二年全国消协组织受理投诉情况分析》。

善统计与排行方面较有代表性的有三个，即福布斯中国慈善榜、胡润慈善榜、中国慈善排行榜（三家均于2004年首次发布数据）。

2012年中国慈善排行榜（数据为2011年）入榜慈善家为231位，共捐赠79.99亿元；上榜慈善企业〔上榜条件为年度捐赠100万元（含100万元）以上〕605家，共捐赠104.47亿元。2013年（数据为2012年）入榜慈善家311位，捐赠总额约为70.99亿元；入榜慈善企业有627家，捐赠总额近95亿元。对比两年的数据可以发现，2012年上榜的慈善家与慈善企业的数量均出现了增加，表明企业和社会对慈善的参与面进一步拓宽了；但捐赠数量却分别下降了11.25%和9.06%。

2012年福布斯中国慈善榜（数据为2011年）上捐款最多的100家企业（家）捐款总额为47.9186亿元，而2013年的捐款总额（数据为2012年）为46.506亿元，下降了约2.95%。

2012年胡润慈善榜上捐款（数据为2011年4月至2012年4月）最多的100家企业（家）捐款总额为101.189亿元，而2013年（数据为2012年4月至2013年4月）总额仅为56.418亿元，大幅下降了44.24%。

2012年福布斯榜上捐赠金额最高的三位企业家分别是恒大集团的许家印、扬子江造船厂的任元林、大连万达集团的王健林，捐赠的金额分别为4.2006亿元、2.64亿元和2.5847亿元，而2011年高居榜单前列的三位企业家分别是恒大集团的许家印、珠江投资的朱孟依家族和大连万达集团的王健林，捐赠金额分别为3.8790亿元、3亿元和2.3166亿元；2012年上榜的第100位企业的捐赠金额为0.042亿元，而2011年上榜金额为0.1亿元，下降了58%。

2012年胡润榜上捐赠金额最高的三位企业家为世纪金源的黄如论、天地集团的杨休和恒大地产的许家印，捐赠金额分别为5.82亿元、4亿元和3.92亿元；2011年上榜的三强为福耀玻璃黄德旺家族、恒大集团的许家印和大连万达集团的王健林，捐赠金额分别为36.4亿元、7.47亿元和2.82亿元；2012年上榜的第100位的企业的捐赠金额为0.11亿元，而2011年上榜金额为0.168亿元，少了0.058亿元，下降了34.5%。

根据中国慈善排行榜，荣获2013年度十大慈善企业的是：中国三星、中南控股集团有限公司、紫金矿业集团股份有限公司、日照钢铁控股集团有限公司、桃源居实业（深圳）有限公司、上海华信石油集团有限公司、广东常裕瑞实业投资集团、真维斯国际（香港）有限公司、如新集团、金泓昇投资（集团）有限公司，这 10 家公司中，国有及国有控股企业 1 家，港资企业 1 家，外资企业 2 家，民营企业 6 家，民营企业占比最多，达到了 60%。2013 年福布斯榜与胡润榜上榜企业均为民营企业。2013 年出版的"慈善蓝皮书"也表明：在大额捐赠的 178 家企业或企业家中，有 19 家来自国有企业，149 家来自民营、港澳台资和侨资企业，5 家来自外资企业，另外 5 家为联合捐赠，无论是数量还是金额，民营企业都占据多数。

公信力是慈善的生命，没有了公信力，慈善组织就失去了存在的基础和价值，虽然经历"郭美美事件"和"慈善问责风暴"后，各类慈善组织均加强了信息披露工作，但由于前期基础较差，慈善组织工作人员的思维习惯改变和相关制度建设也需要时间，因此，2012 年的慈善信息透明度虽有提高，但与群众的期待仍有较大差距。

（五）商业腐败现象多发，社会环境长期受到污染

腐败对一个国家的政治、经济和文化造成的破坏是巨大的，它将制造扭曲的关系网恶化社会环境，不断产生系统性、连带性社会矛盾，甚至会威胁整个国家的政治稳定和经济安全。根据《联合国反腐败公约》数据，"腐败已经是一种影响所有社会和经济的跨国现象"。人民网在 2006 年 1 月开展网民最关注的社会经济发展问题调查反腐败问题始终高居榜首。作为传统贿赂形式，商业贿赂是腐败的延伸，所以反商业贿赂也就是反腐败，进而反腐败也离不开反商业贿赂。企业作为一个群体，其在反腐败行动中所发挥的作用是不能忽视的，同时也是企业公民建设不可或缺的一部分。

据统计，2010 年全国纪检监察机关共立案 139621 件，结案 139482 件，给予党纪政纪处分 146517 人，涉嫌犯罪被移送司法机关处理 5373 人。2011 年，全国纪检监察机关共接受信访举报 1345814 件（次），立案 137859 件，结案 136679 件，处分 142893 人。[①] 2012 年，全国各级纪检监察机关共接受信访举

---

① 新华网，http://news.xinhuanet.com/politics/2012－01/06/c_ 111388260.htm。

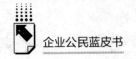

报 1306822 件（次），立案 155144 件，结案 153704 件，处分 160718 人。

大多数腐败案件都与商业贿赂有关，根本原因在于商业贿赂为"权力寻租"提供了交易平台。2007 年 11 月至 2012 年 6 月，全国纪检监察机关共立案 643759 件，结案 639068 件，给予党纪政纪处分 668429 人。涉嫌犯罪被移送司法机关处理 24584 人。全国共查办商业贿赂案件 81391 件，涉案金额 222.03 亿元。① 其中，仅在 2012 年，就因贪污贿赂处分 30315 人，占同期处分人数的 18.9%。

以往被很多人认为是"清水衙门"的教育等领域，现在也变成了商业贿赂的重灾区。可以说只要有商业活动，有权力行使的领域，就都存在商业贿赂行为，商业贿赂犯罪已经渗透到经济领域的各个环节。仅从当前查处的商业贿赂案件来看，商业贿赂犯罪已由工程建设、土地出让、产权交易、医药购销、政府采购等传统领域，逐渐向各行各业渗透。从发案环节来看，资金密集、资源紧缺、利润空间大、权力集中、竞争激烈的领域，往往容易成为商业贿赂犯罪的高发领域。近些年来曝光率越来越高的娱乐界"潜规则"、医药"回扣"以及足坛的"假、赌、黑"，正说明了这一趋势。

随着我国对外开放程度的深入，在商业贿赂易发多发的重要领域和关键行业，跨国企业的身影可以说是越来越多。"沃尔玛案""德普案""IBM 案""家乐福案"等还未淡出公众的视线，就又出现了"大摩案""力拓案"等一大批商业贿赂案件，如此多的跨国公司轮番登上中国商业贿赂榜单，使原本相信这些跨国公司会遵守国际和国内法律规范、诚信经营的人们大跌眼镜。国内民间经济分析机构安邦集团公布的一份研究报告显示：跨国企业在华行贿事件一直呈上升趋势，中国在 10 年内至少调查了 50 万件腐败事件，其中 64% 与国际贸易和外商有关。② 跨国公司的商业贿赂手段繁多，名、利、色无所不用其极，并且这些商业贿赂行为往往与中国政府官员、国企高管牵涉在一起。与此同时，此类商业贿赂往往涉案金额巨大，不但会对我国的经济安全造成威胁，更会给我国的国际声誉带来严重不良影响。

---

① 中央纪委监察部网站，http：//www. mos. gov. cn/xxgk/hyzl/201307/t20130719_ 6760. html。
② 张锐：《报告显示跨国企业在华行贿事件呈上升趋势》，《中国青年报》2009 年 8 月 3 日。

（六）环境污染治理效果堪忧，环境安全成为社会问题

2012 年，我国单位国内生产总值能耗下降 3.6%，企业稳步推进环保生产。根本原因主要有两个方面：一是政府出台的环保政策对企业节能减排起到了较好的督促作用；二是政府积极引导企业落实环保举措。

政府与企业的默契配合已使企业更好地履行了保护环境的责任，但与此同时我们要看到，经济增长放缓也是环保得以推进的一个重要原因。近年来，全球经济增长明显放缓，使中国经济在飞速发展的同时也放慢了脚步。2012 年全年的经济增速为 7.8%，较上年增速下降 1.3%。在经济发展速度逐渐放缓的情况下，实现发展与节能减排稳定双赢将是我们面临的一个难题。

存在的问题如下。

第一，工业结构重化趋势尚未得到根本扭转。尽管轻工业同比增速比重工业快，但是短期内还很难扭转工业结构偏重的趋势。

第二，对中小工业企业节能减排工作重视不够。一些落后的工艺技术装备在中小工业企业中广泛使用，中小工业企业很难获得国家节能减排技术改造资金的支持。

第三，中西部地区经济发展与节能减排存在矛盾。中西部地区至少有 10 个省市提出"十二五"经济总量翻番的目标，而经济高速增长需要工业重大项目来支撑，中西部地区面临既要加快经济发展又要节能减排的两难困境。

第四，企业节能减排统计工作薄弱。目前，节能减排的主要数据依靠企业自行申报、有关部门汇总分析，给统计信息的及时性、准确性造成一定程度影响。

2013 年以来，以北京为代表的中国中东部地区多次遭遇大范围、持续的雾霾天气，多个城市 PM2.5 "爆表"。北京环境监测中心 2013 年 2 月 28 日发布的消息称，北京大部分地区 PM2.5 浓度达到了 400 微克/立方米以上，属于严重污染级别（世界卫生组织建议的 PM2.5 数值水平为 10 微克/立方米）。

雾霾是水汽和微小污染颗粒组成的混合体。产生雾霾要具备两个条件：一是水汽和污染源的存在，二是静稳的大气条件。大气污染物排放负荷巨大、复合型大气污染、机动车污染以及不利的气象条件是造成雾霾的主要原因。近期

我国几个大城市空气污染较为严重，空气质量状况差到 PM2.5 "爆表"现象多有发生。除受极端气候影响外，燃煤及工业排放、汽车尾气、工地扬尘、外地输送和二次转化等也是造成雾霾的重要原因。受严重雾霾影响的京津冀鲁豫地区，面积仅相当于美国的 1/9，但其年煤炭消耗量高达 10 亿吨，已接近美国全国的煤炭消耗总量。以北京为例，2012 年全市煤炭消费量为 2635 万吨。汽车尾气也是导致雾霾天气的一个重要因素。数据显示，2005～2011 年，全国汽车生产量分别是 570 万辆和 1827 万辆，每年平均增加 200 万辆。全国民用汽车拥有量在 2005 年是 3160 万辆，到 2011 年达到 9356 万辆，已接近 1 亿辆。从 2010 年的数据来看，我国二氧化硫、氮氧化物排放总量都超过 2200 万吨，位居世界第一，工业烟粉尘排放量为 1446.1 万吨，均远超出环境承载能力。经济发展方式粗放、能源结构不合理是造成空气污染的罪魁祸首。因此，彻底转变高排放、高污染的生产方式是治理雾霾的根本之路。

三 对现阶段强化中国企业公民实践的建议

（一）企业层面

1. 进一步增强企业公民实践意识

企业自身应该充分认识发布社会责任报告对提升公司透明度、树立良好社会形象、吸引价值投资和建立与利益相关方有效沟通的方式的重要作用。应逐渐使社会责任报告成为公司日常经营管理的有力工具和正确指导。应主动了解国内外社会责任及社会责任报告的发展动向，参考国际通用社会责任相关的指导性文件，参照证监会、交易所及所在行业相关政策及行业责任指引，编制并发布社会责任报告。中国企业必须以这些企业公民基本理念为指导，尽快完成心智模式的转换，并付诸实践。

2. 构建企业社会责任管理体系

应逐步完善公司社会责任管理体系、信息传递系统、数据采集平台等，加强社会责任组织机构建设和人才建设，建立社会责任报告长期持续发布机制，这是企业实现可持续发展的充分条件。同时，企业应高度重视社会责任报告在公司出现责任缺失和责任危机事件时的信息沟通作用，通过社会责任报告、临时公告等途径，及时向利益相关方披露负面事件并提出解决方案，塑造健康的企业形象，挽回企业损失。

（二）政府层面

在新网络媒体时代，我国新政策以及社会动态的传播速度已经打破传统，政府及监管机构应该善于利用新时代社会管理模式，高效、准确、规范地管理好企业在社会中的角色定位。从社会发展的角度看，我国企业公民实践依然处于起步阶段，政府的监督和指导必不可少。一方面，政府应该加强执法的公平性，对拒不承担社会责任的企业加大执法力度，使其充分认识到后果的严重性。同时应该加强企业公民理念的宣传，形成强大的舆论压力，通过各种正式和非正式制度的约束，促使企业承担公民责任；另一方面，建立一整套包括经济、社会激励在内的较为完善的长效激励机制，使承担社会责任内化于企业的生存发展之中。另外，有两项工作必须尽快提上议事日程。

1. 全面建设社会责任管理监管机构

企业扮演企业公民角色、履行社会责任的好与坏，在社会看来与政府部门有着密切的联系，企业公民履行社会责任的过程应该由政府主导，结果应由政府负一定的责任，因此，政府要进行监管和监督，这样才可能使企业摆脱被动执行的惯性，逐渐培养其主动履行责任的意识。因此，建立社会责任管理机构，让社会公众可以提建议、反映问题，使监管机构发挥总结问题的作用，并积极解决问题，从而消除对社会管理造成的不利影响和阻碍。

2. 构造企业公民履行社会责任的法制环境

企业公民履行社会责任的优与劣应有评判标准，但目前的情况是标准缺失，这会极大降低企业公民实践的质量和效率。空谈误国，实干兴邦，因此，政府监管层应尽快建立该层面的法制体系，确保社会问题法制化，而不是单一地从道德层面去断定。我国目前尚未建立全国统一的企业社会责任标准，但是部分地方政府和行业组织已经有了初步的尝试，并且效果良好。企业公民实践必须做到有理可据、有法可依、有迹可循，而一个完善的企业社会责任标准体系是规范企业公民实践行为的重要保障。因此，我国政府应当立足当前经济社

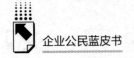

会发展的实际情况，参照国际标准，考虑本国行业、企业的多样性，建立一套衡量中国企业履行社会责任的标准要求和规范，形成一套从上而下、由中央到地方、有主有次、有指导有基础的全国性实践活动体系。此外，政府还应下大力气建立健全企业公民履责状况的信息披露机制。为了保证企业真实、准确、完整、及时地披露社会责任信息，加强政府监督，切实推动企业履行社会责任，有关部门应在《环境信息公开办法》《上市公司信息披露办法》等基础上，积极探索建立企业社会责任信息披露机制，推动企业主动承担应尽的责任。

（三）社会层面

1. 行业协会要充分发挥自律及桥梁作用

行业协会是行业的自律性组织，随着社会的发展，行业协会在经济社会发展中发挥着越来越重要的作用。行业协会代表本行业全体企业的共同利益，它们在为本行业企业提供服务（包括信息服务、教育与培训服务、咨询服务、举办展览、组织会议等）的同时，也要承担起搭建企业与政府之间沟通的桥梁的重担，做好上传下达，协助政府制定行业发展规划、产业政策、行政法规和有关法律。此外，行业协会还要负责对本行业的基本情况进行统计、分析并定期发布结果，负责对本行业国内外发展情况进行基本调查，研究本行业面临的难题，提出建议供企业和政府参考。行业协会还需要负责制定并执行行规、行约和各类标准，协调同行企业之间的经营行为，对本行业产品和服务质量、经营作风进行严格监督，鼓励公平竞争，维护行业信誉，打击违规行为。

2. 充分发挥新闻媒体的监督职能

第一，应该充分利用新闻媒体的优势，惩恶扬善，宣传和褒奖优秀企业公民，鞭挞和警示企业公民实践中的违规败德行为，对企业公民建设施加影响和约束。第二，进一步加强与学术机构、政府的合作，普及企业公民理论和基本理念，引导责任消费，使企业公民实践获得智力支持，促进中国企业公民实践健康发展。

分 报 告

Topical Reports

B.2
企业履行投资者责任报告

柴林涛[*]

摘 要：

近年来，企业履行社会责任已经上升到了企业战略的层面，这对中国企业和中国社会未来的发展都具有非常重要的意义。对投资者履行社会责任是企业公民应尽的基本责任，是企业生存和经营的基本保证，是一个企业能够持续发展最可依赖的途径，同时也是企业公民建设最核心的环节。以上市公司为例，企业所有股东权益的维护是上市公司企业对投资者履行社会责任的核心利益体。本部分重点从上市公司对投资者履行责任的角度，剖析投资者保护、公司治理及投资者关系等分层现状及可能存在的问题。同时，本报告介绍了2012~2013年我国国有企业、民营企业、外资企业对投资者的履责情况，分析了各类企业履责的特点和存在的问题，并提出加强我国企业对投资者社会责任的对策。

---

* 柴林涛，阳光新业地产股份有限公司融资经理，研究方向为宏观经济。

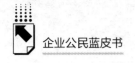

关键词：

企业投资者　投资者保护　企业社会责任

一　2012 年企业对投资者的履责概况

2009 年以来，全球经济步入后金融危机时代。当所有发达经济体依然在艰难踯躅时，中国经济已经开始快速复苏。2012 年我国各类企业的经营情况都开始好转，具体情况如下。

（一）2012 年企业经济运行总体情况

1. 国有企业 2012 年经济运行情况

（1）营业总收入。2012 年全年，我国国有企业累计实现营业总收入423769.6 亿元，同比增长 11%，12 月比 11 月环比增长 12.6%。其中中央企业（包括中央管理企业和部门所属企业）累计实现营业总收入 260558.5 亿元，同比增长 12.4%，12 月比 11 月环比增长 5.3%。其中，中央管理企业累计实现营业总收入 223461.3 亿元，同比增长 9.5%，12 月比 11 月环比增长6.1%；地方国有企业累计实现营业总收入 163211.1 亿元，同比增长 19.9%，12 月比 11 月环比增长 25.2%（见表 1）。[①]

表 1　2010～2012 年国有企业营业收入

单位：亿元

年份	2010	2011	2012
中央企业	191981.7	231756.1	260558.5
地方国有企业	111272.0	136098.9	163211.1
合计（国有企业）	303253.7	367855.0	423769.6

（2）实现利润。2012 年全年，我国国有企业累计实现利润总额 21959.6亿元，同比下降 2.6%，12 月比 11 月环比增长 22.4%。国有企业累计实现净

---

① 引自国家财政部 2012 年国有企业经济报告 1。

利润 16068 亿元，其中，归属于母公司所有者的净利润为 11148 亿元。其中，中央企业累计实现利润总额 15045.4 亿元，同比下降 0.15%，12 月比 11 月环比下降 1.8%。中央管理企业累计实现利润总额 12240.8 亿元，同比下降 0.6%，12 月比 11 月环比增长 2.5%；地方国有企业累计实现利润总额 6914.2 亿元，同比下降 8.2%，12 月比 11 月环比增长 75.2%（见表 2）。①

表2　2010～2012 年国有企业实现利润

单位：亿元

年份	2010	2011	2012
中央企业	13415.1	15023.2	15045.4
地方国有企业	6455.5	7533.6	6914.2
合计（国有企业）	19870.6	22556.8	21959.6

（3）应缴税费。2012 年全年，我国国有企业应缴税费 33496.3 亿元，同比增长 6.6%，12 月比 11 月环比增长 13%。中央企业累计应缴税费 25250.7 亿元，同比增长 13.9%，12 月比 11 月环比增长 2.5%。其中，中央管理企业累计应缴税费 17607.8 亿元，同比增长 5.4%，12 月比 11 月环比增长 13.8%；地方国有企业累计应缴税费 8245.6 亿元，同比增长 9.9%，12 月比 11 月环比增长 49.2%。②

表3　2010～2012 年国有企业上缴税费

单位：亿元

年份	2010	2011	2012
中央企业	18371.7	22168.8	25250.7
地方国有企业	6027.4	7502.1	8245.6
合计（国有企业）	24399.1	29670.9	33496.3

（4）盈利能力。2012 年全年，我国国有企业成本费用总额为 406570.3 亿元，同比增长 12.3%。其中：营业成本同比增长 12.3%，销售费用、管理费

---

① 引自国家财政部 2012 年国有企业经济报告 2。
② 引自国家财政部 2012 年国有企业经济报告 3。

用、财务费用同比分别增长 11.9%、10.3% 和 33.5%。销售净利率为 3.8%，比 2011 年同期下降 0.8 个百分点（见表 4）。净资产收益率为 5.9%，比 2011 年同期下降 1.3 个百分点。成本费用利润率为 5.4%，比 2011 年同期下降 1 个百分点。[①]

2012 年，中央企业销售净利率、净资产收益率和成本费用利润率分别为 4.2%、7.2% 和 6.1%（见表 4、表 5），地方国有企业分别为 3.2%、4.2% 和 4.4%。

表 4　2010～2012 年国有企业销售净利率

单位：%

年份	2010	2011	2012
中央企业	7.0	4.8	4.2
地方国有企业	5.8	4.3	3.2
合计（国有企业）	6.6	4.6	3.8

表 5　2010～2012 年国有企业成本费用利润率

单位：%

年份	2010	2011	2012
中央企业	7.5	5.8	6.1
地方国有企业	6.1	6.9	4.4
合计（国有企业）	7.0	6.5	5.6

（5）营运能力。2012 年 1～12 月，国有企业存货同比增长 15.6%。存货周转率为 3.9 次，比上年同期下降 0.1 次。应收账款周转率为 12.5 次，比上年同期下降 1.6 次。平均总资产周转率为 0.5 次，与上年同期持平。

2. 民营企业 2012 年经济运行情况

一年来，全球经济格局迅速调整，中国经济和社会持续转型，全新传播方式和沟通行为陆续涌现，不断激发着公众意识的觉醒。无论是在现实层面，还

---

① 引自国家财政部 2012 年国有企业经济报告 4。

是在观念层面，近一年来的中国社会都经历着前所未有的变化。

（1）民企500强发展情况

2012年，我国民营企业500强中，按照税后净利润指标进行排名，前20位企业中有山东魏桥、内蒙古伊泰、三一集团、美的集团、江苏扬子江船业、联想控股以及苏宁环球集团7家企业当期盈利水平出现下滑。其中三一集团、苏宁环球集团和江苏扬子江船业下滑幅度较大，净利润分别下降28.18%、24.02%和23.68%。

分行业看，2012年民营企业500强的行业分布集中度较高，分布最多的前十大行业共有333家企业，有251家企业集中分布在冶金、电气机械和器材制造业、房地产业、化学工业和石油工业等资金和技术密集型行业。其中，钢铁行业的企业数量减幅明显，为55家，比2011年减少10家，从十大行业的第一位跌至第二位；建筑业企业数量从2011年的60家增至2012年的65家，跃居榜首。

近年来民营企业500强缴税总额一直保持着逐年增长的态势，但2012年缴税总额上升幅度较小，占全国税收比重略有下降。2012年500强企业缴税总额达到4334.78亿元，同比增长5.9%，占全国税收的比重为4.31%，比2011年降低了0.25个百分点。同时民营企业500强对就业的拉动作用却进一步增强，2012年其员工人数达到675.70万人，同比增长7.3%，占全国就业人员的比重达到0.88%，比2011年增长0.06个百分点。

截至2012年底，全国私营企业数量突破千万户，达到1085.72万户，同比增长12.2%；注册资本达到31.1万亿元，同比增长20.59%；城镇私营单位就业人员平均工资为28752元，同比增长17.1%。

（2）2012年上市民企发展情况

从我国上证民企指数和深证民企指数的发展趋势可以看出，我国上市民企在经过了低迷状态后，2012年末首次上扬（见图1）。这表明我国民营企业将迎来一轮快速发展，这与党的十八大会议出台的扶持民营企业的利好政策等密切相关。同时，随着上市民企的快速发展，企业利润分配的比重也在逐渐增加。

我国民营上市企业在2012年更是得到了较快发展，在对投资者利益的提

图1　2009～2013年我国上证民企指数发展趋势

高方面，取得了较好的成绩。如图2、图3所示，我国上证民企和深证红利指数在2012年9月份至2013年10月，持续保持稳步增长的态势。

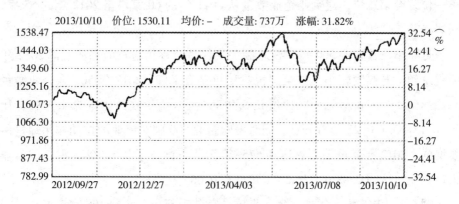

图2　2012年9月至2013年10月我国上证民企红利指数发展趋势

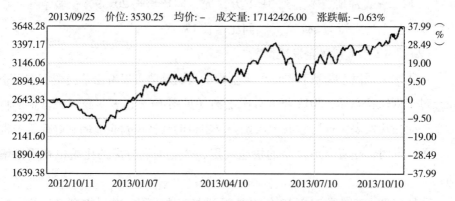

图3　2012年9月至2013年10月我国深证民企指数发展趋势

3. 外资企业 2012 年经济运行情况

2008 年金融危机之后，外资企业在中国的业绩也有了明显的改善。其业绩最为突出的年份为 2011 年，欧洲企业在华业绩表现优异。欧盟驻华商会2012 年发布的报告显示，在受调查的企业中，2011 年实现 5% 以上收入增长的企业数量占到了总数的 78%。这一比例比 2010 年同期增加了 28 个百分点。受访企业中，实现 20% 以上收入增长的企业数量所占总数的比例为 41%，比2010 年同期增加了 21 个百分点。欧洲企业经营利润的增长同样可观，2011 年利润率增长 5% 以上的企业达到 71%，比 2010 年增加 28 个百分点；利润增长20% 以上的企业占 32%，比 2010 年增加了 18 个百分点。

虽然外资企业在华取得了较好的发展，但是其发展的稳定性仍稍显不足。根据图 4 显示，我国上证海外企业指数发展在 2012 年至 2013 年 10 月，处于震荡下降的趋势。

图 4　2010～2013 年我国上证海外企业指数发展趋势

（二）2012 年上市公司社会责任履行情况

1. 上市公司社会责任履行总体趋势

2012 年，我国上市公司在履行社会责任方面有所好转。图 5、图 6 显示，我国上市公司的上证责任指数呈现好转的趋势，在经历了近三年（2009～2011年）持续下滑的趋势后，上证责任指数在 2012 年出现回升，表明我国上市公司在履行社会责任方面有了较好的转变和提升。

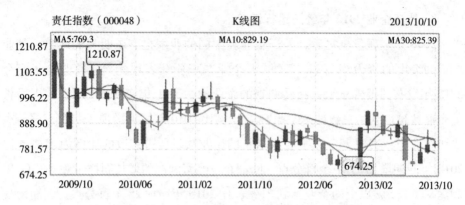

图5　2009~2013年我国上证责任指数变化趋势

从深证责任指数变化中，可以看到2012年该指数出现平稳波动的现象。

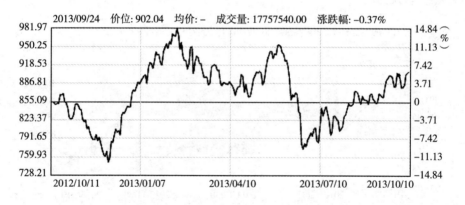

图6　2012~2013年我国深证责任指数变化趋势

2. 上市公司社会责任报告发布情况

截至2013年4月30日，我国A股上市公司发布社会责任报告有了显著提高，独立发布报告658份，其中《社会责任报告》发布共627份，《可持续发展报告》共发布12份，《企业公民报告》发布1份，《环境报告》共发布18份。较2012年的592份报告增长了5.91%，发布数量逐年上升（见图7、图8）。

对企业发布的《社会责任报告》做进一步统计发现，A股主板上市公司发布报告数量最多，中小板年发布报告数量最快。2013年，超过40%的A股上市公司发布企业社会责任报告386份，高居各板块榜首，发布比例占全部报

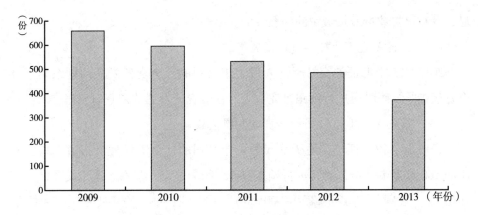

图7　2009~2013年A股上市公司报告发布数量

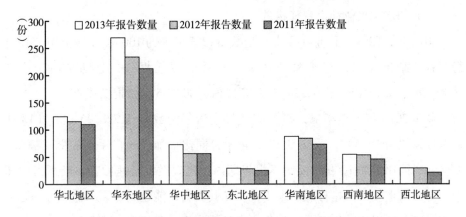

图8　2011~2013年地区报告发布数量对比数据

资料来源：《证券时报》CSR中心数据库。

告的62%；约有25%的深证A股上市公司发布社会责任报告119份，占比为19%，该数据较2012年略有下降；中小板块的上市企业发布社会责任报告124份，该数据较2012年同期增长26.5%，增速明显。

3. 社会责任指数成分股社会责任报告发布情况

（1）央视财经发布50责任领先指数

央视财经作为从事企业社会责任调查的权威机构，针对50家样本公司做了责任领先指数的持续跟进和研究，同时考察了50家样本公司发布社会责任报告的质量和分类情况。调查结果发现，2013年，48家公司发布了《2012社会责任报告》，仅有2家未发布。且从发布报告的质量上看，行业差异最为明

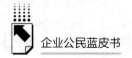

显，发布报告数量增长最快的为服务业。

（2）上证 A 股企业社会责任发展指数

2013 年，上海证券交易所就 A 股上市公司的社会责任发展问题编制了社会责任指数，同时通过持续跟进完成了对社会责任发展的调查研究报告。

（3）深证 A 股上市公司社会责任发展指数

2013 年，深圳证券交易所就 A 股上市公司的社会责任发展指数选取深交所的 100 家上市公司，对其进行调查统计，结果显示，只有 5 家未发布社会责任报告，分别是许继电器（000400）、佛山照明（000541）、天音控股（000829）、华帝股份（002035）和浔兴股份（002098）。

（4）CBN - 兴业社会责任指数

2013 年，CBN - 兴业社会责任指数对持续跟进的 100 家 A 股上市公司进行调查，结果显示，有 4 家公司未发布社会责任报告，分别是白云山 A（000522）、天音控股（000829）、华帝股份（002035）和康缘药业。

截至 2013 年上半年末，CBN 兴业社会责任指数收于 778.45 点，2013 年初至今跌幅为 15.6%，成交量 13.2 亿手，同比增加 3.3 亿手；成交金额 1.8 万亿元，同比增加 1000 亿元。本报告期内，宏观经济增速面临不断下滑的压力，部分权重较大的指标股表现不佳，尤其面临产能过剩、需求低迷等问题的采掘、有色等板块跌幅较大，拖累指数整体表现（见图 9、图 10）。

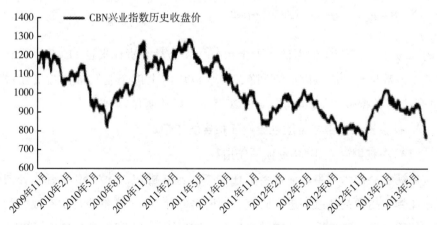

图 9　CBN 兴业社会责任指数历史表现（2009 年 11 月 4 日至 2013 年 6 月 28 日）

资料来源：Wind 资讯。

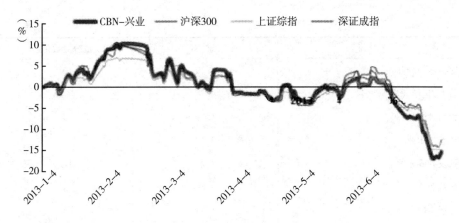

图 10　报告期内 CBN 兴业社会责任指数与主要指数表现

资料来源：Wind 资讯。

　　CBN 兴业社会责任指数的选股原则与上证综合指数、深证综合指数、沪深 300 等交易所核心指数不同。通过积极筛选的方法，综合评估上市公司在经济、社会、环境和公司治理等方面的表现，定期调整成分股；通过负面筛选的方法，严格排除主营烟草、烈酒行业的公司。在我国经济处于转型、升级的大背景下，CBN 兴业社会责任指数作为我国社会责任投资事业的重要实践，将继续努力调整成分股结构，力争成为更具市场影响力的指数。

　　CBN 兴业社会责任指数的行业分布（见表 6）。其中，机械设备（主要包括家电、汽车等重要制造业部门）、金融、采掘行业的权重排名靠前，基本涵盖了主流蓝筹股板块。不少权重股属于我国经济的命脉部门，整体财务和盈利能力较强，不断改进环境、员工等与社会责任表现相关的信息披露质量，是入选成分股的重要原因。此外，生物医药、信息技术、零售等符合经济转型特征的成分股数量超过三成，均是本指数未来重点关注和调整的领域。

表 6　成分股构成比例

行　业	权重(%)	成分股数量
机械、设备、仪表	30.17	23
金融、保险业	20.86	2
采掘业	13.51	16
金融、非金属	7.28	8

续表

行　业	权重(%)	成分股数量
医药、生物制品	6.19	10
石油、化学、塑胶、塑料	4.75	7
食品、饮料	4.39	4
信息技术业	3.68	4
批发和零售贸易	3.23	10
建筑业	2.69	5
交通运输、仓储业	1.73	3
电力、煤气及水的生产和供应业	0.51	3
社会服务业	0.35	1
房地产业	0.32	2
纺织、服装、皮毛	0.19	1
其他制造业	0.13	1

资料来源：Wind 资讯。

　　调查数据显示，各行业发布的报告数量较上年均有增长趋势，其中制造业上市公司发布的报告数量占比保持在 50% 以上，增长幅度最多的行业分别是采掘业（25%）、信息技术业（16.13%）和建筑业（14.29%），其中增长幅度最小的是传播与文化产业，该行业板块发布报告的数量也最少，并且连续 3 年保持无增长水平（见表 8）。

表7　2010～2012 年各板块报告数量及占比

板　块	2012 年发布数量	占比(%)	2011 年发布数量	占比(%)	2010 年发布数量	占比(%)
沪市主板	351	59.29	322	60.64	304	62.94
深市主板	123	20.78	122	22.98	117	24.22
中小板	98	16.55	73	12.75	55	11.39
创业板	20	3.38	14	2.64	7	1.45

资料来源：Wind 资讯。

表8 2010～2012 年各行业报告发布情况

行　业	2012 年发布报告数	2011 年发布报告数	增幅(%)
制造业	302	267	13.11
交通运输、仓储业	39	38	2.63
金融、保险业	39	36	8.33
信息技术业	36	31	16.13
房地产业	34	31	9.68
采掘业	30	24	25
电力、煤气及水的生产和供应业	27	26	3.85
批发和零售贸易	26	24	8.33
综合类	19	17	11.76
建筑业	16	14	14.29
社会服务业	11	10	10
农、林、牧、渔业	9	9	0
传播与文化产业	4	4	0

资料来源：Wind 资讯。

所有上市公司均以独立报告的形式发布了社会责任报告，同时发布内容较上年有了进一步完善。这缘于 2013 年上半年上交所发布的《关于做好上市公司 2012 年年度报告工作的通知》（以下简称《通知》），《通知》明确要求上市公司要在公司的内控报告、社会责任报告等信息披露报告中披露相关信息。

沪、深两证券交易所发布政策，强制 A 股上市公司发布对深交所"深证100"成员企业公司、金融类公司、沪市"公司治理板块"以及境内外同时上市的公司发布社会责任报告。

（三）2012 年上市公司投资者保护履行情况

1. 投资者保护总体情况

中国证券投资者保护基金有限公司发布的《投资者保护报告》（以下简称《报告》）显示，2012 年投资者收益权保护度提升较快，上市公司投资者保护状况 2003～2012 年呈逐年改善之势，进一步分析该《报告》发现：评价结果

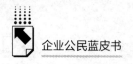

与投资者主观满意度变化趋势一致，存在局部差异。

2. 投资者保护责任履行的特征

（1）投资收益权保护程度改进明显

2012 年上市公司在保护投资收益权取得了较为明显的进步，在对知情权、影响决策参与权、投资收益权保护程度等因素进行总结后得出如下结论。

在知情权保护问题上，投资者沟通得到重视。在上市公司信息披露状况中，日常其他信息披露规范性改善最明显，总体上看，通过业绩说明会与投资者进行沟通效果最好。网上主动披露信息做得不够。

在决策参与权方面，企业经营管理内控的有效性提升最快。上市公司在决策参与权方面有了明显改善，尤其更重视企业内部控制的重大决策的参与权，表明上市公司更加重视内部控制。

（2）内部控制状况显著改善

2012 年，内部控制有效性（通过考察上市公司是否披露了公司内部控制自我评价报告来对上市公司内部控制披露情况进行评价）及内部控制披露情况（通过考察外部审计师就上市公司内部控制情况出具的鉴证报告标准意见来评价上市公司内部控制的有效性）得分均出现较大幅度增长，同比分别增长 40.94% 和 14.39%。

（3）累积投票制采纳明显提升

2012 年，中国上市公司累积投票制①的采纳情况明显好转，超过 50% 的上市公司在公司章程中明确规定必须采用累积投票制。这说明，中小投资者在董事、监事选举中的参与权得到了一定的制度保证。

2012 年，公司章程明确规定必须采用累积投票制的上市公司共计 1238 家，占比为 50.12%；未采纳累积投票制或明确不采用累积投票制的上市公司为 144 家，仅占总公司的 5.83%。控股股东持有 30% 以上股权的上市公司采用累积投票制的为 201 家，占比为 8.14%，表示可以采用或积极采用累积投票制的上市公司为 35.91%。

---

① 累积投票制，是指股东大会选举董事或者监事时，每一股份拥有与应选董事或者监事人数相同的表决权，股东拥有的表决权可以集中使用。采取累积投票制度可以缓冲大股东利用表决权优势产生对公司的控制，增强小股东在公司治理中的话语权，有利于公司治理结构的完善。

（4）上市公司分红政策涉及范围不断扩大

2012年，股利发放稳定性得分大幅上升，表明更多的上市公司在其公司章程中的明确其分红政策，上市公司分红稳定性大幅提升。

（5）投资者交流活动增多

2003～2012年，上市公司开展的网上业绩说明会及投资者接待日等活动促进了投资者与上市公司的沟通和交流，呈现比较好的态势。2012年，上市公司开展投资者交流活动除2008年受金融危机影响有所下降外，其他年份都是呈逐年增长趋势。该变化显示出投资者参与上市公司交流活动的便捷程度明显提升，呈现十年来最高涨幅。

3. 2012年上市公司治理情况

（1）信息披露情况

2013年7月，证监会召开了2013年全国证券期货监管工作会议，会议提出要"持之以恒地做好投资者教育和服务"，同时明确提出要提升投资者自我保护意识及促使其行使合法的权利，并做好投资者自我保护的教育培训工作。因此，促使投资者保护自我，首要的问题是提升信息披露质量。

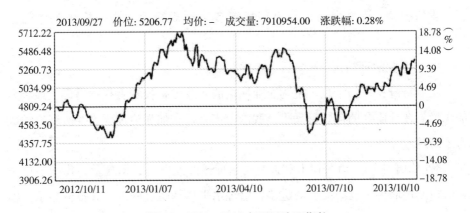

图11 2012～2013年深证治理指数

在上市公司信息披露的环节上，相关专家表示，加强信息披露制度建设是保护投资者权益最重要的现实举措。投资者需要上市公司及时公告明确、详细、正确的信息，从而使投资者做出正确的价值判断。有些上市公司披露给投资者的信息往往是似是而非的或者是干脆披露虚假信息，或者是提前披

露一些不该披露的信息,这是对投资者权益的侵害,是对投资者的误导,更是对投资者的欺骗。因此,应对披露虚假信息和非法披露信息误导投资者的公司,加大处罚力度。必须让上市公司提供给投资者明确的信息,这是对投资者最大的保护。近年来,证监会注重把投资者保护放在更加突出的位置,特别是中小投资者的合法权益,真正保护好投资者。同时,应努力营造公平正义的市场政策环境和运行环境,有效拓宽和理顺社会监督渠道,提升社会公众的参与度。

在倡导积极回报投资者方面,证监会应在尊重上市公司自主经营管理的前提下,鼓励上市公司建立持续、清晰、透明的现金分红政策和决策机制,加大对未按承诺比例分红、长期不履行分红义务的公司的监管和约束。

在切实改进市场监管和执法方面,证监会提出,2013 年在全国集中统一监管的总体框架下,应抓紧构建既富有弹性又高效的多层次监管体系;深入落实辖区监管责任制,着力提高一线监管的有效性并强化交易所、行业自律组织在职责范围内的监管作用;全面开展资本市场执法评估工作;进一步完善查审分离制度;推出加强证券期货市场执法的配套措施,严查严办欺诈发行、虚假披露、内幕交易、操纵市场等违法违规行为,增强执法工作的公信力。

(2)企业治理情况

企业自身良好的治理环境为企业回报股东及维护投资者权益提供了最有力的保障。在证监会的监督管理下,我国上市公司在加强治理、完善机制方面取得了跨越式发展。

《2012 年中国上市公司 100 强公司治理评价报告》数据显示,我国上市企业公司治理取得了较为突出的进步,治理水平得到明显的改善。报告显示,国有控股上市公司治理水平平均得分为 63.6 分,较非国家控股公司得分略低,非国家控股上市公司平均得分为 66.1 分。从行业划分来看,金融行业上市公司治理水平得分高达 71.9 分,显著高于采掘业和制造业的平均得分,后两者分别为 61.3 分和 64.9 分(见表9)。这反映出大部分工业制造业行业仍处于制定企业经营运营行为准则的初级阶段。

表9　2012年上市企业公司治理水平对比

企业类型	公司治理平均得分(分)	净资产收益率(元)	企业数量(家)
国有企业	65.7	0.1721	84
民营企业	66.0	0.2150	13
外资企业	69.0	0.1673	3

以第一大股东的所有制性质进行分类,从净资产收益率这一指标对比,第一股东为民营企业,民营企业的净资产收益率最高(0.2150元),略高于国有企业和外资企业;表9的结果显示,第一大股东为"外资"性质的企业公司治理平均得分最高(69.0分),高于国有企业和民营企业。与之形成鲜明对比的是,在百强上市公司中国有企业以84家的压倒性数量占据榜单绝大多数席位。

(3)投资者关系管理情况

《2012中国A股上市公司投资者关系调查报告》显示,目前A股上市公司的投资者关系管理(IR)工作仍处于起步阶段,上市公司应从更系统化、精细化的角度持续加强投资者关系建设。

尽管A股上市公司对投资者关系的工作已有普遍认知,但在制度和体系建设方面尚显薄弱,对IR工作普遍缺乏长期规划。调查显示,仅33%的A股上市公司切实制定了长期导向的IR策略及实施规划。

A股上市公司投资者关系管理工作的主动性有所增加。调查显示,法定信息披露和"三会"相关工作在投资者在关系工作精力中的平均占比为51%,投资者在与分析师、媒体沟通及召开新闻发布会、进行危机公关等方面的主动性IR工作精力占比为49%。

虽然72%的受访上市公司对投资者和分析师信息进行了数据化处理,但仅有16%的受访上市公司进行了系统化的投资者识别、分类及动态管理。而根据不同投资者的习惯偏好、关注程度来设计沟通内容和沟通方式的精细化管理形式则十分罕见。

《2013年投资者咨询电话畅通情况调查报告》的统计结果显示,在全部A股上市公司中(不含截至2013年8月1日已退市公司,含当时尚未退市的金马集团),能够至少1次接听电话并回答提问的有1903家,占比为77.1%。

其中，3次都有人接听并回答提问的有938家，占比为38%；2次有人接听并回答提问的有564家，占比为22.9%；1次有人接听并回答提问的有401家，占比为16.2%。3次拨打都没能接听或者因其他原因无法联系的上市公司有565家，占比达到22.9%。

在三轮共7404个电话调查中，咨询电话有人接听并回答提问的平均比率为58.7%，电话无人应答的平均比率为40.1%，占线及其他情况的平均占比为0.5%和0.8%。在接通电话的公司中，解答有效的平均比率为85.3%，解答问题态度友好的平均比率为91.7%。

按上市公司所属板块进行分类统计的结果显示，创业板上市公司的电话平均接听率最高，为73.7%，而中小企业板、上交所主板和深交所主板的电话平均接听率分别为63.1%、52.8%和52.7%。

保护基金指出，从上述调查结果来看，上市公司电话不畅通的情况不容乐观，能够接听电话并有效回答投资者提问且态度良好的上市公司不足半数。

4. 2012年企业投资者信心指数情况

2012年股市风云变幻，与之相对应，中国证券市场投资者信心也呈现波动态势。信心指数1～5月处于乐观位置，自6月起进入下降轨道，投资者信心连续4个月偏向悲观，直到10月回升到荣枯平衡线50上方，并于12月收于50.5，投资者信心指数以乐观水平收尾。

从市场变动情况看，2012年上半年上证指数共出现4个重要转折点，分别发生于2月、3月、4月和11月，而信心指数发生转折则在1月、2月、3月和9月末，投资者信心的变化恰好可以被随后1～2月的上证指数波动方向所印证（见图12）。与滞后一期的上证综指对比，信心指数表现出一定的一致性。领先一期的投资者信心指数在走势上与上证指数大体保持一致，只是在年末时两者产生了背离。

从信心指数的波动情况看，国内外经济环境成为驱动投资者信心指数提升的关键因素。具体来看，2012年1～4月，上证指数整体仍保持在2200点之上，领先一期的投资者信心指数波动状况与上证指数的波动状况大体吻合。从变化率来看，4月后，受国内和国外经济基本面状况的双重影响，投资者信心指数滑入下降通道，到7月信心指数跌至41.3，为2008年10月以来信心指数值的最低点，跌幅达到27.54%。

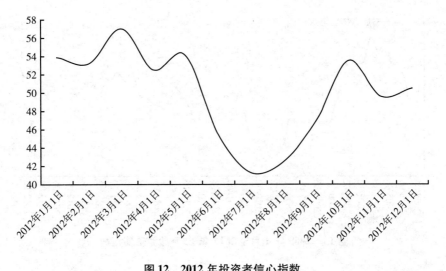

图 12　2012 年投资者信心指数

表 10　2013 年 1~7 月我国总体信心指数

月度	总体信心指数		国内经济基本面指数		国际金融环境指数	
	环比增长	变化率(%)	环比增长	变化率(%)	环比增长	变化率(%)
1 月	10.9	25.35	15.7	51.64	10	49.02
2 月	-0.7	-1.30	-0.5	-1.08	-2.7	-8.88
3 月	3.8	7.14	6.5	14.25	12.3	44.40
4 月	-4.5	-7.89	-4.3	-8.25	-6.7	-16.70
5 月	1.6	3.05	-1	-2.09	-3.1	-9.31
6 月	-8.6	-15.90	-14.2	-30.34	-6.9	-22.80
7 月	-4.2	-9.23	-5.4	-16.56	-0.1	-0.43

　　在 2013 年投资者信心指数的各项子指数中，股票估值指数可能成为信心指数上升的重要助推力。数据显示，2012 年 7 月是投资者信心指数中估值水平指数的分水岭，其后估值指数连续 5 个月回升，这一变化表明，中国股票价格相对投资价值被低估的投资者比例正在不断上升。值得强调的是，12 月股票估值指数为 62.1，较 11 月的 57.7 大幅上涨 4.4。与此同时，12 月股票估值指数也创下了 2008 年 12 月以来的最高点，表明投资者对当前市场估值的认可度攀升至 3 年以来的最高水平（见图 13）。对于估值水平的认可，未来有可能成为进一步推动投资者信心指数上升的重要动力。

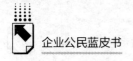

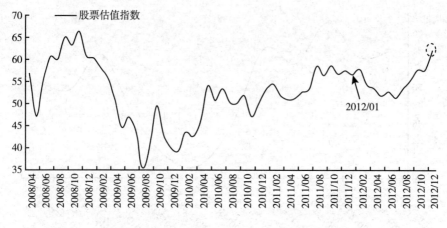

图13　2008年4月至2012年12月股票估值指数

二　中国企业对投资者履责的特点和存在的问题

（一）国有企业

1. 国有企业对投资者履责的特点

国有企业的性质决定了国有企业的经营目标不单单是追求所有者财富最大化，与其他性质的企业不一样，国有企业的所有者是全体人民，因此国有企业要满足全体人民的需要，维护全体人民的利益。因此，国有企业的经营目标应当是整个国民经济最大限度地满足全体人民的需要与个别国有企业实现所有者财富价值最大化的统一。在这两者中，满足人民的需要、维护全体人民的利益是国有企业履行对投资者社会责任的首要任务，排在实现所有者价值最大化之前。

根据上证国企指数变化趋势，我国国有上市公司发展近三年处于下滑趋势。其根本原因在于我国经济结构转型对国有企业传统体制的冲击。

国有企业的经营任务也不同于民营企业和外资企业。对于民营企业和外资企业来讲，企业要经营什么业务、提供什么样的产品和服务都是由企业自行决定的，企业会选择利润最大化的行业和经营方式。但是，国有企业不同，国有企业往往承担着国家赋予的特定任务。国有企业一般分布在关系国计民生的各个重要行业，例如，中国所有的军工企业都是国有企业，国有企业承担着有关国家安全建设和军工产品生产的任务，经营国家能源、交通、通信等重要基础设施的也主要是国有企业。此外，有的企业还承担着重要物资的储备和供应、供水、供电、供气、供暖等任务。因此，国有企业的经营任务是建立在国民经济稳定运行、协调发展的基础之上的，国有企业不能为追求经济效益而放弃自己承担的特定任务。

国有企业经营目标和经营任务的特殊性也使得国有企业不能仅仅自负盈亏。国有企业绩效的核算与国家交与的任务情况息息相关，这也说明国有企业与政府拨款的财政资金相联系。在特殊情况下，国有企业必须按照国家的要求损失局部利益来维护全局利益，为完成任务发生的亏损财政也会适当给予补贴，因此不能用简单的盈亏情况来评价国有企业对投资者的履责情况。

2. 国有企业对投资者履责过程中存在的问题

（1）国有企业产权不明晰

国家似乎是国有企业资产的最终所有者，在国家统一所有的前提下，再由各级政府分管，企业拥有的仅仅是资产的经营权。而以市场为导向的现代经济模式要求企业参与竞争，企业的经营活动由企业自行决定，但是由于国有企业产权不明晰，国有企业不能成为完全独立的企业法人，就会导致地区之间、部门之间、行业之间权责不明晰，企业缺乏内在的投资扩张和追求利润的强大动力、竞争意识不强，致使国有企业长时间徘徊不前。

（2）国有企业内部经营管理不完善

国有企业一般成立较早，由于历史原因，企业成立初期一般不会有健全的内部管理制度，以至时至今日，很多国有企业依然存在问题。国有企业所有的决策都要经过一段冗长的讨论、申报、审批过程，效率低下。此外，一些国有企业只注重盲目扩张企业规模，不断地进行兼并、收购而忽视了企业内部的经营管理。这些都不利于国有企业对投资者履行责任。

（3）国有企业资本流动性差，资本结构不合理

我国国有企业重复建设的情况比较普遍，造成大量设备闲置，资本有效利用率低；大量闲置资本经过自然损耗及人为破坏，最终会导致资金流失；企业

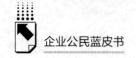

资本调剂能力差，缺乏流动性；企业资金结构不够合理，资本规模及水平难以提高，技术含量低，企业资本多以实物形态存在，大量实物资本又难以发挥作用。我国国企资本总量规模较小，资本市场金融品种少，基础薄弱，资本流动性差，国有股的市场价格和获利能力不能得到有效的评估，这些都制约着国有企业的资本运作，影响着国有企业的盈利能力。

（4）国有企业资本利用效率低

目前，一些国有企业资产负债率高，企业难以承受高负债率的重压，不可能通过自身的资本积累追加资本、扩大规模。一些企业由于所处的行业比较传统，创新能力差，专业化程度也不高，企业难以充分发挥规模经济效益，制约了国有企业经济效益的提高。

（二）民营企业

1. 民营企业对投资者的履责特点

（1）在中央工作会议上，中央政府明确提出了要坚定不移地发展民营经济和充分利用民间资本。随着我国经济不断趋于市场化，民营经济在我国经济发展建设中的作用和地位举足轻重，同时对我国"十二五"时期经济结构转型又发挥着不可估量的作用。民营经济多元化和灵活性发展使得其不仅可以促进我国经济长足发展，还有助于解决社会问题，包括贫富差距加大、失业等。民营企业在履行社会责任时，首要的就是自我生存和自我发展，这是民营企业的一个基本责任，只有履行了这个基本的社会责任，我国的民营企业才有实力承担更大的行业发展责任，从而进一步履行社会责任，扮演企业公民角色。

（2）民营企业的经营具有灵活性，民营企业的经营范围宽和经营项目丰富，经营体制灵活。当经济波动时，有"船小好掉头"的优势，能跟上时代步伐，很快转向，适应市场的快速变化，比管理层次多、组织结构复杂的国有业更具快速反应的优势。

2. 民营企业对投资者履责的过程中存在的问题

我国民营企业的发展参差不齐，也导致了企业履行社会责任的水平参差不齐。民营企业中大部分都是中小企业，两类企业分别处于企业发展的不同阶段，这些中小企业在经济实力和发展水平上良莠不齐，大部分中小民营企业还处于创业阶段或稳定阶段。一些民营大企业像华为、中兴等在履行企业社会责任方面已经有了很多实践经验，而处于创业生存阶段的民营企业，产品种类单一，规模普遍较小，利润微薄，业主要对企业的所有者负责，以追求企业最大利润为唯一目标，承担社会责任的倾向不明显，企业对社会责任的认知较模糊。

（三）外资企业

1. 外资企业对投资者的履责特点

（1）外资企业之所以选择在中国投资建厂，就是因为看到了中国市场有巨大的盈利空间和较低的人力成本，因此外资企业的首要经营目标就是获取最大化的利润，以满足投资者的要求。因此，外资企业有履行对投资者责任的原动力，而履行其他方面的社会责任的动力却不足。

（2）外资企业一般具有完善的内部管理制度，决策灵活，决策过程短，激励机制完善，薪酬体系完善，更有利于吸引优秀的人才，这些都是提高企业经营效率、保持企业盈利水平的客观条件。

（3）外资企业在中国履行社会责任的过程中为我国带来了先进的管理经验和技术。外资企业在华履行社会责任，一方面，引进新的、适用于我国的先进生产管理技术，进而促进我国行业发展，为社会做出贡献；另一方面，通过引进先进技术，从提高社会责任的总体角度上说有重要的意义。外资企业在华的发展壮大有利于增加提供就业岗位，同时增加财政收入，并能在促进我国与其他国家和地区关系方面做出贡献。

2. 外资企业在对投资者履责的过程中存在的问题

（1）随着外资企业在中国的发展，一些大型企业不断展开并购风潮，我国一些行业中的骨干企业被外资企业所收购。外资企业在中国逐渐呈现独资化和大型化的特点。外资企业利用其规模优势一定程度上垄断着中国市场、获取高额利润，威胁着中国企业的生存和发展。

（2）有些跨国公司将高污染行业加速向我国转移，对我国的环境造成了严重的危害。事实上国外已经开始重视环境保护问题，而如中国这样的发展中国家为了追求经济的高速发展，普遍不重视环境问题。因此，一些外资企业就钻这样的空子，将重污染企业转移到我国。

三　推动企业积极承担对投资者社会责任的措施

（一）企业方面

1. 企业应构建以资本优化为核心理念的企业管理制度

在国有企业资本运营的研究中，市场经济体制要求国有企业资本的组织、管理和运营及由此带来的资本保值增值和收益的最大化，这同样是资本运营战略对企业组织管理的要求，更是以资本为核心的企业管理制度的内容。企业首先要明晰产权管理制度，处理好资本的投入产出关系及相对应的资本运营考核指标体系。这就要改革企业内部的组织制度和领导制度，建立科学规范的企业财务管理体系等。[①]

2. 企业应提高资本流动性，提高资本运营效益

资本流动不仅是宏观问题，同样是企业内部面临的重大课题。资本流动性的强弱，直接影响企业经营规模的大小。资本流动性强，资本运营的效益就高；反之，资本流动性弱，资本运营的效率就低。不断调整产品结构，打开市场，降低库存，减少不良债务等，都是提高资本流动性的有效途径。企业应改善经营方式，变粗放式经营为集约式经营，提高资本运营效率。企业不能仅依靠增加外部资本投入，而要依靠企业资本的不断增值来实现内涵式的扩大再生产。

3. 企业应根据自身特点形成自己的核心竞争力

所谓核心竞争力是指能使公司保持长期稳定的竞争优势并获得稳定超额利润的竞争力。核心竞争能力是公司获得长期稳定竞争优势的基础，是公司自由地将技能、专长和运作机制有机融合的能力。企业是否能够持久地对投资者履行责任取决于公司的核心竞争能力。企业应加大产品研发和技术创新的力度，开发出能满足不同客户需求的产品，以获取研发方面的竞争优势，同时通过整合公司的内部资源，如开发新产品、拓展新市场、调整组织结构、提高管理水平等来提升企业的核心竞争能力。

---

① 张廷昕、敬采云：《国有企业资本运营的探讨》，《企业管理》2009 年 9 月。

（二）政府监管方面

1. 政府应当为企业承担投资者责任创造政策环境

首先，完善相关法规，消除不合理的市场壁垒。为保民营企业经营利益，需要建立完善的法律体系。因此，我国政府有关部门应尽快完善《公司法》《证券法》等，推动《投资者保护法》等法律法规尽快出台等。同时，政府应加快自身职能的转变，适时调整角色，从绝对指导向辅助推进转变。在市场经济不断深入的情况下，政府应在方向上做好掌舵人，在细节上放权，为企业营造良好的发展环境。政府部门在实践中应把握经济发展的整体方向，建立健全资本市场的社会保障、企业担保等制度，向企业提供一定的技术、信息和信贷支持，加大立法力度，完善市场体系，进而优化企业资本运作的环境。①

其次，从企业实际运行现状出发制定合理的宏观调控政策。政府应尽可能地运用宏观调控手段优化调整我国的产业结构。应从行业全局角度考虑解决问题的办法，从而制定适应各行业自身经济结构以及产业结构调整的方案和思路，明确产业发展的步骤和侧重点，依托优势企业进行兼并、收购、联合等资本运营活动，实现优胜劣汰，使存量资产得到优化，提高资产净利率，更好地保证投资者的利益，利用各种调控手段引导和鼓励企业，通过资本运营增强产业发展的实力，推动产业升级。②

最后，营造良好的发展环境，更好地为企业服务。企业的发展离不开良好的环境，政府应该认真落实对各类企业的财税、土地、生产要素等的支持措施，积极协调服务重大项目，实行"一企一策"，提高个性化服务水平，促进企业加快发展。对表现优异的企业进行奖励，对违反法律法规的企业加大惩处力度，为企业以更快的速度成长壮大创造条件、营造环境。

外资企业与中国企业在各方面都存在差异，应当制定专门针对外资企业的相关法律，可以借鉴西方国家的相关规定，出台法律和政策实施细节，加强执法的统一性和部门的协调性，简化审批手续，提高监管的透明度，加强企业与

---

① 赵明、吴志远：《论民营企业之资本运营》，《时代金融》2011年4月下旬刊。
② 王庆彤：《国有企业资本运营存在的问题和对策》，《经济导刊研究》2007年4月。

政府之间的沟通，推动良性竞争并消除有碍于此的不平等监管障碍，为所有在华经营的公司创造公平的竞争环境。此外，政府应该规范外资企业运作模式，培养其公民意识，倡导外商像热爱自己的祖国一样热爱这里的环境和资源，地方政府要每年组织企业社会活动月，让外资企业多参加一些当地的社会活动，培养外资企业的公民意识。

2. 政府监管部门应进一步加强企业社会责任管理

我国企业的监管层应尽快构建企业履行社会责任的行为指引，逐步出台企业社会责任报告编制指引及构建全面的责任报告指标体系，使其成为企业履行社会责任，并扩大执行社会责任管理的有效工具；进一步扩大我国企业履行社会责任，并扩大发布社会责任报告的强制信息披露范围，进而提高企业经营管理的透明度及其与利益相关方之间的信息对称性。

大部分中央企业都深刻认识到开展社会责任工作的重要意义，企业社会责任意识不断增强。一些企业探索将社会责任理念融入使命、价值观和愿景，形成具有企业特色的社会责任观。南方电网提出的"万家灯火、南网情深"，中国石化提出的"每一滴油都是承诺"，中国五矿提出的"珍惜有限、创造无限"的愿景，这些社会责任理念生动感人，与企业自身业务特点紧密结合，反映了企业的高尚追求。国家电网、中国移动、中远集团、国机集团等企业专门制定了社会责任工作规划，宝钢、中国华电、中国海运、中煤集团、中国华录等企业在公司发展规划中专门体现出社会责任战略目标，为稳步推进企业社会责任工作提供了重要保证。

参考文献

[1] 冯梅、陈志楣、王再文：《中国国有企业社会责任论》，经济科学出版社，2009。
[2] 徐传谌、邹俊：《国有企业与民营企业社会责任比较研究》，《经济纵横》2011年第11期。
[3] 黄速建、余菁：《国有企业的性质、目标与社会责任》，《中国工业经济》2006年第2期。
[4] 张静：《国有企业社会责任生成及实现》，《公共管理》2007年第11期。

［5］张颖:《民营企业社会责任的评价指标体系研究》,《企业管理》2010 年第 5 期。

［6］张杰品、唐乃首:《国有企业管理存在的问题与对策探讨》,《佳木斯大学社会科学学报》2002 年第 3 期。

［7］赵明、吴志远:《论民营企业之资本运营》,《时代金融》2011 年第 4 期。

［8］辜胜阻:《民营经济与创新战略探索》,人民出版社,2009。

［9］赵庆双:《国有企业资本运营浅析》,《商业经济》2010 年第 6 期。

［10］孙书杰:《国有企业资本运营存在的问题及对策》,《北方经贸》2007 年第 8 期。

［11］谭德玉:《有关外资企业社会责任的思考》,《企业技术开发》2011 年第 1 期。

［12］顾金龙、赵映平:《外资企业在华投资企业社会责任的弱化与对策》,《世界经济与政治论坛》2006 年第 5 期。

［13］周金泉、卢亮:《外资企业在中国的社会责任研究》,《管理现代化》2006 年第 4 期。

B.3
企业履行劳工保护责任报告

王再文 柴林涛*

摘 要:

党的十八大明确提出"构建和谐劳动关系",并提出了"健全劳动标准体系"、"健全劳动关系协调机制"和"加强争议调解仲裁"三项任务。劳动关系是最基本的社会经济关系,和谐的劳动关系是创建和谐社会的核心内容之一,也是经济社会发展的基础,更是企业保持稳定和持续发展的百年大计。现阶段劳动争议的特点,很大程度上表现为法律法规得不到完整和认真的执行。面对我国劳动关系由个别向集体转型的趋势,成功预防和妥善处理集体劳动争议将成为新形势下创造良好的劳动关系所面临的新挑战。

关键词:

劳工保护 企业公民 和谐社会

一 2012年企业劳工保护发展趋势

劳动关系是最基本的社会关系之一,和谐的劳动关系自然也是构建和谐社会的前提和基础,而和谐劳动关系构建的基础是对这一关系进行制度性的规范和引导,法律法规是调整劳动关系的基本手段,是规范企业行为的规则。在我国市场经济不断深入发展的情况下,在市场经济环境中形成的劳动关系具有特殊性,其在运行、构成、处理等重要环节上都具备法制化特征,法律方式和法律原则成为调整和调解劳动关系的重要手段和举措。截至目前,我国

---

* 王再文,国家发改委培训中心任职,经济学博士(后),中央财经大学中国发展与改革研究院兼职教授,研究方向为企业理论、公共政策(制度)与区域经济发展;柴林涛,阳光新业地产股份有限公司融资经理。

已经颁布了一系列劳动法律法规，如《劳动争议调解仲裁法》《社会保险法》《劳动法》《劳动合同法》等，在劳动关系运行的各个环节，基本上做到了有法可依，建立了调整劳动关系的法律规范，为建构和谐劳动关系提供了基本依据。

构建完备的劳保法律体系，是促进劳动关系健康发展的基础。然而，国家宏观经济形势对劳动关系的影响却不容忽视。2012 年上半年以来，我国经济增长速度放缓，显著地影响了社会劳动保护实施的外部环境。继 2012 年我国 GDP 增长速度下降到 7.8% 之后，2013 年以来，我国经济增速仍然呈放缓态势。据统计，第一季度 GDP 增长率为 7.7%，第二季度 GDP 增长率微降至 7.5%，预计下半年仍将维持增长放缓的态势，全年 GDP 增长率大体能接近预定的增长目标（7.5% 左右），将低于 2012 年的经济增长水平。

宏观经济发展的放缓，将导致用人单位和个人消费能力下降，随着人们对社会保障的需求不断加大，社会保障基金收支压力将增大。

针对上述经济增速变化对劳动保护带来的不利影响，我国相继出台了一系列促进劳动保护的措施。2012 年底，全国人大常委会做出关于修改《中华人民共和国劳动合同法》的决定，对落实被派遣劳动者同工同酬权利和加重违法行为法律责任等做出了新的规定。修改后的《劳动合同法》如能较好地贯彻实施，将使我国劳动关系领域的法律规定进一步趋向完善。这将有效促进劳务派遣单位依法规范经营，用工单位依法合理使用被派遣劳动者，有效保护派遣工合法权益，从而促进企业健康发展。此次修改目的就是要让劳务派遣这一用工形式回归到劳动用工补充形式的本位，把派遣工数量控制在合理范围之内，构建和谐劳动关系。

近年来，在劳动关系领域，出现了一些特殊劳工群体，如"农民工""北漂"等。作为城镇化必不可少的群体，农民工这一劳动力资源对我国尚不健全的劳动保障体系提出了挑战。2012 年 3 月，全国政协十一届五次会议成功召开，该会议提出了"统筹城乡社会发展促进农民工融入城市"的重要提案，议案审议了《居住证管理办法》草案，2013 年报国务院审定。预期流动人口子女入学、社会保险、考驾照、办理住房手续等功能将纳入浙江、广东、上海

等地的居住证制度当中。

2012 年以来，各地政府在促进农民工基本公共服务均等化及城乡统筹发展方面取得了新的进展。

表1 我国 2012 年劳工保护重要事件

	我国劳工保护十大事件
就业	据人力资源和社会保障部统计,2012 年前 11 个月,全国城镇新增就业 1202 万人,失业人员再就业 525 万人,困难人员实现就业 167 万人。2012 年,大学生就业矛盾依然存在,但大学毕业生就业机制有所变化,不少应届毕业生进入劳动力市场求职。人力资源和社会保障部不断落实和完善扶持高校毕业生就业创业的政策,多渠道拓展高校毕业生就业领域,广泛开展公共就业人才服务进校园活动,加强对离校未就业高校毕业生的实名制就业服务
农民工收入	国家统计局发布的数据显示,2012 年前三季度,我国城乡居民收入保持两位数增长,名义工资增幅在 12% 以上。同时,农村居民人均现金收入 6778 元,实际增长 12.3%,农民收入增速快于城镇居民。2012 年,我国工资收入分配制度改革稳步推进,23 个省份调整了最低工资标准;企业最低工资标准正常调整机制普遍建立,5 年来全国最低工资标准年均增幅 12.6%
医疗改革	截至目前,我国城镇职工基本医疗保险、城镇居民基本医疗保险、新型农村合作医疗参保人数超过 13 亿,参保覆盖率超过 95%。2012 年 8 月底,国家进一步从城镇居民医保基金、新型农村合作医疗基金中划出大病保险资金。如今,覆盖城乡居民的医疗卫生服务体系在我国初步建立,真正实现了慢病能防、大病能治、城乡居民看病就医有保障
社会保障	截至 2012 年底,全国养老床位达 390 万张,每千名老人拥有的养老床位达 20.5 张。国家为 2011 年 12 月 31 日前已经办理退休手续并按月领取基本养老金的企业退休人员再次提高基本养老金水平。2012 年 11 月底,人力资源和社会保障部公开征求社会意见,拟规定我国城镇职工基本养老保险、新型农村社会养老保险、城镇居民社会养老保险,可跨地区互相衔接转换
养老保险	2012 年 9 月底,全国所有县级行政区全部开展了新型农村和城镇居民社会养老保险工作,城乡居民参保总人数达 4.49 亿,1.24 亿城乡老年居民按月领取养老金。这标志着我国已基本实现新型农村和城镇居民社会养老保险制度全覆盖,加上企业职工养老保险,覆盖我国城乡居民的社会养老保障体系基本建立

资料来源：《2012 年度我国劳工保护十大事件》，http：//www.51labour.com/zhuanti/top10_ 2011/。

如表1所示，我国 2012 年劳工保护重要事件几乎可以用五个词语概括，它们分别是"就业""农民工收入""医疗改革""社会保障""养老保险"（见图1）。而对近年来我国劳工保护重要事件进行"关键词"梳理后，可以发现以下规律。

（1）与法规政策相关的大事件出现次数不断增多，2012 年更是达到了7

次，占十大事件比例的一多半，说明我国更加关注劳工保护立法保护以及立法推进。

（2）与员工权益维护相关的大事件出现次数在 2010 年达到最高的 7 次之后开始回落，反映出在企业和员工的共同努力下，员工权益维护事件的发生趋势开始得到有效预防和控制。

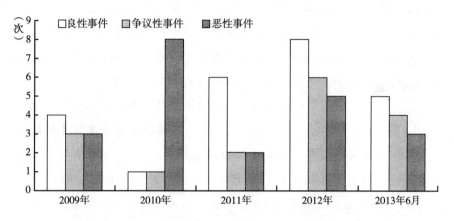

图 1　我国劳工保护近年十大事件核心词语出现频次统计分析

注：部分事件在进行核心词语分析时，会包含两个及两个以上的核心词语。

再对十大事件进行事件属性统计分析，可以看出恶性事件发生次数在 2010 年达到 8 次的最高峰，之后回落势头明显。而良性事件发生次数则在 2011 年达到 6 次的极值（见图 2）。

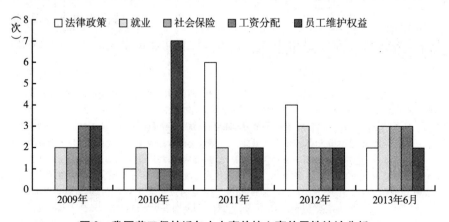

图 2　我国劳工保护近年十大事件核心事件属性统计分析

二　我国企业劳工保护现状分析

劳动关系是最基本的社会经济关系，构建和谐劳动关系是保障和改善民生、维护社会安定和谐的基础。当前和今后一个时期，我国仍处于劳动关系矛盾的多发期和各种利益关系的调整期，构建和谐劳动关系的任务十分艰巨。党的十八大报告明确提出，加强劳动保障监察和争议调解仲裁，尤其是加强对新型劳工的保障力度，对构建和谐劳动关系提出了新的要求，同时要健全劳动标准体系和劳动关系之间的协调机制。

与此同时，劳动保护措施还要适应当前的行业用工变化情况。2012 年，在我国经济转型的关键时期，全国就业形势在复杂多变的经济环境下总体表现较为平稳。从行业就业形势来看，高新技术产业、服务业用人需求在上升，而制造业用人需求在下降，第三产业是吸纳就业的主力军。行业用工状况的变化与滞后的劳工保护机制不匹配成为当前较为突出的问题。

加快县级及以下劳工基本保障体系建设，缩小城乡劳动关系差距成为当前首要的社会任务。截至目前，我国城镇居民基本医疗保险、城镇职工基本医疗保险、新型农村合作医疗参保覆盖率超过 95%。中央财政按每县（市）300 万元的标准安排补助资金，18 个省份 311 个县（市）开展了公立医院改革试点。

民政部 2012 年公布的结果显示，截至 2012 年底，我国共有城乡低保对象 7443 万人，约占全国总人口的 5.5%。同时我国工资收入分配制度改革在 2012 年也取得了稳步推进，全国 23 个省份上调了企业最低工资标准，正常调整机制普遍建立，5 年来全国最低工资标准年均增幅为 12.6%。

2012 年 11 月底，人力资源和社会保障部公开征求社会意见，拟规定我国新型农村社会养老保险、城镇职工基本养老保险、可跨地区互相衔接转换、城镇居民社会养老保险基本医疗保险从制度上覆盖全民。

（一）逐步完善劳工保护法律体系

我国虽然制定了全方位、多角度的劳动保护相关法律，但是仍有部分企业出现违规现象，其表现形式主要有几个方面：一是企业经营者过于重视生产经

表2 指导企业保护劳工责任的相关政策指引

日　期	发布者	文件名称	内容、主旨或意义
2013 年 4 月 22 日	人力资源和社会保障部	《工伤康复服务项目（试行）》和《工伤康复服务规范（试行）》（修订版）	《服务项目》和《服务规范》既是工伤康复试点机构开展工伤康复服务的业务指南和工作规程，也是工伤保险行政管理部门、社会保险经办机构和劳动能力鉴定机构进行工伤康复监督管理的重要依据
2013 年 4 月 27 日	全国人大及其常委会	《中华人民共和国军人保险法》《中华人民共和国劳动合同法》的修改	《中华人民共和国军人保险法》公布施行，这是新中国成立以来国家专门就军人生活待遇颁布的第一部法律。这部法律在充分体现军人职业特点的同时，又能与社会保险制度有机衔接，增强法律的指引性和可操作性，为维护军人保险权益提供了强有力的保障；《中华人民共和国劳动合同法》的修改，进一步保障了劳动者的权益
2013 年 4 月 28 日	国务院	《女职工劳动保护特别规定》	为了适应我国经济社会发展新形势的需要，进一步加强女职工劳动保护工作，《规定》主要从三个方面对《女职工劳动保护规定》进行了完善：一是调整了女职工禁忌从事的劳动范围；二是规范了产假假期和产假待遇；三是调整了监督管理体制
2013 年 6 月 20 日	人力资源和社会保障部	《中华人民共和国人力资源和社会保障令》第 19 号	为了规范劳务派遣，根据《中华人民共和国劳动合同法》《中华人民共和国行政许可法》等法律，制定本办法。劳务派遣行政许可的申请受理、审查批准以及相关的监督检查等，适用本办法。人力资源和社会保障部负责对全国的劳务派遣行政许可工作进行监督指导

营和短期效益，轻视劳资关系；二是劳动法制宣传教育存在不够全面之处，部分企业经营者法律观念淡薄，守法意识不强；三是政府部门对违规问题惩罚广度、力度不够，无法对违规企业产生应有的震慑作用，造成企业违法成本偏低。

（二）劳工就业权随着劳动力市场秩序的提升而不断强化

2012 年，国家从合法性、规范性、有效性入手，下大力气整治了整个劳动力市场，国家人力资源和社会保障部下发了《关于做好当前人力资源市场管理工作的通知》（2009 年）、《关于进一步加强人力资源市场管理监管有关

工作的通知》（2010 年）、《关于加强统一管理切实维护人力资源市场良好秩序的通知》（2011 年）、《关于加强人力资源服务机构诚信体系建设的通知》（2012）等多个文件。

2012 年，国家人社部协同相关部门在全国范围内开展了清理整顿人力资源市场秩序的专项举措，取得了较为明显的效果。其中，共检查职介机构和用人单位近 15 万户次，查处违法案件近 1 万件，吊销许可证 113 件、吊销营业执照 1126 件，最终取缔非法职业中介活动 2815 起。人力资源服务体系进一步完善。

截至 2012 年底，各类人力资源服务机构以市场需求为导向，全年共为 1888 万家次用人单位提供各类人力资源服务，丰富了服务内容，提升了服务水平，全国县以上政府部门设立公共就业和人才服务机构等各类服务行业达 2.8 万家，不断拓展人力资源服务领域。

表 3　2009～2012 年我国劳动力市场专项整治结果一览

年份	2009	2010	2011	2012
检查职业中介机构和用人单位（万户次）	10	12	13.3	15
查处违法案件（万件）	1.3	1.3	1.01	1
取缔非法职业中介活动（起）	5000	4100	4055	2815
取缔非法职业中介机构（户）	7131	4988	4753	4133
责令退还风险抵押金（亿元）	0.6	0.5	0.7	0.3

资料来源：人力资源社会保障部网站，《2009～2012 年度人力资源和社会保障事业发展统计公报》。

（三）劳工工资分配权的改革工作稳步进行

工资是劳动者在一定时间内参加社会劳动所得到的货币收入。它是维持劳动者生产和再生产最基本的条件，也关系到劳动者及其赡养人生活水平的高低。因此，工资收入水平是衡量就业质量的重要因素。近 5 年来，随着国民经济的发展和劳动生产率的提高，2012 年我国城镇职工工资收入有了较大幅度的增长，国家统计局、人社部统计结果显示，全国城镇非私营单位就业人员年平均工资为46769元，比2007年的24932元增长了87.6%；2012年全国城镇私营单位就业人员年平均工资为28752元，比2009年的18199元增长了58.0%。全国各省、区、市最低工资标准大幅提升①。最低工资标准调整机制普遍建立；随着事业单位改革的逐步推进，事业编制机构的工作人员收入分配制度改革也取得了稳步的发展，各地义务教育学校、基层医疗卫生事业单位、公共卫生与绩效工资实施到位。但收入分配领域仍存在诸多问题，如劳动报酬在初次分配中的比重明显下降，工资收入分配差距较大，工资正常增长机制尚不完善等。

2012年，全国共有25个省份调整了最低工资标准，平均调增幅度为20.2%。月最低工资标准最高的是深圳市的1500元，小时最低工资标准最高的是北京市，为14元（见表4）。②

表4 2009~2012年我国企业在岗员工工资状况一览

		2009	2010	2011	2012
全国城镇非私营单位在岗职工	年平均工资(元)	32736	37147	42452	46769
	同比增长(%)		13.5	14.3	11.9
全国城镇私营单位就业人员	年平均工资(元)	18199	20759	24556	28752
	同比增长(%)		18.3	14.1	17.1
	调整最低工资标准省市个数		30	25	25

资料来源：根据国家统计局《中国统计年鉴》整理，http://www.stats.gov.cn/tjsj/ndsj/。

（四）劳工社会保障权的建设工作取得重大突破

社会保障待遇是劳动者就业质量的重要组成部分。近5年来，我国社会保障事业取得了长足发展。社会保险覆盖人群不断扩大。2012年末全国参加城镇基本养老保险、城镇基本医疗保险、失业保险、工伤保险、生育保险人数分别为3.04亿人、5.36亿人、1.52亿人、1.90亿人和1.54亿人，分别比2007

① 《2008~2011年度人力资源和社会保障事业发展统计公报》[EB/OL]，人力资源社会保障部网站，http://www.gov.cn/gzdt/2012-06/05/content_2153635.htm。

② http://www.clssn.com/html/Home/report/79217-1.htm.

年增长了 51.2%、140.0%、30.5%、56.1% 和 98.1%。企业退休人员基本养老金连续提高，2012 年企业退休人员平均养老金达到每月 1700 元，比 2007 年提高了 83.7%[①]。医疗保险报销比例和最高支付限额大幅提高，失业、工伤和生育保险待遇水平也有大幅提升；破产企业退休人员、困难企业职工、国有企业老工伤人员、未参保集体企业退休人员纳入社会保险等历史遗留问题得到妥善解决。与此同时，社会保险制度建设取得了历史性突破。城乡基本养老保险制度全面建立，全民医疗保险基本实现。

真正实现社会保障全民覆盖还有一定的路要走，能够充分享受养老、医疗、失业、工伤、生育五个险种的劳动者依然有限。同时，现行社保制度存在着地区分割、城乡分割、群体分割，以及资源不能共享的现象。社会保险双轨制造成机关事业单位与企业退休人员待遇差距过大。社会保障体系建设面临着城镇化加速、老龄化加剧的巨大挑战，基金长期平衡和保值增值的压力加大，经办服务能力与事业快速发展要求不相适应的矛盾凸显。

2012 年，随着我国社会保险保障工作的深入开展，我国居民社会保障体系建设取得突破性进展。2012 年五项社会保险（不含城乡居民社会养老保险）基金收入总计 28909 亿元，增长率为 20.2%。社保基金支出合计 22182 亿元，比 2011 年增长 4127 亿元，增长率为 22.9%。

（五）劳工的劳动合同覆盖率持续上升

近 5 年来，劳动者权益保护得到进一步加强，劳动关系总体保持和谐稳定。《劳动合同法》及其实施条例等法律法规得到进一步贯彻落实。劳动人事争议调解仲裁法律政策体系初步建立。企业劳动合同和集体合同签订率大幅提高，2012 年底，全国各类企业劳动合同签订率达到 88.4%；签订集体合同 131.1 万份，覆盖职工 1.45 亿人；各地建立了协调劳动关系的三方机制组织 1.7 万个；全国已调整组建劳动人事争议仲裁委员会 2793 家，实现了争议处

---

① 罗燕、林秋兰：《建立我国集体劳动争议预防与处理机制》，《中国组织人事报》2011 年 8 月 12 日。

理体制、仲裁机构、办案程序、办案场所相统一。同时，全国已建立仲裁院 1737 家，专兼职仲裁员 3.7 万人，队伍结构逐步优化，专业化程度逐步提高[①]。同时，建立了全国统一的劳动保障监察工作体系，健全机构、充实力量、提升素质、强化保障等方面不断取得进展。

当前及今后一个时期，劳动关系正处于矛盾多发期和凸显期。部分用人单位侵害劳动者权益的现象比较突出。企业劳动合同签订率有待进一步提高，民营企业特别是民营小企业的工会组织有待加强；集体协商制度覆盖面较窄，集体合同签订率偏低，集体协商机制有待完善。劳动争议案件特别是集体争议事件呈上升趋势。2012 年，各级仲裁机构立案受理劳动人事争议 64.1 万件，比 2011 年增加 8.8%，涉及劳动者 88.2 万人，比上年增加 13.2%。

2012 年继续全面推进小企业劳动合同制度实施专项活动，开展农民工劳动合同签订"春暖行动"，促进用人单位与劳动者依法签订并履行劳动合同。2012 年末，全国企业劳动合同签订率达到 88.4%。

大力推进集体合同制度实施"彩虹计划"。2012 年末，经各地人力资源社会保障部门审核备案的当期有效集体合同 131.1 万份，覆盖职工 1.45 亿人。

（六）劳工职业发展权实践工作成绩斐然

劳动力资源是现代企业发展的第一资源，企业核心竞争力越来越表现为对智力资源和智慧成果的培育、配置、调控的能力，表现为对知识人才的拥有、运用和支配的能力。人才是推动企业健康发展的力量之源，对于企业赢得竞争优势起着决定性的作用。有了人才，企业才会有实现跨越发展的保证。然而人才队伍的建设仅仅依靠高校、技术类学校以及企业还远远不够，需要政府、社会各界的配合和支持。

2009 年以来，我国全面实施人才强国战略，以培养技术人才和专业技能人才为重点，以贯彻落实人才规划纲要为主线，充分发挥政府、企业、社会协同合作、共同培养的作用，不断加大人才工作力度，各类人才队伍的建设得到不断加强。企业在政府的引导下，不断加大对困难企业职工、在岗农民

---

①　奚旭初：《央企怎能"掠夺性用工"》，《上海青年报》2012 年 6 月 26 日。

工、城镇失业人员、进城务工农村劳动者、高校毕业等特殊劳工人群的培训，保障了这些人群的职业发展权。2012 年，培训农民工 883 万人次，培训城镇登记失业人员 409 万人次，培训城乡未继续升学的应届初高中毕业生 165 万人次，图 3 反映了我国企业 2009～2011 年劳工职业发展权保护成果。

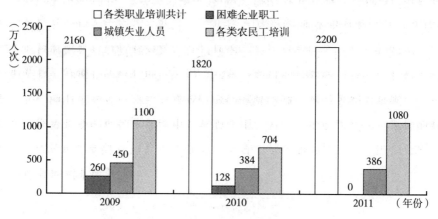

图 3　我国企业劳工职业发展权保护成果示意

资料来源：课题组根据我国历年《人力资源和社会保障事业发展统计公报》整理。

（七）改善工作环境成为劳工安全重要手段

工作条件是劳动者所在劳动场所的环境条件。工作场所的有害气体、噪声、光线、粉尘、放射性物质等应符合国家及行业卫生标准，不应对劳动者身心健康造成伤害。同时，工作条件不同，在相同时间内其他劳动因素不变，所需付出的劳动消耗量就不同。在较差的工作条件下，就要付出更多的劳动。

在我国，对工作条件具有决定性影响的是安全生产状况。近 5 年来，安全生产形势持续稳定好转。全国各类事故起数和死亡人数分别下降 33.4% 和 29.1%；重大事故起数和死亡人数分别下降 27.8% 和 29.5%；亿元 GDP 事故死亡率下降 66%，工矿商贸十万就业人员事故死亡率下降 46%，煤矿百万吨死亡率下降 75%；各省（区、市）的事故死亡人数下降幅度均超过 10%[1]。

---

[1] 《大学生就业歧视现状调查报告》，人民网，http：//edu. people. com. cn/GB/12353056. html. 2010 - 8 - 5。

安全生产整体状况的改善标志着劳动者最基本的劳动环境得以好转。

与此同时，工伤保险工作取得明显进展。截至 2012 年末，全国参加工伤保险人数为 19010 万人；2012 年，伤残津贴、供养亲属抚恤金、生活护理费三项长期待遇的人均水平分别比 2007 年提高了 198%、104% 和 212%①。截至 2011 年底，全国共有 312 万国有企业老工伤人员纳入了工伤保险统筹管理，他们的待遇从制度上得到了保证②。同期，全国已有 98% 以上的地市实现了工伤保险地市级统筹。但另一方面，尽管近年来我国安全生产形势持续稳定好转，但安全生产领域仍然存在一些问题，事故起数和死亡人数仍处于高位，安全生产形势依然严峻，工伤事故率和职业病发病率依然较高。

三　我国企业劳工保护责任存在的问题及分析

随着我国经济体制改革的发展以及经济全球化的到来，我国劳工保护问题也日益凸显。部分企业管理者素质不高，对劳动者的权益保护力度不够，不依法处理劳工保护问题，忽视人文民主管理，侵犯劳动者的权利，再加上缺乏有效的监督机制，导致劳工保护双方利益的冲突和矛盾不断增加。因为企业改制、职工下岗等问题引起的劳动争议明显增多，各地企业普遍存在着劳资关系不和谐的问题，有的甚至非常突出。究其原因，我国的企业大多是以廉价劳动力为重要资源而进行生产经营的，由于劳动力的供给十分充裕，致使企业长期忽视劳工权益。再加上企业经营者缺乏企业公民意识，因此近年来"劳资纠纷"升级。

沿海地区劳工保护的专项调查显示，广东、福建、浙江等沿海省份非公有制经济领域劳资纠纷呈多发态势，且从以前的温和型、散发个案式向群体性、突发性方式转变。我国人力资源和社会保障部统计数据显示：2004～2011 年，我国劳动争议仲裁机构立案受理劳动争议案件总数从 135206 件上升到 58.9 万件，并且在 2008 年有一次剧烈的增加，激增至 693465 件，而后在

---

① 郭捷：《论劳动者职业安全权及其法律保护》，《法学家》2007 年第 2 期。
② 吴清军：《当前我国劳工保护发展趋势研究》，《工会博览》2010 年第 3 期。

2009 年后又缓慢回落。集体劳动争议的出现则更具有代表性，罗燕、林秋兰
（2011）①的研究显示，我国现阶段的集体劳动争议多出现在经济发达地区，北
京、吉林、山东、广东、云南、浙江等地尤为突出。

2012 年各级劳动人事争议调解组织和仲裁机构共受理劳动人事争议案件
140.3 万件，结案 126.1 万件（不包括仲裁机构不予受理数），其中调解组织结
案 61.8 万件，占 49.0%。仲裁机构立案受理劳动人事争议 64.1 万件，结案率为
94.7%，调解组织受理（含仲裁机构案外调解）76.2 万件。②

涉及劳动者 88.2 万人，比 2011 年增加 13.2%，各级仲裁机构立案受理劳动
人事争议 64.1 万件，比 2011 年增加 8.8%。当期共审结劳动争议案件 64.3 万
件，比上年增加 8.5%，其中集体劳动争议 0.7 万件，涉及劳动者 23.2 万人（见
表 5）。

表 5 2005～2012 年我国劳动争议状况

年份	劳动争议仲裁机构立案受理劳动争议案件(件)	劳动争议涉及劳动者总人数(人)	集体劳动争议案件(件)	集体劳动争议涉及劳动者人数(人)
2005	313773	744195	16217	409819
2006	317162	679312	13977	348714
2007	350182	653472	12784	271777
2008	693465	1214328	21880	502713
2009	684000	1017000	14000	300000
2010	601000	815000	9000	212000
2011	589000	779000	7000	175000
2012	641000	882000	7000	232000

资料来源：2005～2008 年数据来源于历年《中国劳动统计年鉴》，2009 年、2010 年、2011 年、2012
年数据来源：中华人民共和国人力资源和社会保障部发布的 2009 年、2010 年、2011 年、2012 年人力资源
和社会保障事业发展统计公报，http：//w1. mohrss. gov. cn/gb/zwxx/2010－05/21/content_ 382329. htm。

劳动争议，特别是集体争议的出现，基本上都是因为劳工权益被侵害。由
企业改制、员工下岗等问题引起的劳动争议明显增多；集体劳动争议成倍上升
（如 2007～2008 年），规模不断扩大，有的集体争议还引发群体性冲突事件，

---

① 罗燕、林秋兰：《建立我国集体劳动争议预防与处理机制》，《中国组织人事报》2011 年 8 月 12
日。

② 陈兰通：《中国企业劳工保护状况报告 2011》，企业管理出版社，2012。

劳工保护矛盾成为危及企业公民建设的重要因素（见图4）。目前，劳动争议的焦点主要涉及的劳工权益有几个方面。

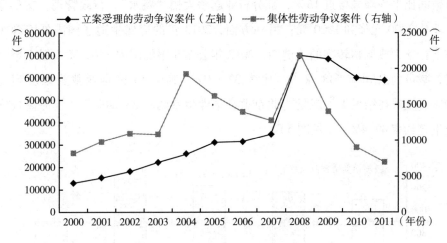

图4 2000~2011年我国劳动争议案件变化趋势

（一）劳工的就业权

1. 就业需求不能完全满足

以美国为主的发达经济体出台的财政政策对新兴发展中国家乃至全球经济造成了关键性影响，主要表现为产生了溢出效应。鉴于很多发达国家经济增长放缓，一些新兴和发展中国家采用扩大内需战略以弥补出口萎缩造成的缺口。2013年，我国经济增速放缓对就业的影响已在逐步显现。这些国家的劳动力市场和投入实体经济的生产性投资，也受到全球经济疲软的影响，这其中也包括中国。

2012年以来，未来全球失业人数还将增加，2013年将突破2亿人，达到2.02亿人，若要恢复到危机前的就业水平，当前尚需3000万人重返就业岗位。而全球失业人数2015年将进一步增加到2.08亿人。

从我国2012年至2013年上半年大学生就业的情况来看，2013年全国普通高校毕业生规模将达699万，比2012年增加19万人，是新中国成立以来大学毕业生最多的一年。从就业工作的重点指标"应届毕业生的签约率"来看，与2012年同比呈现下降趋势。

造成我国新生社会力量就业率持续下降的主要原因:一方面,在于"人增、岗减、薪降"的现状,待就业人数创下历史纪录,而 2013 年计划招聘岗位数同比平均降幅接近 15%,部分行业起薪大幅"跳水",行政管理、文秘等专业从 2200 元降到 1800 元;另一方面,2013 年的应届生适逢国内外宏观经济上行乏力或调整转型的关键期,2012 年公布年报的国内 1662 家 A 股上市公司,减员的公司有 548 家,占比为 32.97%,其中 15 家企业裁员幅度超过50%。反映在结果上,就是"北京普高毕业生签约率 28.24%""上海高校毕业生签约率 44.4%"(见图 5)。

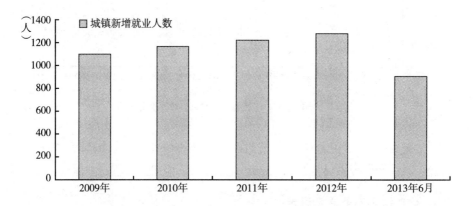

图 5 2009 年至 2013 年 6 月我国城镇新增就业人数

资料来源:课题组根据我国历年《人力资源和社会保障事业发展统计公报》整理。

例如,2012 年我国全年城镇新增就业人数为 1266 万人,城镇失业人员再就业人数高达 552 万人,就业困难人员就业人数则为 182 万人。2012 年末城镇登记失业人数为 917 万人,城镇登记失业率为 5.1%(见图 6)。

2. 就业歧视现象时有发生

摒弃学校、性别、户籍、年龄等就业歧视,终结各种暗箱操作和"拼爹"游戏,营造公开、公正的环境,是缓解大学生就业困境的根本之道。

招聘不公,很多时候还表现在或明或暗的"学历歧视"上。一些国有企业、机关事业单位常常把成功招聘到多少名校的高学历学生作为单位人才队伍建设的重要业绩,显然,简单用学校、学历判断一个人是否适合某个工作岗位,无疑是在制造另一种不公平。

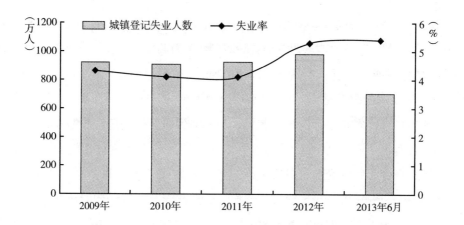

图6 **2009 年至 2013 年 6 月我国城镇登记失业人数及登记失业率**

资料来源：课题组根据我国历年《人力资源和社会保障事业发展统计公报》整理。

2013 年 5 月，国务院办公厅发布通知要求，要大力促进就业公平，规范国有单位招聘行为，完善公务员招考和事业单位公开招聘制度，加强国有企业招聘活动监管。在此之前，教育部也发出通知，严禁任何形式的就业歧视。上述两个通知都提到了"就业公平"。此次国务院出台的通知，特别提到了对国有企业招聘的监管。这是因为不少国有企业、事业单位正在成为就业歧视和不公的重灾区。中国政法大学的一项调查显示，包括政府机关和国企在内的国有单位的就业歧视与不公比民企和外企更严重，其中国企的就业歧视最严重，占 60.7%。

（二）劳工的职业安全权

职业安全权，是劳工依法享有的在劳动过程中不受职场危险因素侵害的权利。职业安全权是劳动权体系中的重要子权利，体现了《劳动法》所调整的劳工保护的本质属性和要求。劳工保护是一个矛盾体，既具有财产属性，又具有人身属性，而人身属性决定了职业安全权产生的基础。[1]

随着我国社会主义市场经济的深入发展和法制建设的不断完善，我国对从

---

[1] 郭捷：《论劳动者职业安全权及其法律保护》，《法学家》2007 年第 2 期；甘肃省总工会研究室：《完善法律法规加大执法监督——关于劳务派遣工权益保障问题的调查》，《中国工运》2012 年第 2 期，第 25～27 页。

业劳动者职业安全的法律保护意识不断增强，有关劳动者职业安全权保护的法律制度框架已基本确立。但从业劳动者的职业伤害危险依然存在，重大工业伤亡事故频频发生，职业病患率居高不下，劳动者的心理健康仍被一些企业忽视。

1. 职业病危害严重

我国仍有许多企业工作环境恶劣，员工受到职业病的危害。据统计，目前我国有毒有害企业超过 1600 万家，受职业病危害的人数超过 2 亿人，工人生活环境不符合起码的安全、卫生要求。特别是农民工集中的企业，设备陈旧、作业环境差，劳动者直接受粉尘、噪声、高温甚至是有毒气体的危害等情况更为突出。我国卫生部的统计数据表明，20 世纪 50 年代到 2010 年底，全国累计报告职业病 749970 例，其中累计报告尘肺病 676541 例，死亡 149110 例，现患 527431 例；累计报告职业中毒 47079 例，其中急性职业中毒 24011 例，慢性职业中毒 23068 例。2011 年全国新增职业病 29879 例，尘肺病 26401 例，仍然保持较快增长（见图 7）。这从一个侧面说明我国部分企业的企业公民实践开展得很不成熟，不仅在员工健康保障、职业卫生防护方面欠账甚多，还忽视员工的基本权益，对患病员工不负责。

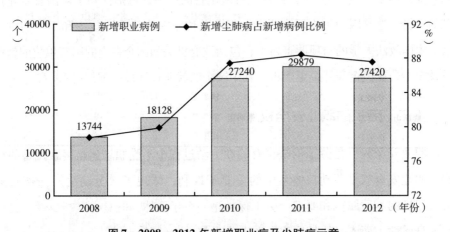

图 7　2008～2012 年新增职业病及尘肺病示意

资料来源：国家卫生部网站，http://www.moh.gov.cn/publicfiles//business/htmlfiles/wsb/index.htm。

根据 30 个省、自治区、直辖市（不包括西藏）和新疆生产建设兵团职业病报告，2012 年共报告职业病 27420 例。其中尘肺病 24206 例，急性职业中毒 601

例，慢性职业中毒 1040 例，其他职业病 1573 例。从行业分布看，煤炭、铁路、有色金属和建材行业的职业病病例数较多，分别为 13399 例、2706 例、2686 例和 1163 例，共占报告总数的 72.77%。共报告尘肺病新病例 24206 例，较 2011 年减少 2195 例。其中，煤工尘肺和矽肺分别为 12405 例和 10592 例。尘肺病报告病例数占 2012 年职业病报告总例数的 88.28%。

2. 劳工的心理健康权屡遭忽视

自 2011 年起的富士康事件引起了社会的广泛关注。从经济学角度来讲，在国际分工网络中，包括富士康在内的代工工厂处于产业金字塔的底部，无法承受上游公司大客户流失的损失，在这种压力下，代工厂往往选择对出错的员工进行严厉惩罚。从某种意义上讲，在市场经济体制下，全球化进程的力量将迫使代工企业展开流血竞争，经济全球化在一定程度上成为一台巨大的绞肉机。虽然富士康的"N 连跳"只是一个企业忽视员工心理健康、漠视员工生存权利的极端现象，但是造成这种现象的根源却是值得人们深思的。无独有偶，一部分中国加工制造业企业早已习惯了从廉价用工中汲取利润，一旦遭遇外部突如其来的压力，往往不是采取技术革新、管理革新、员工素质教育以及市场开拓等正规方法来渡过难关，而是与富士康一样，以让员工加班的方式挤压员工休息、交流的时间和发展的空间，甚至用极端军事化管理的方式扼杀员工的个性和人格尊严，从而获得更多的利润。

（三）劳工保护的三方协调机制

我国近年来逐步建立了协调劳动关系的三方机制，充分发挥协调劳动关系三方机制的重要作用，由企业组织、工会组织、政府部门三方来协调劳动关系。政府部门应承担主导责任，积极推动、引导企业普遍建立工资集体协商制度，使劳动关系主体间的利益之争能够通过平等协商、签订集体合同的方式依法解决，工会和企业组织应发挥好代表、维护和引导劳动关系主体依法理性表达利益诉求的作用，化解劳动争议是市场经济国家的普遍做法，因此应进一步加强三方机制建设，共同推动建立健全劳动合同制度和集体合同制度。当前，应针对工资福利争议成为引发集体争议的主要因素的实际情况，确保劳动关系和谐稳定。

目前，私企成为劳动争议"事故多发区"，一些用人单位依然不适应《劳动

合同法》，恶意诉讼频现，涉案人数众多的群体性案件屡见不鲜，以北京市海淀区为例，2011 年北京市海淀区法院受理的案件中，涉案劳动者的平均年龄为 36 岁，低于 2010 年 38 岁的平均年龄，其中 35 岁以下劳动者所占比重不断增大，达到 52.3%。另外，涉案劳动者中，普通员工占绝大多数，比例高达 78%，企业高管和核心技术人员各占 10.2% 和 11.8%。①

（四）劳工的平等权

劳工的平等权利代表着企业员工在岗位中的合法地位。社会中普遍存在着劳务派遣用工现象，一些不法企业利用派遣漏洞，侵害企业员工的利益。对此，国家出台一系列政策对上述问题进行了规范。2012 年 12 月 28 日，第十一届全国人大常委会第三十次会议通过的《关于修改〈中华人民共和国劳动合同法〉的决定》明确规定："经营劳务派遣业务，应当向劳动行政部门依法申请行政许可。"为贯彻落实法律要求，规范劳务派遣行政许可实施工作，人力资源和社会保障部制定下发了《劳务派遣行政许可实施办法》。

2013 年 8 月 7 日，人力资源和社会保障部就《劳务派遣若干规定（征求意见稿）》向社会公开征求意见。征求意见稿明确规定，用工单位应当严格控制劳务派遣用工数量，在辅助性岗位使用的被派遣劳动者数量不得超过用工总量的 10%。同时，被派遣劳动者在用工单位发生工伤的，用工单位不仅要协助调查处理，还要承担相应的赔偿责任。

（五）劳工的休息权

随着经济社会的发展，劳动者工作时间呈逐步缩短的趋势。同时，工作期间的休息休假也是劳动者的基本权利。在取得同等劳动报酬的情况下，所用工时越少，在一定程度上表明就业质量相对较高。近年来，我国加强了特殊工时的管理，截至 2011 年底，经审批并在有效期内实行特殊工时制度的企业约 65800 户，涉及职工 1500 万人。劳动定额定员标准化工作得到推进，制定了一批行业定额标准并在企业内贯彻实施。同时，职工带薪休假制度、高温天气

---

① http://roll.sohu.com/20120414/n340519376.shtml.

劳动保护政策和女职工劳动保护特别规定得到进一步落实。另外，不少企业加班加点和超时工作还比较普遍，职工带薪休年假制度也没有得到很好落实。长时间超时工作，会给劳动者身心健康带来严重损害。

国家为保障劳动者合理的工作时间和休息休假权利，规定"实行劳动者每日工作时间不超过 8 小时、平均每周工作时间不超过 44 小时的工时制度"，随后出台的《国务院关于职工工作时间的规定》第三条规定，职工每日工作 8 小时、每周工作 40 小时。按行业分我国城镇就业人员周平均工作时间见表 6 所示。

表 6 按行业分我国城镇就业人员周平均工作时间

单位：小时

分　　组	2007 年 11 月	2008 年 11 月	2009 年 11 月	2010 年 11 月	2011 年 11 月
全部	45.5	44.6	44.7	47.0	46.2
住宿和餐饮业	52.1	50.7	50.1	51.43	51.5
批发和零售业	50.9	49.6	49.6	50.3	49.8
建筑业	49.7	48.2	48.4	50.2	48.8
制造业	49.4	47.9	48.5	49.0	48.1

资料来源：《中国劳动统计年鉴 2012》，中国统计出版社，2012。

从表 7 可以看出，我国城镇劳工 2011 年的周平均工作时间为 46.2 小时，已经逼近了新《劳动法》规定的上限，而部分行业如餐饮和住宿业、批发和零售业周法定工作时间更是远远超过了 44 个小时，劳工的休息权没有得到很好的保护。

表 7 按年龄分我国城镇就业人员周平均工作时间

单位：小时

分　　组	2007 年 11 月	2008 年 11 月	2009 年 11 月	2010 年 11 月	2011 年 11 月
16 ~ 19 岁	48.1	45.8	46.8	49.1	48.0
20 ~ 24 岁	46.9	45.6	46.1	47.8	46.8
25 ~ 29 岁	46.5	45.7	45.9	47.1	46.6
30 ~ 34 岁	46.9	46.0	46.1	47.5	47.0
35 ~ 39 岁	46.7	45.9	46.1	47.8	47.2
40 ~ 44 岁	46.1	45.4	45.4	47.6	46.9
45 ~ 49 岁	45.2	44.5	44.5	46.8	46.0
50 ~ 54 岁	43.9	43.3	42.9	45.8	44.8
55 ~ 59 岁	41.8	41.0	41.1	44.7	43.4
60 ~ 64 岁	38.4	37.3	37.8	42.6	40.1
65 岁 +	33.4	32.7	33.4	38.5	35.0

资料来源：《中国劳动统计年鉴 2011》，中国统计出版社，2011。

按照年龄划分，2011 年我国城镇就业人员周平均工作时间最长的年龄段为 16~19 岁，这一数字颇令人深思。16~19 岁的劳动者正值青春年少，本应该在高校或者技工学校完成自己的学业，然而实际统计的数字却是他们的周平均工作时间最长，不能不说我国企业在劳工休息权保护方面仍存在一定的问题。

四 当前我国企业在劳动保护实施方面的建议

构建和谐的劳资关系、形成良好的自我约束和监督机制是企业公民实践必不可少的组成部分，同时也是我国企业劳工保护体系建设的最终目的。这项工程需要政府、工会、企业以及社会组织的多方协调和配合，需要来自社会各个阶层力量的支持。

（一）政府层面

当前我国劳动者权益频频受到侵害的重要原因就是监管不力以及部分地方政府过度追求 GDP。因此，政府有效发挥自身的调节功能，将是关系劳工保护发展、形成合理劳资体系的关键性问题。

政府在进行劳工保护体系建设中要突出三点。

（1）随着宏观经济的变化，需加强对社会保障的评估和监测。宏观经济对社会保障的影响比较复杂，应合理地构建社会保障监测机制，进一步健全和完善社会保障运行监测体系，全面分析各项社会保障运行状况，建立预测和预警机制，为政府有关部门提供决策依据。

（2）进一步健全和完善社会保障政策调整机制。为应对经济增速放缓，需要及时优化和调整社会保障政策。因此，针对一些突出问题，应进一步建立比较规范的调整机制，以适应形势发展的需要。中央政府在对宏观经济做出总体部署的同时，地方政府还要对本地区的社会保障政策进行适当调整。

（3）分阶段、有差别地给予部分困难企业、可救助企业临时性的降低社会保险缴费扶持政策。作为就业的主体，绝大多数中小微企业属于劳动密集型企业，社会保险缴费额在企业成本中所占比重大。应当在一定时间内适当降低中小微企业的社保缴费负担，为保企业、保就业、保稳定，以确保社保基金当期收入不会受到显著影响。

（二）工会层面

1. 工会应在劳工保护问题上充分发挥协商平台的作用

工会系统应该进一步加强维护劳动者权益的工作力度，特别是要在非公有制企业加快工会的建立速度和进度，以维护劳动者的权益为目的，代表劳动者与企业投资方协商谈判。与此同时，社会各界也应为劳动者提供维权帮助，形成一种良好的维护劳动者权益的社会氛围。

2. 在劳动保障及劳工保护问题上工会要扮演督促者的角色

首先要建立劳动保障监察执法与刑事司法联动等多部门综合治理机制，要完善和落实劳动保障监察执法制度，健全违法行为预警防控机制，及时有效查处侵害劳动者权益的违法案件，畅通举报投诉渠道，组织开展专项执法监察和专项整治活动。

（三）企业层面

（1）充分开发人力资源，大力提高劳动者素质。推动实现更高就业质量的过程也是充分开发人力资源、大力提高劳动者素质的过程。从根本上说，就业质量取决于劳动者素质以及对人力资源开发利用的程度。①

（2）加强企业诚信管理，充分履行企业在劳动保障权益上的责任和义务。应该加快建立企业诚信制度，使企业不出现拖欠、克扣工资的状况，企业在维护劳动者权益上应尽自己的义务和责任，及时调整本企业的工资水平，尤其不能把最低工资标准当成工资发放的支付标准，同时合理、适度地提高工资水平，企业应根据政府制定的工资指导线、最低工资标准调整员工工资水平。企

---

① 李庆奎：《央企应在构建和谐劳工保护上下功夫》，http://acftu. people. com. cn/GB/14427336. html。

业主应该认识到，让资劳各得其所，合理维护劳动者权益，实际上是有利于企业的可持续发展的。

（四）社会组织层面

加强企业社会责任实践，不仅要政府使用各种政策手段进行"看得见的调控"，还需要社会各界力量相互配合、相互帮助，利用"看不见的手"进行监督和引导。社会组织作为政府部门很好的补充和协助，在推动企业社会责任实践方面也有着重要的作用。社会组织在参与构建和谐劳动关系时，其一要参与构建外来员工管理网络，利用其自身的独立性和三方性特点，为外来员工提供培训和服务；其二要充分开展知识普及教育活动，利用自身灵活多变、组织形式多样化的特点，按时按需对劳动者进行教育，给予其充分的智力支持。

参考文献

［1］《中国统计年鉴》，国家统计局网站，http：//www. stats. gov. cn/tjsj/ndsj/。

［2］《2008～2011年度人力资源和社会保障事业发展统计公报》，人力资源社会保障部网站，http：//www. gov. cn/gzdt/2012－06/05/content_ 2153635. htm。

［3］罗燕、林秋兰：《建立我国集体劳动争议预防与处理机制》，《中国组织人事报》2011年8月12日第10版。

［4］《大学生就业歧视现状调查报告》，人民网，http：//edu. people. com. cn/GB/12353056. htm。

［5］郭捷：《论劳动者职业安全权及其法律保护》，《法学家》2007年第2期。

［6］吴清军：《当前我国劳工保护发展趋势研究》，《工会博览》2010年第3期。

［7］陈兰通：《中国企业劳工保护状况报告2011》，企业管理出版社，2012。

［8］甘肃省总工会研究室：《完善法律法规加大执法监督——关于劳务派遣工权益保障问题的调查》，《中国工运》2012年第2期。

［9］奚旭初：《央企怎能"掠夺性用工"》，《上海青年报》2012年6月26日第3版。

［10］许浩：《约束劳务派遣滥用〈劳动合同法〉触动央企利益》，人民网，2012年6月30日，http：//www. 022net. com/2012/6－30/446849402779937. htm。

［11］马志刚：《扩大就业要有新思路》，http：//theory. people. com. cn/GB/49154/49156/17007975. htm。

[12] 鲁兴勇：《中央企业构建和谐劳工保护与研究——工程建设领域使用农民工现状与思考》，2011 年 8 月 22 日，http：//www. qstheory. cn/lg/clzt/201108/t20110822_104162. htm。

[13] 李庆奎：《央企应在构建和谐劳工保护上下功夫》，2011 年 4 月 19 日，http：//acftu. people. com. cn/GB/14427336. htm。

B.4
企业履行消费者
权益保护报告

刘　方*

摘　要:

　　满足消费者需求、保护消费者利益是每个企业生存的前提与保障。但是,近年来大量侵害消费者权益的事件频频出现,企业为了追求高额利润,置消费者的生命安全于不顾,最终给社会带来了严重的影响。本文倡导企业要加强对消费者权益的保护,通过对我国2012年企业对消费者权益保护发展状况的概述,分析企业对消费者权益保护的案例,阐明我国企业当前存在侵害消费者权益现象的原因,最终从加强企业对消费者履行社会责任、加强政府对推动企业保护消费者权益的作用、充分发挥各级消费者协会和媒体的监督作用、提高消费者的维权能力等方面提出政策建议。

关键词:

　　企业社会责任　消费者权益保护　消费者维权

　　消费者是企业的衣食父母,企业应当积极履行对消费者的社会责任。在消费活动中,消费者处于弱势地位,因而企业应自觉履行对消费者的社会责任。这样不仅可以提升企业形象,增加企业的价值,而且可增强企业的综合竞争力和可持续发展力。近年来,即便是知名品牌或者占有较高市场份额的企业也面临着消费者的信任危机。消费者对产品制造者与销售者的诚信是企业发展的最大前提,赢得消费者的信任是企业获得客户和保持客户的关键。

* 刘方,经济学博士,国家发改委经济研究所研究人员,研究方向为企业改革与发展。

企业应当主动树立良好的企业形象，切实注重消费者的权益，加强企业社会责任建设。

一　2012年企业保护消费者权益的发展状况

消费者权益保护的状况，已成为衡量一个国家文明程度和法治化进程的试金石。本部分在衡量2012年企业保护消费者权益的总体状况时采用消费者投诉数量指标。

（一）2012年消费者投诉情况

2012年，全国消协共受理消费者投诉543338件[1]，投诉案件数比2011年下降10.5%；解决投诉505304件，比2011年下降11.6%；2012年投诉解决率为93.0%，比2011年下降1.2%；2012年为消费者挽回经济损失56843万元，比2011年下降29.3%；因经营者有欺诈行为得到加倍赔偿的投诉7213件，比2011年上升2.5%；加倍赔偿金额1283万元，比2011年上升87.6%；支持消费者起诉1101件，来访和咨询215万人次，比2011年下降36.6%（见表1）。[2]

表1　2011～2012年全国消协组织受理投诉情况

项　目	2011年	2012年	变化幅度（%）
受理数（件）	607265	543338	↓10.5
解决数（件）	571918	505304	↓11.6
挽回损失（万元）	80418	56843	↓29.3
加倍赔偿（件）	7036	7213	↑2.5
加倍赔偿金额（万元）	684	1283	↑87.6
支持消费者起诉（件）	—	1101	—
来访咨询（万人次）	334	215	↓35.6

资料来源：根据全国消协提供的数据整理而得。

---

① 谭新政：《全国消协组织受理投诉情况分析》，《商品与质量》2013年6月12日。
② 谭新政：《全国消协组织受理投诉情况分析》，《商品与质量》2013年6月12日。

（二）质量、价格、计量、合同性质的投诉占比有所上升

消费者投诉问题按性质可分为质量、安全、价格、计量、售后服务、假冒、虚假宣传、合同、人格尊严和其他等问题。图1和表2反映了2011年和2012年消费者投诉问题按性质分类的变化情况。2012年有关质量、价格、计量、合同性质的投诉占比同比有所上升，说明企业还应重视产品的质量和安全，还应加强维护消费者在这些方面的权益。假冒、虚假宣传的投诉占比同比均有不同程度的下降，这说明企业越来越重视诚信经营。

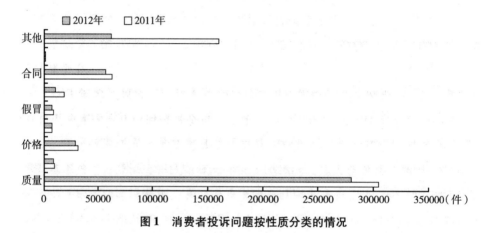

图1　消费者投诉问题按性质分类的情况

注：2012年全国消费者协会公布的投诉表新增售后服务性质。由于缺少2011年的售后服务性质的投诉情况，故图1中并未包括售后服务投诉情况。

表2　消费者投诉问题性质变化

单位：件，%

投诉问题	2011 年	2012 年	投诉占比变化幅度
质　　量	304846	280511	↑1.4
安　　全	10216	9435	—
价　　格	32179	29516	↑0.1
计　　量	7733	7691	↑0.1
售后服务	—	76917	
假　　冒	9062	7028	↓0.1
虚假宣传	19049	11074	↓1.1
合　　同	62781	57487	↑0.3
人格尊严	1857	1656	—
其　　他	159540	62023	↓14.9

资料来源：根据全国消协提供的数据整理而得。

（三）商品类投诉比重下降，服务类比重上升

消费者投诉问题按类别可分为商品和服务两大类。表3、表4反映了2011年和2012年商品类、服务类投诉变化的情况。

表3　商品类投诉变化情况

大类	类型	2012年	投诉量占比（%）	2011年	投诉量占比（%）	占比变化幅度（%）	投诉量变化情况（%）
商品类	家用电子电器类	126283	23.2	142940	23.5	↓0.3	↓11.7
	服装鞋帽类	52452	9.7	53708	8.8	↓0.9	↓2.3
	食品类	39039	7.2	45220	7.4	↑1.7	↑8.6
	烟、酒和饮料类	10077	1.9				
	房屋建材类	24631	4.5	27500	4.5	0	↓10.4
	日用商品类	38131	7.0	50741	8.4	↑0.8	↓1.9
	首饰及文体用品类	6331	1.2				
	医药及医疗用品类	5332	1.0				
	交通工具类	26438	4.9	23687	3.9	↑1.0	↑11.6
	农用生产资料类	7574	1.4	11848	2.0	↓0.6	↓36.1
	小　计	336988	62.0	355644	66.8	↓4.8	↓17.0

资料来源：根据全国消协提供的数据整理而得。

表4　服务类投诉变化情况

大类	类型	2012年	投诉量占比（%）	2011年	投诉量占比（%）	占比变化幅度（%）	投诉量变化情况（%）
服务类	生活、社会服务类	50229	9.2	—	—	—	—
	房屋装修及物业服务	6303	1.2	8110	1.3	↓0.1	↓22.3
	旅游服务	2732	0.5	3581	0.6	↓0.1	↓23.7
	文化、娱乐、体育服务	3542	0.7	—	—	—	—
	邮政业服务	6507	1.2	6920	1.1	↑0.1	↓6.0
	电信服务	31391	5.8	41060	6.8	↓1.0	↓23.5
	互联网服务	21037	3.9	20654	3.4	↑0.5	↑1.9
	金融服务	1905	0.4	3919	0.6	↑0.1	↓6.4
	保险服务	1764	0.3				
	卫生健康服务	6511	1.2	—	—	—	—
	教育培训服务	3698	0.7	3416	0.6	↑0.1	↑8.3
	公共设施服务	9785	1.8	—	—	—	—
	销售服务	39005	7.2	30355	5.0	↑2.2	↑28.5
	农业生产技术服务	442	0.1	352	0.1	0	↑25.6
	小　计	184851	34.2	118367	33.2	↑0.8	↓8.2

资料来源：根据全国消协提供的数据整理而得。

2012 年商品类投诉比重同比呈下降趋势, 由 2011 年的 66.8% 下降到 62.0%。家用电子电器类、服装鞋帽类、食品类、日用商品类、交通工具类投诉量位居前五位 (见图 2)。其中, 食品类, 烟、酒和饮料类①, 交通工具类, 服装鞋帽类, 日用商品类, 首饰及文体用品类, 医药及医疗用品类②的投诉占比同比均有所上升。食品类, 烟、酒和饮料类以及交通工具类的投诉量同比均有上升, 尤其是交通工具类投诉量同比增加了 11.6% (见表 3)。这说明此类企业应提高维护消费者权益的意识。

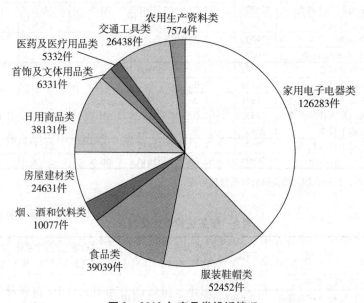

图 2　2012 年商品类投诉情况

2012 年, 服务类投诉比重同比有所增加, 由 2011 年的 33.2% 上升到 34.0%③。其中, 生活、社会服务类, 销售服务类, 电信服务类, 互联网服务类, 公共设施服务类投诉量位居前五位 (见图 3)。销售服务类、互联网服务类、邮政服务类、金融保险服务类④、教育培训服务类投诉量占比同比均有上

---

① 2012 年投诉表将此类分为食品类和烟、酒和饮料类等两类, 2011 年则合一统计。
② 2012 年投诉表将此类分为日用商品类、首饰及文体用品类、医药及医疗用品类三类, 2011 年则合一统计。
③ 谭新政:《全国消协组织受理投诉情况分析》,《商品与质量》2013 年 6 月 12 日。
④ 2012 年投诉表将此类分为金融类、保险类, 2011 年则合一统计。

升。销售服务类、互联网服务类、农业生产技术服务类、教育培训服务类投诉量同比均有上升①（见表3）。这说明此类企业应提高维护消费者权益的意识。

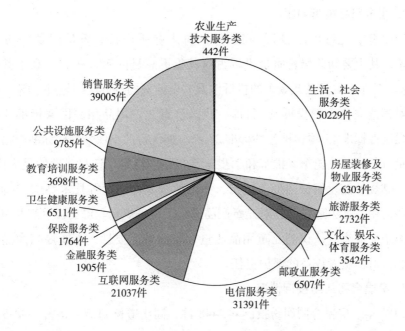

图3 2012年服务类投诉情况

（四）热点商品类投诉情况

1. 家用轿车相关投诉问题

2012年，家用轿车投诉7755件②。其中，投诉的主要内容是关于汽车的质量、合同和售后的。合同问题的投诉占19.3%，售后服务问题的投诉占到17.7%③。目前，《家用汽车产品修理、更换、退货责任规定》政策已发布，并于2013年10月1日起施行。该政策对汽车修、退、换的三包有效期限、三包条件、三包程序以及三包争议处理都做了规定，这些政策有利于消费者

---

① 谭新政：《全国消协组织受理投诉情况分析》，《商品与质量》2013年6月12日。
② 谭新政：《全国消协组织受理投诉情况分析》，《商品与质量》2013年6月12日。
③ 谭新政：《全国消协组织受理投诉情况分析》，《商品与质量》2013年6月12日。

在与生产经营者发生争议时进行维权。可见，汽车生产经营者需要更加重视汽车质量安全、销售中的合同管理以及售后服务工作，积极保护消费者权益。

2. 儿童用品投诉问题

2012 年，儿童用品投诉 4038 件，同比有所增长。质量问题的投诉占69.8%，其中婴幼儿奶粉质量投诉占对其投诉总量的 78.2%，远高于其他类商品①。对儿童玩具及儿童车的投诉涉及安全问题的投诉比例超过 10%，也远高于对其他类商品的投诉。② 目前，我国已有儿童用品相关国家标准 40 项，其中强制性标准 17 项，推荐性标准 23 项。如现行的 4 项强制性标准严格规定了儿童自行车、三轮车、推车和学步车等产品中特定可迁移元素的最大限量，规定了燃烧性能、机械强度、结构、稳定性和零件强度等技术要求。③ 同时，在一些通用标准中还专门针对儿童产品进行了特殊规定。可见，生产儿童产品的各类企业应充分认识到儿童用品质量和安全的重要性，不断提高产品的质量，履行对消费者权益的保护责任。

3. 房屋合同纠纷投诉情况

2012 年，房屋合同纠纷投诉共 2448 件，同比增长 11.7%，占房屋投诉总量的 32.5%④。房屋合同纠纷投诉的主要内容有：开发商不能按合同规定准时交房，同时向购房者收取不合理的费用。另外，违反合同时，未向消费者返还定金并给予双倍赔偿⑤。

4. 高价白酒投诉问题

2012 年，白酒投诉 1038 件，其中假冒问题投诉占到 25%，该比例高于对

---

① 《二〇一二年全国消协组织受理投诉情况分析》，http：//blog. sina. com，2013 年 5 月 1 日。
② 《二〇一二年全国消协组织受理投诉情况分析》，http：//blog. sina. com，2013 年 5 月 1 日。
③ 全国消费者协会发布的《保护儿童健康安全依据标准科学消费》。儿童用品相关标准从产品安全、技术性能、测试方法、标识说明等多角度对儿童的衣、住、用、行进行了全方位规范，覆盖了童装、童鞋、童车、儿童家具、玩具、儿童伞、纸尿裤、学生用品等多类产品。
④ 谭新政：《全国消协组织受理投诉情况分析》，《商品与质量》2013 年 6 月 12 日。
⑤ 《二〇一二年全国消协组织受理投诉情况分析》，http：//blog. sina. com，2013 年 5 月 1 日。2011 年 10 月，贵州消费者殷女士等 220 名消费者联名向当地消费者协会投诉称，当地开发商违反合同约定延期交房，并收取水电安装费等不合理费用。

其他类商品投诉。① 目前，市场上白酒假冒问题严重，一些经营者打着专卖的旗号，向消费者销售假冒白酒，很多消费者上当受骗。

（五）热点服务类投诉情况

1. 餐饮价格投诉问题

2012年，餐饮服务投诉8595件，涉及价格问题投诉1339件，占比为15.6%，投诉量位居服务类投诉前列。某些经营者利用"最低消费""包间费"等手段变相抬高消费价格，增加消费额度，同时造成浪费现象的发生。② 目前，餐饮业要积极履行消费者权益的责任，规范经营行为，与消费者共同完成"光盘行动"以及实现"厉行勤俭节约"的目标。

2. 家电售后服务投诉问题

2012年，对家电售后服务问题的投诉有23436件，占家电投诉总量的18.6%③。目前，家电行业售后服务合同中存在较多的不平等格式合同条款，消协对某些问题进行了点评和调查。尤其是消协对苹果公司服务条款的点评更是得到消费者的认同④。可见，这类企业应转变售后服务观念，本着为消费者着想的原则，不断提升服务的质量和产品的附加值。

3. 网络团购服务投诉问题

2012年，网络购物投诉20454件，占销售服务投诉量的52.4%。⑤ 可见，网络团购服务投诉问题较为严重。我国经营性团购网站缺乏对团购活动的监督手段，无论是事前、事中还是事后，都无法对消费者权益提供有效的保护。

4. 银行卡投诉问题

2012年，银行卡服务投诉近1143件。其中信用卡服务投诉占售后服

---

① 谭新政：《全国消协组织受理投诉情况分析》，《商品与质量》2013年6月12日。2012年1月4日，消费者投诉，他在某烟酒专卖店以1880元/瓶的价格购买了7瓶茅台酒，当天晚上喝的时候觉得口感不对。经厂家鉴定，消费者所购买的酒均为假冒产品。

② 谭新政：《全国消协组织受理投诉情况分析》，《商品与质量》2013年6月12日。

③ 谭新政：《全国消协组织受理投诉情况分析》，《商品与质量》2013年6月12日。

④ 中国消费者协会与天津、北京、上海、重庆、江苏、山东等六省市消费者协会联合发布了《苹果维修合同不公平格式条款点评意见》，引起社会广泛关注。其后，中消协和地方消协，通过劝谕、会谈、参与检查等各种方式，敦促苹果公司修改问题条款。

⑤ 谭新政：《全国消协组织受理投诉情况分析》，《商品与质量》2013年6月12日。

务问题投诉超过30%。投诉的主要问题有：一是未经同意擅自开卡收年费；二是未经同意擅自从账户中扣除相关费用；三是往往以某些理由随意增减消费者银行账户余额；四是未经同意为信用卡到期的客户寄送新卡。①

二 企业公民对消费者权益保护的案例分析

虽然"顾客就是上帝"的口号在国内已经叫响了几十年，但是面对着"毒胶囊"、奶粉"质量门"、酒鬼酒塑化剂超标、麦当劳过期产品加工出售事件等层出不穷的食品安全问题，让我们不得不对这句话产生质疑，即便是知名品牌或者占有较高市场份额的企业也面临着消费者的信任危机。本部分仅对2012年较为典型的消费者权益保护案例进行分析。

（一）"复方利血平"案

"复方利血平"案是关于山东两家医药公司垄断复方利血平原料药受到严厉处罚的案件。复方利血平是列入国家基本药物目录的抗高血压药，每片零售价格大约为0.08元，主要是中低收入群体消费此药。然而，山东潍坊顺通医药有限公司和潍坊市华新医药贸易有限公司与复方利血平的主要原料盐酸异丙嗪的生产厂家签订《产品代理销售协议书》，以此控制原料药，并要求国内20家生产复方利血平的企业按照他们提供的价格、划定的区域去操作，比如先将价格从每瓶1~2元提高到每瓶5~6元，然后再分利润。潍坊方面要求这几家企业联合把招投标价格提高，其在中间控制两头，把价格提高以后，利益链由大家来分。2011年11月，国家发改委监督检查与反垄断局对其行为进行了查处。

1. 案例分析

"复方利血平"案被称为《反垄断法》实施以来的"首起垄断重罚案"。反垄断的根本目的是预防和制止垄断行为、维护消费者利益。这起标志性案件

---

① 谭新政：《全国消协组织受理投诉情况分析》，《商品与质量》2013年6月12日。

也是对相关企业的有力警示，有助于创造一个公平的竞争环境。而这一切，出发点是维护消费者的根本利益，体现了国家始终将人民的利益放在首位的宗旨。另外，反垄断措施应进一步加强。罚款是反垄断的一种辅助处罚措施，而"责令停止违法行为"才是关键。既然如此，垄断企业就算接受了处罚，也未必会"长记性"，甚至可能依旧我行我素，将罚款转嫁到消费者身上。因此，应进一步对企业的垄断行为进行约束。

（二）"毒胶囊"事件

1. 案例简介

2012 年 4 月 15 日，央视曝光多地不法厂商使用重金属铬超标的工业明胶生产药用胶囊，并且问题胶囊也已销售给药品企业，并被制成药品销售。经中国检验检疫科学研究院综合检测中心多次检测确认，9 家药厂生产的 13 个批次的药品中，所用胶囊铬含量超过国家标准规定 2mg/kg 的限量值，超标最多的达 90 多倍。"毒胶囊"事件中，修正、海外等一系列著名药企涉案，事件影响范围颇广。但是，诸多涉事药企却在此时选择沉默。事件发生后，国家食品药品监管局表示有关部门正在全力以赴查控铬超标药用胶囊问题产品，有关情况将及时向民众公布。[①]

2. 案例分析

从"毒胶囊"事件可以看出：虽然药品生产中间环节很多，但是有关部门事前、事中、事后监管不严和不及时造成企业不法行为频频发生。可见，我国政府的监管能力较弱是造成"毒胶囊"事件的主要原因之一[②]。应建立危机预警机制。企业生存的环境复杂多变，除了企业自身原因以外，还有各种潜在的因素可能导致危机的发生，这也要求企业保持危机意识，建立完善的

---

① 《2012 食品安全大事件之"毒胶囊"事件》，http：//fj. sina. com，2013 年 5 月 23；《回顾 2012 食品安全大事件　怎么吃才最放心》，http：//ah. sina. com. cn/health/jkzx/2012 – 12 – 28/09413974. html，2012 年 12 月 28 日。

② 《回顾 2012 食品安全大事件　怎么吃才最放心》，http：//ah. sina. com. cn/health/jkzx/2012 – 12 –28/09413974. html，2012 年 12 月 28 日。

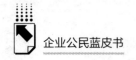

危机预警机制。[1] 而不是在遇到突发事件时，仅以沉默置之。[2] 企业应树立保护消费者权益的观念。"毒胶囊"事件的发生在一定程度上反映了基本药物定价过低的问题，但是深层的原因是企业为获取额外利润而置消费者利益于不顾。这就需要企业树立保护消费者权益的观念，为消费者提供健康、安全的产品，避免危害消费者利益的行为发生。

（三）奶粉"质量、安全"门事件[3]

1. 案例简介

2012 年 3 月雅培奶粉被爆不符合安全标准。2012 年 3 月 22 日，CER Research 发布的研究报告称雅培的配方奶粉质量远远没有达到国际标准和中国标准所能接受的最低标准，其送检样品中乳清蛋白对酪蛋白的比例很低。该机构分别从上海和香港购买了 6 个样本送到德国的一个专业检测食品安全的实验室进行成分检测和分析。其中一个样本是雅培喜康宝一段，其乳清蛋白与酪蛋白的比例远没有达到中国新国标中最低 60% 的要求。乳清蛋白对酪蛋白的比例很低将严重影响到新生婴儿的生长发育。有专家称，雅培的样品没有达到国家食品安全标准。[4] 雅培中国公司指出，该报告的发现和结论是极具误导性的，其目的显然是故意损害雅培的声誉。2012 年 4 月 5 日，雅培将"喜康宝"送到一家经 ISO 认证、名为 Covance 的独立检测机构进行检测，这家经国际认可的第三方独立实验室确认"雅培喜康宝产品符合中国国家食品安全标准"。但雅培公司也承认，此次送检产品并不是之前 CER 检测的港版奶粉，而是内地版喜康力。可是，此前雅培中国公司方面曾宣称，港版雅培产品和大陆版的产品均为同一雅培工厂生产，不存在质量差异。只是由于两地法规要求不同，产品的包装、商标及标签上有所区别。有业内人士表示，由于德国的专业检测

---

① 邹东涛：《中国企业公民报告 No. 2》，社会科学文献出版社，2012。
② 邹东涛：《中国企业公民报告 No. 2》，社会科学文献出版社，2012。
③ 《回顾 2012 食品安全大事件　怎么吃才最放心》，http：//ah. sina. com. cn/health/jkzx/2012 –
　12 – 28/09413974. html，2012 年 12 月 28 日。
④ 《食品安全大家谈——雅培奶粉被曝不符大陆标准》，http：//www. foodmate. net/news/fangtan/
　2012/04/202895. html，2012 年 4 月 2 日。

食品安全实验室技术和专业性都很强，所以上述检测报告的可信度极高。[①] 同年 6 月，伊利部分批次奶粉也被检测出汞超标。

2. 案例分析

奶粉是婴幼儿生长发育的基础，因此奶粉的安全问题一直是消费者关注的焦点。自从"三鹿事件"后，大部分国内消费者将国外奶粉变成了主要购买对象。然而，洋奶粉的质量问题也让消费者担忧。从上述案例中可以看到：一是由于我国现行的法律制度大大降低了跨国公司在中国的违法成本，使得看似诚信的跨国公司来到中国也变了味。国外企业也开始为获取额外利润而置消费者利益于不顾。乳清蛋白酪蛋白配比低主要是为了节省成本。乳清蛋白原料价格高，根据等级来分，目前售价为 2 万元/吨~4 万元/吨，等级高的乳清蛋白价格就更高；而酪蛋白原料价格相对较低，最优质的价格也就在 2 万元/吨~3 万元/吨。在乳清蛋白和酪蛋白配比中，若乳清蛋白用少些，酪蛋白用多些，企业就可以大幅度降低成本。然而，酪蛋白成分越高对婴儿身体越不好，因为婴儿消化分解能力差，容易造成婴儿肾脏功能受损。然而，婴幼儿是最弱势的消费者，也是我国未来发展的希望，所以就需要企业树立保护消费者权益的观念，为消费者提供健康、安全的产品，从而避免危害消费者行为的发生。[②] 二是安全权是消费者的一项重要权利[③]，尤其是对于婴幼儿产品。婴幼儿产品的安全，重在防范。政府的事前监控约束机制不健全，政府的监督力度不够大也是导致洋奶粉、国内奶粉存在质量问题的关键。三是生产企业只有将奶粉的质量和品质作为企业的生存、发展之源，才能重新获得消费者的信任。四是食品安全问题已是国人关注的重点问题，然而目前第三方机构或多或少与企业有"千丝万缕"的联系，研究中并没有秉持独立的原则，商业气息浓厚。有的研究机构甚至为吸引人们的注意力，故意传播流言，成为商家的"传声筒"。这些行为应及时制止。五是公众的舆论引导机制不健全，消费者盲目的品牌从众心理导致了质量欺诈行为的成功。

---

① 宋智娟：《2012 年食品安全事故盘点》，http：//bloog. sina. com，2013 年 4 月 12 日。

② 《回顾 2012 食品安全大事件　怎么吃才最放心》，http：//ah. sina. com. cn/health/jkzx/2012 - 12 - 28/09413974. html，2012 年 12 月 28 日。

③ 《消费者权益保护法》规定，消费者享有"九项权利"，其中第一项就是"消费者在购买、使用商品服务和接受服务时享有人身、财产安全不受损害的权利"。

（四）酒产品"质量、安全"门事件

1. 案例简介

2012 年 11 月，酒鬼酒被曝塑化剂超标 260%。长期食用塑化剂超标的食品，会损害男性生殖能力，促使女性性早熟以及对免疫系统和消化系统造成伤害。酒鬼酒回应声明指出，经国家质检总局、卫生部、国家食品安全风险评估中心三个权威部门认定，根据国际通用风险评估方法和欧洲食品安全局推荐的人体可以耐受摄入量，按照我国人均预期寿命，在适量的情况下，不会对健康造成损害，可以放心饮用。这次塑化剂事件对于整个白酒行业影响深远，冲击巨大。不久之后，茅台也被曝出塑化剂超标。而后，酒鬼酒董秘表示，被检出塑化剂超标的酒鬼酒不超过上市公司总收入的 10%。由于质监局尚无塑化剂含量的具体要求，所以公司没有产品召回计划。如果经销商要退货，公司会收；若不退，公司不予处理，业内人士认为此事件更多的是冲击酒鬼酒的品牌以及消费者的信心。[①] 2012 年 8 月古井贡酒被爆部分酒用食用酒精勾兑。古井贡酒回应称，公司确实存在用食用酒精勾兑白酒的现象，但只有在部分低端酒的发酵过程中才会使用食用酒精，高端的酒不会用到。[②]

2. 案例分析

在酒产品"质量、安全"门事件中，我们可以看到，一是企业为降低成本获取额外利润而置消费者利益于不顾。例如，部分古井贡酒用食用酒精勾兑主要是出于降低成本的目的。相关资料表明，如果使用食用酒精勾兑白酒，每生产一吨白酒将降低 70% ~ 90% 的生产成本。但是，由于许多食用酒精是用化学方法生产而成的，乙醇含量大于 95%，长期饮用对人体伤害很大。在利益的驱动下，生产企业毫不顾忌消费者的生命安全。[③] 二是生产企业不应该区别对待消费者，人为地为消费者划分等级。不论是低端酒还是高端酒，都应该

---

① 《回顾 2012 食品安全大事件 怎么吃才最放心》，http：//ah. sina. com. cn/health/jkzx/2012 –12 –28/09413974. html，2012 年 12 月 28 日。

② 《回顾 2012 食品安全大事件 怎么吃才最放心》，http：//ah. sina. com. cn/health/jkzx/2012 –12 –28/09413974. html，2012 年 12 月 28 日。

③ 《回顾 2012 食品安全大事件 怎么吃才最放心》，http：//ah. sina. com. cn/health/jkzx/2012 –12 –28/09413974. html，2012 年 12 月 28 日。

保证产品质量，切实保护消费者权益。三是"民不举，官不究"也是造成酒业出现质量问题的关键。现阶段，政府的监督力度不够、监督机制不健全，监管标准缺乏。只有明确标准，严格执行，加强事前、事中、事后监管，才能真正做到没有"鬼"。① 同时，政府还应该建立完善的缺陷产品召回制度。四是保持诚恳积极的态度。企业危机的发生往往会惹来媒体和消费者的诸多猜疑，而重新赢得消费者信任的关键就是保持诚恳积极的态度。目前只有提高酒品的质量，保证品牌的信誉才是发展的硬道理。②

（五）麦当劳产品过期后仍加工出售事件

1. 案例简介

2012 年 3 月 15 日央视 3·15 晚会曝光了北京三里屯一家麦当劳店，将过期的甜品派重新加工销售给消费者。麦当劳（中国）对此表示，对于中央电视台 3·15 晚会所报道的不遵循麦当劳营运标准违规操作的行为，会严肃处理，以实际行动向消费者表示歉意。并且会加强管理，确保各店严格执行营运标准，为消费者提供安全、卫生的美食。另外，欢迎政府相关部门、媒体以及消费者对麦当劳进行监督。③

2. 案例分析

从麦当劳过期产品加工出售事件中可以看出：一是加工出售过期产品已不是个案，它暴露出快餐行业由来已久的问题。二是只有严格遵守相关规章制度和执行生产标准，才能拥有更多的顾客，让消费者吃得放心。三是政府的监控约束机制不健全、监督力度不大，也是食品安全问题层出不穷的主要原因。四是事件发生后，应注重消费者权益的保护，并积极配合相关部门调查、严格整改，这样才能获得消费者的谅解。

---

① 《回顾 2012 食品安全大事件　怎么吃才最放心》，http：//ah. sina. com. cn/health/jkzx/2012 –
12 – 28/09413974. html，2012 年 12 月 28 日。

② 邹东涛：《中国企业公民报告 No. 2》，社会科学文献出版社，2012。

③ 《麦当劳、家乐福回应 3·15 晚会曝光，先后致歉》，http：//www. nbd. com. cn，2012 年 9 月 6
日。
《回顾 2012 食品安全大事件　怎么吃才最放心》，http：//ah. sina. com. cn/health/jkzx/2012 – 12 –
28/09413974. html，2012 年 12 月 28 日。

三　进一步推进企业积极承担消费者权益保护责任的措施

现阶段需要从政府、消费者协会、媒体以及消费者等四个方面推进企业积极承担消费者权益保护责任。首先，要加强企业对消费者积极履行社会责任，要求企业自觉提升自身的诚信度，不断提高产品质量和服务水平，同时还要求其对消费者的其他合法权利进行保护。同时，通过加强政府对企业经营行为的监督，完善政府推动企业保护消费者权益的激励措施以及完善相关制度等，发挥政府在促进企业维护消费者权益方面的作用。另外，还需要从充分发挥消费者协会和媒体的监督作用以及加快提高消费者的维权能力等方面推进企业积极承担消费者权益保护责任。

（一）进一步促进企业对消费者履行社会责任

企业只有注重社会责任，才能在公众心目中拥有良好的形象，其产品和服务才会被公众认可，才有可能获得更大的市场份额，从而为企业带来更强的竞争力;[1] 不履行社会责任的企业，就会失去创造利润的源泉和活力，最终在市场竞争中被淘汰。[2] 首先，企业应当严格按照相关法律法规及标准生产产品。企业以利润最大化为目标是应当的，但是企业不能为了获得高额利润而使生产或销售的产品存在严重的质量问题，如雅培奶粉、酒鬼酒塑化剂超标、麦当劳销售过期产品等，这不仅会损害消费者的利益，而且会丧失自己的品牌和企业形象，消费者会对其不信任，长此以往，企业会失去消费者并最终走向消亡。因此，企业必须履行其最基本的职责，保障产品质量和安全，生产出合规的产品，通过正当渠道获取利润，实现企业的长远发展。[3] 其次，企业应该不断增强服务意识，提高服务能力和服务水平，以提高消费者对其产品的满意程度。

---

①　高航:《社会责任提升企业竞争力》,《理论界》2008 年第 1 期。
②　王砚侠:《加强企业社会责任建设　维护消费者权益》,《辽宁行政学院学报》2010 年第 8 期。
③　韩李静、孟骋:《论企业对消费者的社会责任》,《旅游经济研究》2012 年第 2 期。

企业不仅要保证其提供的产品安全可靠，而且还要积极为消费者提供尽可能丰富的专业配套服务。企业应该追求产品服务的差异性，打造出售前、售中和售后服务的内容和质量与其他企业存在差异的环境，以此提供能让顾客更满意的服务，使自己的产品在众多的同质产品中脱颖而出，增强消费者对产品的认同感。最后，企业应当加强对社会责任问题的关注。企业应认真学习相关法律法规，并着重关注相关政策的变化，同时积极配合参加各级消协组织的各项消费者权益保护活动。另外，积极履行社会责任，做好保护消费者权益的宣传与教育，接受社会各方面的监督。①

（二）继续发挥政府对推动企业保护消费者权益的作用

继续发挥政府对推动企业保护消费者权益的作用，主要体现在以下方面：一是加强政府对企业经营行为的事前、事中、事后监督。目前社会上出现的食品安全问题，大部分原因是缺少政府对企业经营行为的有效监督。有关政府部门要在遵循市场经济规律的前提下积极主动对企业的经营行为监督管理，以保证其提供的产品或服务的质量符合标准。针对产品质量和安全问题，特别是从口而入的食品质量和安全问题，政府要加大对产品质量和安全的检查力度，对损害社会利益的行为决不能手软，加强制约懈怠履行社会责任的企业，对违反产品质量和安全标准的企业给予严重的惩罚，切实筑起一道保护消费者合法权益的防线。② 二是进一步完善政府推动企业保护消费者权益的激励措施。在考察企业社会责任方面，政府可以建立促进企业承担社会责任的激励机制，健全和完善公司业绩考评指标体系，把公司履行社会责任作为经营者业绩的考核指标之一。为履行社会责任较好的企业设立奖项，以此表彰其对社会的突出贡献，使其成为众企业学习的榜样，并对这些得到表彰的企业提供政策支持和补助金；对未能较好履行社会责任甚至有违法行为的企业，在严厉处罚的同时，还应通过媒体进行披露，从而造成舆论压力，使不履行社会责任的企业不仅受到法律制裁，还要受到社会的谴责，使消费者

---

① 韩李静、孟骋：《论企业对消费者的社会责任》，《旅游经济研究》2012 年第 2 期。
② 王砚侠：《加强企业社会责任建设　维护消费者权益》，《辽宁行政学院学报》2010 年第 8 期。

对其和其供应的产品丧失信任度。① 三是完善缺陷产品召回制度、小额纠纷处理程序以及建立公益诉讼基金。首先，完善产品召回制度。生产者应主动召回存在缺陷或有危害消费者安全与健康的产品。如果生产者不予理睬，主管部门应强制生产者召回，并给予消费者相当于购物价款的多倍赔偿。若情节严重者，产品确实给消费者造成了现实的损害，主管部门应给予严厉处罚，直至追究其刑事责任。② 其次，完善小额纠纷处理程序。对于数额不大、案情相对简单的消费纠纷，相关主管部门应适当简化相关审查程序，缩短案件处理时限，及时挽回消费者的损失。③ 最后，建立公益诉讼基金。目前，需要构建公益诉讼基金，以应对大规模的消费者侵权案件。对于不能合理得到补偿的消费者，可以利用公益诉讼基金给予适当补偿。同时，允许非直接利害当事人对违法者提起诉讼。④

（三）发挥消费者协会和新闻媒体的监督作用

目前，要充分发挥消费者协会和媒体的监督作用。一方面，进一步推进消费者协会在商品的比较试验、消费指导调查、消费警示、宣传教育等方面的工作，对损害消费者合法权益的行为，通过大众传播媒介予以揭露批评，充分发挥消费者协会在保护消费者权益方面的作用。另一方面，目前新闻媒体的监督作用在保护消费者权益方面发挥着越来越重要的作用。大部分侵犯消费者合法权益的事件都是在新闻媒体的曝光后才为人们所知。新闻媒体应实事求是地报道企业对消费者履行社会责任的状况、企业产品或服务的质量状况等等，对侵害消费者权益的企业要及时、准确地公开报道，发挥媒体舆论的监督作用。⑤

（四）加快提高消费者的维权能力

消费者维权能力的提高主要表现在消费者自身判断能力的提高以及行动能

---

① 韩李静、孟骋：《论企业对消费者的社会责任》，《旅游经济研究》2012 年第 2 期。
② 张河丽：《论我国消费者权益保护制度的缺失与完善》，《商品与质量》2012 年第 6 期。
③ 张河丽：《论我国消费者权益保护制度的缺失与完善》，《商品与质量》2012 年第 6 期。
④ 张河丽：《论我国消费者权益保护制度的缺失与完善》，《商品与质量》2012 年第 6 期。
⑤ 鞠伯蕾：《论企业对消费者的责任》，《商品与质量》2012 年第 4 期。

力的提高方面。在日常消费中，消费者应加强相关商品知识的学习，了解有关商品信息后再进行消费。同时，相关部门应建立各种商品和服务信息网络，向消费者提供各种准确的信息，使消费者能够做出合理的选择。在购物、消费过程中，消费者一定要索要消费票据，以此作为消费者权益受损时投诉的依据，以避免和减少投诉难度和诉讼风险。此外，消费者也要了解相关的法律知识，当自身的权益受到侵害时，要敢于拿起法律的武器与不法企业作斗争，只有这样才能真正保护自己，也才能间接推进企业自身文化建设以及企业公民的建设，真正促进企业的全面进步。最后，政府、社会组织等在保护消费者合法权益中取得的成绩也能给消费者自身维权树立信心。①

参考文献

［1］邹东涛：《中国企业公民报告 No. 2》，社会科学文献出版社，2012。

［2］高航：《社会责任提升企业竞争力》，《理论界》2008 年第 1 期。

［3］韩李静、孟骋：《论企业对消费者的社会责任》，《旅游经济研究》2012 年第2 期。

［4］何云：《公司社会责任背景下的公司对消费者的社会责任问题》，《河南省政法管理干部学院学报》2010 年第 6 期。

［5］黄帅：《试论公司对消费者的社会责任》，《北方工业大学学报》2006 年第 6 期。

［6］贾军：《中国保护消费者权益运动备忘录》，《北京工商管理》2000 年第 5 期。

［7］鞠伯蕾：《论企业对消费者的责任》，《商品与质量》2012 年第 4 期。

［8］刘光明、孙孝文：《中国乳业之殇与营销伦理》，《销售与市场》（管理版）2010 年第 12 期。

［9］刘新芬：《从我国农业食品安全看企业对消费者的社会责任》，《农业经济》2007 年第 11 期。

［10］刘志敏：《消费者利益：企业社会责任的核心》，《经济研究参考》2009 年第 45 期。

［11］缪超、黄琳：《“瘦肉精”事件与企业危机营销》，《学术探讨》2011 年第 1 期。

［12］尚艳南：《论消费者权益的保护》，《商品与质量》2010 年第 7 期。

［13］石悦：《从保护弱者的角度论〈消费者权益保护法〉的作用、不足与完善》，《法制与社会》2008 年第 23 期。

---

① 邹东涛：《中国企业公民报告 No. 2》，社会科学文献出版社，2012。

［14］汤亮：《浅论消费者权益保护法的完善》，《咸宁学院学报》2010 年第 10 期。

［15］谭新政：《全国消协组织受理投诉情况分析》，《商品与质量》2013 年 6 月 12 日。

［16］王冬昇：《消费者概念界定中的几个问题》，《学术探讨》2009 年第 4 期。

［17］王海波：《公司社会责任的法律思考》，《前沿》2010 年第 10 期。

［18］王晓波：《论消费者权益保护法律制度的完善》，《人民论坛》2010 年第 35 期。

［19］王砚侠：《加强企业社会责任建设　维护消费者权益》，《辽宁行政学院学报》2010 年第 8 期。

［20］颜梅生：《消费者，谨防购物小票上的大猫腻》，《公民与法治》2012 年第 7 期。

［21］殷格非：《企业对消费者的社会责任》，《WTO 经济导刊》2007 年第 4 期。

［22］尹向东：《开创保护消费者运动的新纪元——访中国消费者协会会长曹天玷》，《消费经济》1999 年第 2 期。

［23］岳俊芳：《从我国消费者运动主题看消费者权益维护》，《探索与争鸣》2008 年第 8 期。

［24］赵颖：《由食品安全问题看消费者权益保护与企业的责任》，《商品与质量》2011 年第 2 期。

［25］张河丽：《论我国消费者权益保护制度的缺陷与完善》，《商品与质量》2012 年第 6 期。

［26］戴洪萍：《企业消费者责任、品牌声誉与企业的品牌资产关系研究——以国内手机消费市场为例》，江西财经大学硕士学位论文，2010 年。

［27］《二〇一二年全国消协组织受理投诉情况分析》，http：//blog. sina. com，2013 年 5 月 28 日。

［28］中国消费者协会：《保护儿童健康安全，依据标准科学消费》。

［29］《回顾 2012 食品安全大事件　怎么吃才最放心》，http：//ah. sina. com. cn/health/jkzx/2012－12－28/09413974. html，2012 年 12 月 28 日。

［30］《食品安全大家谈——雅培奶粉被曝不符大陆标准》，http：//www. foodmate. net/news/fangtan/2012/04/202895. html，2012 年 4 月 2 日。

［31］《麦当劳、家乐福回应 3·15 晚会曝光，先后致歉》，http：//www. nbd. com. cn，2012 年 9 月 6 日。

［32］宋智娟：《2012 年食品安全事故盘点》，http：//bloog. sina. com，2013 年 4 月 12 日。

［33］《2012 食品安全大事件之"毒胶囊"事件》，http//fj. sina. com，2013 年 5 月 23 日。

B.5
企业履行慈善社会责任报告

蔡立雄*

摘　要：

2012 年是中国经济比较困难的一年，在这样的背景下，中国企业依然勇于承担社会责任，积极从事社会慈善活动，在保持较大捐赠总量的同时，着力创新慈善活动方式，努力提高慈善活动效果，为社会和谐稳定做出了贡献。但也存在着慈善透明度不高、慈善法制建设滞后、捐赠资源流向不均衡、企业慈善活动形式单一等方面的问题，据此，本文提出了转变政府职能、加强慈善组织内部建设、提高企业慈善行为能力等政策建议。

关键词：

慈善捐赠　企业公民　慈善社会责任

乐善好施是人类的一项重要美德，具有普世价值。在市场经济条件下，理论界将收入分配分为三类，一是各生产要素按其在财富创造中所做的贡献进行的分配；二是政府为社会公平与保护弱势群体等从市场中获取一部分收入所进行的再分配；三是各类 NGO 组织、企业和公民在自愿的基础上通过多种方式和途径进行慈善捐助，由此实现财富的无偿转移。自 20 世纪 90 年代中后期以来，随着中国企业财富的增长，部分企业开始有意识地捐资参与到救灾、办教育、扶助孤寡等事业中。在捐赠实践中，企业家们发现：企业的慈善行为与其经济目标并非是绝对冲突的，而是可以相互兼容的，慈善行为有助于企业更好

＊　蔡立雄，经济学博士，龙岩学院副教授，研究方向为区域经济、制度经济、企业社会责任。

地获得社会认可进而提高企业竞争力。由此，参与慈善活动的企业越来越多、频率也越来越高，社会因此也对企业的慈善活动报以更多的期待，从而使企业的慈善活动进入一个良性循环发展的轨道。当然企业的慈善活动规模并非是一个直线式的上升过程，其规模与当年经济状况、灾害发生情况、企业战略目标取向等有很大关系。

2012 年是中国经济比较困难的一年，企业也面临着转型发展的较大压力，企业景气指数、企业家信心指数和企业利润增长率均出现下降，在这样的背景下，中国企业依然勇于承担社会责任，积极从事社会慈善活动，在保持较大捐赠总量的同时，着力创新慈善活动方式，努力提高慈善活动效果，为社会和谐稳定做出了贡献。为进一步总结经验，深化对企业慈善活动的认识，中国企业慈善行动研究课题组对 2012 年中国企业履行慈善责任情况进行总结分析。

一 2012 年中国企业履行慈善责任的状况

企业履行慈善责任是企业基于"社会公民"的价值理念而承担有助于社会和谐稳定的不以获取回报（至少不是直接回报）为目的的物质或服务的单向流动，包括企业作为法人的慈善行为与作为企业代表者的企业家个人的慈善行为。2012 年，中国企业捐赠规模相对缩小，但更注重捐赠效率与对社会捐赠行为的带动作用。

（一）慈善捐赠规模下降，大额捐赠仍是主力

近年来，中国的慈善事业虽然有了较大发展，但慈善统计缺乏统一规范，部分机构的统计对象、统计范围、统计方法等存在较大差异，缺乏权威性。目前在企业慈善统计与排行方面较有代表性的三个机构是，《福布斯》中国慈善榜、胡润慈善榜、中国慈善排行榜（三家机构均于 2004 年首次发布数据）。

2012 年中国慈善排行榜（数据为 2011 年）入榜慈善家 231 位，共捐赠

79.99 亿元；入榜慈善企业［入榜条件为年度捐赠 100 万元（含 100 万）以上］605 家，共捐赠 104.47 亿元。2013 年（数据为 2012 年）入榜慈善家 311 位，捐赠总额约为 70.99 亿元；入榜慈善企业有 627 家，捐赠总额近 95 亿元。对比两年的数据可以发现，2012 年上榜的慈善家与慈善企业的数量均有增加，表明企业和社会对慈善的参与面进一步拓展了；但捐赠数量却分别下降了 11.25% 和 9.06%。

2012 年《福布斯》中国慈善榜上（数据为 2011 年）捐款最多的 100 家（名）企业（家）捐款总额为 47.9186 亿元，而 2013 年的捐款总额（数据为 2012 年）为 46.506 亿元，下降了约 2.95%。

2012 年胡润慈善榜上（数据为 2011 年 4 月至 2012 年 4 月）捐款最多的 100 家（名）企业（家）捐款总额为 101.189 亿元，而 2013 年（数据为 2012 年 4 月至 2013 年 4 月）捐款总额仅为 56.418 亿元，大幅下降了 44.24%。

与《福布斯》中国慈善榜相比，胡润榜捐赠的比例大幅度下降，这与两份榜单统计标准不同有很大关系，《福布斯》慈善榜以现金捐赠作为认定的标准，而且其统计范围以企业为准而不包括企业家；而胡润榜的统计范围不仅包括现金，也包括药品、物资等实物捐赠和广告、股票等非实物的现金折算，而且将企业家控股企业所捐款物，都视作企业家的捐赠。与 2011 年相比，2012 年的股市指数、物价指数也均较低，这些因素对统计数据有一定影响。但从三个榜单看，2012 年的企业捐赠金额均出现了下降。

2013 年中国慈善排行榜上，2012 年度捐赠亿元及以上的慈善家和慈善企业总共 40 个，合计捐赠总额近 65 亿元。其中，慈善家有 17 位，捐赠总额近 32 亿元；企业有 23 家，总额超 33 亿元，相比 2011 年度，捐赠过亿元的慈善家多了 10 位，慈善企业多了 1 家。2013 年《福布斯》排行榜单上捐赠达到 1 亿元的有 13 家，与 2012 年持平；共捐款 22.4192 亿元，比 2012 年多 0.2088 亿元；占前 100 家（名）企业（家）捐款总数的比重为 48.21%，比 2012 年提高了 1.86 个百分点。2013 年胡润慈善榜单上过亿元的捐赠有 18 家，与 2012 年持平；共捐款 32.287 亿元，比 2012 年少 39.573 亿元；占前 100 家（名）企业（家）捐款总数的比重为 57.12%，比上一年下降了 13.9 个百分点。根据三份榜单数据，可以发现，过亿元捐款的企业比例虽然较小，但其捐

赠总金额达到或接近一半，是捐赠的主力军。2013 年版的《慈善蓝皮书》也表明了这一点。该书指出：2012 年 1000 万元及以上的企业大额慈善捐赠 178 笔，捐赠金额合计 1771723.48 万元，其中捐赠金额超过 1 亿元（含）的共计 27 笔，合计 1384037 万元，占全部大额企业捐赠的 78%。

（二）最高捐赠金额有增有减，最低上榜金额出现大幅下降

2012 年《福布斯》中国慈善榜上捐赠金额最高的三位企业家分别是恒大集团的许家印、扬子江造船的任元林、大连万达集团的王健林，捐赠金额分别为 4.2006 亿元、2.64 亿元和 2.5847 亿元，而 2011 年高居榜单前列的三位企业家分别是恒大集团的许家印、珠江投资的朱孟依家族和大连万达集团的王健林，捐赠金额分别为 3.8790 亿元、3 亿元和 2.3166 亿元；2012 年上榜的第 100 位企业的捐赠金额为 0.042 亿元，而 2011 年为 0.1 亿元，下降了 58%。

2012 年胡润慈善榜上捐赠金额最高的三位企业家为世纪金源的黄如论、天地集团的杨休和恒大集团的许家印，捐赠金额分别为 5.82 亿元、4 亿元和 3.92 亿元；2011 年上榜的三强为福耀玻璃的曹德旺家族、恒大集团的许家印和大连万达集团的王健林，捐赠金额分别为 36.4 亿元、7.47 亿元和 2.82 亿元；2012 年上榜的第 100 位企业的捐赠金额为 0.11 亿元，而 2011 年为 0.168 亿元，少了 0.058 亿元，下降了 34.5%。

对比两份榜单，两个年份的前三强中，胡润慈善榜 2012 年的总金额比 2011 年减少了 70.57%；《福布斯》中国慈善榜则微增了 2.5%；上榜的最低金额则均出现了大幅下降；从完整的榜单上看，除少数位次外，两份榜单各个位次的捐赠额均有不同程度的减少。

（三）民营企业（家）依然是捐赠的主要贡献力量

自中国开始编制慈善榜单以来，民营企业在各种慈善排行榜中一直占据主体地位。

根据中国慈善排行榜，荣获 2013 年度十大慈善企业的是：中国三星、中

南控股集团有限公司、紫金矿业集团股份有限公司、日照钢铁控股集团有限公司、桃源居实业（深圳）有限公司、上海华信石油集团有限公司、广东常裕瑞实业投资集团、真维斯国际（香港）有限公司、如新集团、金泓昇投资（集团）有限公司。这 10 家公司中，国有及国有控股企业 1 家，港资企业 1 家，外资企业 2 家，民营企业 6 家，内资民营企业占 60%。2013 年《福布斯》中国慈善榜与胡润慈善榜的榜上企业均为民营企业。2013 年出版的《慈善蓝皮书》也表明：在大额捐赠的 178 家企业或企业家中，有 19 家来自国有企业，149 家来自民营、港澳台资和侨资企业，5 家来自外资企业，另外 5 家为联合捐赠，无论是数量上还是金额上，民营企业都占据了多数。

民营企业成为各种慈善榜上的主角不仅与企业家的社会责任心、同情心等密切相关，也与民营企业产权清晰，企业家自主权较大，对企业声誉更多关注有关，对于在计划经济与市场经济的夹缝中成长起来的草根性民营企业而言，其提高企业社会声誉、扩大企业影响力、促进企业延续壮大的要求比其他企业更加迫切。同时也与民营企业的内源性质有关，作为本土性企业，其成长的根本在中国，中国社会越和谐，企业成长的条件也越好，从人类学和心理学的角度讲，对同族与同地域人群福利的关心，使同族与同地域实力壮大，意味着族群与地域在竞争中更容易取得优胜，当其本身遇到困难时得到帮助的可能性也更大。国有及国有控股企业在慈善榜上名气不彰，并不意味着其对慈善贡献力量小，只是其产权制度制约着其对慈善的贡献方式与渠道，他们更多的是通过上缴利税给国家的方式再由政府统一进行社会救助和社会救济。外资企业捐助的规模与频率均较小，但也可以发现，近年来他们也悄然加大了对中国慈善事业的参与力度，这与中国企业的快速成长，市场竞争加剧对外商投资企业构成的压力有关，更多捐助有利于其提升企业形象并提高产品的市场占有率。

（四）房地产业依然最慷慨

近年来，房地产行业迅猛发展是中国经济的一个突出现象，但房地产业同时也是社会矛盾集中的一个焦点，不断高企的房价甚至引起国家领导人对其提出了"房地产商作为社会的一个成员，你们应该对社会尽到应有的责任。你

们的身上也应该流着道德的血液"① 的要求。可以说，房地产业相对于其他行业有更高重塑企业形象的要求，而其庞大的资产规模与利润也使其有更多参与慈善事业的可能性。

在中国慈善排行榜的十大慈善企业中，以房地产为主业的企业有 4 家，分别是中南控股集团有限公司、桃源居实业（深圳）有限公司、广东常裕瑞实业投资集团、金泓昇投资（集团）有限公司，占了 40%；资源及采掘和加工企业 3 家，电子制造业 1 家，投资与咨询行业 1 家，服装业 1 家。

在《福布斯》中国慈善榜的 100 家企业中，以房地产为主业的公司有 31 家，捐赠金额为 15.6425 亿元，占 33.64%；其中前 10 家企业中，房地产业占了 4 家，捐款 10.2391 亿元，占 52.83%。

而胡润慈善榜单显示，在 100 位上榜慈善家中，以房地产为主业的有 43 位，从事制造业的有 17 位，从事建筑业、金融与投资和能源的各有 9 位。其中排名前 10 位的慈善家中，从事房地产的有 5 位，捐赠金额为 16.01 亿元，占 66.49%。

值得一提的是，各榜的首善企业家主要分布在房地产业，中国慈善榜中获得"2013 年中国首善"称号的是世纪金源的黄如论，而高居《福布斯》中国慈善榜和胡润榜榜首的企业家分别为恒大集团的许家印和世纪金源的黄如论。

（五）教育、扶贫、文化等是捐款主要流向

近年来，随着经济发展方式转型与和谐社会建设的推进，政府更加重视民生建设，企业家们的捐助方向倾向于民生与社会福利改进等基本的民生问题。

2013 年的《福布斯》慈善榜上，受资助最多的是教育，所有捐款中明确为教育的有 6.7073 亿元（见图 1），捐助主要用于大学校园建设、贫困师生资助等，其中具有代表性的是：扬子江造船的任元林向江苏元林慈善基金会捐款 25660 万元用于建设元林老年大学，新华都实业集团的陈发树先后捐款共计 8000 万元，用于援建闽江学院——新华都商学院，娃哈哈集团的宗庆

---

① 《温家宝寄语房地产商：你们身上也应流道德的血液》，中国新闻网，2011 年 2 月 27 日，http://www.chinanews.com/gn/2011/02 - 27/2870724.shtml。

后向浙江大学教育基金会捐款 7000 万元等；受资助第二多的是扶贫，接受捐款 5.673 亿元，这一方向主要通过各类基金实施，具有代表性的是：恒大集团的许家印向广东省扶贫基金会捐款 3.5 亿元，中国民生银行的董文标向中国光彩事业基金会捐款 1160 万元，碧桂园的杨国强、杨慧妍父女先后向广东省扶贫基金会捐款 7100 万元；随着中国文化强国战略的确立，文化事业也更受企业家们重视，2012 年受捐 2.1 亿元，成为受捐助第三多的部门，具有代表性的是：中国民生银行的董文标向炎黄艺术馆、民生现代美术馆、北京民生中国书法公益基金会捐款 9700 万元用于支持文化公益事业，太阳纸业的李洪信家族向兖州市兴隆文化园捐款 6000 万元，卓尔发展的阎志向武汉市商业博物馆捐款 2000 万元等。其他受捐助上亿元的还有农村发展、体育事业、生态建设与保护三个部门，此外，老龄人事业、宗教、儿童保护与发展也受到较多关注。

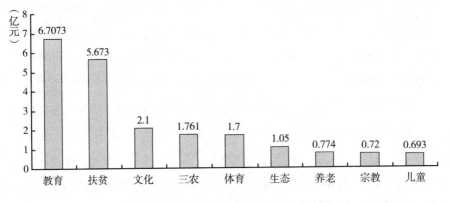

图1　《福布斯》慈善榜捐款的主要流向

在胡润慈善榜中，教育领域捐赠人数占 34%，是受捐赠最多的领域，排名前 10 位的企业家中，有 9 位捐赠方向与教育有关；教育捐赠主要用于母校校庆捐赠（上榜慈善家中给母校捐赠的有 13 位）、非母校贫困生资助捐赠、非母校学校的校园建设和教育设施建设等，其中大学教育的捐赠占主体，占 75%；中学教育捐赠仅占 12.5%。代表性的有世纪金源的黄如论向清华大学捐了 3 亿元捐建清华大学艺术博物馆和成立中科协安老基金，捐赠 1.5 亿元于连江慈善基金会用于教育；天地的杨休在 2012 年 5 月母校南京大学110周年校庆之际捐赠4亿元；恒大集团的许家印于2012年6月第三次广东扶贫日捐资3.5亿元分10年对贫困学生资助以及颁发奖学金等；重阳投资的裘国根、骆奕于2012年9月向母校中国人民大学捐赠2亿元用于中国人民大学中关村校园建设改造及金融投资学科的现代化建设，成为人民大学历史上获赠金额最大的捐款之一；正荣集团的欧宗荣捐资5000万元用于建造王庄幼儿园；娃哈哈的宗馥莉于2012年8月捐资7000万元成立浙江大学馥莉食品研究院。其他的主要捐赠方向还有：社会公益事业占26%，扶贫占15%，救灾占1%。

（六）上榜企业（家）地域分布不平衡

中国各地区市场化改革进展不平衡，经济发展水平与活跃程度不同，民营经济发展水平差异也较大，由此，在各种慈善排行榜上，各地区上榜企业（家）数量分布极不均衡，一般来说，市场经济发展较完善、经济发展水平较高、经济较活跃、民营企业规模较大的地区，慈善企业（家）的数量与捐赠的频率、规模均较大。此外，各地区历史与习俗等因素也对此有一定影响。

2013年的胡润慈善榜上，出生地在东部地区[①]的有9个省份的企业家上榜，上榜人数共有64位（比2012年少了2位），其中广东籍的慈善家数量最多，共25位；福建次之，有15位；浙江有8位，居第三位；北京、江苏、山东、辽宁、河北、上海分别以5位、4位、3位、2位、1位、1位排在4~8位；出生地在中部[②]的有5个省份共15位企业家上榜（比2013年多了6位），其中河南、湖南两省均为5位并列中部地区首位，湖北以3位居次，山西、江西分别以1位排第三位。出生在西部地区[③]的慈善家有6位（比2012年少了3位），其中四川省有2位，陕西、重庆、宁夏、云南4省份各有1位（见表1）。

[①] 东部地区包括辽宁、北京、天津、河北、山东、江苏、上海、浙江、福建、广东、海南等十一个省市。

[②] 中部地区包括吉林、黑龙江、山西、安徽、江西、河南、湖北、湖南等八个省。

[③] 西部地区包括重庆、四川、贵州、云南、广西、陕西、甘肃、青海、宁夏、西藏、新疆、内蒙古等十二个省份。

表1　2013 年胡润慈善排行榜按企业家出生地各地区
上榜企业数及与 2012 年的比较

排名	出生地	2013 年人数	2013 年首善	2012 年人数	2012 年首善
1	广东	25	杨国强、杨惠妍父女	21	黄文仔
2	福建	15	黄如论	17	曹德旺家族
3	浙江	8	杨休	8	王如法
4	北京	5	许淑清	3	邓锋
5	河南	5	许家印	5	许家印
6	湖南	5	康雪林	2	王填、张海霞夫妇
7	江苏	4	任元林	9	高德康
8	山东	3	李洪信	3	徐增平
9	湖北	3	吴文刚	1	陈东升
10	辽宁	2	孙荫环	2	孙荫环
11	四川	2	王健林	4	王健林
12	陕西	1	李黑记		
13	河北	1	毕经安	3	毕经安
14	山西	1	李安平	1	杜红奎
15	江西	1	陈年代		
16	上海	1	周传有		
17	重庆	1	黄红云	3	吴亚军
18	宁夏	1	党彦宝	1	党彦宝、边海燕夫妇
19	云南	1	马永升	1	马永升

数据来源：2013 年胡润慈善排行榜。

从胡润榜上榜慈善家公司总部所在地分布情况看，广东是慈善家选择设立
公司总部数量最多的地区，有 28 人上榜；其次是福建，有 13 人上榜；北京有 12
人上榜，排名第三位；其他省份上榜企业数均低于 10 人。分东部、中部、西部
地区看，东部地区有 9 个省份 76 家企业上榜，中部地区有 5 个省份 13 家企业上
榜，西部地区有 8 个省份 11 家企业上榜；另外香港有 2 家企业上榜。相对 2012
年的榜单，湖北、陕西、内蒙古、江西是新入榜的四个省份；东部地区入榜的企
业少了 2 家，中部地区多了 5 家，西部地区少了 4 家，香港也少了 1 家（见表2）。

 企业公民蓝皮书

表2 2013年胡润慈善排行榜按企业总部所在地各地区
上榜企业数及与2012年的比较

排名	公司总部	2013年人数	2013年首善	2012年人数	2012年首善
1	广东	28	许家印	27	许家印
2	福建	13	欧宗荣	12	曹德旺家族
3	北京	12	黄如论	15	王健林
4	江苏	6	杨休	6	高德康
5	辽宁	5	孙荫环	2	孙荫环
5	上海	5	裘国根、骆奕夫妇	7	许健康
7	河南	4	刘庭杰	5	朱新红
7	湖北	4	吴文刚	—	—
9	浙江	3	宗庆后	4	王如法
9	山东	3	李洪信	2	杜双华
9	陕西	3	刘彪	—	—
9	湖南	3	刘祖长	2	王填、张海霞夫妇
13	香港	2	黄朝阳	3	徐增平
13	重庆	2	谢贵全	1	涂建华
15	广西	1	许淑清	1	许淑清
15	河北	1	毕经安	3	毕经安
15	山西	1	李平安	1	杜红奎
15	内蒙古	1	石磊	—	—
15	江西	1	陈年代	—	王翔
15	四川	1	唐立新	1	唐立新
15	贵州	1	康雪林	2	朱炳华
15	宁夏	1	党彦宝、边海燕夫妇	1	党彦宝、边海燕夫妇
15	云南	1	马永升	1	马永升

数据来源：2013年胡润中国慈善排行榜。

根据《福布斯》慈善榜，2013年，福建、广东、江苏、浙江四省份的企业家上榜数均超过10位，共有52位企业家上榜，捐款数达258852万元，占全部捐款额的比例达55.66%。东部地区仍是上榜企业家与捐款数量最多的地区，9个省份的75位企业家榜上有名，捐款362162万元，占77.87%；中部地区中有6个省份15位企业家上榜，捐款48489万元，占10.43%；西部地区也有6个省份的企业家入榜，捐款54406万元，超过了中部地区，占11.70%（见表3）。

表3　2013年《福布斯》慈善排行榜各省份上榜企业家与捐款数量

序号	所在地	上榜数（个）	捐赠金额（万元）	序号	所在地	上榜数（个）	捐赠金额（万元）
1	福　建	15	56563	12	山　东	3	8915
2	广　东	14	104160	13	河　北	2	5543
3	江　苏	12	52795	14	安　徽	2	2310
4	浙　江	11	45334	15	黑龙江	1	7155
5	北　京	9	48915	16	广　西	1	6371
6	辽　宁	5	32801	17	内蒙古	1	4630
7	河　南	5	19400	18	贵　州	1	2940
8	湖　北	5	15355	19	吉　林	1	2210
9	上　海	4	7136	20	湖　南	1	2059
10	宁　夏	3	22000	21	重　庆	1	1060
11	陕　西	3	17405	—	—	—	—

资料来源：2013年《福布斯》中国慈善排行榜。

综合两榜情况看，东部地区进入排行榜的企业数与捐款数均居各地区之首，其中广东、福建、浙江、北京、江苏5个省份的上榜人数与捐款数量在各省份中遥遥领先，在胡润榜上，5省份的上榜企业数占60%，总捐款额也占到65%；《福布斯》中国慈善榜上，上榜企业数与总捐款额分别占61%和66.18%，是最主要捐款集中地区。

（七）捐赠形式日益多样化，通过基金捐赠受到更多重视

近年来，中国企业捐赠的形式日益多样化，有通过个人直接捐赠，也有通过企业捐赠；有直接捐与受赠人，也有通过基金、政府、主题晚会等方式进行捐赠；有直接捐款，也有捐赠物资、服务、设备、股票等。其中，通过基金进行捐赠越来越受青睐，其主要原因在于：一是通过基金进行捐赠有更高的效率，能让捐赠发挥出"四两拨千斤"的作用；二是通过基金进行捐赠可获得更好的税收优惠，根据《中华人民共和国企业所得税法》的规定，企业公益性捐赠采取现金形式的，超过利润12%比例的部分必须增加应纳税所得额；采取实物或者劳务形式的，应按销售产品的规定缴税（可扣除成本）；而通过公益基金会捐赠的，基金会所募得基金收入属于免税收入，不受关于12%利

润捐赠限额的限定。

2013 年胡润排行榜上，主题捐赠成为捐赠热点，其中有 9 位上榜慈善家是在广东扶贫济困日上向广东省扶贫基金会捐赠的；有 6 位上榜慈善家是在汕头市潮南公益基金会成立日上捐赠的；有 3 位上榜慈善家是在汕头市潮阳区公益基金会成立日上捐赠的。还有一些企业家通过成立自己的企业基金会或向自己的公益基金会增资进行捐赠，如党彦宝、边海燕夫妇为燕宝慈善基金会增资 1.1 亿元，许世辉为达利慈善基金会增资 1 亿元，许景南为匹克慈善基金会增资 3000 万元，周庆治、赵亦澜夫妇为南都慈善基金会增资 2960 万元；邵根伙为基金会增资 1200 万元；黄如论成立安老基金会；刘彪、侯建芳家族、朱文臣、林天福家族、王冬星分别捐赠 10000 万元、10000 万元、2020 万元、20000 万元、2000 万元成立了基金会。

2013 年的《福布斯》榜上，通过基金方式捐赠的企业家有 76 位，其中前 10 位企业家中有 9 位通过基金进行捐赠：许家印向广东省扶贫基金会捐款 3.5 亿元；任元林向江苏元林慈善基金会捐款 25660 万元用于建设元林老年大学，还向基督教三自爱国会捐款 700 万元；王健林向大连市慈善总会捐款 16700 万元用于支持中国足球振兴；黄如论分别向连江慈善基金总会和吉林省慈善总会捐款 15309 万元和 3000 万元；邱建林分别向浙江慈善总会和萧山慈善总会衙前分会捐款 1 亿元和 5000 万元；马化腾向腾讯公益慈善基金会捐款 14106 万元；董文标向炎黄艺术馆、民生现代美术馆、北京民生中国书法公益基金会捐款 9700 万元，同时向中国光彩事业基金会捐款 1160 万元；宗庆后向浙江大学教育基金会和扶贫基金会分别捐款 7000 万元和 2948 万元；刘彪捐款 1 亿元成立刘彪慈善基金会。

（八）捐赠扶持方向越来越倾向于能力、机会扶助

越来越多的经济学家和社会学家认识到，收入的公平（或收入差距的缩小）仅仅是社会公平的一个方面，这种公平仅是一种结果的公平，而达成结果的公平条件是规则公平、能力公平、机会公平，规则公平需要顶层的制度设计，企业家则更多在能力与机会方面为增进公平贡献力量，其基本理念来源于中国的传统智慧："授人以鱼，不如授人以渔。"

教育持续成为捐赠热点就是企业家们对于能力公平的一种贡献，2012 年，对于能力公平增进进行帮助的一个典型代表是 IBM 在大中华区针对中国的具体情况提出的"智慧成长"理念与行动，这一方案是针对中国城镇化发展中的一系列问题提出的一种解决方案，而不是针对特定人群，它希望利用其先进的信息技术能力促进城市环境、卫生事业与资源利用等方面的改善，提高城市的发展能力与运行效率，提高市民与游客的生活质量等。2013 年 1 月，"在赛迪网公布的'2012 科技好创新'——国家产业服务平台年终评选中，IBM 公司以其在'江苏省镇江市智能交通'的应用，以及面向中国智慧城市建设的'慧典先锋计划'，分别荣获 2012 年中国智慧城市杰出应用实施奖和 2012 年中国智慧城市卓越解决方案奖"。[①] 另外一个典型是 2011 年开始的"李锦记希望厨师项目"，这一项目认为，在贫困地区，青年是一个家庭乃至一个地方的希望，为此李锦记集聚各方力量发起这一项目，每年投入 1000 万元，全额资助（全额学费和生活补助）贫困青年入读烹饪专业特训班，培养一技之长；2012 年项目从全国四川、黑龙江、贵州、甘肃、广西和江西等地的贫困地区公开招收 60 名学员在北京劲松职业高中学习，比上年资助人数多两倍，希望通过他们带领其家庭脱贫致富，为贫困地区发展送去希望，同时培养更多新生代厨师，促进中餐文化的传承和创新。这一项目继在 2011 年荣获中国企业十大典范公益项目后，在 2012 年又凭借"授人以渔，以创新思维整合企业优势资源和社会需求，搭建造血式智力扶贫，点燃贫困地区青年人生希望"的公益创新模式荣获"2012 企业社会责任（CSR）十佳案例奖"。

（九）互联网成为捐赠行动的积极推动力量[②]

2012 年，中国网民数量已经达 5.64 亿人，互联网作为当前社会最重要的新媒体平台，以其通畅的信息传播和便捷的网络支付，在倡导社会正义与慈善行动方面发挥了不可替代的作用；同时互联网企业也赤膊上阵，充当起社会慈

---

① 《IBM 智慧城市荣获赛迪网大奖》，赛迪网，2013 - 01 - 24，http：//news. ccidnet. com/art/ 1032/20130124/4679049_ 1. html。

② 本部分的案例参考了《盘点 2012 上半年互联网公益基金捐赠》，中国青年网，2012 - 07 - 03， http：//gy. youth. cn/lyb/201207/t20120703_ 2248430. htm。

善活动的组织者和行动者；互联网还由于其信息交互平台的优势，成为新观念的产生平台，不断催生新的公益模式。

2012年初电子商务巨头阿里巴巴集团与旗下子公司联合成立的"阿里巴巴公益基金会"通过民政部门审批，投入5000万元人民币用于支持开展环境保护宣传、自然灾害救助、扶贫助残、帮助受助群体提高能力以改善生活条件等。

淘宝公益基金在大连、青岛、成都、昆明、武汉、太原、石家庄等地继续实施"魔豆爱心工程"创业项目，通过向受助对象发放一台电脑和10000元的启动资金，并开展系统、专业的网店知识培训、爱心大卖家的货源和技能帮扶等一系列"造血"救助方式，帮助困难母亲尽快走出贫困。同时，实施"魔豆爱心工程"就业项目，为2000名经遴选出的弱势群体提供免费基础培训和实习机会，招募100名有爱心、有实力的淘宝网大卖家帮助300名弱势群体实现稳定就业。

腾讯筑德基金在2012年度深入开展了公益帮扶行动，赠予于清、石青华两名来自北京的榜样人物10万元以鼓励并弘扬他们的公益善举和大爱义勇的精神；赠予在彝良地震中从废墟下抢救学生的代课老师朱银全2万元，赠予和朱老师一起抢救学生的11位乡亲每人5000元；赠予李川南等152名来自北京某工地的民工师傅15.2万元以鼓励并弘扬他们在7·21北京暴雨期间的公益善举和大爱义勇的精神；赠予广东女孩李舒舒5万元以表彰其舍身勇救女童的行动；决定给予舍己救人高位截肢的佳木斯女教师张丽莉10万元，以表扬她见义勇为的壮举等。

2012年2月百度公司对其创立的"联盟爱"官方网络进行优化升级，聚合百度联盟近60万合作伙伴的力量，形成以"免费午餐"、"希望厨房"、"爱心包裹"、"爱心校园"四大公益项目为核心的积分捐赠平台，从健康、教育、教育环境等多个角度，向贫困地区学生提供全方位的公益捐助；同时通过新设立的资讯频道、互动空间，宣传公益事业，为受捐对象与爱心会员之间架起一座良心互通的公益爱心桥梁。壹基金于2012年3月初在天猫上设立的壹基金公益网店，于2012年上半年成功卖出18302件虚拟"爱心产品"，为其开展的多个公益资助项目募集资金。

2012年8月，由中国人口福利基金会和微软MSN（中国）联合主办，支付宝、财付通、网银在线、瑞士美度（MIDO）手表、琉璃工房、乐和彩、518彩等协办的全透明网络慈善活动"2012有爱，世界不会终结"募捐网络平台正式上线。此次活动发出"送别人一份福气，给自己一份运气"的快乐慈善倡议，旨在借助微软 MSN 自身先进的技术优势和平台号召力，将网络透明慈善概念进一步推广，鼓励全民投身快乐慈善，激励一代人用知识改变命运。

安利公益基金会依托中国社会福利基金会推出"盛满爱·建好厨房吃好饭"全民筹款活动，这一项目由安利公益基金会提供厨房设备和人员培训，通过免费午餐为财政补贴尚未覆盖的学前班儿童及教职工提供伙食补贴，从而配合国家财政 160 亿元营养补助和 100 亿元厨房建设资金，为湖北、河南、宁夏 400 个留守儿童集中的农村寄宿制学校提供一揽子解决方案；项目还通过微博、淘宝等平台开展小额募款活动，呼吁并带动社会各界共同关注并协力解决农村学童营养健康问题。

新浪网继承开展"扬帆计划"公益助学项目和新浪微公益活动。截至2012 年 12 月 28 日，已有近 10 万名网友直接通过微公益平台进行捐赠，劝募善款超过 1600 万元；累计发起 2000 余个项目，帮助了 6000 多名求助者；通过组织化规范运营，与 40 多个公益组织建立了合作关系。

（十）以企业参与为重要内容的慈善城市建设正在悄然兴起

近年来，慈善活动在一个地区的活跃程度正在成为地方文明、和谐程度和投资创业环境优劣的重要标志，"乐善好施"也成为各地发展的名片之一和地方精神的重要组成部分，为此，全国各地正悄然兴起创建"慈善城市"的行动，2012 年 8 月第二届"中国城市公益慈善指数"发布，北京市以总分 94 分在全国 321 个城市中排名第一。慈善城市需要政府与社会力量的共同参与，但其中最主要的生力军无疑是企业家。

在 2012 年慈善城市的创建活动中，经济并不发达的闽东宁德地区成为一个亮点，2012 年 2 月 14 日宁德市蕉城区委、区政府将"爱心一元捐"活动作为创建"慈善一条街"的重要载体，鼓励各店铺、商场每售出一件或一份商品，即从自身赢利所得中捐出一元善款，用于开展助学、济困、敬老等慈善项目，到 2013 年初已有 20 多家商铺加入"一元捐"的队伍中，募集善款 20 多万元，拟帮助 100 名困难学生和 100 多个困难户。据统计，创建"慈善一条街"以来，蕉城区慈善总会用筹集到的善款已经成功组织实施了一批慈善项目，如：关爱妇女儿童项目，慰问全区 16 个乡镇的 290 户贫困户，发放慰问款 186100 元；情暖敬老院项目，向 6 个乡镇基层敬老院的 70 位老人，发放暖手袋、洗衣机、电视机、爱心食品等慰问物资；关爱特教校项目，为蕉城区特教校 70 个学生每人配上冬装，给 10 个困难学生发放慰问金 10000 元；尊师扬善助教项目，给全区中小学 300 多位困难教师发放慰问金 180000 元；助孤上学项目，给 10 位高中生发放助学款 12000 元；爱心助学项目，给 26 所学校 223 名贫困学生共发放助学金 201100 元。①

宁德地区"慈善一条街"建设实践表明，中小企业在不发达地区慈善城市的建设中不仅是善款的主要提供者，而且由于其量大面宽，对社会的影响更为系统和全面，因而能够发挥举足轻重的作用。

二 中国企业履行慈善社会责任的特点

当前，企业参与慈善捐赠活动已经蔚然成风，通过慈善捐赠履行企业社会责任，一是对于确立企业良好社会声誉，提高企业名望与市场认可程度具有重要作用；二是通过企业家的慈善行动带头实践回报社会、服务社会的理念，有利于在企业内部形成感恩、奉献的企业文化，进而有利于改进企业治理，提高企业绩效；三是积极从事慈善活动的企业更能吸引人才，从而能更好地促进企业的永续发展和创造；四是积极从事慈善活动的企业将能更好地得到政府等有权组织的认可，有利于企业获得更多政策支持和企业家地位的提升与权利保障；五是企业更多参与所在社区的慈善行动，将有利于企业经营环境的改善。这五个方面是企业（家）慈善活动的理性或功利性动因，也是中外企业投身慈善的共同动因，在中国的实践中，企业（家）慈善行动还具有更多的情感性因素，而且受社会热点事件影响较大，同时还受企业经营状况、社会制度的规范性、政府的引导、传统习俗、企业性质等方面因素的影响。我们据此将2012 年企业履行慈善社会责任方面的特点归纳如下：

---

① 《汇聚爱心 厚德扬善——福建宁德市"蕉城慈善一条街"简介》，民政部社会福利和慈善事业促进司网站，2013 - 05 - 30，http://fss.mca.gov.cn/article/csshjz/dfdt/201305/20130500465654.shtml。

（一）企业家的个人情感特征影响着慈善资源的投向

企业家是企业的监护人，因而无论企业还是企业家的捐赠，企业家的个人情感特征与捐赠行为有着密切关系，影响着其慈善资源的投向。Campbell、Gulas 和 Gruca 检验了决策制定者的个人态度与企业慈善捐赠的关系，发现富有同情心的高层决策者更愿意捐赠。[①] 毕素华对江苏省民营企业慈善行为进行实证调查，发现 54.7% 的人认为慈善意识是民营企业在新时期应当具备的素质，55.1% 的人认为履行道德义务有利于塑造企业形象、提升企业文化，39.7% 的人认为同情心、恻隐心等人性是民营企业持久不变的道德形态。[②]

首先，感恩之心促使企业家对母校、故乡和社会公益事业进行捐赠。中华民族的传统文化中具有非常丰富的导人向善的思想内容，体现在行动中，则是知识分子的"达则兼济天下、穷则独善其身""天下兴亡、匹夫有责""苟利国家生死以，岂因祸福避趋之"；乡土社会中居民的互助共济；在商人中，则是富裕之后的"返本报之"，在传统社会中，各种道路桥梁、义庄、义冢、义田的建设与提供等均有商人的重要身影，在更大方面讲，则有春秋时期商人弦高的献牛智退秦军，民国时期陈嘉庚、胡文虎的倾家报国等，所有这些，均体现了商人回报故土的情怀。在现代社会，"滴水之恩，当涌泉相报"的思想依然对企业家有重要影响，表现为其捐赠方向更多投向于故乡和就读过的母校，亚当·斯密说："如果一个人有能力报答他的恩人，或者他的恩人需要他帮助，而他不这样做，毫无疑问他是犯了最丢人的忘恩负义之罪。"[③] 在胡润慈善排行榜上捐赠于母校的企业家主要有 12 位（见表4），共捐资 105770 万元，占全部捐款额的比重为 22.46%。捐赠于故乡发展的主要有：黄如论捐赠 1.5 亿元于连江慈善基金会反哺家乡，李焕明等企业家于汕头"反哺工程"项目中捐资 2.445 亿元（见表5），锦鹏投资董事长刘庭杰 2012 年出资 1 亿元建设

① Leland Campbell, Charles S. Gulas & Thomas S. Gruca（1999），Corporate Giving Behavior and Decision-Maker Social Consciousness. *Journal of Business Ethics*, 19（4）：375 – 383.

② 毕素华：《民营企业慈善行为的影响因素及改善路径——基于江苏省民营企业的实证研究》，《南京师大学报》（社会科学版）2011 年 9 月第 5 期。

③ 亚当·斯密：《道德情操论》，商务印书馆，1997，第 96 页。

老井新型农村社区让全村 1300 多口人免费入住，林秀成捐资 7000 万元用于支持家乡新农村建设；康雪林捐资 6000 万元用于家乡环境整治及建设。捐赠于社会公益事业的主要有：世纪金源的黄如论向吉林省慈善总会捐赠 3000 万元用于老年福利设施建设，向甘肃省捐赠 3000 万元用于经济社会发展公共事业；东岭的李黑记捐资 6000 万元用于建设渭河石鼓廊桥等。

表4　2012 年企业家捐赠母校的情况

排名	姓名	受捐母校	捐赠数额（万元）	捐赠原因	公　司
1	杨休	南京大学	40000	南京大学 110 周年校庆	天地集团
2	裘国根、骆奕夫妇	中国人民大学	20000	中国人民大学 75 周年校庆	重阳投资
3	毕经安	石家庄机械化步兵学院	10000	饮水思源，回馈母校	毕氏实业
3	吴文刚	华中科技大学	10000	华中科技大学 60 周年校庆	武汉美联地产
5	余雄武	华南理工	7000	华南理工 60 周年校庆	美恩
6	梁志斌	暨南大学	5000	回馈母校，学校建设	新世纪房地产开发
7	何巧女	北京林业大学	4000	北京林业大学 60 周年校庆	东方园林
8	李东生、魏雪夫妇	华南理工	3000	华南理工 60 周年校庆	TCL
9	唐立新	重庆大学	2000	回馈母校，教育资助	新尚
10	刘载望、富海霞夫妇	东北大学	1800	东北大学 90 周年校庆	江河幕墙
11	金国华	华中科技大学	1670	华中科技大学 60 周年校庆	华中科技大学武昌分校
12	周传有	华东政法	1300	华东政法 60 周年校庆	中金投资

资料来源：2013 年胡润中国慈善排行榜。

表5　2012 年企业家捐赠故乡的情况

姓　名	公　司	捐赠数额（万元）	捐赠原因
李焕明	常州电通	10500	汕头市潮南区公益基金会"反哺工程"
庄儒桂	福麟珠宝	6000	汕头市潮南区公益基金会"反哺工程"
苏武雄	雅倩	3000	汕头市潮南区公益基金会"反哺工程"
马少福	深圳置福投资	2000	汕头市潮南区公益基金会"反哺工程"
廖耿清	三发保健食品	1500	汕头市潮南区公益基金会"反哺工程"
陈一丹	腾讯	1450	汕头市潮南区公益基金会"反哺工程"

资料来源：2013 年胡润中国慈善排行榜。

其次，恻隐之心促使企业家积极投身于救灾、扶贫和医疗救助。孟子曰："恻隐之心，人皆有之。"现代经济学之父亚当·斯密在其《道德情操论》一书中，认为利己主义和同情心、追求自由的欲望、正义感、劳动习惯、交换倾向等一起构成人类的行为动机，提出同情是人类的天性之一，是社会的道德基础，是美德的起源，指出"赞赏甚至是仰慕富人和大人物，鄙视或至少是忽视穷人和小人物，虽然对于建立和维持等级和社会秩序是必要的，但同时也是道德情操败坏的最重要和最普遍的原因"。① 救灾一向是企业家捐赠最活跃的领域，2013年，这方面捐赠最典型的代表是大连万达的王健林，向北京暴雨灾区捐款1000万元；扶贫方面的捐赠多通过扶贫基金的方式进行，2012年广东省民政厅第三届广东扶贫日活动中，许家印等企业家捐赠了5.67亿元（见表6）。在医疗方面的捐赠主要有：汇福粮油的石克荣向三河市重特大疾病医疗救助基金捐赠1500万元；多蒙德冶金化工的石磊捐资1000万元用于二次大病救助；捐赠医疗机械设备，如雅居乐的陈卓林向中山大学附属第一医院捐赠1000万元的医疗设备等。

表6 2012年广东省民政厅第三届广东扶贫日活动代表性企业的捐赠情况

姓名	公司	捐赠数额（万元）	姓名	公司	捐赠数额（万元）
许家印	恒大地产	35000	许淑清	中恒	1000
杨国强、杨惠妍父女	碧桂园	10000	张茵家族	玖龙纸业	1000
何享健家族	美的	3000	陈凯旋	立白	1000
刘绍喜	宜华	3000	姚振华	宝能	1000
陈卓林	雅居乐	1700			

资料来源：2013年胡润中国慈善排行榜。

再次，社会责任意识促使企业家重视对文化发展、环境保护与公共安全方面的捐助。近年来，随着中国经济实力的增强和科学发展观的提出，企业家更加重视发展文化以塑造人的精神、保护环境以改善人居环境、倡导互助以促进社会和谐。2012年，在文化发展方面，主要有：陈丽华捐资于北京紫檀文化

---

① 亚当·斯密：《道德情操论》，商务印书馆，1997，第76页。

基金会 2795 万元；李洪信捐资 6000 万元用于支持兴隆文化园的建设；曹德旺捐资 3500 万元捐建福清高山崇恩寺；黄楚龙捐资 3000 万元用于江苏常州宝林寺观音塔建设。在环境保护方面，主要有：欧宗荣捐资 3500 万元用于王庄社区生态环境保护；曹德旺捐资 1050 万元用于绿化长江活动。在公共安全方面主要是恒安的许连捷和恒兴实业的柯希平分别向福建省见义勇为基金捐款 527 万元和 100 万元。

从更长远的情况看，根据 2009～2013 年胡润慈善排行榜的数据，教育领域是接受捐赠最多的领域，其所占的比例呈现稳中有升的态势，2013 年占比虽小于 2012 年，但仍是各领域中最高的；社会公益方面的捐赠在 2012 年以前连续保持上升，但 2013 年却大幅度下降了 6 个百分点，这可能与 2012 年中国基本建设投资相对疲软，基础设施建设活动下降有关；扶贫方面的捐赠出现一定起伏，但呈现出明显的增长趋势，体现了扶贫开发、建成小康社会、实现共同富裕正成为社会共同的行动；救灾方面的占比则呈现下降趋势，这与中国自然灾害的发生率与损失程度相关，2008 年汶川地震与南方冻灾，2009 年的北方雪灾与西北、华北旱灾，2010 年的甘肃舟曲泥石流和青海玉树地震均造成重大损失，影响也较大，从而使得 2009 年、2010 年、2011 年三年统计中救灾捐赠所占比重较大，而 2011 年与 2012 年中国没有出现影响面极大的自然灾害，故而这方面接受捐赠的比例小。但从整体上看，这四个方面一直是企业表达爱心最直接、进行捐赠最多的领域，在全部捐赠中所占的比重均在 3/4 以上（见表 7）。

表 7　五年来胡润榜单上企业慈善捐赠方向的变化

单位：%

方　向	2009 年	2010 年	2011 年	2012 年	2013 年
教　育	18	26	24	36	34
社会公益	15	20	29	32	26
扶　贫	10	10	9	20	15
救　灾	43	28	26	3	1
总　计	86	84	88	91	76

资料来源：2013 胡润慈善榜，百度百科，http://baike.baidu.com/view/10439164.htm。

（二）实现个人价值与获取社会承认是企业（家）投身慈善的重要动因

企业家实现其个人价值与获取社会承认的最主要方式是不断向社会提供有效供给以持续为消费者创造价值，进而据此提升企业价值。但财富创造出来后如何进行使用则经历了较为波折的过程，马克斯·韦伯在《新教伦理与资本主义精神》一书中，提出新教对资本主义精神的塑造方面不仅表现在鼓励人们积极创造财富，还在于理性地使用财富。在凡伯伦的《有闲阶级论》中，对美国的暴发户群体的奢侈性消费行为进行了分析，提出"炫耀性消费"概念并对此进行了批判。"炫耀性消费"损害了社会习气，使社会矛盾激化，引发社会冲突，不利于社会的和谐与稳定，这一后果最终使得美国企业家在20世纪70年代开始反思其财富使用方式，从而使企业慈善活动成为一种潮流。中国在经济转型过程中，"炫耀性消费"一度也成为新富豪们展示其能力和价值的重要方式，但随着社会的发展和社会舆论有意识的引导（这方面，各种排行榜功不可没），以及企业家素质的提升，通过慈善等方式履行社会责任来使财富得到更有价值的利用越来越成为企业家的共识，胡润百富公布的《2012中国高净值人群消费需求白皮书》指出："中国富豪曾经因为他们对财富的炫耀饱受诟病，但这个群体正在迅速成长，年轻的中国富豪正摆脱青春期的盲目，进入一个更加成熟和觉醒的时期，已不再满足于简单的物质享受和品牌消费，而向往更高品质的生活和更高层次的精神消费。"胡润机构的调查显示，除了纳税是富豪认为体现企业家社会责任的最好方式之外，排名第二的仍然是慈善捐款，有20%的富豪选择了这一项。

在马斯洛的需求层次学说中，自我实现的需求与尊重的需求（社会承认的需求）处于最顶层。中国当代民营企业家的受教育水平远高于社会平均水平，有关中国民营经济的调查显示，1980年私营企业主的受教育程度，大学及以上文化程度的人仅占10.6%，平均受教育年限为10.1年；这两个数在1985年分别为15.1%和10.3年；1990年为28.4%和11.6年；2002年为47%和13.5年。作为有知识、有追求的民营企业家，他们对中国传统文化极为重视，近年来兴起国学热就是一例，他们的儒商情结较重，实践中华传统文化中

"仁爱"、"积德"、"慈悲"思想成为其重要追求;再者目前在企业中掌权或仍发挥着决定性影响的主要还是第一代创业者,对他们来说,创造财富虽然依然重要,但单纯的创富已不足以显示其全部价值,更有意义地使用财富在个人价值实现中的分量越来越重(如曹德旺、余彭年、牛根生捐赠大部分或全部股份于慈善),在 2013 年的胡润榜中,100 位上榜慈善家平均年龄为 53 岁,与百富榜上榜企业家平均年龄相同,比上年慈善榜企业家平均年龄大 2 岁,80 岁的麦彦桐是榜上最年长的慈善家,62 岁的黄如论以 5.8 亿元的捐赠额成为 2013 年度"中国最慷慨的慈善家";年长者的表率作用起到薪火相传的作用,年青一代的慈善家也在成长,29 岁的孙明楠是榜上最年轻的慈善家。

中国民营企业家多数起源于"草根"阶层,其企业是在市场经济的夹缝中成长起来的,其政治地位与经济地位极不匹配;在中国共产党第十六次全国代表大会后,民营企业家获得了更多参政议政权力,其将从事慈善作为获取政治地位、密切与政府联系、得到政府支持的重要方式,而在中国传统意识中,得到一定政治地位是一种最大社会承认。2013 年胡润慈善榜中,25% 的上榜慈善家拥有政治身份(人大代表和政协委员),高于百富榜上 15% 的比例。

(三)企业(家)捐赠规模受产业与企业性质影响大

企业(家)的捐赠规模受其资产数量和利润规模影响,而这类企业的行业性质多为非竞争性产业,非竞争性行业中的企业资产规模较大、定价的自由度较高、利润来源相对稳定,因而这些企业能经常出现在历年慈善榜上。第十届(2013)中国慈善榜榜单显示,2012 年度,共有 23 家企业捐款数额达到 1 亿元,其中,华阳电业有限公司、神华集团、泸州老窖集团有限责任公司 3 家公司分别以 3.13 亿元、2.69 亿元、2.28 亿元捐赠额位列前三,中国烟草总公司、紫金矿业集团、中国五矿集团公司、国家电网公司、恒逸集团、腾讯公司等公司紧随其后,在这前 9 家公司中,资源性企业有 5 家,烟草经营、互联网、纺织原料和白酒生产企业各 1 家;23 家企业中至少 3 家企业属于能源行业,3 家企业属于房地产行业,两家企业属于制造业,能源和房地产行业的企业依然是亿元捐赠的绝对主力,这些企业在其所在行业中均处于领导性地位,有寡头垄断性质。在 2013 年胡润慈善榜中,100 位上榜慈善家中有 58 位来自

《2012 胡润百富榜》，其中许家印、宗庆后及其女儿宗馥莉、王健林和陈丽华是《2012 胡润百富榜》排名前十位的企业家；在 2013 年《福布斯》慈善榜中，上榜的 100 位企业家中有 48 位同样也是 2012 年《福布斯》中国富豪榜的上榜富豪。在《福布斯》榜和胡润榜中从事房地产业的慈善家表现抢眼，房地产行业历来被视为暴利行业，其强劲的赢利能力使得这一行业的企业家成为各种慈善榜上的常客，2012 年度，中国慈善榜榜单中捐赠前 10 名的慈善家中，有 4 名从事房地产行业，与 2011 年度持平。

在三大榜单中，中国慈善榜统计了主要捐赠企业与慈善家，而《福布斯》榜和胡润榜则主要面向民营企业。在各类慈善榜中民营企业一向表现突出，原因在于企业家自由权力更大、对企业社会声誉更为重视。在 2013 年中国慈善榜的 627 家上榜企业中，民营企业在数量上占比依然最大，其次是国企，再次是外企；但在亿元及以上的捐赠中，国有企业表现不凡，捐赠排名前 10 位的慈善企业有 8 家国企，捐赠总额达 15.615 亿元。

（四）企业（家）的捐赠行动具有一定的路径依赖性

企业履行慈善社会责任在给企业带来良好社会声誉的同时，也给企业营造出良好发展环境，同时，社会也对这些企业（家）的捐赠形成更大期待，由此形成良好互动使部分企业家连年参与捐赠，构成一定的路径依赖性。

在第十届（2013）中国慈善榜榜单过亿元捐款的慈善家中，黄如论、许家印、许淑清三位企业家和神华集团、紫金矿业集团、碧桂园集团等企业均是多年亿元捐赠俱乐部的成员；杨休、任元林、王健林、裘国根、孙荫环、欧宗荣、宗庆后等人和华阳电业、泸州老窖集团有限责任公司、中国烟草总公司、中国五矿集团公司、国家电网公司等慈善企业则是亿元捐款的"新面孔"，但仔细分析，可以发现，这些"新面孔"也均是以往榜单上的成员，不过是在 2012 年增加了捐赠而升格到亿元榜中，如腾讯公司 2011 年度捐赠了 9956.5 万元，2012 年度这一数额提高到了 1.195 亿元；宗庆后，捐赠数额由 2011 年度的 1460 万元增加到 2012 年的 1.12 亿元。

在 2013 年《福布斯》中国慈善榜中，荣登 2012 年榜单的 100 位企业家中，有 46 位与上年相同。最近五年中，共有 278 位企业家先后上榜，其中有

13 位企业家（企业）连续五年上榜，共捐赠 85.7 亿元，其中捐赠最多的企业家是大连万达集团的董事长王健林、世纪金源集团的董事局主席黄如论、福耀集团的董事局主席曹德旺夫妇，他们捐赠总额分别为 20.16 亿元、12.7 亿元、12.18 亿元（见表 8）。

表 8　《福布斯》中国慈善榜中连续五年上榜的企业家情况

董事长/实际控制人	企业名称	2009 年排名	2010 年排名	2011 年排名	2012 年排名	2013 年排名	捐款总额（亿元）
许家印	恒大地产	42	13	9	1	1	10.31
王健林	大连万达集团	7	5	1	3	3	20.16
黄如论	世纪金源集团	1	1	5	4	4	12.7
马化腾	腾讯控股	39	7	21	11	6	4.35
宗庆后	娃哈哈集团	64	38	91	80	9	1.85
杨国强、杨慧妍父女	碧桂园	2	2	14	12	11	7.09
陈卓林夫妇	雅居乐地产	4	19	11	6	14	6.22
曹德旺夫妇	福耀集团	60	29	2	14	27	12.18
张近东	苏宁电器	14	15	18	23	32	3.07
王玉锁夫妇	新奥集团	82	33	45	64	33	1.34
何享健	美的集团	25	86	15	34	35	2.35
沈文荣	江苏沙钢集团	12	28	54	30	43	2.32
郭广昌	复星集团	27	16	29	52	55	1.76

数据来源：历年《福布斯》中国慈善排行榜。

值得一提的是，曹德旺与黄如论是连续十年进入胡润慈善榜的慈善家。

（五）制度上透明性、执行效率影响着企业（家）慈善渠道的选择

慈善的效果不仅取决于捐赠规模，还取决于捐赠内容、方式与受捐对象需求的匹配度，捐赠的资源流向能体现捐赠者的意愿，捐赠能对受赠对象解决困难与实现发展起到"四两拨千斤"的作用。由此，捐赠活动越来越朝专业化方向发展，而这一活动的执行并非企业家所长，为此，慈善捐赠多以间接捐赠于各类基金为主，但由于近年来中国公立慈善组织如"郭美美事件"、汶川地震捐赠被挪用等一系列丑闻的曝光，国内公立慈善事业无论是在普通老百姓还是捐款者心中其公信力都出现了明显的下滑，其治理和运营方面饱受怀疑，导

致社会捐赠热情下降，民政部中民慈善捐助信息中心发布的《2011 年度中国慈善捐助报告》显示，"2011 年，各级民政部门接收捐赠款物合计 111.12 亿元，与 2010 年相比，下降 42.19%；除民政部门外的其他党政机关、人民团体 2011 年的获捐额总计 71.08 亿元，比 2010 年下降约三成……68% 都流向社会组织"。"在 2011 年 18.1% 的社会捐赠量负增长中，依据份额大小，首先是民政系统和其他政府部门的大幅减少，其次是红十字会系统，再次是其他社会组织。"公立慈善组织的透明度与执行力低下，使得企业捐赠渠道在近两年出现了重大变化，对企业来说，同时在政府主导的慈善机构中，捐赠者对善款的控制度较弱，也在一定程度上挫伤民营企业参与慈善事业的积极性，为此在 2004 年 6 月，国务院《基金会管理条例》中提出鼓励非公募基金会发展的意见后，非公募基金会出现了快速发展的势头，企业家们更喜欢成立自己的基金会，或在大型基金会、各地慈善总会内部成立自己的专项基金，胡润百富《2013 至尚优品——中国千万富豪品牌倾向报告》中指出：超过四分之一的富豪青睐通过直接参与项目来做慈善，愿意选择公立慈善基金的不到 2 成，选择民间慈善基金的也有近两成。根据民政部资料统计，2003 年中国国内有基金会 954 个，而截至目前基金会总数达到 3098 个，其中公募基金会 1339 个，非公募基金会 1759 个。较有影响的非公募基金会有曹德旺成立的河仁基金会，党彦宝、边海燕夫妇成立的燕宝慈善基金会，许世辉成立的达利慈善基金会，许景南成立的匹克慈善基金会等。

目前，善款使用的透明度问题已成为影响中国慈善事业发展的最主要因素，为此，推动公益慈善基金会向公众系统披露信息，提升披露标准已成为各界的共识，中民慈善捐助信息中心于 2010 年开始向社会发布年度《中国慈善透明报告》，《福布斯》于 2011 年开始发布中国慈善基金透明榜，以提振社会从事慈善的热情与信心。

（六）社会传统对企业（家）捐赠行动有重要影响

近年来，《福布斯》慈善榜与胡润慈善榜的上榜企业出现一个典型现象是南方的企业（家）数量远远超过北方的企业家数量，2013 年的榜单中，《福布斯》榜南方（指长江流域及以南）企业家有 67 位，捐赠总额为 296083 万元，

而北方企业家数量与捐赠额仅分别相当于南方的49.25%和57.07%；胡润榜中，企业总部和出生地位于南方的企业家数分别为76位和67位，北方的企业家这两个数据分别为南方的31.58%和26.87%（见表9）。

表9　2013年《福布斯》榜与胡润榜上榜企业家分南北方的情况

地　　区	《福布斯》榜		胡润榜	
	企业数（个）	金额（万元）	企业总部（人）	出生地（个）
南　　方	67	296083	76	67
北　　方	33	168974	24	18
南方/北方（%）	49.25	57.07	31.58	26.87

数据来源：2013年《福布斯》中国慈善榜、2013年胡润中国慈善榜。

长江流域及以南地区的企业家在慈善排行榜上表现优于北方地区，可能与两个因素有关，一是南方地区改革开放的步伐较快，经济发展的整体表现在过去三十余年间优于北方，民营经济的发展较好，规模也较大，因而在慈善活动中表现较好。二是与南方的社会传统有关，在中国历史上，北方是政治中心和文化中心，在南宋以前也是经济中心，民众对政府依赖性较大，百姓有困难时更多寻求政府解决。而南方经济开发的时间较晚，且在地貌上多山川河流阻隔，交通不便，处山高皇帝远的地区；同时，南方地区许多地区的汉族先民多为北方逃避战乱的移民，他们到南方地区后在当时很难获得政府帮助，因此多为聚族而居以实现宗族内部或乡邻之间的互助为主，由于地理条件较差，土地产出往往不能满足人口增长需求，这一地区的居民经商较多，当时经商致富后多能捐资捐物以回报故土，典型的如福建汀州（今相当于龙岩市）地区的四堡乡，是明清时期中国重要印刷出版中心，其商人通过走四方印书、售书以致富，但其积累的财富多用于帮助族人发展和家乡建设；在近年，长汀地区治理水土流失过程中，长汀远在外地经商者多捐款捐智以回报家乡，有的甚至直接回乡参与治理。这种人群之间互助的传统在广东、福建地区表现得更为充分，因这两省均是海洋大省，商人们面对的是茫茫大海和充满未知的异国他乡，他们之间互助意识与对故乡的眷恋远大于其他地区，由此形成了慈善风气，中国抗战时期这两省捐款、捐物是表现最突出的，在近年的各类捐赠中，福建、广东两省也表现抢眼，2013 年《福布斯》榜上两省有 29 位企业家；胡润榜上公司总部与出生地在这两省的分别有 41 家和 40 位；2013 年《福布斯》中国慈善榜中，在 23 家捐赠达亿元的慈善企业中有 3 家企业的总部位于福建、4 家位于广东，在 17 位捐赠达亿元的慈善家中，有 3 位慈善家所在单位的总部位于福建、1 位在广东。

（七）企业经济情况影响着企业的捐赠规模

企业的经营状况也影响着企业慈善捐赠的水平，而企业的经营绩效又受宏观经济形势的影响，2008 年世界金融危机爆发以来，中国经济的发展也深受影响，企业经营面临较大困难，从而对中国企业的慈善捐赠规模造成持续影响（见表 10）。

表 10　胡润中国慈善排行榜历年上榜企业的基本概况

年份	上榜人数（位）	平均捐赠额（万元）	上榜金额（万元）	最高捐赠额（亿元）
2004	50	2060	300	2.1
2005	50	2180	530	2.9
2006	100	5690	600	20
2007	100	9470	1500	20
2008	100	12840	2650	30
2009	50	7780	1450	8.5
2010	50	16420	1070	32
2011	100	12110	1350	45.8
2012	100	10120	1680	36.4
2013	100	5597	1100	5.8

数据来源：2004～2013 年胡润中国慈善排行榜。

从表 10 的数据可以发现：从 2004 年至 2008 年这五年间，是中国经济改革开放以来表现最好、经济增速最快最稳定的时期，因而表现在 2004～2008 年的榜单上平均捐赠数额、上榜金额、最高捐赠金额不断上升；从 2008 年开始，金融危机对我国的影响不断加大，但由于 2008～2010 年间自然灾害捐赠较多，企业捐赠仍保持较高水平；2011～2012 年是金融危机影响深化的两年，中国经济在保增长、调结构上面临诸多困难，经济增长速度下降，企业经营环境恶化、利润增长率下降，慈善捐赠出现较明显下降。

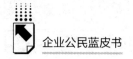

（八）政府和媒体的引导对企业（家）的善举仍起着不可替代的作用

由于中国地域广阔，困难人群居住分散、需要帮助的内容差异极大，企业和非公募基金在从事慈善活动时面临较大信息不对称和人员不足等方面的难题。而政府和公募基金组织等有较完善的组织结构，其活动触角也能深入社会底层，在从事慈善的组织与资源分配方面具有独特的信息、组织与资源优势，而企业家特别是处于成长期的企业家也希望能通过与政府和公募基金组织的合作，响应其组织的各类慈善活动以图同政府机构建立良好的关系，进而为企业发展营造更好的政治环境。而慈善资金由政府等机构来支配也有一定合理性，因为政府在重大灾难发生时组织更为及时、有力和高效；在平时，民间的慈善资源与政府财政转移支付对困难人群的帮扶也能实现互补，使有限的资源能得到更合理的运用，因而虽然在近年的慈善活动中受到更多的质疑，但政府和公募基金组织仍起着不可替代的作用，胡润百富公布的《2012 中国高净值人群消费需求白皮书》显示：高净值人群选择最多的慈善捐款方式是慈善基金，公立慈善基金最为普遍，其中以希望小学最受关注；另外还有近四成选择直接做项目，亿万资产以上的高净值人群由于慈善金额较大，选择直接做项目的比例更高达44%。

现代社会是一个信息社会，新闻媒体在企业慈善活动中的作用越来越突出，第一，新闻媒体对慈善活动、慈善企业进行宣传，从而营造出一种慈善参与氛围，同时也让企业家通过媒体的宣传提高了知名度和声望，进而鼓励更多的企业参与慈善；第二，媒体与有关机构合作，披露困难人群的信息和各种慈善活动信息，促进慈善家与受赠对象的接触以解决捐赠匹配问题，同时也能提高慈善的透明度；第三，媒体尤其是新媒体能提供捐赠平台，起到组织捐赠的作用，如新浪微公益等；第四，媒体提供了慈善家从事慈善活动的新形式，摆脱传统的慈善即是捐款捐物的形象，可让企业通过媒体发布公益广告引导人们的良俗善行，也可提供培训和创业机会帮助人们实现发展等；第五，许多信息企业本身就是实力雄厚的公司，他们可以利用其信息获取更便利的特点直接从事慈善等。

（九）宗教信仰对企业（家）慈善活动有重要影响

多数的宗教教义均有导人向善的内容，无论是佛教的慈悲、基督教的博爱，还是伊斯兰教对个人财产的净化等均非常强调慈善与救助，因而宗教信仰对企业家也有重要影响，在西方社会尤其是美国，宗教对慈善活动有直接的影响，美国著名哲学家亨利·艾伦·莫曾说过："宗教乃慈善之母，不论是从思想上，还是产生过程中，莫不如此。"①2000 年的一次大规模的美国全国性调查表明，81% 的美国人表示自己捐过善款，在捐款者中，宗教信徒的比例高出世俗论者 25%。在同样是年收入为 4.9 万美元的家庭中，宗教信徒每年的善款大约是世俗论者的 3.5 倍。②胡润百富公布的《2012 中国高净值人群消费需求白皮书》显示：270 万拥有人均资产 670 万元这一人群在富起来的同时更加关注慈善，这一人群中的信仰比例为无神论最高（51%），有宗教信仰的比例总体占 49%，分别是佛教（39%）、基督教（5%）、伊斯兰教（3%）、天主教（2%）和其他（10%）。亿万资产以上的数量约 6.35 万人，近六成有宗教信仰，多数信仰佛教。

甘满堂通过研究发现：福建是中国大陆传统文化保留较多的地区之一，福建省村庙与祠堂数量之多，为全国之首。"村村缘有庙，无庙不成村"，每年的村庙神诞庆典与春节期间的游神赛会活动经费都来自捐助。祠堂是血缘群体团结的纽带，而村庙则是地缘群体团结的纽带。福建乡村公益事业办得很好，路桥亭阁都由村民出资修建，捐资助学蔚然成风，其中富人捐资也非常积极，这与村庙宗祠文化发达有关。③

（十）女性慈善家在兴起

近年来，随着中国女性企业家的不断增加，女性参与慈善的数量也呈

---

① 转引自李申申、吕旭峰《宗教信仰：美国教育捐赠的基本动因》，《比较教育研究》2010 年第 7 期，第 78 ~ 82 页。

② 《宗教对慈善活动的积极作用》，佛教导航网，2010 年 7 月 1 日，http://www.fjdh.com/wumin/2010/07/203244116238.html。

③ 甘满堂：《传统宗教文化与中国企业家慈善事业——以胡润百富慈善榜闽籍企业家群体为研究对象》，《世界宗教文化》2011 年第 2 期。

上升趋势。在 2013 年的胡润慈善排行榜上，女企业家比 2012 年增加 3 位，有 13 位上榜，与百富榜上女富豪比例相同：骆奕、宗馥莉、边海燕、杨惠妍、许淑清、何巧女、魏雪、赵亦斓、陈丽华、姚生娣、富海霞、许冬瑾、张茵；其中除了许淑清、何巧女、陈丽华和张茵之外，其他都是联名丈夫或者父亲进行捐赠的；加上一名非企业的女慈善家——作家铁凝，则有 14 位。中国慈善排行榜中捐赠过亿元有两位女慈善家，分别是许淑清和释妙乐，其中许淑清已连续两年上榜，还荣获 2011 年中国慈善排行榜年度"十大慈善家"。

三　2012 年中国企业履行慈善社会责任中存在的问题

21 世纪以来，中国企业履行慈善社会责任的积极性呈上升趋势，无论是慈善活动参与面、参与频率，还是捐赠的规模均出现较大增长。但仍有诸多问题需要解决。

（一）企业慈善捐赠的水平较低

在我国，由于现代慈善事业的起步较晚，经济也仍处于转型之中，人均收入水平不高，有世界影响的民营企业较少，慈善捐赠规模还比较低，2012 年全年接收国内外社会各界物款捐赠总额约为 700 亿元，占同年我国 GDP 比例的 0.13%，比 2011 年下降了 0.05 个百分点；人均捐款 57.1 元，比 2011 年减少了 5.6 元，占同年我国人均可支配收入的比例约为 0.33%；2013 年的胡润慈善榜上榜慈善家的平均捐赠额占他们平均财富的 0.6%，相比 2012 年的 1.3% 有所下降。这说明我国民众和企业捐赠意识仍较为薄弱，企业履行社会责任的主动性不高，这一是可能与大部分企业规模较小，认为企业的最大责任是创造财富和就业有关；二是可能与中国当前慈善环境不佳有关，企业存在着"惧捐"心理；三是可能与中国慈善立法不完善、透明度不高，企业家认为捐赠不能流入真正受助者手中有关；四是部分企业与民众对慈善捐赠存在着误解，认为自己捐的钱就应当百分之百送到受捐者的手中，而没有考虑慈善组织本身发展的资金来源与慈善资源的分配成本问题。

（二）慈善透明度仍有待提高

公信力是慈善的生命，没有了公信力，慈善组织就失去了存在的基础和价值，虽然经历"郭美美事件"和"慈善问责风暴"后，各类慈善组织均加强了信息披露方面的工作，但由于前期基础较差，慈善组织工作人员的思维习惯改变和相关制度建设也需要时间，因此，2012年的慈善信息透明度虽有提高，但与群众的期待仍有较大差距。

2013年1月5日，中民慈善捐助信息中心在北京召开新闻发布会，正式发布《2012年度中国慈善透明报告》（以下简称《报告》），500项监测样本透明指数分析结果显示，2012年度，我国公益慈善行业"年度透明指数"为45.1分（总分为100分），与2011年度相比，透明度提高了46%；从慈善信息的四个分类看，2012年度，我国公益慈善组织的基本信息公开情况最好，治理信息和业务信息的透明度提升最快，但仍有较大提升空间；财务信息公开情况仍然相对较差。从在不同类型的组织间的比较看，基金会的年度透明指数比其他类型的慈善组织表现要好；与此同时，问卷调查结果显示，公众对公益慈善组织信息公开状况的满意度有显著提高，2012年，对公益慈善组织的信息公开工作表示不满的公众比例，从2011年的92%下降到了61%。公益慈善组织在信息透明的四个维度中，易得性和完整性表现较好，说明与上年相比，公众可以更方便地获取更多公益慈善组织信息；及时性和规范性维度表现较差，说明公益慈善组织信息更新得不够及时，且缺乏规范的信息公开制度。与2011年相比，2012年度我国公益慈善组织信息披露的及时性提升最为显著，但由于基础较差，故表现依旧不尽如人意。

《报告》分析指出，在过去几年里，虽然整个公益慈善行业面临的困难有了一定程度的缓解，但是有些困难的严峻性却日渐凸显，且新的挑战初露端倪。这些挑战主要有：①政府方面，公益慈善信息公开的权威标准依旧缺乏、信息公开工作奖惩机制执行不力；②慈善组织方面，组织间透明化程度差距加大、信息化成本高昂，重复建设严重；③公众方面，公众对公益慈善的关注更加专业，普遍通过新媒体进行问责，组织信息公开与公众信息接收之间存在沟壑。

（三）慈善立法比较滞后

虽然近年来，社会各界均意识到加强慈善立法的重要性，但至今我国统一的慈善法仍未出台，这方面地方立法走在了前面，目前地方慈善法规主要有《江苏省慈善事业促进条例》（2010年）、《宁波市慈善事业促进条例》（2011年）、《宁夏回族自治区慈善事业促进条例》（2011年）、《广州市募捐条例》（2011年），2012年则有《长沙市慈善事业促进条例》与《上海市募捐条例》得到公布实施。

由于慈善立法的滞后，诸多公益组织在发展中面临较大困境，公益事业遇到的各种法律问题只能在其他地方寻找依据，如非公募性慈善组织的受捐财产的定性问题、慈善组织的登记管理问题、慈善组织应当享受的税收优惠和对慈善财产依法进行管理使用的权利保障、慈善组织的信息披露责任问题、政府在慈善活动中的权利边界等，均未有明确而易执行的规定，为此，必须进一步解放思想，加快慈善立法进度，为慈善事业的发展提供制度保障。

（四）税收减免制度需要改革

我国目前关于企业慈善的税收减免规定至少有三个方面的不足：一是虽然现有的所得税法对公益税收优惠作出了一些规定，但是，在具体执行过程中，慈善组织享受税收优惠政策所面临的审批环节多，举证的难度大、成本高，税收优惠难以得到落实。二是税法中规定，企业关于公益性捐赠支出，在年度利润12%以内，准予扣除，超过部分哪怕企业捐赠后的实际利润已经为负，也须按25%缴纳所得税，这就使得企业缺乏追加捐赠的动力。三是依据《企业所得税法实施条例》对非营利组织的定义和《民办非企业单位登记管理暂行条例》的规定，民办非企业单位在发展中面临着以下困境：第一，投资人（法规称"投入人"）对该组织不享有任何财产权利；第二，不得分红；第三，不能向银行贷款；第四，不准设立分支机构；第五，许多机构不能获得免税优惠，也就是说，民办非企业单位不能获得与社团和基金会一样的慈善公益捐赠税前扣除资格，投资人的财产权利与发展权利也受到约束，致使有关捐赠难以落实。

非激励性的税收制度对企业大规模的慈善活动是不鼓励的，这方面迫切需要加以改变。

（五）捐赠资源流向区域需要调整

公益活动从本质上讲是一种再分配行为，是一种收入的再平衡措施，但由于我国的东部地区和南方地区经济较为发达，慈善活动也较多，因此公益慈善组织多集中于这些发达地区，除非有大规模的灾难发生，其捐赠资源的流向也主要在这些地区内部流动，从历年的慈善资源的募集与分配的地域流向看，广东、北京、福建、上海、山东等区域捐出的款物最多；同时，北京、广东、福建、河南和山东等地也是接收捐赠收入最多的地区，也就是说，捐赠资源主要是在区域内部进行分配，而西部、偏远、贫困地区这些最需要获得资助的地区，资源获取量并不多。

这些年，我国的主要自然灾害主要发生在西部地区，虽然灾害发生时，受灾地区也受到一些资助，但这种资助主要是对灾区群众生活状态恢复的一种临时性的措施，而不能解决发展问题和灾害防范问题。西部地区由于自然条件比较恶劣，大部分国土处于山地、高原、荒漠、沙漠等难以利用区域，加之气候和植被等条件的限制，生态系统通常处于生态临界线边缘，生物多样性受限，属于我国生态环境最脆弱的地区，其突出的生态问题有：水资源失调，干旱灾害严重；植被破坏，水土流失严重；荒漠化加剧，风沙灾害蔓延等。目前，我国水土流失面积360多万平方公里，其中80%分布在西部地区；全国荒漠化面积260多万平方公里，每年新增荒漠面积2400多平方公里，其中90%以上分布在西部地区；全国70%以上的突发性地质灾害也发生在西部地区；西部地区森林覆盖率为10.56%，低于全国平均森林覆盖率13.92%。自然条件只是发生生态问题的前提，人类不适当的经济活动与政策才是主要原因，由于西部地区尤其是西部农村是全国最贫困地区，贫困导致了对自然的过度掠夺，致使自然环境被破坏，灾害频发，这也是西部生态环境保护的难点所在。为此，应努力引导慈善资源更多地向西部和边远贫困地区直接投入，只有这样才能使慈善事业体现出更高的价值。

（六）政府需转型，公立慈善组织管理需加强

慈善是民事权利主体的自愿性善举，慈善行动的主体是民间组织和个人而不是政府，政府可以制定慈善政策，号召、鼓励和引导慈善行为，而不能作为慈善的主体，也不能采取强制措施或硬性地将慈善规定为企业和公民的义务。但长期以来，政府在引导慈善方面走了许多弯路，一是政府的权力边界不清，角色和职能存在着错位，表现为政府直接出面成立慈善组织，导致部分公募性慈善组织行政化严重，管理人员"官本位"思想严重，管理能力较弱，公信力、募款能力、治理和运营能力偏低；还表现为政府将其二次分配的职能与民间为主体三次分配职能相混淆，政府通过社会保险、社会救助、社会福利等途径，去帮助弱势群体和成员，这是一种公共财政政策的措施，是一种二次分配，而不是慈善，但政府往往不能将公立财政目标与慈善区分开来，强势进入募捐市场，对企业和公民进行硬性摊派和劝捐，如2011年有两件事广受关注：其一，广东东莞政府部门集体办理"月月捐"——绑定一张银行卡，每月固定扣10元以上捐款。当地一名干部称，10元标准，并不过分。其二，沈阳、济南、西安等地群众向媒体反映，"他们正在读小学的孩子被学校要求加入红十字会，并要缴纳5元会费"，"硬性摊派不是慈善，运用权力手段搜集慈善资源必然会破坏慈善生态。把慈善这一社会性的分配机制变成行政摊派、权力统筹，容易让人产生逆反心理，无形中销蚀慈善组织的公信力"，部分地区的政府甚至将善款纳入财政开支，"至于那些假借慈善之名去圈钱圈地、谋取私利的行为，就更是与慈善全然无关，体现的只是权力的滥用"。①

近年来，中国公立慈善组织由于管理混乱导致的一系列丑闻和事件的曝光，是国内公立慈善事业在普通老百姓和捐款者心中的公信力下滑的罪魁祸首，由此也削减了社会各界的日常捐赠热情，地处风暴中心的中国红十字会接收捐赠收入也明显减少，2011年我国各级红十字会接收款物合计28.67亿元，与2010年相比，减少38.62亿元，降幅高达57.39%。2012年，中国红十字

---

① 李天扬：《人民时评：慈善行为不能"权力统筹"》，《人民日报》2011年10月14日，http://news.xinhuanet.com/2011-10/14/c_122155349.htm。

会系统总收入为 36.61 亿元，各种捐赠来源中，唯一增长的是政府拨款，增长 26.6%，占红十字会全系统收入总额的比例从 2011 年的 28.85% 增长到 40.21%。可以预见，若公立慈善机构不能转变思维方式，着力去行政化，加强管理与自律，提高机构的运作效率和透明度，坚持以做好慈善服务为价值取向，那么，其在中国慈善市场中的地位将不断下降以致被完全取代。

（七）民间慈善组织与企业慈善活动发展困难

在 2013 年 4 月 8 日举行的博鳌亚洲论坛 2013 年年会"公益慈善与社会企业的亚洲探索"分论坛上，与会的专家对民间慈善组织的发展表示忧虑，认为"由企业和私人发起的私募公益基金，这些民间慈善组织确实朝气蓬勃，但其社会资源的占有率远低于其目前的贡献度"。"公立慈善组织占据了大量社会资源，而民间慈善组织却并没有得到应有的支持。"而且"建立门槛高、资金募集困难等各种难题阻挠着中国民间慈善组织的存在和发展……目前有一半的民间慈善组织收入偏低，处于生存和发展比较困难的状况……包括新兴社会企业在内，大部分的民间慈善组织处于生存挣扎的边缘，不仅很难取得贷款，同时在募捐时也要面临更多的质疑，民间慈善的生态还处在一个探索和不正常的阶段"。[1]

由于中国社会服务业发展滞后，与此同时，收入提高起来的中国社会对高品质的教育、医疗卫生和养老需求极大，光靠政府投入，远远不能满足社会需求，因此部分企业家选择将慈善与为社会提供服务结合起来，创办了一些民办非企业单位，截至 2011 年底，全国共有民办非企业单位 20.4 万个，其中教育类占 51%，社会服务类占 16%，卫生类占 11%。[2] 这些企业中也有些不是抱着做慈善的立场，而是作为一种获得回报的投资，它们一方面挂着公益企业的名义获得政策支持，另一方面又以慈善的名义获得大额捐赠并通过市场得到大量回报，严重损害了公益性企业的名誉，影响了真正的公益性企业的发展；而

① 《"中国式慈善"：艰难的"泥沼"突围》，新华网，2013 – 04 – 09，http：//news. xinhuanet. com/gongyi/2013 – 04/09/c_ 124556417. htm。

② 徐永光：《万亿社会投资止于"民非"制度》，新浪财经，2013 – 07 – 23，http： // finance. sina. com. cn/leadership/mroll/20130723/161316216894. shtml。

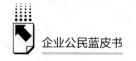

真正从事慈善的企业又由于投资者丧失了财产的所有权，也不能获得应有的回报，维持困难。

（八）捐赠形式较单一，与发展相关的捐赠较少

企业承担慈善责任最主要的形式是通过捐款捐物进行间接捐赠，直接捐赠较少，捐赠社会服务较少，捐赠使用的主要流向也是救灾、教育和扶贫，胡润百富公布的《2012中国高净值人群消费需求白皮书》也显示270万拥有人均资产670万元这一人群在富起来的同时更加关注慈善，在受访的高净值人群中，近九成参加过慈善活动，参与最多的是灾难捐款（见图2），有55%的受访者选择这一项，其次是扶贫（39%）与教育（35%），环境保护也受到较大重视，文体和健康受关注程度较低。

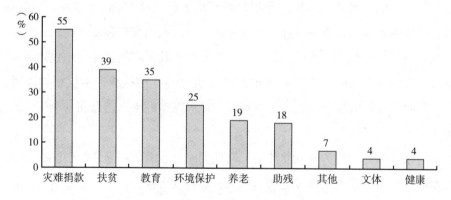

图2　高净值人群已参加慈善活动主题

这表明，我国慈善事业的发展仍处于较低阶段，企业并未将慈善作为企业战略的重要组成部分来实施，在思想上仍是创利的一元论思想，而"发达国家企业慈善责任的形式经过长期的发展已经相当完善，并且企业经过常年的经营实践也认识到企业与社会的契约关系，所以企业纷纷转换慈善态度从一元论转换为相对二元论，甚至绝对二元论。他们认识到以前被动地献爱心，不如自己主动将慈善和企业的目标结合更适合企业及社会的发展。企业转换态度带来了慈善形式创新，比如企业提供资金帮助促进社区公共卫生，包括各种癌症早期检查，提供疫苗、帮助社区免疫接种，艾滋病预防等；提供安全预防，例如

承办汽车驾驶员安全培训、预防犯罪讲座等；帮助社区成年人扫盲，举办旨在提高特殊人群能力的特教课程等为失业者免费提供就业培训、为他们提供工作实习岗位。另外企业通过向社区提供资金的方式救助无家可归的人、遭受各种困难的人和流浪动物等"。① 与此同时，发达国家的慈善组织发展也趋向于专业化，如国际上有很多大型慈善机构，如国际红十字会、联合国儿童基金会、国际乐施会、世界宣明会、世界自然基金会、世界动物保护协会等，这些国际慈善机构专注于不同的领域，诸如人道救助、儿童关爱、扶贫反饥饿、动物保护、环境保护等，它们在各自的领域都有着国际影响力，背后也有各国的富豪提供资金、物资的支持。也就是在发达国家，补偿性扶贫、救灾等补偿性慈善活动虽然依然重要，但与人群发展能力提高、社会稳定相关的预防性慈善活动越来越成为企业慈善的主题；捐赠的形式也更注重与企业业务是否有相关性，形式也日益丰富，这是中国慈善事业发展日后需要借鉴的方向，唯有如此，才能使企业慈善走上可持续发展的轨道。

（九）国有企业示范作用差、民营企业慈善缺乏长远规划

现在国有企业基本是大型垄断企业，资本特别雄厚，占有的资源特别丰富，它们在获得国家政策与资源支持方面处于优势地位，并凭借这些优势获取巨额利润，根据中国企业联合会发布的"2013 中国企业 500 强"排行榜，国有及国有控股企业共有 310 家，占总数的 62%；实现营业收入 40.9 万亿元，同比增长 12.09%，占 500 强企业营业收入总额的 81.94%；资产总额为 137.76 万亿元，增长 14.14%，占 500 强资产总额的 91.26%；实现利润总额为 1.87 万亿元，增长 5.59%，占 500 强企业利润总额的 85.91%。民营企业共有 190 家，占总数的 38%；实现营业收入 9.03 万亿元，同比增长 15.32%，占 500 强企业营业收入总额的 18.06%；资产总额为 13.22 万亿元，增长 24.77%，占 500 强资产总额的 8.74%；实现利润总额为 0.31 万亿元，增长 0.26%，占 500 强企业利润总额的 14.09%。国有及国有控股企业

---

① 杜莹、秦学京：《中国企业慈善责任存在的问题及对策》，《河北经贸大学学报》2012 年第 6 期，第 66~69 页。

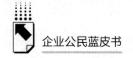

仍旧保持主导地位。国有企业在纳税方面的贡献比较突出，以制造业为例，在全部制造业500强中，国有企业以66.65%的收入份额贡献了85.07%的纳税份额，百元收入纳税率为8.69元，是民营企业3.05元的2.85倍。但在从事社会慈善方面，国有企业的表现较差，国有企业获取的高额利润在上缴税利之余，多用于给员工发放福利，这已受到了诸多批评。其实国有企业作为一个企业不仅应当尽一般企业的责任，在慈善方面也应发挥表率作用，但在历年的捐赠中，无论是捐赠额度，还是慈善活动的引领等方面，国有企业的表现均劣于民营企业。

民营企业履行慈善社会责任多取决于领导者的良心，缺乏长远的系统性规划，不能将慈善活动与企业发展结合起来，大部分的企业没有设立慈善活动部门，也不注重在公司内部将慈善纳入企业文化体系，捐赠的随意性较大，大多事前无计划，事中无管理，事后无监督和回访，导致捐赠数额大起大落，有些活动因此得不到持续的资金支持而造成浪费，成了"胡子"工程。

四　促进中国企业履行慈善社会责任的建议

改革开放以来，为调动社会创造财富的积极性，使"创造社会财富的源泉充分涌流"，中国在初次分配领域执行效率优先原则，这一制度实施的结果是在促进中国社会财富迅速增长的同时，社会各阶层、各地区以及城乡之间收入差距不断扩大，并由此引发了仇富等一系列不良社会心理与社会现象，严重影响了经济的持续发展与社会稳定；而在再分配领域，受制于政府财力不足和制度变迁共识形成的困难，再分配对收入调节能力极为有限；在政府有目的引导、社会舆论影响与企业建立"声誉"的战略考虑等因素的综合作用下，一系列NGO组织、企业和个人开始参与社会慈善活动，并且随着经济的发展与社会文明程度的提高，非政府性的社会慈善活动的内容越来越多样、规模不断扩大、方式不断创新，成为社会和谐的重要贡献力量，而企业作为慈善资金的主要提供者，日益展现出其不仅能创造财富，而且能理性地将财富回报社会以造福民众的良好形象。针对当前企业履行慈善社会责任中存在的问题，政府、社会、企业应当一致行动起来，推进企业更有效地践行慈善、服务慈善。

（一）加强慈善法治建设

在社会结构深刻变革、思想观念深刻变化、社会矛盾叠加出现的今天，应当响应社会呼声，加强慈善法治建设，特别是应当加快制定实施《慈善法》，在法律层面解决长期以来一直困扰和制约慈善组织发展的系列问题，为各类慈善组织和企业参与慈善活动提供更加宽松、更加规范的法律依据。

（二）进一步推进慈善组织信息透明化的制度建设

公开透明是慈善组织提高公信力的基础，"透明度对于慈善组织具有三个方面的重要意义：一是保障公信力的实现；二是防止制度性的腐败；三是慈善组织促进自律及自身能力建设。慈善立法要在组织内部治理结构、利益冲突规则、财产管理和使用等各个方面设计出相应的制度，以保障公开透明机制能够有效建立起来。"① 慈善组织应当将主体的性质、机构的使命、组织的效能、资金的来源与运用、规则的遵守、战略的企划、利益的冲突等内容面对政府、公众、媒体、捐赠者、受益人甚至志愿者进行公开。对此，编制中的慈善法应有明确规定，要求慈善组织公开一切可公开的信息，同时由于慈善事业涉及的主体众多，慈善信息因此具有一定的公共产品性质，《2012 年度中国慈善透明报告》建议，可由"政府资助建立统一的慈善信息公开标准及奖惩机制，搭建公益慈善行业公共的信息平台；行业建立透明自律联盟，形成政府、行业、媒体与社会公众多维的中国慈善透明监管体系，"政府财政、税务和审计等部门要依法进行行政监督，媒体与社会公众对慈善组织的制度建设情况、受赠及善款使用情况、信息公开情况等开展社会监督，行业内部应建立强制性信息披露机制，使善款的产生和流向、救助的方式和结果等信息能够及时向政府和社会公众公布，同时约束本组织和成员的行为，使有关资金的申请、拨付及运营

---

① 邰风涛：《慈善立法要创新人民网》，2011 - 01 - 19，http：//theory. people. com. cn/GB/13761679. html。

费用的预算、核销等过程制度化，以此为中国的公益慈善行业发展提供有效保障。

（三）企业应进一步提高慈善事业的参与能力

慈善是企业履行社会责任、回报社会、实现永续发展的最主要方式之一，企业特别是国有企业应当提高慈善事业的参与力度，首先，应当切实转变慈善理念，充分认识到企业从事慈善捐赠活动不是一种单纯的付出，它还是一种社会投资，可以实现企业经济和社会效益的共赢，近年来已有众多西方学者认为，企业慈善行动可以给组织提供内部和外部的双重利益，企业慈善行动能够产生竞争优势。其次，应当加强企业慈善战略规划的制定与实施，企业应当建立慈善捐赠活动的管理、评估、监督与约束机制，在事前应加强调查研究，了解社会的慈善需求及这些需求与企业战略目标的匹配程度，合理配置慈善的人、财、物资源；在事中，应有明确的实施步骤和应急措施，调动企业全员参与，同时利用政府、慈善组织、媒体宣传等多方面资源进行协助，保证计划的实现；在事后要对慈善效果进行评估，对企业慈善的投入与产出、成本与效益等多项指标进行科学评估，提高慈善的效果。最后，企业特别是中小企业应当明确，企业的经济效益是其从事慈善的基础，而慈善正变得越来越复杂、越来越专业化，单靠企业通过一家之力做慈善是有限的，也可能会力不从心，加强与影响力大、公信力强的慈善组织的合作，可以使慈善成效更加突出。

（四）政府应加快转变职能优化慈善环境

政府在我国慈善事业的起步和早期发展阶段起到了不可或缺的作用，但在慈善事业进入快速发展通道的今天，却制约了慈善事业的进一步发展，政府对公募基金会的过多直接参与，是慈善资金被不当使用的重要原因，对公募基金有意无意的限制，使得民间公募基金会发展存在较大困难，同时，政府在慈善制度建设方面滞后，不能对慈善事业提供有效服务和监管。为此，政府应当转变职能、合理定位，从直接的慈善服务市场中退出，让慈善事业回归社会，实行政社分开，对慈善事业应通过优化慈善环境引导其发展，深化税制改革推动其发展，完善监督机制规范其发展，购买慈善服务支持其发展。

（五）慈善组织应加强与企业的合作

金融危机的爆发弱化了企业捐赠能力，弱化了其捐款助困的慈善信心，从而使得 2012 年的捐款金额出现大幅下降，在此情形下，慈善组织应与企业共渡难关，利用慈善组织良好的社会形象与联系面宽的特点，帮助企业解决经营困难，以此赢得企业的信任和对慈善组织的支持；利用其慈善活动经验丰富的优势帮助企业设计慈善项目，使慈善活动的内容、方式与企业的经营方向相匹配；利用其与媒体合作较密切的优势，帮助企业树立良好社会形象，获得新的发展机遇和优化企业治理模式。

（六）善于利用媒体的力量

当代社会，媒体的力量极其强大，它可以营造社会舆论，影响人们的思维，引导事物发展的走向。政府、慈善组织和企业均应善于利用包括网络在内的媒体的力量来推进慈善事业。

政府和慈善组织"要善于运用多样形式，用多样手段通过多种途径达到慈善事业的宣传目的。比如以各地慈善文化特色为学术根底，拍电视纪录片或单项慈善文化宣传片，让社会了解慈善文化，扩大慈善文化的社会影响，树立慈善文化的事业和组织形象。举办慈善文化节，通过艺术形式，用生动、活泼丰富的慈善文化活动宣传慈善事业的建设成果。通过自己创办的慈善杂志、报纸、网站等各种传播媒介宣传、介绍慈善文化。通过社会大众传媒宣传慈善事业、慈善活动、慈善组织的理念经验、成果，编辑出版慈善文化资料、文集及学术专著、文学作品集等，打造慈善文化形象，留下慈善文明的历史足迹。通过提高公益慈善诸种以上新能力，争取更多的社会理解和支持"。[①]

同时针对当前慈善方式单一和资源流向不均的问题，可以利用媒体介绍西方发达国家的经验做法，不断丰富慈善活动方式；可以通过舆论宣传引导资源

[①] 郭廷建：《当前形势与公益慈善工作断想》，中国扶贫网，2013 - 1 - 7，http：// www. cnfpzz. com/ NewInfo. aspx？Page ＝2&aid ＝71741。

向西部地区流动。

企业也可以通过媒体宣传自身慈善活动，提高企业的影响力。

参考文献

［1］Jennifer C. Chen, Dennis M. Patten & Robin W. Roberts（2008）. Corporate Charitable Contributions：A Corporate Social Performance or Legitimacy Strategy? *Journal of Business Ethics 82*（1）：131 – 144.

［2］Ailian Gan（2006）. "The Impact of Public Scrutiny on Corporate Philanthropy." *Journal of Business Ethics 69*（3）：217 – 236.

［3］Robert C. Padgett & Jose I. Galan（2010）. "The Effect of R&D Intensity on Corporate Social Responsibility." *Journal of Business Ethics 93*（3）.

［4］Robert J. Williams & J. Douglas Barrett（2000）. "Corporate Philanthropy, Criminal Activity, and Firm Reputation：Is There a Link?" *Journal of Business Ethics 26*（4）：341 – 350.

［5］Leland Campbell, Charles S. Gulas & Thomas S. Gruca（1999）. "Corporate Giving Behavior and Decision-Maker Social Consciousness." *Journal of Business Ethics 19*（4）：375 – 383.

［6］Louis H. Amato & Christie H. Amato（2007）. "The Effects of Firm Size and Industry on Corporate Giving." *Journal of Business Ethics 72*（3）：229 – 241.

［7］Louis H. Amato & Christie H. Amato（2012）. "Retail Philanthropy：Firm Size, Industry, and Business Cycle." *Journal of Business Ethics 107*（4）：435 – 448.

［8］William Crampton & Dennis Patten（2008）. "Social Responsiveness, Profitability and Catastrophic Events：Evidence on the Corporate Philanthropic Response to 9/11." *Journal of Business Ethics 81*（4）：863 – 873.

［9］Ran Zhang, Zabihollah Rezaee & Jigao Zhu（2010）. "Corporate Philanthropic Disaster Response and Ownership Type：Evidence From Chinese Firms' Response to the Sichuan Earthquake." *Journal of Business Ethics 91*（1）：51 – 63.

［10］〔美〕菲利普·科特勒、南希·李：《企业的社会责任——通过公益事业拓展更多的商业机会》，姜文波等译，机械工业出版社，2006。

［11］〔英〕哈米什·普林格尔：《品牌的精神》，俞利军译，中国财政经济出版社，2005。

［12］金立印：《企业社会责任运动测评指标体系实证研究——消费者视角》，《中国工业经济》2006年第6期，第114～120页。

［13］周延风、罗文恩、肖文建：《企业社会责任行为与消费者响应——消费者个人特

征和价格信号的调节》，《中国工业经济》2007 年第 3 期，第 62～69 页。

［14］〔美〕乔治·斯蒂纳、约翰·斯蒂纳：《企业、政府与社会》，张志强译，华夏出版社，2002。

［15］〔美〕托马斯·唐纳森、托马斯·邓菲：《有约束力的关系：对企业伦理学的一种社会契约论的研究》，赵月瑟译，上海社会科学院出版社，2001。

B.6
企业反腐败反商业贿赂责任报告

靳 乾 聂鸿迪*

摘 要：

商业贿赂是传统贿赂的外延，是各类腐败中的一种，并且已逐步成为腐败的最主要的形式之一。因此，反腐败离不开反商业贿赂，反商业贿赂需要在反腐败这个大前提下进行。企业作为一个群体，其在反腐败行动中所发挥的作用是不能忽视的，这也是企业公民建设不可或缺的一部分。

关键词：

反腐败 反商业贿赂 企业公民

透明国际（Transparency International）每年都会公布一项有关国家和地区的腐败指数，这一指数是在对该国家和地区的公务员、商业人士以及专家进行评估后得出的。在透明国际的 2012 年度全球腐败指数所涵盖的 176 个国家和地区中，中国排名第 80 位，得分仅为 39 分（满分为 100 分，22～50 分属于腐败问题比较严重）。相比 2008 年度中国第 70 位的排名，显示出我国腐败现象日趋严重。商业贿赂行为在我国市场经济体系中逐渐产生和形成，不仅侵犯了其他竞争者的合法利益，也破坏了市场的公平竞争机制，是违背整个社会利益的不良行为。2012 年我国商业贿赂案件激增，经济管理体制、法制、商业道德、监督管理存在的缺陷，以及商业贿赂全球化都为腐败的增长提供了"温床"，使得反腐败的难度日益增大，企业反腐败、反商业贿赂的公民建设行为也受到了严峻的挑战。

---

* 靳乾，硕士研究生，山西证券股份有限公司，研究方向为宏观经济；聂鸿迪，现就读于北京交通大学，研究方向为经济统计学。

一 企业反腐败反商业贿赂现状

（一）腐败和商业贿赂的新特点

据统计，2010 年全国纪检监察机关共立案 139621 件，结案 139482 件，给予党纪政纪处分 146517 人，涉嫌犯罪被移送司法机关处理 5373 人。2011 年，全国纪检监察机关共接受信访举报 1345814 件（次），立案 137859 件，结案 136679 件，处分 142893 人。[①] 2012 年，全国各级纪检监察机关共接受信访举报 1306822 件（次），立案 155144 件，结案 153704 件，处分 160718 人。[②]

表1 2010～2012 年我国反腐败反商业贿赂年度十大案件

年份	反腐败反商业贿赂十大案件
2010	①肖晓鹏案——折射"天花板干部"困局；②王亚丽骗官案——暴露选人用人漏洞；③江西李阳案——利用影响力受贿获刑；④罗亚平案——"土地奶奶"非法敛财 6000 万元；⑤力拓案——海外公司员工受贿被判刑；⑥曹颖章案——官员滥用职权强拆受刑罚；⑦董跃进案——国企"裸官"受审；⑧王先民案——渐进式腐败的典型；⑨张永斌案——"委托理财"放高利贷受贿；⑩李荫奎案——创县委书记受贿次数之最。
2011	①内蒙古自治区原副主席刘卓志落马，曾帮煤老板们疯狂敛财；②四川宜宾副市长敛财 2000 余万获死缓，两年狂敛 2000 万元；③云南吸毒州长受贿千万有 23 套房产，曾边开会边吸毒；④北京门头沟原副区长落马，包养情妇，涉案 4200 万元；⑤铁道部原部长刘志军落马，铁路系统大地震；⑥吉林省常务副省长田学仁落马；⑦原广东中山市长李启红靠内幕炒股赚近 2000 万，称自己"骨子里热爱党"；⑧国家药监局原党组成员、副局长张敬礼落马，出书卖钱，隐形受贿；⑨江西省政协副主席宋晨光落马；⑩浙江人大常委会原副主任张家盟因受贿一审被判无期。
2012	①王立军案——打黑英雄四罪加身；②刘卓志案——染指矿业又"卖官"；③董永安案——同一岗位的第 4 个落马者；④肖明辉案——"杰出青年"变腐败官员；⑤张国华案——从开始廉洁到最终腐败；⑥吴省省案——小贪小贿不是小事；⑦赵波案——公务员招考体检舞弊；⑧李丙春案——镇长挪用公款 1.78 亿元；⑨赖昌星案——3900 万元把 64 人拉下水；⑩原足球运动管理中心领导人员受贿案正式宣判。

资料来源：正义网，http：//news. jcrb. com/jxsw/201012/t20101228_ 483828_ 1. html；中华网论坛，http：//club. china. com/data/thread/5688138/2735/86/66/9_ 1. html。

---

① 新华网，http：//news. xinhuanet. com/politics/2012 - 01/06/c_ 111388260. htm。

② 新华网，http：//news. xinhuanet. com/lianzheng/2013 - 01/09/c_ 114307983. htm。

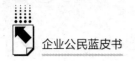

对我国 2010 年以来反腐败反商业贿赂十大案件的关键词进行剖析，可以发现商业贿赂案呈现以下趋势。

1. 商业贿赂案件呈高发趋势，涉案数额越来越大

商业贿赂为"权力寻租"提供了交易平台，以至于大多数腐败案件都与商业贿赂有关。2007 年 11 月至 2012 年 6 月，全国纪检监察机关共立案643759 件，结案639068 件，给予党纪政纪处分668429 人。涉嫌犯罪被移送司法机关处理 24584 人。全国共查办商业贿赂案件 81391 件，涉案金额 222.03亿元。① 其中，仅在2012 年，就因贪污贿赂行为，处分30315 人，占同期处分人数的 18.9%。②

2. 官商勾结以及高官涉案愈演愈烈

2011 年 1 ～ 11 月，国家公务员涉嫌商业贿赂案件的数量与 2010 年同期相比增长了 1.9%。③ 2012 年，领导干部和领导机关成为了监察机关查办案件的重点，各种腐败行为的查处力度明显增大，其中县级以上干部受到处分的有4698 人，被直接移送司法检察机关的有961 人。④ 2012 年，检察机关立案侦查涉及国家工作人员的商业贿赂犯罪案件 11789 件，涉案金额超过 41.9 亿元。⑤

尽管中国最高领导层始终把反腐提到"保证社会稳定"的高度，但事实上涉及中国腐败案件的官员中所处高职位的人数却越来越多了。2012 年以来，薄熙来、刘志军、黄胜、田学仁等人受到了中央纪委监察部的严肃查处，这些人也因为严重违法乱纪行为而被移送至司法检察机关。目前正在立案调查的还有周镇宏、李春城等案件。各地区各部门也查办了一批在本地区本部门有影响的大案要案。如河南省漯河市原市长吕清海，利用承揽工程、拨付工程款、职务升迁、人事调整等时机收受贿赂 1200 万元，受到开除党籍、行政开除处分，被移送司法机关依法处理。山东省政府原副秘书长、机关事务管理局原局长张

① 中央纪委监察部网站，http://www.mos.gov.cn/xxgk/hyzl/201307/t20130719_6760.html。
② 新华网，http://news.xinhuanet.com/lianzheng/2013-01/09/c_114308005.htm。
③ 新华网，http://news.xinhuanet.com/politics/2012-01/06/c_111388260_2.htm。
④ 新华网，http://news.xinhuanet.com/lianzheng/2013-01/09/c_114312337.htm。
⑤ 新浪网，http://tj.sina.com.cn/news/m/2013-03-05/091116171.html。

泽忠，利用职务上的便利，为他人谋取土地置换、工程承揽、招标投标和工作安排等利益，收受贿赂 706 万元，受到开除党籍、行政开除处分，被移送司法机关依法处理。

据相关资料显示，2012 年全国检察机关共立案侦查贪污贿赂、渎职侵权等职务犯罪案件 34326 件，查处 47338 人，同比分别上升 5.4% 和 6.4%，为国家和集体挽回经济损失 87.9 亿元。其中贪污贿赂 5 万元以上、挪用公款 10 万元以上的案件 20442 件，重特大渎职侵权案件 4184 件；查处县处级以上国家工作人员 2569 人，其中厅局级 179 人，省部级以上 5 人。① 五年来，检察机关共立案侦查各类职务犯罪案件 165787 件，调查涉案人员 218639 人，其中县处级以上国家工作人员 13173 人（含厅局级 950 人、省部级以上 30 人)②，这个数字相当于 2013 年全国两会最高人民检察院工作报告中提到的五年来的总数。

表 2　十八大以来落马的省部级高官

姓　名	职　务	年龄	籍　贯	落马原因	进　展
李春城	原四川省委副书记	57 岁	辽宁海城	成都金牛区区委统战部部长申勇实名举报了李春城行贿、买官卖官等问题	2012 年 12 月初因涉嫌严重违纪，中央已经决定免去其领导职务
周镇宏	原中共广东省委常委、统战部部长	56 岁	广东普宁	利用职务上的便利，为他人谋取利益，收受贿赂；收受礼金、贵重礼品；对茂名市发生的系列严重腐败案件负有主要领导责任；生活腐化等	2013 年 2 月，周镇宏被撤销全国政协委员资格。2013 年 2 月经中央纪委审议并报中共中央批准，决定给予开除党籍、公职处分；并依法处理
刘铁男	国家发展和改革委员会党组成员、副主任。	59 岁	山西祁县	刘铁男被媒体曝出包养多名情妇，住宅查出多个银行账号，存款高达千万元	2013 年 8 月 8 日，刘铁男因严重违纪违法被开除党籍和公职
倪发科	原安徽省人民政府副省长、党组成员	59 岁	江苏溧水	涉嫌参与造假和借矿企牟利	涉嫌严重违纪，正接受组织调查

---

① 新浪网，http://tj.sina.com.cn/news/m/2013 - 03 - 05/091116171.html。

② 中国网，http://legal.china.com.cn/2013 - 03/11/content_ 28198403_ 2.htm。

续表

姓名	职务	年龄	籍贯	落马原因	进展
郭永祥	原四川省委常委,副省长	64岁	山东临邑	涉嫌严重违纪	正接受中纪委调查
王素毅	内蒙古自治区统战部部长	52岁	内蒙古土左旗	涉嫌贪污受贿、包养女大学生、女记者	2013年6月,因涉嫌严重违纪,正接受中纪委调查
李达球	广西壮族自治区政协副主席,总工会主席	60岁	广西昭平	当地百姓对李达球的举报,一直持续到其被调查后,多名群众举报其亲属涉黑等问题	2013年7月13日,中央决定免去其领导职务,现正在按程序办理
王永春	曾任中国石油天然气集团公司副总经理、党组成员,大庆油田有限责任公司总经理等职	53岁	吉林省乾安县	王永春掌管大庆油田时,在房地产项目上的决策曾引发争议,如大庆当地著名的创业城地产项目	正接受中纪委调查
蒋洁敏	国务院国资委主任	58岁	山东阳信	2013年9月1日监察部网站发布消息称国务院国资委主任、党委副书记蒋洁敏涉嫌严重违纪	中央已经决定免去其领导职务

资料来源:腾讯新闻,http://news.qq.com/zt2013/gaoguanluoma/。

3. 发案行业范围"广泛化",案件环节相似程度高

从2012年已经查出的案件来看,商业贿赂发案的行业范围已经不再局限于产权交易、政府采购、工程建设、医药购销、土地出让等传统领域,而是呈现出一种蔓延至各行各业、全面渗透的趋势。就连以往为公众认为的清水衙门——"教育部门",也逐渐成为商业贿赂发案的重灾区。对我国2012年商业贿赂典型案件进行分析后,可以发现,许多案件的发案环节相似度很高,资金密集、竞争激烈、权力集中、资源紧缺的领域,往往是商业贿赂"盛行"的区域。近些年来曝光率越来越高的娱乐界"潜规则"、医药"回扣"以及足坛的"假、赌、黑",都说明了这一趋势。

4. 商业贿赂手段推陈出新,表现形式日趋"多样化""隐蔽化"

具体来讲,商业贿赂的主要表现形式有:一是给付或收受现金的贿赂行为;二是给付或收受各种各样的费用、红包、礼金等贿赂行为;三是给付或收

受有价证券；四是给付或收受实物；五是以其他形态给付或收受；六是给予或收受回扣；七是给予或收受佣金不如实入账，假借佣金之名进行商业贿赂。

5. 商业贿赂日趋国际化

随着我国对外开放程度的深入，在商业贿赂易发多发的重要领域和关键行业，跨国企业的身影越来越多。如之前的"沃尔玛案""德普案""IBM案""家乐福案"等还未远去，就又出现了"大摩案""力拓案"等一大批商业贿赂案件，如此多的跨国公司轮番登上中国商业贿赂榜单，使原本相信这些跨国公司会遵守国际和国内法律规范、诚信经营的人们大跌眼镜。国内民间经济分析机构安邦集团公布的一份研究报告显示，跨国企业在华行贿事件呈上升趋势，中国在10年内至少调查了50万件腐败事件，其中64%与国际贸易和外商有关。[①] 跨国公司的商业贿赂手段繁多，名、利、色无所不用其极，并且这些商业贿赂行为，往往跟中国政府官员、国企高管的腐败牵涉在一起。与此同时，此类商业贿赂往往又涉案金额巨大，不但会对我国的经济安全造成威胁，更会对我国的国际声誉产生严重不良影响。

值得注意的是，随着中国企业"走出去"战略的推进和海外并购、境外投资经营步伐的进一步加大，中国公司境外商业贿赂犯罪出现了增长的势头。时至今日，中国公司在境外进行商业贿赂犯罪已不再是潜在的威胁，已对中国企业境外的整体形象造成了较大的影响和危害。

（二）2012年商业贿赂典型案例分析

1. 医药领域——葛兰素史克：医药商业贿赂[②]

近期，在一场规模空前的医药商业贿赂整治风暴中，多家标榜合法守规的跨国医药巨头中枪倒下，国内药企也人人自危。原本亲密无间、互相输送利益的医生与医药代表开始相互避之犹恐不及，一时间，国内已延续近20年的以药养医行规摇摇欲坠。

近年来，虽然国内不断打击医药领域的商业贿赂，不少医务人员因收受

---

① 张锐：《报告显示跨国企业在华行贿事件呈上升趋势》，《中国青年报》2009年8月3日。

② 吴学安：《治理医药商业贿赂须医药体制改革提速》，《学习时报》2013年9月13日，http://opinion.hexun.com/2013-09-30/158443841.html。

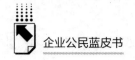

回扣锒铛入狱。但药品回扣之风依然盛行。如近期，全球知名药企葛兰素史克在华部分高管因涉嫌经济犯罪被立案侦查。据调查，为了打开药品销售渠道，该公司大肆向中国政府官员、医生行贿，数额之大，令人震惊。这说明，问题的根源在于"以药养医"体制。改革开放初期，政府为了弥补财政投入不足，允许医院实行药品加成销售。如今，药品加成已成为医院的重要经济来源，约占医院收入的四五成。可以说，畸形的医疗体制，催生了畸形的药品市场。

葛兰素史克"贿赂门"事件绝非偶然，而这只是医药购销"潜规则"的冰山一角。近年来，强生、西门子、辉瑞、礼来等大型跨国药企，均曾卷入在华商业贿赂风波。

公安机关现已查明，作为大型跨国药企，葛兰素史克（中国）投资有限公司在华经营期间，为达到打开药品销售渠道、提高药品售价等目的，利用旅行社等渠道，采取直接行贿或赞助项目等形式，向个别政府部门官员、少数医药行业协会和基金会、医院、医生等大肆行贿。同时，该公司还存在采用虚开增值税专用发票、通过旅行社开具假发票或虚开普通发票套取现金等方式实施违法犯罪活动。该案涉及人员多，持续时间长，涉案数额巨大，犯罪情节恶劣。现有证据充分证明，葛兰素史克（中国）投资有限公司部分高管和相关旅行社的部分高层人员已涉嫌严重商业贿赂和涉税犯罪，涉案金额高达 1.19 亿元。

2. 交通运输领域——刘志军因严重违纪问题被开除党籍

2011 年 2 月，刘志军涉嫌严重违纪，被免去铁道部党组书记职务，并被立案调查。经查，刘志军滥用职权帮助北京博宥投资管理集团公司董事长丁羽心获取巨额非法利益，造成重大经济损失和恶劣社会影响，收受他人巨额贿赂和贵重物品，对铁道系统出现的严重腐败问题负有主要领导责任。

2012 年 5 月 28 日，刘志军因严重违纪被开除党籍，其涉嫌犯罪问题移送司法机关依法处理。2012 年 11 月，十七届七中全会审议通过中纪委关于刘志军严重违纪问题的审查报告，确认中央政治局做出的给予刘志军开除党籍的处分。

2013 年 9 月 2 日，因涉嫌收受三家企业 2400 余万元贿赂款，原铁道部运输局副局长苏顺虎被检察院提起公诉。9 月 3 日，原铁道部运输局局长、副总工程师张曙光因受贿罪被提起公诉。检方指控，2000～2011 年，张曙光受贿多达 13 起，受贿数额共计 4700 多万元。张曙光和苏顺虎都系原铁道部部长刘志军"窝案"中落马的官员。

3. 体育领域——原足球运动管理中心领导人员受贿案件正式宣判

2011 年 12 月 19～23 日，2012 年 4 月 24～25 日，足坛腐败系列案件分两批开庭审理，并于 2012 年 2 月 16 日、18 日，2012 年 6 月 13 日分批进行宣判，共有 59 人、3 个单位依法受到惩处。

其中，原中国足协副主席、足管中心副主任杨一民被判处有期徒刑 10 年零 6 个月，并处没收人民币 20 万元；原足管中心女子部主任张建强被判处有期徒刑 12 年，并处没收人民币 25 万元；原中国足协副主席、足管中心主任谢亚龙，原国家体育总局足管中心主任、中国足协副主席南勇，原中国男足前领队蔚少辉 3 人均被判处 10 年零 6 个月有期徒刑，3 人还分别被并处没收人民币 20 万元。

4. 零售领域①——加多宝、王老吉之争

2012 年 7 月 16 日，北京一中院的一纸终审裁定，为广药和加多宝的"王老吉"商标争夺案画上了句号，维持中国国际经济贸易仲裁委员会于 2012 年 5 月 9 日作出的仲裁裁决，要求加多宝集团停止使用"王老吉"商标。法院审理查明，2001～2003 年期间，鸿道集团董事长陈鸿道曾向时任广药集团副董事长、总经理李益民先后行贿共计 300 万港币，才得以续订红罐王老吉2010～2020 年的商标使用权。2005 年后，法院以受贿罪终审判处李益民有期徒刑 15 年。行贿者陈鸿道取保候审期间弃保潜逃至今。②

（三）反腐败、反商业贿赂工作取得进步③

尽管有着诸如上述的种种情况，整体来说，2012 年我国还是在反腐败和反商业贿赂工作方面取得了比较大的进步，制定颁布了一系列法律、法规以及指导文件（见表 3）。

---

① 王攀、肖思思、范超：《王老吉之争：都是商业贿赂惹的祸》，《中国品牌》2012 年第 6 期。

② 一宗商业贿赂交易，让双方付出了沉重的代价。中山大学廉政与治理研究中心副教授张紧跟针对这场纠纷说："商业贿赂是一种典型的'短期理性、长期不理性'的偏门手段，最终会给企业、个人乃至全社会造成严重损失。"

③ 《2012 年倡廉法纪规范》，河南平安网，http：//www.hapa.gov.cn/Article/pajszt/ffcl/201212/322838.html。

表3　2012年反腐败反商业贿赂法规文件一览（根据相关内容整理）

文件名称	颁布机关	颁布时间	具体内容
《中华人民共和国招标投标法实施条例》	国务院办公厅	2012年2月1日	针对实践中存在的规避公开招标、搞"明招暗定"的虚假招标及串通投标等突出问题，作了如下规定：进一步明确应当公开招标的项目范围；充实细化防止虚假招标的规定。对于规范地选取评标委员会成员及规范评标行为，规定省级人民政府和国务院有关部门应当组建综合评标专家库，且评标委员会应当按照招标文件规定的评标标准和方法，客观、公正地对投标文件提出评审意见
《国有企业负责人职务消费行为监督管理暂行办法》	国家财政部、监察部、审计署、国务院国资委联合制定	2012年2月23日	禁止超标准购买公务车辆、豪华装饰办公场所，或者在企业发生非政策性亏损或者拖欠职工工资期间，购买、更换公务车辆、装修办公室、添置高档办公用品；禁止超标准报销差旅费、车辆交通费、通信费、出国考察费和业务招待费；禁止用公款支付应当由个人承担的购置住宅、住宅装修、物业管理等生活费用，或者挪用企业的材料物资，修建和装修个人住宅；禁止其他违反法律、法规规定的职务消费行为
《违反〈国有企业领导人员廉洁从业若干规定〉行为适用〈中国共产党纪律处分条例〉的解释》	中央纪委	2012年3月26日	对违反《国有企业领导人员廉洁从业若干规定》的国有企业领导人员中的共产党员，依照该《解释》追究责任。根据该《解释》，对于违反《国有企业领导人员廉洁从业若干规定》的规定，违反决策原则和程序决定企业生产经营的重大决策、重要人事任免、重大项目安排及大额度资金运作事项的；未经履行国有资产出资人职责的机构和人事主管部门批准，决定本级领导人员的薪酬和住房补贴等福利待遇的；漠视职工正当要求，侵害职工合法权益等情形，均将依照《中国共产党纪律处分条例》的相关规定处理
《违规发放津贴补贴行为适用〈中国共产党纪律处分条例〉若干问题的解释》	中央纪委	2012年3月26日	《解释》规定，各级党的机关、人大机关、行政机关、政协机关、审判机关、检察机关、民主党派机关，以及经批准参照《中华人民共和国公务员法》管理和经费来源主要由财政拨款的事业单位，违反津贴补贴管理规定的，对负有领导责任和直接责任的人员中的共产党员，依照党纪追究责任。该《解释》明确这些行为是，对具有违反规定自行新设项目或者继续发放已经明令取消的津贴补贴的；超过规定标准、范围发放津贴补贴的；违反中共中央组织部、人力资源社会保障部有关公务员奖励的规定，以各种名义向职工普遍发放各类奖金等十二种情形，对这些情形将依照《中国共产党纪律处分条例》第一百二十六条的规定对有关责任人员追究责任

续表

文件名称	颁布机关	颁布时间	具体内容
《机关事务管理条例》	国务院	2012 年 7 月 9 日	对公务接待、公务用车、因公出国(境)等各项公务消费做出了"标准化"限定。如公务接待方面,各级政府应当"按照简化礼仪、务实节俭的原则管理和规范公务接待工作,将公务接待费纳入预算管理"。公务用车方面,规定"政府各部门不得超编制、超标准配备公务用车或者超标准租用车辆"。公款出国(境)方面,则规定"政府各部门应当控制因公出国(境)团组和人员数量、在国(境)外停留时间,不得安排与本部门业务工作无关的考察和培训"
《事业单位工作人员处分暂行规定》	国家人社部、监察部联合发布	2012 年 8 月 22 日	对事业单位工作人员处分的种类、适用情况、处分的权限和程序、处分的解除、复核和申诉等,都作出了具体界定。《暂行规定》明确:有组织参与卖淫、嫖娼等色情活动,吸食毒品或者组织参与赌博活动,违反规定超计划生育,包养情人等行为的,给予降低岗位等级、撤职、开除处分。行政机关任命的事业单位工作人员,被依法判处刑罚的,给予开除处分
《中央金融企业负责人职务消费管理暂行办法》	国家财政部、监察部、审计署、国务院国资委联合制定	2012 年 11 月 12 日	禁止超标准购买公务车辆、豪华装饰办公场所,或者在企业发生非政策性亏损或者拖欠职工工资期间,购买、更换公务车辆、装修办公室、添置高档办公用品;禁止超标准报销差旅费、车辆交通费、通信费、出国考察费和业务招待费;禁止用公款支付应当由个人承担的购置住宅、住宅装修、物业管理等生活费用,或者挪用企业的材料物资,修建和装修个人住宅;禁止其他违反法律、法规规定的职务消费行为
《中国共产党章程(修正案)》	中国共产党第十八次全国代表大会	2012 年 11 月 14 日	增写了加强党的纯洁性建设,整体推进党的思想建设、组织建设、作风建设、反腐倡廉建设、制度建设,全面提高党的建设科学化水平,建设学习型、服务型、创新型的马克思主义执政党等内容
《工作作风八项规定》	中共中央政治局	2012 年 12 月 4 日	中央政治局全体同志要改进调查研究,到基层调研要深入了解真实情况,向群众学习、向实践学习,多到困难和矛盾集中、群众意见多的地方去,切忌走过场、搞形式主义;要轻车简从、减少陪同、简化接待。要精简会议活动,切实改进会风,严格控制以中央名义召开的各类全国性会议和举行的重大活动,未经中央批准一律不出席各类剪彩、奠基活动和庆祝会、纪念会、表彰会、博览会、研讨会及各类论坛。要厉行勤俭节约,严格遵守廉洁从政有关规定,严格执行住房、车辆配备等有关工作和生活待遇的规定等

续表

文件名称	颁布机关	颁布时间	具体内容
《中央军委加强自身作风建设十项规定》	中央军委	2012 年 12 月 21 日	《规定》要求，军委同志调研要科学确定主题，深入了解真实情况，认真听取部队意见，力戒形式主义、官僚主义；要统筹安排，减少批次；每次调研要向军委写出报告，主要反映问题和意见建议；要轻车简从，简化迎来送往。要大力改进会风，少开会、开短会、开解决问题的会，少讲话、讲短话、讲管用的话；严格控制以军委名义召开全军性会议，从严审批总部组织的全军性会议、集训等活动，军委不召开现场会、观摩会，不开泛泛部署工作和提要求的会；讨论发言少讲表态和一般议论性、客套性的话；会场布置要简朴，不组织与会议内容无关的活动

二 中国企业商业贿赂动因及危害分析[①]

随着商业贿赂逐步成为社会重点关注的问题之一，对这种行为深层次的经济分析和探讨也成为业界学者的研究重点。综合来看，在市场经济发展的过程中，商业贿赂行为是不可能完全避免的。现代社会从本质上来说，是一个商业活动频繁的社会。这样一个商业氛围浓厚的社会，其内部充满了激烈的竞争，再加上经济全球化的快速发展，商业竞争愈加激烈。在这种情况下，企业为了争夺商机，获得高额利润，往往愿意铤而走险，不惜以任何手段来获得交易的权力。从人们日常的经济生活来看，伴随着商业贿赂的滋生和蔓延，正常的商业交易已经开始受到了严重的影响，社会的生产和生活也都受到了较大的冲击，市场秩序的公平性受到了损害，消费者的利益不能得到很好的保障，市场的交易成本明显增加，企业的竞争力受到削弱，我国对外的国际形象受到了严重损害。在计划经济时期，企业缺乏应有的自主经营权并受到国家严格的行政约束，使得商业贿赂缺乏存在和生长的土壤。然而，随着市场经济制度的确立和市场竞争的出现，商业贿赂便随之出现并带来一系列的消极影响。当前我国

---

① 孙秀亭、杜树雷：《企业反腐败反商业贿赂报告 2012》，《中国企业公民报告 No. 2》，社会科学文献出版社，2012。

各种体制尚不健全，商业贿赂的产生不仅与现有的经济体制息息相关，也与我国的法制建设、社会历史文化、行政监督效能等有关。

（一）现阶段商业贿赂存在的主要原因

1. 政府行政权力过多干预经济

首先，经济转轨时期政府行政体制的改革相对滞后，行政权力大量介入经济领域并对经济生活产生巨大的影响，市场在资源配置中的基础性作用并未真正发挥。政府职能部门掌握着诸多商业领域的审批权、执法权等，政府批文、领导批示直接影响到企业的资金来源、业务开拓、市场份额等重要模块，这些权力直接影响商业行为的经济利益。这无疑会使大批经营者通过向权力拥有者行贿来获取市场收益，而政府职能部门中那些掌握实权的管理者就成为贿赂行为的主要受益者，商业贿赂逐渐蔓延并成为经济领域的潜规则。商业贿赂与少数官员的腐败互相推动，使得商业贿赂与其他腐败行为紧紧交织在一起。此外，破坏市场机制的地方保护主义的存在也是导致商业贿赂蔓延盛行的重要原因。

其次，随着社会主义市场经济体制的逐步建立，企业间的竞争日益加剧，现阶段公有制为主体、多种所有制经济并存的经济制度，处于先天劣势的乡镇企业、私营企业要在没有固定营销渠道的前提下和备受政府眷顾、实力雄厚的国有企业同台竞争，很大程度上要依靠商业行贿手段以获取更多的交易机会。其他企业在受传染后也难以独善其身，使得商业行贿最终成了普遍的潜规则。

2. 法制体系建设尚不完善，处罚缺乏力度

在现行立法体系中，涉及商业贿赂的立法条文零散存在于《反不正当竞争法》《刑法》《关于禁止商业贿赂行为的暂行规定》和《中国共产党纪律处分条例（试行）》等法律法规及其他规范性文件中。但这些法律法规不仅不够详细明确且总体层级偏低而缺乏应有的法律效力，缺少一部专门的具有较高立法层级的反商业贿赂法去满足惩治商业贿赂的现实需要。与此同时，当下对商业贿赂的行政制裁缺乏力度，让人们深恶痛绝的商业贿赂只有不超过20万元的行政罚款，这与由此带来的巨额利润相比可谓是九牛一毛，以至于难以达到有效治理商业贿赂的效果。另外，现行《刑法》中缺乏针对商业贿赂设置的资格刑，不利于刑罚功能的充分发挥，从而限制了立法在遏制商业贿赂方面的基础性作用。

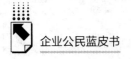

3. 商业道德建设相对滞后

现代市场经济的正常运转除了法治环境的硬性规范外，还需要公平交易、诚实守信、契约精神等商业道德的软性约束。商业贿赂在我国之所以严重泛滥，与商业道德建设滞后、商业道德水平不高也有很大的关系。由于中国经历了两千多年封建社会的发展历程，正如费孝通在《乡土中国》中描述的那样，中国社会长期以来一直是依靠人际关系调节、缺乏契约法治的社会，此种情形下的商业活动主要靠熟人间的相互信赖来维系。经过30多年的改革开放，我国的市场经济制度已经初步建立起来，然而由于市场经济制度、观念、实践的不成熟，商业道德和诚信缺失，使得传统的熟人交易模式得到了空前的发展，熟人间的礼尚往来与商业经营中正常的销售提成之间的界限模糊不清，最终导致了社会默认的商业回扣。人们在进行商业交易时过度依赖于人情关系，首先想到的往往不是提高自身产品质量和提升自我信誉度，而是一心想着"靠关系""走后门"等所谓的"捷径"，忽视对于市场契约的信赖与遵守。随着社会交往的日益频繁和复杂，商业贿赂逐步成为维系商业规则的重要手段，同时也是在激烈的市场竞争中求得生存和发展所必不可少的法宝。

4. 监督效能长期低位徘徊

首先，长期以来行政指令和行政审批等仍然是政府经济管理部门管理所辖行业或企业的主要方式，政府缺乏应有的服务和监督功能。其次，商业贿赂犯罪多发于医疗、电信、交通等高度垄断性行业，稀缺的经济资源由少数人员掌控而缺乏相应的监督必然导致腐败的滋生。再次，各行业、各部门的监管部门相对分散，相互间沟通、联络协调机制尚不健全，难以形成监督合力，客观上给商业贿赂犯罪提供了空间。最后，缺乏强有力的舆论监督机制和对知情、举报人的保护制度，在商业贿赂案件的办理过程中得不到相应的舆论支持，新闻媒体处于被动消极状态，知情人缺乏举报的积极性。

5. 商业贿赂"全球化"也是重要诱因

资本具有逐利性。跨国公司为攫取高额利润，商业贿赂自然成为获取投资目的国大额订单的重要手段。从某种程度上讲，超越国界的商业贿赂"全球化"现象成为本国公司境外商业贿赂的重要诱因。中国公司在国外面临着激烈的市场竞争，更值得注意的是，目前中国境外投资大部分集中在基础设施建设、矿产等领域，而这些正是商业贿赂得以滋生和蔓延的"高危行业"。在一些新兴发展中国家，跨国公司为了获得这些国家的基础建设及能源开发项目展开了非常激烈的角逐，这在某种程度上为境外商业贿赂行为的高发提供了温床。另外，一国的法制环境对企业的商业表现起着决定性的作用。跨国公司在反商业贿赂法律制度完备的发达国家基本不使用商业贿赂手段，而在反商业贿赂法制不完备的发展中国家却常常曝出贿赂丑闻。其原因就在于发展中国家的相关法制不健全、刺激企业"走偏门"的心态严重，只有完善法律法规制度，才能真正让企业有自律的动力和意愿。

（二）当前商业贿赂的主要危害

腐败的存在不但破坏了社会的公平法治，阻碍了经济的发展，而且加剧了社会矛盾，给改革开放的深入开展带来了巨大阻力，危害极其严重。如果任由腐败现象肆意蔓延，我国的现代化建设事业就有可能半途而废。商业贿赂行为的存在不但使其他竞争者的合法利益得不到保障，而且使市场经济公平的竞争机制遭到破坏，进而给社会的整体利益带来损害。其中商业贿赂案件往往涉及巨额资产，造成巨大社会资源的浪费和国家财产的流失，严重影响我国市场经济体制的正常运行。商业贿赂巨大的社会危害性决定了腐败的治理不能简单的停留在政治领域，而是要把商业贿赂的治理作为整治腐败的主战场。[①]

1. 经济危害进一步加深

第一，商业贿赂危害公平竞争，不利于正常经济秩序形成。商业贿赂使企业依靠人情和关系而非自身的实力和产品的质量获得赢利的机会或优惠的商业条件，使得遵守市场规则的优秀企业失去市场机会和份额，公平正义的丧失严重危害了市场经济公平竞争秩序的形成。

第二，商业贿赂破坏原有的市场运行机制，不利于社会资源的合理配置。商业贿赂的出现，使得质量、价格、技术、服务等竞争手段的作用难以发挥，严重影响生产技术、服务水平的提高以及产业结构的优化升级，从而严重影响

---

① 程宝库：《治理商业贿赂是我国反腐败斗争的必然要求》，《中国工商管理研究》2006 年第 2 期。

整个产业链的良性发展。

第三，商业贿赂会带来额外的交易成本，侵害社会公众和国家利益。商业贿赂带来的高定价、高回扣使得物价虚高，不仅增加了交易成本，而且加重了消费者的负担。此外，商业贿赂所用的虚假报账方式使得国家税收大量流失，同时造成国家公有财产被大量侵吞，严重损害了国家经济的健康持续发展。

2. 政治危害日益严重

第一，危害国家廉政制度。拥有公权的国家公职人员是商业贿赂的重要对象，他们在私欲的驱动下产生"寻租"意图，经营者则通过贿赂的方式获得优先交易机会，如此"双赢"的需求模式使得权钱交易愈演愈烈。

第二，损害政府和执政党形象。目前我国社会两极分化严重，贫富分化愈来愈大，相对贫困使得普通民众大多存在"仇富"心理，这种现象源于社会上的部分官员和不法商家通过商业贿赂迅速实现暴富，而普通民众却最终成为商业贿赂的买单者。腐败现象的肆意横行，势必会影响公众对政府和党的信任，如果得不到很好的解决将最终影响到党的执政地位。

第三，削弱法律、法规的实施效果。商业贿赂利用违反国家法律法规的不正当竞争手段去获取不法收益，并通过行贿的方法渗透执法官员换取违法利益的实现，使得法律、法规起不到应有的效果。

3. 社会危害影响更加广泛和深入

第一，败坏社会风气，破坏社会信用体系。一方面，企业大肆贿赂、官员疯狂贪污的行为严重败坏社会风气；另一方面，遵纪守法的优秀企业在机会面前屡次受挫，而不法奸商则通过商业贿赂大行其道，必然使有的企业不再信奉"诚信经营"的经营理念。

第二，违反职业道德，妨碍良好行业风气的形成。商业贿赂的长期存在必然导致行业失去公平竞争获取利益的氛围，丧失职业同情心和责任感，使人们不得不屈从于商业贿赂的潜规则并使其在行业内日渐盛行，这不仅严重违反了职业道德，而且造成行业内贪污受贿的不正之风盛行。

第三，滋生多种犯罪行为，进而威胁社会主义法治体系。商业贿赂作为一种典型的违法犯罪行为，为其他违法犯罪行为的滋生提供了温床。商业贿赂往往伴随着滥用公职、侵犯商业秘密、偷逃漏税以及盗骗国家财产等行为。如果商业贿赂在多个行业迅速蔓延，又是发生在国家法律法规不够健全和公民法律意识薄弱并存时，我们的法制制度将遭受挑战，整个社会主义法治环境将受到重创。

三　反腐败反商业贿赂的政策建议

腐败及商业贿赂的存在严重破坏了正常的社会经济秩序，不仅损害了国家、公众和个人的利益，而且助长了社会的不正之风，严重危害了社会的和谐和稳定。因此，防治商业贿赂行为，对于规范市场秩序，健全社会信用体系，维护公平竞争规则和完善社会主义市场经济体制，推动廉政建设和反腐败斗争深入开展以及构建社会主义和谐社会，都具有极其重要的现实意义。从根本上讲，反商业贿赂必须建立在法治的基础之上，同时商业贿赂作为一个社会问题，最终的解决还需要社会力量的全面参与。

2009年5月，中央一连推出了三项反腐新规，同年10月，"两高"把利用影响力受贿罪列入罪名，为反腐增加了新的法律依据。2010年4月，温总理再次提出要深入打击商业贿赂，表明我国政府防治商业贿赂的决心，中国特色的反腐败正不断向制度化迈进。

要使商业贿赂问题得以根治，需要构建一个从体制到机制、从立法到执法、从制度到文化、从国内到国外的全方位反腐败体系，具体包括以下几个方面。

（一）切实规范公共权力，不断强化监督制约机制

商业贿赂犯罪作为一种社会现象，同社会的政治、经济、文化、法律、道德和个人的主观因素密切相关，完全可以通过强化监督制约机制来减少进而抑制贿赂犯罪。商业行贿盛行的主要原因是公共权力运行的不规范和不透明，因此，对公权力的规范并使之正常运行是治理商业贿赂的根本所在。[①] 为更好地对权力进行监督而防止其滥用，就要不断加强制度建设和推进体制改革。一是要不断健全国有资产监管、政府投资等制度，进一步深化行政审批体制、财政管理体制等改革，强化对行政权力的制约和监督，规范行政审批程序，杜绝决

---

① 王媛：《浅议商业贿赂与反腐败》，《中国校外教育》2008年第8期。

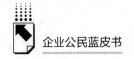

策权过度集中；二是要推行财务、政务公开制度，将政府采购、投资等各种款项收支使用情况透明化并建立相应的追究制度，自觉接受广大群众的监督；三是要不断加强对权力所有者的监督力度，逐步规范权力运行；四是要进行管理体制改革以加强行业自律，为企业合法经营、公平竞争营造条件。

（二）着重加快法律体系建设，继续加大惩罚打击力度

温家宝总理强调，要将依法治理贯彻到治理商业贿赂的整个过程中，始终坚持依法而行、依法而治的原则。因此，我们在治理商业贿赂中要充分发挥法制的作用。

第一，制定并尽快出台《反商业贿赂法》。针对国内日益严峻的商业贿赂形势，我们要在借鉴西方发达国家治理商业贿赂成功经验的基础上，制定出符合我国国情的专门的《反商业贿赂法》，明确商业贿赂犯罪的界限及相应的刑罚等，为遏止商业贿赂的蔓延提供法律依据，为我国拥有公平竞争的市场环境和投资环境提供法律保障。

第二，加大对商业贿赂行为的处罚力度。一是要加大对商业贿赂的查处力度，在社会反映强烈的重点行业如资源开发、土地出让、工程建设、产权交易等和关键领域开展专项治理活动，对其中的职务犯罪行为坚决查办并从严惩处。二是进行严厉的经济处罚，让商业贿赂具有高昂的违法成本。当下对商业贿赂的行政制裁缺乏力度，让人们深恶痛绝的商业贿赂只有不超过20万元的行政罚款，相对于由此带来的巨额利润而言实属微不足道，难以达到预期的治理效果。因此，要参考国外的立法经验，通过修订有关法规加大对违法所得者的经济处罚额度，同时让经营单位承担经济的、行政的乃至应有的刑事责任。三是加强执法力度，严格、公正执法。立法固然重要，执法才是王道。反商业贿赂的关键就在于能够严格执法，坚决维护法律的尊严以始终保持对违法者足够的法律威慑力，对于该依法承担法律责任的要坚决追究其法律责任，对以身试法者绝不姑息。此外，要不断提高执法水平，严格区分正常商业行为和商业贿赂的界限，在维护法律权威的同时保障社会的公平正义。

（三）搞好行政部门协调配合，进一步加快诚信信息系统建设

目前，我国反商业贿赂的执行主体之间存在着协调性差、执法混乱、尺度

不一等问题，因此要在明确职能分工的基础上逐步理顺工作关系，加强各个执法主体之间的协调配合和沟通联系，构建商业反腐联防体系和相应的责任追究制，在打击商业贿赂违法犯罪行为上做到各司其职，各尽其责，通过形成整体合力来不断提高办案效率。此外，检察机关要与行政执法机关特别是工商行政管理部门加强合作，构建预防和惩治商业贿赂犯罪长效机制，建立行贿犯罪档案查询制度和失信惩戒制度，通过定期向社会曝光诚信"黑名单"的方式让商业贿赂者无处藏身，以形成健康有序的社会主义市场经济秩序。

（四）持续加强思想道德建设，不断加大宣传力度

治理商业贿赂离不开强硬的行政法律手段，但要真正有效地遏制商业贿赂的蔓延还要从整体上提高国民的思想道德水平。通过紧贴思想实际和工作实际的宣传和教育，才能使"廉洁是为官之德，自律是做人之本"的理念深入人心。因此，要充分利用电视台、广播、报纸、网站等媒体开展广泛的商业道德宣传，宣传党和国家的有关政策和法律法规，曝光典型商业贿赂案件，引导社会公众特别是市场主体树立自律意识，强化人们的法治意识、公共权力意识、契约意识、公平竞争意识，使各类市场行为主体充分认识到诚信建设对企业发展的重要性，充分发挥相应行业的职业道德规范和行业协会的作用，不断强化商业自律，为杜绝商业贿赂、维护市场秩序营造良好的社会氛围。

（五）强化企业社会责任建设，主动承担反商业贿赂

我国企业社会责任建设尚处于初步探索阶段，就整体而言具有商业伦理淡薄、投机意识严重、社会责任感较差等特征，一些企业为了片面追逐商业利益不惜采用不正当甚至违法的手段，不仅违背了市场经济的公平竞争原则，更会促进商业贿赂行为在行业内的蔓延。因此，企业应该从自身做起，将反商业贿赂作为企业的规制制度进行贯彻实施，净化企业环境；同时将反商业贿赂当做履行企业社会责任的一个重要部分，在进行企业社会责任报告的同时也应将企业的反商业贿赂成果一并公开。[①] 只有企业在加强自身社会责任建设的同时积

---

① 邹东涛主编《中国企业公民报告（2009）》，社会科学文献出版社，2009。

极配合国家进行的反商业贿赂行动，才能使我国的反腐败反商业贿赂工作得以有效展开并取得最终的胜利。

（六）增强行政透明度，建立信息公开和舆论监督机制

阳光是最好的防腐剂，公开透明是防止腐败的最有效方式。只有将容易滋生腐败的所有灰色地带都暴露在群众和社会舆论的监督之下，市场竞争的公平性才能得到保障，反腐败工作也才能取得真正的成功。增强透明度，就是让群众享受充分的知情权、参与权、选择权和监督权，坚持和扩大公开办事的范围，对群众关注事项的标准、条件、名额以及办理程序等要最大限度地予以公开。同时，充分发挥网络监督的积极作用，让群众拥有广泛、有序、有效的监督参与路径，不断为其监督政府搭建更加宽广的平台。

（七）加强国际司法合作，查处跨国商业贿赂

商业贿赂并非是中国社会存在的特有现象，而是整个国际社会腐败犯罪的一种固有形式。世界上其他国家在治理商业贿赂的问题上有着许多值得我们吸收和借鉴的优秀经验和成果，而且反腐倡廉工作的国际间合作已成为一种全球性趋势。在开展商业贿赂犯罪治理中要加强并积极开展国际交流与合作，通过签署合作协议建立联络机制、定期磋商机制以及信息交换机制，及时进行信息上的交流和沟通，彼此间相互提供与移交犯罪线索和证据等，具体的合作方式可以更加灵活多样。目前，我国已与近 80 个国家和地区的反腐败机构建立了友好关系，并与波兰、俄罗斯等签署了合作协议，把双边交往纳入了制度化轨道。通过多种形式的交流与合作，既可以学习借鉴各国反腐败工作的有益经验，也可以使国际社会加深对中国反腐败工作的了解。①

---

① 2011 年 7 月 23 日，"厦门远华集团特大走私案"首犯赖昌星被遣返回国。赖昌星所面对的不仅仅是"法网恢恢，疏而不漏"的法律制裁，还有中国政府坚决打击刑事犯罪的决心和毅力。中国政法大学国际公法研究所所长李居迁在接受中国网采访时表示，赖昌星从出逃加拿大到最终被捕有 12 年之久，其最主要的因素就是因为中国和加拿大之间没有引渡条约，如果双方存在引渡条约，引渡罪犯就会成为双方的义务。赖昌星被成功引渡的案例，为中加双方今后开展类似方面的引渡提供了经验，这在某种程度上势必会增进双方的理解，为双方最终签订有关引渡条约创造有利条件。

B.7
企业履行保护环境社会责任报告

胡迟　袁雅琳*

摘　要：

　　随着经济的飞速发展，我国已一跃成为世界第二大经济体和第二大能源消费国。在经济发展中，高投入、高消耗、高成本、低产量、低质量、低效益的"三高三低"的粗放增长模式，导致了资源、能源消耗的高速增长。很多物耗、能耗指标远远高于发达国家，甚至一些发展中国家，而且重化工业特征也很突出，污染物排放量大的问题日显严峻，环境压力越来越大。本文全面总结了近几年来企业履行环境保护的社会责任的状况及在环保建设中遇到的困难和障碍，并给予针对性的建议，对企业今后更好地进行环保工作有指导性意义。

关键词：

　　企业公民　环境保护　社会责任

　　改革开放以来，国民经济飞速发展，各类大、中、小企业茁壮成长起来，获得了丰厚的收获。靠山吃山，靠水吃水，企业的发展离也不开其周边的环境、资源。高速发展的同时，我们不难发现一些问题：尽管环境与资源保护一直是我们的基本国策之一，但早年为寻求经济快速发展，环境、资源已被过度开发利用甚至污染，我们的生存的环境严重恶化。2012 年底，以北京为代表的中国中东部地区出现了大范围、持续的雾霾天气。保护环境已成为当前最迫切的重任之一。党的十八大报告提出大力推进生态文明建设，企业作为环境的依存者，更应响应党的号召，担当保护环境的重责。

---

* 胡迟，国务院国资委研究中心研究员；袁雅琳，北京理工大学管理学硕士。

一 2012年企业履行保护环境保护责任状况

2007～2011年，我国企业在保护环境方面做出了重要贡献。5年间，共淘汰落后炼铁产能1.17亿吨、炼钢产能7800万吨、水泥产能7.75亿吨；新增城市污水日处理能力4600万吨；单位国内生产总值能耗下降17.2%，化学需氧量、二氧化硫排放总量分别下降15.7%和17.5%。

2012年，全球经济增长明显放缓，环境保护的进程稳步推进。全国单位国内生产总值能耗下降3.6%，与2011年下降2.1%相比，取得了明显进展。万元工业增加值用水量下降8%，二氧化硫、化学需氧量、氨氮、氮氧化物排放量分别下降4.52%、3.05%、2.62%、2.77%，城市污水处理率和城市生活垃圾无害化处理率分别达到84.9%和81%。工信部发布的数据显示，2012年1～11月单位工业增加值能耗下降7.47%，大宗工业固废综合利用率提高2个百分点。在国际上率先实施了重型商用车油耗管理。从数据看来，我国企业在保护环境方面功不可没，个别重点行业在如何环保生产方面积极探索，做出了显著贡献。

（一）电力行业企业履行环境保护责任现状

电力行业是我国能源生产和消耗大户。2011年以来，我国出台并实施了多项对电力行业节能减排与温室气体控制有重要影响的政策文件，从发展规划、行政手段、市场机制、监管要求等方面做出了规定，对引导电力行业又好又快发展起到了关键作用。2012年，电力行业继续加大节能管理力度，火

表1 全国电力行业企业履行保护环境保护责任状况一览*

单位：亿千瓦时，%

指标名称	2012年	同比增长
全国全社会用电量	49591	5.5
第一产业	1013	0.0
第二产业	36669	3.9
轻工业	6083	4.3
重工业	29978	3.8
第三产业	5690	11.5

*资料来源：国家能源局发布2012年全社会用电量，2013年1月14日国家能源局网站。

电机组平均供电煤耗、线损率、厂用电率等指标都已达到或接近世界先进水平。据中电联统计，2011年全国6000千瓦及以上的火电机组平均供电标准煤耗同比下降4克/千瓦时，2012年再下降3克/千瓦时，达到326克/千瓦时。

（二）钢铁行业企业履行环境保护责任现状

钢铁工业是消耗资源能源和产生污染排放的重点行业，其履行环境保护责任意义重大（见表2）。中国钢铁工业协会12月的统计显示，2012年重点统计企业用水总量累计671.06亿立方米，重点统计企业外排废水量累计排放5.38亿立方米，重点统计企业废气累计排放量86889.90亿立方米，重点统计

表2　全国钢铁行业企业履行保护环境保护责任状况一览*

2012年重点统计企业用水情况			重点统计企业固体废弃物资源有效利用情况		
指标名称	计算单位	本年累计	指标名称	计算单位	本年累计
用水总量	万立方米	6710644	钢渣产生量	万吨	5844.09
取新水量	万立方米	166098.55	钢渣利用率	%（百分点）	95.35
重复用水量	万立方米	6544545.5	高炉渣产生量	万吨	15123.74
吨钢耗新水量	立方米/吨	3.75	高炉渣利用率	%（百分点）	107.52
水重复利用率	%（百分点）	97.52	含铁尘泥产生量	万吨	2777.32
			含铁尘泥利用率	%（百分点）	102.35
重点统计企业废水及其主要污染物排放情况			重点统计企业可燃气体产生及利用情况		
指标名称	计算单位	本年累计	指标名称	计算单位	本年累计
外排废水量	万立方米	53807.17	高炉煤气产生量	亿立方米	6789.36
化学需氧量	吨	22638.63	高炉煤气利用率	%（百分点）	96.26
氨氮	吨	2276.69	转炉煤气产生量	亿立方米	392.4
挥发酚	吨	16.43	转炉煤气利用率	%（百分点）	96.42
氰化物	吨	18.58	焦炉煤气产生量	亿立方米	471.55
悬浮物	吨	21808.32	焦炉煤气利用率	%（百分点）	97.7
石油类	吨	714.7			
重点统计企业废气及其主要污染物排放情况					
指标名称	计算单位	本年累计			
废气排放量	亿立方米	86889.9			
二氧化硫	吨	681807.75			
工业烟粉尘	吨	437792.92			

资料来源：2012年12月中国钢铁工业环境保护统计月度简析。

企业钢渣累计产生量为5844.09万吨，重点统计企业高炉煤气累计产生量是6789.36亿立方米，钢铁行业大气污染物治理和水污染物治理得到加强。外排废水排放总量同比减少，废水中除挥发酚、氰化物外，其他污染物均较2011年12月同比减少。同时废水废气中本年累计各主要污染物排放量均呈减排态势。

（三）煤炭行业企业履行环境保护责任现状

煤炭行业在新兴市场巨大需求推动下，煤炭在全球能源结构中的比重逐年上升，有可能在未来5~10年内取代石油，成为全球能源的首要来源。因此，煤炭行业企业履行环境保护责任意义深远。2012年，中国煤炭行业在降低能耗、减少污染物排放方面取得了一些成果，原煤入选能力、资源综合利用水平不断提高（见表3）。

表3　全国煤炭行业企业履行环境保护责任状况一览

指标名称	计算单位	2012年	同比增长（%）
原煤入选能力	亿吨	21.5	
原煤入选量	亿吨	20.5	
原煤入选率	%	56	4
煤矸石综合利用电厂装机	万千瓦	2950	
煤矸石制砖	亿标块	125	
利用煤矸石	亿吨	4	
煤层气抽采	亿立方米	140	21.7
煤层气利用	亿立方米	60	13.2
矿井水排放量	亿吨	68	
矿井水利用量	亿吨	42	
中袖缺水矿区矿井水利用率	%	80	
全年治理修复矿区采煤沉陷区	万公顷	4.58	
土地修复整治率	%	62	
原煤生产电耗	kwh/t	28.4	2.7
煤炭生产综合能耗	kgce/t	17.1	2.3
大型企业原煤生产电耗	kwh/t	22.5	2.7
煤炭生产综合能耗	kgce/t	28.4	3

二 2012年企业履行环境保护责任特点

（一）政府出台规划通知，明确环保目标

从政府层面看，一系列《规划》与《通知》的出台，对企业进行环保工作提出了明确的要求和政策支持，笔者整理了2012年环境保护的相关文件（见表4）。

表4 2012年政府出台的环境保护相关文件

日期	文件	内容
2月27日	《工业节能"十二五"规划》	提出到2015年，规模以上工业增加值能耗比2010年下降21%左右，实现节能量6.7亿吨标准煤。《规划》针对9大重点行业及20种主要产品能耗下降提出具体指标要求，同时拟定9大节能重点工程，预计9大重点节能工程投资需求总额达5900亿元
3月8日	《关于加强工业节能减排信息监测系统建设工作的通知》	明确要求，要积极支持重点监测企业实施信息化技术改造。工信部也启动了工业节能减排信息监测系统建设工作，监测系统已上线试运行，总体运行情况良好，但还存在各地填报进度不一致、数据不够完整等问题
3月14日	《2011年环保装备产业经济运行形势分析及2012年展望》	《展望》提出，2011年1~12月，环保设备工器具购置144亿元，同比增长63.7%；环境保护部与各省及部分央企签署的"十二五"减排目标责任书涉及总计5561个工程减排项目，所带来的投资机会有望在2013年释放
3月30日	《2012年工业节能与综合利用工作要点》	《要点》要求2012年力争实现单位工业增加值能耗和二氧化碳排放量降低5%及以上
4月18日	《节能与新能源汽车产业发展规划（2012~2020年）》	《规划》提出，2012年要重点推进环境保护信息公开，要以纯电驱动为汽车工业转型的主要战略取向
5月7日	《关于加快推动我国绿色建筑发展的实施意见》	明确将通过多种手段，力争到2015年，新增绿色建筑面积10亿平方米以上，到2020年，绿色建筑占新建建筑比重超过30%
7月11日	《节能减排"十二五"规划》	规划要求确保到2015年实现单位国内生产总值能耗比2010年下降16%；到2015年我国节能环保产业总产值将达4.5万亿元，增加值占国内生产总值的比重为2%左右
7月26日	《关于加快推动我国绿色建筑发展的实施意见》	明确将通过多种手段，力争到2015年，新增绿色建筑面积10亿平方米以上，到2020年，绿色建筑占新建建筑比重超过30%

12 月 12 日	《"十二五"循环经济发展规划》	明确了以发展循环经济为主要目标、重点任务和保障措施。规划提出构建循环型工业、循环型农业、循环型服务业三大体系,同时开展循环经济示范行动,实施示范工程,创建示范城市,培育示范企业和园区。

(二)企业战略转型,争做环保卫士

从企业层面来看,2012 年企业战略转型的步伐加快。企业积极开展高耗能落后产能的淘汰工作,加快节能技术应用,开展能耗总量跟踪控制,建立和深化能源管理体系,多维度分层分解控制节能减排指标,推进资源综合利用,大力发展循环经济,从各个方面为推进环保工作服务。

1. 中央企业是实现节能环保的中流砥柱

作为中国经济的骨干力量,中央企业一直抗战在我国节能环保工作的最前线,中央企业的姿态和作为将决定和影响着中国可持续的未来。"十一五"期间,我国环保工作初见成效。迎来"十二五",中央企业更是面临着标准更高、难度更大的挑战。对此,国务院国资委副秘书长郭建新表示:"国资委将支持中央企业在节能减排,绿色发展、低碳发展等方面进行技术创新。支持中央企业加快改造淘汰落后产能,加快发展战略性新兴产业。全面推进清洁生产,推广使用清洁能源,推进循环经济建设。同时,还要进一步完善中央企业节能减排考核制度,建立起强有力的激励约束机制。"

为落实保护环境的工作,我国启动了"十二五"节能减排计划,2011年作为"十二五"的开局之年,并没有取得相应的成果,几项年度指标都没能完成,为此国资委召开了中央企业节能减排工作会议,宝钢集团、中国石油天然气集团公司、中国海油集团、中国华能集团、中国化工集团、中国航天科工集团的代表在一起总结经验教训,为 2012 年实现目标一起探索交流。

2012 年各项节能环保综合性工作方案都开始重点推进,国资委要求中央企业担负保护环境社会责任,并把节能减排作为调结构、转方式的重要抓手。各中央企业认真研究本企业的实际情况,根据研究结果深入开展排查整改,加强督察，强化问责。对于各种新上项目和新并入的企业，中央企业严格把好环保关，坚决淘汰了一批产能落后的设备，加大了对环境保护技术创新投入。同时，节能环保重点工程建设的脚步开始加快，各企业陆续开始建立推行清洁发展新机制和合同能源管理新模式，强化了环保方面的管理和考核，并切实健全了组织体系和加强了人才队伍建设。

例如，大唐桂冠合山发电公司以"提供清洁电力，点亮美好生活"为使命，积极履行社会责任，在努力稳固安全生产、提升企业发展能力的同时牢牢把好环保关，通过取得国家有关政策方针的支持以及贯彻执行企业内部正确决策，强化安全生产、清洁生产、节能生产，"两型"企业建设取得明显成效。

中船集团公司下发了 2012 年工业企业节能减排工作指导意见，把节能减排作为环保工作的抓手提升到了企业战略层面。在工程设施减排、工艺技术减排、产品减排、管理减排方面综合部署、全面推进；同时，根据造船和造机的生产特征，增加了一些新的监控考核指标，力求把能耗效率与生产效率结合起来，引导企业转变生产方式。

2. 节能环保工作中，中小企业、民营企业、外资企业潜力巨大

民营企业是推动中国经济发展的主要力量，同样也是履行环境保护责任不可或缺的群体。民营企业发展初期往往具有规模小、资金少、抗风险能力差等特点。受企业性质及规模的限制，民营企业在履行环境保护责任的过程中会遇到各种各样的难题，比国企承担更大的压力。以环境效益换取经济效益的模式很难行得通，这就要求民企积极实现战略转型，抓住新的机遇，寻找到新的出路。

随着我国对节能环保工作的重视程度不断提高，外资企业也面临各种质疑。有人称它们是中国的"不速之客"，有人说它们为中国经济注入了"新鲜血液"，随着外企在税收政策上享受的"超国民待遇"被彻底终结，其环保之路更加漫长而艰难。业内人士表示，外资企业在中国的发展模式已经日渐成熟，在"超国民待遇"被彻底终结之后，外资企业更应该跟进中国的政策走向，立足中国市场，加大节能环保资金、技术投入，摸索出自己的新套路。

中小企业在履行环境保护的责任中面临的最大问题依然是资金不足。国际金融危机的爆发，使许多化工企业的生产经营陷入困境，原定的节能技改方案难以实施。大部分中小企业自身尚处于成长阶段，注册资金少、规模小、缺少抵押物，无法达到融资要求。融资难题制约着中小企业环保生产的实现，生产尚存问题，很难有动力花费巨资进行环保。如果地方政府建立绿色发展基金或是担保公司，与银行开展合作，共同为中小企业的节能减排项目提供支持，便能为中小企业的节能减排开创一条新的路径。

三　2012年企业履行环境保护责任经验及存在的问题

（一）环保进程推进依赖经济增长放缓

2012年，我国单位国内生产总值能耗下降3.6%，企业稳步推进环保生产。总结原因，主要是两股力量的融洽配合。一股力量来自政府，政府通过合理颁布一些新政策，发动一些新活动，并严格督察企业减排任务的完成情况，做企业节能减排的"好向导"，从经济和方向上为企业提供支撑和指导，如正在如火如荼开展的"万家企业节能低碳行动"；另一股力量来自企业，积极配合政府的各项政策、活动的实施，充分利用好政府的资金支持，做好技术创新和管理改革，降低能耗，并将减排过程中遇到的问题及时反馈给政府。

政府与企业的默契配合使企业更好地履行保护环境的责任，但与此同时我们要看到，经济增长放缓也是环保得以推进的一个重要原因。近年来，全球经济增长明显放缓，中国经济也随之放慢了脚步。2012年，中国经济全年的增速为7.8%，较2011年下降1.3%。节能减排工作显然不能长期在经济放缓的前提下进行，如何实现发展与节能减排的双赢仍然是我们面临的一个难题。

（1）工业结构重化趋势尚未得到根本扭转。尽管轻工业同比增速比重工业快，但是短期内还很难扭转工业结构偏重的趋势。

（2）对中小工业企业节能减排工作重视不够。一些落后的工艺技术装备在中小工业企业中广泛使用，中小工业企业很难获得国家节能减排技术改造资金支持。

（3）中西部地区经济发展与节能减排存在矛盾。中西部地区至少有 10 个省市提出"十二五"经济总量翻番的目标，而经济高速增长需要工业重大项目来支撑，中西部地区面临既要加快经济发展又要节能减排的两难困境。

（4）企业节能减排统计工作薄弱。目前，节能减排的主要数据依靠企业自行申报，有关部门汇总分析，对统计信息的及时性、准确性造成一定程度影响。

（二）2012 年底及 2013 年初全国范围内雾霾天气

2013 年以来，以北京为代表的中国中东部地区多次遭遇大范围、持续的雾霾天气，多个城市 PM2.5 爆表。根据北京环境监测中心 2 月 28 日发布消息称，北京大部分地区 PM2.5 浓度达到 400 微克/立方米以上，属于严重污染级别（世界卫生组织建议的 PM2.5 数值水平为 10 微克/立方米）。

雾霾是水汽和微小污染颗粒组成的混合体。产生雾霾要具备两个条件：一是水汽和污染源的存在，二是静稳的大气条件。大气污染物排放负荷巨大、复合型大气污染、机动车污染以及不利的气象条件是造成雾霾的主要原因。我国大城市 PM2.5 的形成除了极端不利污染扩散的气候等客观条件外，还由燃煤及工业排放、汽车尾气、工地扬尘、外地输送和二次转化等原因所致。此次严重雾霾污染的京津冀鲁豫地区，面积仅相当于美国的 1/9，但其年煤炭消耗量高达 10 亿吨，已接近美国全国的煤炭消耗总量。以北京为例，2012 年全市煤炭消费量 2635 万吨。汽车尾气也是导致雾霾天气的一个重要因素。数据显示，2005～2011 年，全国年均汽车生产量由 570 万辆增至 1827 万辆，每年平均增加 200 多万辆。全国民用汽车拥有量在 2005 年是 3160 万辆，2011 年达到 9356 万辆，已接近 1 亿辆。从 2010 年的数据来看，我国二氧化硫、氮氧化物排放总量都超过 2200 万吨，位居世界第一，工业烟粉尘排放量为 1446.1 万吨，均远超出环境承载能力。经济发展方式粗放、能源结构不合理是造成空气污染的罪魁祸首。因此，彻底转变高排放、高污染的生产方式是治理雾霾的根本之路。

四 2013 年企业履行环境保护责任建议

现阶段，我国能源需求增长的总体趋势以及能源结构不会发生大的变化，许多经济发展问题，如高耗能、高排放、粗放式经济增长、重工化经济结构、能源效率低等，都属于城市化、工业化经济发展阶段性的基本特征，符合发展的规律性。此外，能源供应压力日益增大，能源消费总量仍将保持着较高的增长速度。我国化石能源资源相对不足，人均占有量低于世界平均水平。[①] 这些都决定了我国企业环保生产任重而道远。

目前，我国企业履行环境保护责任是以各级政府推进为主导的模式，政府及社会力量引导推动企业积极行动，也取得了一些成果（如我国已制订修改 54 项能效标准），但要做得更好，在接下来的几年里，我们要有新的策略。

（1）落实政府推动模式向市场力量推动模式的转变，让环保产业开始"有利"可图。只有推动企业自主自发地参与其中，才能真正促进行业健康发展。要注重加强对重点耗能行业和企业节能的管理和积极引导，积极开展重点用能产品能效标杆指标及企业评价工作，加强企业能源管理体系的建设，完善关于能源管理的各项制度，切实有效地抑制高耗能、高排放行业的过快增长。

（2）优化调整产业结构，把握好节能环保的重要抓手。一方面，要为落后产能和高耗能落后机电设备的退出建立完备的机制体系，使设备更替可以有条不紊地进行；另一方面，还需切实加强，法律、经济、技术以及一些必要的行政手段等综合措施，通过淘汰落后产能、推进产业升级使工业内部结构优化的脚步加快。

（3）提高行业准入门槛，加快建立完善节能环保标准体系。实施更严格的行业准入条件，提高能效、环保、资源综合利用等方面的准入门槛；加快制定战略性新兴产业节能环保标准、准入条件，避免新兴产业发展带来新的能源浪费和污染环境的问题。[②]

① 林伯强：《控制能源消费总量　硬化节能减排考核》，《中国证券报》2013 年 2 月 1 日。
② 苏波：《七方面推进工业绿色低碳发展》，《非织造布》2012 年第 6 期。

（4）积极探索低碳技术，发展低碳产业。要制定实施低碳工业园区试点方案，示范开设低碳工业园区建设试点。积极支持新兴低碳技术研发、推广和产业化，选出一批技术成熟、减排潜力大的低碳技术，积极推动传统产业低碳技术改造。

（5）加快新能源、可再生能源的发展，寻找环保新出路。目前，无法短期内改变三大产业结构，在这样的前提下，我们在推动传统能源高效利用的同时，应大力发展包括安全高效的核电、水电、页岩气等在内的新清洁能源，减少污染物的排放，节约传统能源的消耗，实现能源层面的可持续发展。

（6）倚仗技术进步，切实推进环境保护。现在，传统能源仍是我们能耗来源的主力军，而能源消耗需求的降低是环境保护的重要指标，设法降低能耗，是企业履行环境保护任务的必然要求。科技是第一生产力，降低工业发展能源消耗需求离不开强大的技术支持，我们强调开发应用生产中节能降耗共性关键技术。

B.8
企业履行社区服务责任报告

孙凤仪　张志岩*

摘　要：

社区作为企业利益相关者之一是社会稳定和发展的基础，企业履行社区服务责任对企业和社会的可持续发展具有重要意义。本文阐述了2012年中国企业公民履行社区服务责任的现状，剖析了中国企业公民履行社区服务责任存在的主要问题，进而提出了促进中国企业公民更好地履行社区服务责任的建议。

关键词：

企业公民　社区服务　社会责任

社区是社会的基本细胞，社区服务是社区建设的核心内容，社区建设是构建和谐社会的重要保证。任何企业都处于一定的社区之中，企业发展与社区建设相互影响、相互制约。因此，企业履行社区服务责任，不仅是贯彻落实党的十八大精神、构建社会主义和谐社会的重要内容，也是企业可持续发展的客观要求。

一　中国企业公民履行社区服务责任的现状分析

（一）国有企业履行社区服务责任的情况

国有企业作为国民经济的主体，在履行社区服务责任方面发挥了极其重要

---

* 孙凤仪，国家发改委经济体制与管理研究所，经济学博士，副教授，研究方向为公共经济、经济体制改革、企业社会责任；张志岩，北京市海淀区汇苑农工商公司，经济学硕士，研究方向为财政政策理论、企业社会责任。

的作用,尤其是在大型国有企业对口支援的革命老区、民族地区、边疆地区和贫困地区更是如此。随着大型国有企业实施"走出去"战略,国有企业在国际上产生了巨大影响,尤其是在非洲和东南亚等地区更为明显,国有企业履行社区服务责任不仅促进了当地经济和社会的发展,而且增进了中外友谊,为树立中国企业良好形象做出了积极贡献。2012年国有企业履行社区服务责任的典型案例如表1所示。

表1　2012年国有企业履行社区服务责任的典型案例

企业名称	典型案例
中国移动通信集团公司	(1)为响应民政部号召,参与"爱心洒天山"联合援疆行动。6月5日,中国移动慈善基金会向乌鲁木齐市民政局捐助275万元,用于援建乌鲁木齐市1个"中国移动老年网校(社区老年人日间照料中心)"、SOS儿童村和4个边远少数民族中学的电子阅览室项目。项目建成后,将惠及乌鲁木齐市9000余名60岁以上老年人和3809名边远学校的学生。 (2)通过提供带薪志愿服务日等方式,鼓励员工参与慈善活动。全年吸纳员工志愿者9万余人次,员工志愿服务时长33万余小时
神华集团有限责任公司	(1)神华公益基金会共捐资26893.3万元,惠及28省(区)的1200余县市。其中,援青项目投入3525万元,完成青海省刚察县教育标准化建设、医药卫生体制改革和农牧民危房改造、小区配套设施等项目。 (2)国华电力北京热电杰地公司四惠停车场是北京热电分公司对外服务的一个窗口,由于地处四惠交通要道,在方便社会车辆停放、缓解所在区域停车压力方面发挥着重要作用。6月,国华电力北京热电杰地公司四惠停车场被朝阳区社会建设办公室授予"一刻钟社区服务认定站点",标志着地区对公司践行"服务社区居民,方便群众生活"的工作表示认可。全体员工决心以此为动力,进一步提高服务水平,以优质的服务为北京市"一刻钟社区服务圈"建设添砖加瓦,让广大社区居民更多更好地享受实惠和便利。 (3)神华澳洲公司设立社区基金,由其捐资建设的冈尼达农村医疗中心,缓解了当地看病难、医疗设施落后的局面,被媒体称为"社区重要资产"
中国铝业公司	(1)注重考虑自身决策和运营活动对周边社区的影响,积极主动沟通,了解社区发展需求,大力支持和参与社区建设,改善社区健康状况,不断提高社区居民生活品质。向河北省捐赠总价值500万元的"母亲健康快车"41辆;援助西藏昌都地区察雅县贫困家庭的两名先天性心脏病儿童免费赴京进行手术救助;累计开展志愿服务1.2万余人次,志愿服务总时间约3.5万小时。 (2)承认和尊重原住民传统和习俗,帮助原住民传承文化遗产。开展捐资助学,河南分公司启动"爱心连童心"助学活动。 (3)通过公开招聘和劳务派遣等形式,积极为社区创造和提供就业机会。通过录用高校毕业生、安置复员退伍转业军人、社会招聘等途径,共吸纳4825人就业;通过建设培训基地,促使更多的人掌握技能。 (4)通过投资创业计划、发展当地供应商和雇用社区成员等途径,推动社区繁荣。重庆分公司入驻重庆市南川区后,带动当地经济发展,全年GDP达到176.18亿元,比2006年增加106.66亿元;矿山六大采系和氧化铝主厂区劳务清理、检修、运输等为南川区创造工作岗位2300余个

企业名称	典型案例
中国冶金科工集团有限公司	2012 年,中冶集团公司积极促进运营所在地社区的经济和社会发展,支持社区基础设施建设,帮助改善社区教育和医疗,为当地居民提供就业机会,提高生活质量,与社区分享企业的发展成果,促进社区和谐。例如,中冶集团铜锌有限公司在巴基斯坦山达克铜金矿项目和杜达铅锌项目中,出资修复公路,为当地医院赠送大量先进医疗设备,并改善当地饮用水条件。此外,公司机关团委在北京市朝阳区左家庄街道办事处曙光里社区文化活动站举行了"捐一缕书香、献一份爱心"的图书捐赠仪式,活动共募集书籍 1500 余册
国家电网公司	(1)国家电网公司积极推进电力服务社区共建,与社区居委会签订共建协议,在社区建立志愿服务点,提升服务居民用电水平。广泛开展"关爱春苗行动",围绕亲情陪伴、感受城市、安全教育、爱心捐赠、学业辅导五项服务内容,关心关爱留守儿童,共有 4.6 万名员工志愿者参与活动,服务农民工子女 105311 人,建立结对关系 3548 对,建成"春苗之家"100 家,"留守学生之家"200 家,"希望来吧"51 家。此外,还开展了"高原阳光苗圃""光明驿站""萤火虫助学计划"等一批关爱活动项目。 (2)国家电网冀北公司开展了"社区光明同行"活动,通过现有 1025 个供电营业窗口,因地制宜地开展社区特色服务活动。 (3)立足电网企业优势和员工志愿服务资源,菲律宾国家电网公司持续投入 380 万比索,推进当地教育、卫生、环保、保护本土居民及其文化等社区发展项目,促进了当地社会进步、环境改善和人民生活水平的提升,为当地社区发展贡献了力量
中国海洋石油总公司	(1)中海油公司在渤海矿区,构筑辐射整个矿区的安防网络;建立矿区"三供一排"、公共物业和医疗保障等社会职能的联动机制,为社区居民提供服务;创新救助模式,以矿区慈善协会作为履行社会责任的有效载体;实施第三期"百户救助计划",根据困难家庭实际需求,采取个性化救助方案;依托现有资源实施蓝天绿地工程,联合地方机构,把优质医疗、文化资源送进矿区,大幅提高了当地居民的满意度和幸福感。 (2)在乌干达,公司经常访问 Kingfisher 油田所在地的霍伊玛省 Buhuka 社区。当得知该社区唯一能够为当地居民提供饮用水的水塔受损,无法再向下游供水,当地居民的健康状况受到极大影响时,公司立即派出工程技术人员,即时修好水塔,使当地社区居民重新喝上了干净的饮用水。 (3)在尼日利亚,公司作为尼日利亚 OML130 项目的合作伙伴之一,每年捐赠约 200 万美元,用于当地教育投入及人员培训;帮助建设 Neuro Psych 联邦中心诊所,并为当地提供医疗应急响应设备,捐赠艾滋病测试成套设备,供应重点护理设备和儿童特殊护理设备,提供救护车等。

资料来源:根据上述六家企业的 2012 年度社会责任报告整理。

由表 1 可以看出,2012 年国有企业履行社区服务责任呈现出以下特点:

1. 特殊群体是国有企业社区服务的重点对象

老年人、留守儿童和农民工子女等弱势群体是国有企业的重点服务对象,特别是我国即将步入老龄化社会，随之而来的养老、医疗等方面的服务需求越来越多，国有企业关注社区的老年人服务，在一定程度上可以减轻国家、地方和社区的负担。

2. 基本公共服务是国有企业社区服务的基本内容

由于国有企业承担着国家对口支援的政治任务，对口支援主要是革命老区、民族地区、边疆地区和贫困地区，这些地区的教育、医疗卫生、文化活动等基本公共服务设施供给严重不足，国有企业社区服务的基本内容相应会向这些领域倾斜。

3. 慈善捐赠和志愿服务是国有企业社区服务的主要方式

国有企业一般都通过直接捐资捐物的方式为社区提供基本公共服务，通过提供志愿者或义工服务的方式，实现为社区老人、留守儿童和农民工子女等弱势群体面对面服务的愿望，切实解决他们日常生活中的实际困难。

（二）民营企业履行社区服务责任的情况

近年来，随着民营企业逐步发展壮大，许多大型民营企业积极履行着社区服务责任，为我国社区建设贡献了力量。同时，一批有实力的民营企业通过实施"走出去"战略，将履行社区服务的责任拓展到海外，为当地社区的发展做了很大贡献。2012年民营企业履行社区服务责任的典型案例如表2所示。

表2　2012年民营企业履行社区服务责任的典型案例

企业名称	典型案例
大连万达集团股份有限公司	(1)万达集团各地公司累计捐款1447万元。万达集团每到一地开发项目，都要捐款支持当地教育和扶贫事业，成为企业的一项优秀传统。 (2)春节前夕万达集团向大连市慈善总会捐款1000万元，用于大连市"送温暖、献爱心"活动，发放给大连市城区低保家庭和困难职工。万达集团已连续6年在春节期间向大连困难群众送温暖、献爱心，累计捐款2800万元。 (3)10月，集团总部举行义工陪同盲人爬长城活动。万达集团积极创新义工活动形式，注重让大家在义工活动中受到心灵震撼。截至2012年，"万达义工"已累计开展义工活动数千次，参加人次20余万。 (4)万达集团再次出资5000万元完成成都七中万达学校建设，总投资共计2亿元，是目前国内最大一笔中学教育捐款；此外，还捐资200万元，作为奖教基金，用于奖励优秀教师。

企业名称	典型案例
百度	(1)9 月 5 日,百度携手战略合作伙伴华润三九医药股份有限公司,同爱心大使周华健一起来到西藏察隅县完全小学,捐赠了价值 10 万元的电脑教室,10 万元教育基金,并为每个班级配备了"999 爱心小药箱",1000 名师生因此而受益。 (2)百度联盟·爱自 2010 至 2012 年,共举办了 18 次线上招募积分活动,吸引近 1 万家网站参与捐赠,累计捐助积分量超过 5000 万,提交订单数达 1.4 万笔;线下落捐完成 29 次,为 30 余所贫困山区小学的 6000 余名学生和老师送去了学习和生活必需品。同时,还建立了多所电脑教室和希望厨房,邮递了上千个爱心包裹。例如,12 月 7 日,百度联盟·爱与联盟合作伙伴 2345 和傲游在河北省秦皇岛市青龙满族自治县双德明庙学校举办了一场以"联盟·爱,梦想续航"为主题的"梦想教室"落捐活动;百度联盟与 60 家合作伙伴共同努力,在"免费午餐·公益一小时"网络公益活动中为留守儿童捐赠 36 万份"免费午餐",累计送出 50 多万份,开创了国内互联网行业公益活动的创新模式。
安徽省外经建设(集团)有限公司	(1)在津巴布韦,安徽外经建设(集团)有限公司援建国防学院、孤儿学校、哈拉雷超市等项目。9 月 14 日,国防学院项目交接并启用。 (2)在多哥,安徽外经建设(集团)有限公司亿万多超市每年都积极参加华联协会组织的圣诞节捐钱捐物活动,为当地学校、孤儿院、养老院捐献大批急需物品,得到当地政府和受捐单位的好评。此外,超市还注重对当地员工的人才培养,尊重他们的文化宗教信仰和生活习惯,提高他们的劳动条件和工资待遇,对家庭困难和遇到事故的员工尽可能提供无私帮助和人文关怀,尽量将经营活动对环境的影响降到最低,加大周边环境的绿化面积。
苏宁电器	(1)10 月,"关爱老人、温暖夕阳"——苏宁"1+1 阳光行"关爱老人主题月的社工志愿者活动在全国各地开展。各地社工志愿者深入社区,用同样的爱心以不同的形式始终如一的传递苏宁人对社会老人的关爱。例如,①深圳苏宁联合深圳慈善会、福中社区在重阳节来临之际为福中社区 140 多名老人上演一场隆重的节日盛宴,为在场的 140 多名老人准备了贴心的节日礼品,还特别为参加节目的老人颁发了奖品。②广州苏宁携手广州市义工联开展慰问空巢老人行动。对广州海珠区、越秀区等部分社区内的 7 位贫困空巢老人进行爱心慰问,并为他们送去电冰箱、洗衣机、棉被、风扇等多种生活用品,并将电器安装调试至使用状态,确保老人能安全准确地使用。 (2)12 月 26 日,"苏宁阳光、情暖中国"大型公益活动在包括香港在内的全国 222 个城市同步进行。苏宁电器当天捐赠 4000 万元,主要用于贫困地区桥梁、学校宿舍修建及敬老助孤、帮扶困难群体等。除公益捐赠外,包括香港和东京在内的 18 万名苏宁员工同步开展"1+1 阳光行"社工志愿者行动,在各地深入社区、敬老院、孤儿院等单位,免费提供家电维修保养、电器使用知识普及、卫生清洁、环境保护等服务。该活动从 2006 年开始,已经连续开展了 7 年,年平均活动人数 18 万人次,取得了良好的社会效果。
亨通集团有限公司	2012 年底,由中国社会福利基金会与亨通慈善基金会组织实施,并由亨通慈善基金会提供配套资金的公益项目——"鹤轩安耆"工程完成了对江西省吉安市 10 所敬老院的供水(贮水)系统改造、厨房锅炉改造、淋浴房与卫生间增设和改造以及电路照明系统改造,800 多个孤寡老人因此而受益。同时,亨通慈善基金会还联合德康博爱基金会为老人们捐赠了价值 130 万元的多功能服务专用车和 800 多件羽绒服。

企业名称	典型案例
永辉超市股份有限公司	永辉超市始终以社区作为首要的立足点,把超市开在百姓的"家门口",提供门对门的便捷服务,使社区的商业配套服务更加完善。每开设一家新店即在当地招聘员工,促进社区的就业,同时制定了《永辉"慈善爱心卡"发放细则》,把特困户、低保户等弱势群体作为资助对象,帮助提供满足生存所需的基本生活保障。2004~2012年,"慈善爱心"专项捐赠累计2300余万元,资助特困户达50000户,其中,2012年捐赠1900万元,资助特困户19000户。

资料来源:根据企业2012年度社会责任报告和官方网站信息整理。

由表2可以看出,2012年民营企业履行社区服务责任呈现出以下特点。

1. 民营企业履行社区服务责任逐渐制度化、长期化

(1) 苏宁电器将企业的社会责任与员工的社会责任相结合,建立了符合中国零售业特色和企业自身特点的社会责任管理模型,成为中国第一家推进社会公益长期化、制度化推进的企业。(2)万达集团专门研发了义工管理信息系统,创新性地建立网站义工频道,并将义工管理纳入人力资源管理信息系统,使义工活动制度化、常态化。(3)永辉超市制定了《永辉"慈善爱心卡"发放细则》,明确年度专项捐赠额度、资助标准、捐赠流程、资助对象,并建立了资助对象花名册,做到资金及时到位、流程公开透明、资助对象明确[①]。

2. 民营企业联合政府或其他组织共同开展公益活动渐成趋势

(1)"鹤轩安耆"工程是中央财政和民政部支持社会组织参与社会服务的示范项目,是中国社会福利基金会与亨通慈善基金会组织实施,并由亨通慈善基金会提供配套资金的合作公益项目。该项目通过政府与公益组织的共同推动,引导全社会重视和参与,得到了社会各界的积极响应[②]。(2)作为中国最大的网络联盟体系之一,百度联盟协同60万合作伙伴一起助力公益事业,将每一次公益行动都推向极致。

3. 有些民营企业开始在国外履行社区服务责任

安徽外经自成立以来,始终秉承"德行善举,尽责感恩"的理念,在国外的经营中,以"为百姓提供就业平台、提高生活水平、促进经济发展"为

---

① 永辉超市股份有限公司:《2012企业社会责任报告》。
② 张晓芳:《"鹤轩安耆"创新政府与公益组织合作模式》,《公益时报》2013年1月8日。

宗旨，为当地提供了大量就业岗位和物美价廉的中国商品，提高了非洲人民的生活水平和质量，把先进的施工技术传授给非洲人民，把优质的工程奉献给当地人民，为中非友谊和非洲国家的经济社会发展贡献了力量①。

（三）外资企业履行社区服务责任的情况

长期以来，外资企业在履行社区服务责任方面发挥了不可替代的作用。由于外资企业的发展历史悠久，其履行社区服务责任的形式也多种多样。2012年外资企业履行社区服务责任的典型案例如表3所示。

表3　2012年外资企业履行社区服务责任的典型案例

企业名称	典型案例
沃尔玛（中国）投资有限公司	"做社区的好邻居"始终是沃尔玛企业社会责任的核心理念。2011年12月30日，沃尔玛中国与新浪微博联手启动公益活动微博"@社区暖洋洋"，寻找365个身边令人感动和尊敬的社区好人，沃尔玛将为他们送上新春温暖年货。截至2012年2月底，共吸引了数万名网友关注、参与。在此期间，沃尔玛在全国140多个城市的沃尔玛商场陆续开展了近300余场"@社区暖洋洋"的微公益活动，并送出3000多个装着大米、食油、地方特色年货的温暖礼包给社区的好人们和"空巢"老人、残障人士、困难户等需要帮扶的家庭。员工志愿者还为这些家庭贴上春联、打扫房间，让这些需要帮助的社区邻居过上一个丰实的春节。"@社区暖洋洋"成为沃尔玛中国的微公益平台，将更多的企业社会责任活动与网友互动，打造草根微公益平台，把温暖传遍社区。
三星（中国）有限公司	三星秉承"分享经营"的理念，把社会公益活动作为良性经营循环中的重要一环。2012年，三星中国及其各地法人共举办各类公益活动730余次，参与人数近38000人次。 （1）"三星爱之光行动"：在中国残联的大力支持下，"三星爱之光行动"在黑龙江农垦和新疆巴音郭楞蒙古族自治州以及苏州、天津、惠州等三星工厂所在地区实施2150例免费复明手术，并在宁夏、海南、甘肃、西藏、贵州等五个地区援建5所白内障手术中心和5所盲人定向行走训练中心。截至2012年底共有12600名白内障患者重获光明，共建15所白内障手术中心和15所盲人定向行走训练中心。 （2）"集善·三星爱之光行动"：4月6日，"集善·三星爱之光2012年助残行动启动暨中国康复研究中心假肢矫形中心揭牌仪式"在中国康复研究中心举行，三星通过中国残疾人福利基金会，向该中心捐赠450万元，用于设备更新和环境改造。此外，还捐赠1000万元，用于开展爱之光白内障复明、脑瘫儿童康复、聋儿训语等一系列公益项目。 （3）10月，在第18届三星集团全球社会公益盛典中，三星中国本社和各地法人认真组织并积极开展了各项公益活动。例如，10月19日，天津高新三星电机的志愿者们来到尖山社区，为社区困难家庭带来了面粉、食用油、大枣、木耳等慰问品，还为老人送来了菊花盆栽，向困难家庭子女赠送了《牛津英汉词典》。

---

① 《情系非洲——安徽省外经建设（集团）有限公司在非发展二十年》，《国际商报》2012年7月16日。

续表

企业名称	典型案例
利乐（中国）有限公司	2012年4月21日，利乐公司与万科公益基金会在北京万科星园小区正式启动合作，试点城市社区垃圾分类新模式，实现社区垃圾减量，为有效推广垃圾分类、提高资源再生利用率探索行之有效的模式。同时，双方还将整合丰富多元的环保传播资源，使垃圾分类教育活动全面升级。利乐公司将利用其环保公益微博"垃圾学院"，联合知名科普媒体，通过线上双向交流、线下科普活动的方式，与万科业主及广大网民互动。万科公益基金会将通过国内第一本世界主义绿色环保杂志"VECO"、发行量近10万份的杂志《邻居》、拥有近百万规模的业主论坛、基于互联网和无线互联网的社交媒体向业主传播生动、易用的垃圾分类知识。
阿迪达斯（中国）有限公司	阿迪达斯作为体育用品行业内领先的企业，长期致力于中国的社区建设。阿迪达斯与公益组织合作，通过社区公益平台开展多个长期的公益项目。 （1）阿迪达斯与儿童乐益会合作，开展"儿童发展计划"，是阿迪达斯社区投资的旗舰项目。2008~2012年，共成立了12家早期儿童保育发展ECCD中心（含1家移动ECCD中心），6932个孩子常规性参与到游戏发展活动中，培训了233位教师、821位家长和健康工作者，为当地的人们创造了23个工作机会。 （2）阿迪达斯与心教育社区青少年发展中心合作，开展"农民工子女帮扶计划"，是阿迪达斯的另一大重要社区贡献。阿迪达斯员工定期拜访被帮助的学校，并开展运动和游戏活动，同时鼓励老师主动通过能力培养来帮助这些孩子。例如，每个月，阿迪达斯的员工会去平湖育新小学拜访2次，开展各种活动以帮助孩子们开发重要的生活技能。2011~2012年，共计1707名学生参与到了这些游戏类活动中。 （3）阿迪达斯与半边天基金会、冠军基金合作，开展"青少年特别辅导计划"，旨在将退役职业运动员培养为辅导员和教练，向生活在福利院中的儿童，特别是残障儿童提供帮助。2012年8月，阿迪达斯联手半边天基金会邀请了NBA超级巨星德怀特·霍华德来到上海市长宁区初级职业技术学校与孩子们交流，还向部分学生传授了基本篮球技能。
汇丰银行（中国）有限公司	2012年9月，由汇丰银行与中国儿童少年基金会合作的"汇丰儿童悦读计划"捐赠132万元，为中国36个城市的农村小学、打工子弟小学、儿童活动中心、特殊学校建立孩子们急需的图书教室，并为学校指定的图书管理老师进行一系列的阅读课和图书管理培训，使全国近5万名学生和弱势儿童工作者受益。汇丰银行深圳分行通过罗湖区妇联社工在辖区内选择相对条件较落后、阅读资源较缺乏的社区作为捐赠对象，每个图书室按35000元的标准统一配备，有图书2500本、书架9个、阅读桌1张，椅子10把、电脑1台以及图书室专用章牌匾宣传物等，均已安装完成。
英特尔（中国）有限公司	一直以来，英特尔将自己定位为"社区的好邻居"，并将推动社区发展作为企业履行社会责任的重点领域之一。在支持社区建设方面： （1）英特尔中国公司结合自身发展的理念和模式，从2010年开始联合中国扶贫基金会、南都公益基金会发起"芯世界"公益创新计划，携手政府、企业、公益组织、研究机构等合作伙伴，通过跨界的创新力量，以公益创新推动中国社区的发展，从而助力社会的和谐发展与文明进步。 （2）鼓励员工积极参与社区服务，联合公益组织开展志愿活动，提升所在社区的生活质量，贡献社区文化建设。2012年，英特尔中国近9000名员工，参与志愿服务比例达59%，服务时间长达57442小时。

资料来源：根据中国公益慈善网、公益时报网等网站信息整理。

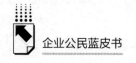

由表3可以看出，2012年外资企业履行社区服务责任呈现出以下特点。

1. "做社区的好邻居"是外资企业社会责任的核心理念

如表3所示，沃尔玛、英特尔都明确提出了要"做社区的好邻居"，将履行社区服务责任作为企业社会责任的重点领域，并将其纳入企业可持续发展战略中，从而使企业实施的公益项目具有长期的发展性。

2. 将当地需求和自身优势相结合是外资企业社区服务的特色

中国各地的经济和社会发展不均衡，不同地域的社区服务需求是不同的，这就要求企业在开展慈善活动时，要通过科学的调研和评估，了解当地社区的实际需求，再结合企业自身的行业、人才、技术等优势，从而确定适合当地需求的社区服务项目。例如，阿迪达斯"儿童发展计划"以针对性的体育运动和游戏活动全面地开发儿童潜能，促进儿童的德智体发展。

3. 外资企业的微公益悄然兴起

利用互联网微博，与广大网民互动，加强与社区居民的沟通交流，能更多地了解社区居民的实际需求，创新企业履行社区服务责任的方式。如表3所示，（1）沃尔玛中国与新浪微博联手启动的公益活动微博"@社区暖洋洋"成为沃尔玛中国的微公益平台，将更多的企业社会责任活动与网友互动，把温暖传遍社区。（2）利乐（中国）公司利用其环保公益微博"垃圾学院"与广大网民互动，传播垃圾分类知识，增强网民的环保理念。

（四）中国企业公民履行社区服务责任的比较分析

综合以上分析得出，2012年中国企业公民履行社区服务责任的共同点表现在以下几个方面。

1. 特殊群体是企业的重点服务对象

无论国有企业、民营企业还是外资企业，都将老人、留守儿童和农民工子女等弱势群体作为企业社区服务的重点帮扶对象，帮助他们解决实际困难，使他们能够更好地生活、学习。

2. 基本公共服务是企业的重要服务内容

中国地区之间发展不平衡，企业为革命老区、民族地区、边疆地区和贫困地区提供教育、医疗、文化、基础设施等基本公共服务，可以使更多的人享受到基本公共服务，促进当地社区经济社会的发展，从而不断缩小地区发展差距。

3. 慈善捐赠和志愿服务是企业的主要服务方式

企业大都通过直接捐赠的方式为当地社区建立图书室、敬老院、孤儿院等，通过志愿者提供志愿服务的方式，解决当地社区居民日常生活中的实际问题。

4. 企业联合政府或其他组织共同开展公益活动

无论国有企业、民营企业还是外资企业，都积极联合政府或公益组织共同开展活动，通过搭建公益平台，推动跨界合作，发挥各自的优势，使公益活动得到广泛的支持，形成良好的社会氛围。

企业履行社区服务责任，不仅仅是公益捐赠和慈善，而是要将社区服务责任纳入企业的长期发展战略，将其常态化、制度化、长期化。以科学、系统的方式，开发社区服务项目，同时注重项目的绩效评价，随时发现薄弱环节并加以改进，使得项目具有可持续发展性，并且保证确实能够给社区带来积极的影响。从以上分析中可以看出，有些企业已经将履行社区服务责任纳入企业发展战略中，有些企业也已经意识到了履行社区服务责任的重要性，希望所有企业都能切实履行社区服务责任，促进企业、社区和谐发展。

二 中国企业公民履行社区服务责任存在的问题分析

1. 企业社区服务责任的相关法律法规不健全

目前，我国还没有专门针对企业履行社区服务责任方面的法律法规，而是分散于其他各种法律法规中，不能全面体现企业社区服务责任的具体内容，导致企业履行社区服务责任缺乏法律依据。同时，现有的法律法规中，也没有针对企业履行社区服务责任具体的激励机制，导致企业履行社区服务责任的积极性不高。

2. 企业社区服务责任的参与意识有待增强

现阶段，虽然大多数国有企业和外资企业以及某些大型民营企业的社区服务责任意识正在逐步增强，已经开始积极履行社区服务责任，但某些企业并未

把社区服务责任纳入企业发展战略中，也没有长远的规划，导致企业履行社区服务责任的效果不佳。由于企业发展不均衡，还有相当一部分企业，特别是中小企业的规模和能力有限，片面追求经济效益，尚未意识到企业履行社区服务责任的重要性，忽视了企业所处的社区环境对企业长远发展的影响。此外，我国政府缺乏激励机制，也导致企业履行社区服务责任的意识淡薄。

3. 企业社区服务的专业化水平有待提高

目前，大部分企业的志愿者队伍是由企业职工自愿加入组成的，这些职工基本没接受过系统的专门的培训，无法形成一支职业化、专业化的社区志愿服务队伍；他们提供的服务一般只能满足社区居民日常生活方面的基本需求，很难满足更高层面的需求。由于社区服务需求的多样化和社区居民需要的复杂化，如比较专业的法律咨询、心理咨询、防灾减灾知识等服务，企业内部形成的志愿者队伍在提供这些社区服务时难免会遇到问题，难以满足社区居民的需求，企业社区服务的专业化水平还有待提高。

4. 企业社区服务的信息化建设滞后

首先，每个企业都是在自身现有资源的基础上有限度地提供社区服务，企业之间没有形成资源共享的信息网。其次，社区没有公开居民需求，企业很难了解社区居民的真正需求；企业很少在官方网站公布社区服务的具体计划和内容，社区居民也无从了解企业社区服务的供给。所以，企业之间以及企业与社区居民之间信息不对称，不能形成资源共享，社区服务的信息化建设有待改善。

三　促进中国企业公民更好地履行社区服务责任的建议

1. 完善企业社区服务的相关法律法规

公平公正的法律环境是促进企业履行社区服务责任的重要保障，通过建立健全相关法律法规，引导、鼓励更多的企业积极地参与社区服务。我国需要制定一部《企业社会责任法》，明确社区服务责任是企业社会责任的重要组成部分，对社区发展起着非常重要的作用。通过专项立法，依法激励和促进企业主动承担社区服务责任，可以有效规避国际市场中的非技术壁垒，拓展企业发展空间，提高我国企业的国际竞争力；改善我国劳资关系、环境等问题，有效提升国家形象；促进企业贯彻落实我国劳动、安全生产、职业病防治、环境保护等方面的法律法规①。

2. 增强企业社区服务的参与意识

除通过制定法律约束企业必须履行社区服务责任外，还要制定相关的优惠政策。对履行社区服务责任的企业给予财政补贴和税收优惠，并且要加大优惠政策的支持力度，在政府采购中优先购买履行社区服务责任企业的商品，利用各种方式积极引导和鼓励企业履行社区服务责任。

但更主要的是企业能够自觉履行社区服务责任。这就要求企业将社区服务责任纳入企业的长期发展战略，建立规范化的管理体系，成立专门的管理部门，安排专职的管理人员，有明确的项目计划，有固定的项目经费，并引入绩效评估体系，确保项目可持续发展，切实促进企业和社区的长远发展，使企业社区服务、常态化、制度化。

3. 提高企业社区服务队伍的专业化水平

由于社区服务需求的多样化和社区居民需要的复杂化，企业需要有计划有组织地培养一批既有专业知识和工作技能，又热心于社区服务工作的专业人员。第一，制定企业社区服务人才队伍培养发展计划。把社区服务人才队伍建设纳入企业人才发展规划中，研究制定社区服务人才队伍培养发展计划，鼓励、吸引优秀人才为社区服务。第二，加强企业社区服务人才队伍的专业培训。鼓励企业社区服务人员立足岗位，自学成才，支持他们参加各种职业资格考试；采取多种方式加强对现有社区服务人员的培训，不断提高他们的专业水平。第三，推进企业社区服务人才队伍的职业化。根据工作需要，面向社会公开招聘，培养一定数量的专职社区工作者。

此外，还要加强企业之间、企业与非营利组织之间的合作，实现优势互补和资源整合。每个企业以其自身优势提供社区服务，无法满足社区居民多层次、多样化的服务需求。企业之间、企业与非营利组织之间合作可以有效弥补

---

① 易凌：《应加强企业社会责任专项立法》，《科技日报》2013 年 4 月 21 日。

单个企业的服务空缺，提供专业化、全方位的社区服务。

4. 推进企业社区服务的信息化建设

社区服务信息化建设是充分运用信息技术、开发利用信息资源、促进信息交流和共享的过程，是整合分散的信息和资源、提高企业社区服务效率的重要手段。通过建立社区服务信息化共享平台，使企业之间、企业与非营利组织之间、企业与社区居民之间实现良好的沟通，便捷地解决问题，也使社区居民能够参与到企业决策和监督中来，提高企业履行社区服务责任的效率。

5. 加强企业社区服务的外部监督

首先，要加强政府的监督。政府要建立健全相关法律法规，对企业履行社区服务责任进行法律约束。其次，要加强新闻媒体的监督。一方面要借助新闻媒体的舆论监督力量，对企业履行社区服务责任的相关事件积极报道，以加强企业的外部驱动力；另一方面要通过新闻媒体持续关注引导企业履行社区服务责任，尤其要对负面事件进行跟踪报道以加强新闻媒体的舆论威慑力。再次，要加强社会组织的监督。社区服务中心、志愿者协会等直接相关组织应当积极与企业合作，在监督中促进企业履行社区服务责任；中国社会科学院社会责任研究中心、南方周末报社等非直接相关组织应当积极将企业履行社区服务责任的具体情况及时展现给公众，做好舆论监督工作。最后，要加强社区居民的监督，发挥社区居民作为利益相关者对企业履行社区服务责任的监督作用，形成强大的社会监督力量。

参考文献

［1］中国移动通信集团公司：《2012 年可持续发展报告》，2013，http：//www. 10086. cn/aboutus。

［2］国华电力分公司：《国华电力北京热电杰地公司获授"一刻钟社区服务认定站点"》，2012，http：//www. shenhuagroup. com. cn/shzr/zxdt/2012/06/289846. shtml。

［3］中国铝业公司：《2012 社会责任报告》，2013，http：//www. chalco. com. cn/zl/web/zrbg_ more. jsp？ColumnID＝485。

［4］中国冶金科工股份有限公司：《社会责任报告 2012》，2013，http：//www. chinacsr. cn/showInfo. asp？id＝3936。

［5］国家电网公司：《社会责任报告 2012》，2013，http：//www. sgcc. com. cn/csr/index. shtml。

［6］中国海洋石油总公司：《2012 年可持续发展报告》，2013，http：//www. cnooc. com. cn/data/html/chinese/channel_ 422. html。

［7］大连万达集团股份有限公司：《万达集团企业社会责任报告 2013》，2013，http：//www. wanda. cn/Social/New/index2. shtml。

［8］林毅：《百度携手 999、周华健，走进察隅小学公益活动》，2012，http：//ent. qianlong. com/4543/2012/09/07/3442@8215705. htm。

［9］《百度联盟·爱落捐河北明德小学"梦想教室"》，2012，http：//www. charity. gov. cn/fsm/sites/newmain/preview1. jsp？ColumnID＝456&TID＝201212101703293532273117。

［10］《情系非洲——安徽省外经建设（集团）有限公司在非发展二十年》，《国际商报》2012 年 7 月 16 日。

［11］安徽外经公司：《多哥亿万多超市——履行社会责任，合法合规经营》，2012，http：//www. mofcom. gov. cn/aarticle/i/jyjl/k/201209/20120908343475. html。

［12］《关爱老人、温暖十月、爱满苏宁》，2012，http：//www. suning. cn/snsite/index/gysn/qyshzr/ygx/content－2089. html。

［13］《捐赠 4100 余万元扶贫助教》，2012，http：//www. suning. cn/snsite/index/gysn/qyshzr/ygx/content－2224. html。

［14］张晓芳：《"鹤轩安耆"创新政府与公益组织合作模式》，《公益时报》2013 年 1 月 8 日。

［15］永辉超市股份有限公司：《2012 企业社会责任报告》，2013，http：//www. yonghui. com. cn/2010_ investor. asp？menu_ level_ a＝7&menu_ level_ b＝1&menu_ level_ c＝5&action＝1。

［16］《沃尔玛"社区暖洋洋"升级，打造草根微公益平台》，2012，http：//finance. sina. com. cn/hy/20120301/164211492719. shtml。

［17］吴燕辛：《福及 8500 万残疾人，中国三星点燃爱之光》，《公益时报》2012 年 4 月 10 日。

［18］《在华 20 年，中国三星缔造公益传奇》，2012，http：//www. charity. gov. cn/fsm/sites/newmain/preview1. jsp？ColumnID＝457&TID＝201212271447302594329432943。

［19］《利乐、万科携手推社区垃圾分类试点新模式》，2012，http：//news. xinhuanet. com/gongyi/2012－04/23/c_ 123021916. htm。

［20］《阿迪达斯的企业社会责任》，2013，中国公益慈善网，http：//www. charity. gov. cn/fsm/sites/newmain/preview1. jsp？ColumnID＝457&TID＝20130621153639765984895。

［21］《阿迪达斯的社区慈善之路》，2012，中国捐助网，http：//www. charity. gov. cn/fsm/sites/newmain/preview1. jsp？ColumnID＝457&TID＝20121030104924217624397。

［22］罗湖区：《汇丰银行与罗湖区妇联社工合作开展儿童悦读计划》，2012，http：//
www. sz. gov. cn/cn/xxgk/qxdt/201209/t20120919_ 2019966. htm。

［23］李国敏：《英特尔与中国扶贫基金会联合发起"公益同行·社区发展计划"》，
《科技日报》2013 年 8 月 21 日。

［24］易凌：《应加强企业社会责任专项立法》，《科技日报》2013 年 4 月 21 日。

专题报告

Special Reports

B.9

我国商业银行履行社会责任研究报告

——以16家上市商业银行为例

高汉斌　王文静　张爱卿*

摘　要：

经济全球化浪潮中，社会责任运动已经席卷世界各地。作为国民经济的重要部门，商业银行长期以来对社会责任的履行缺乏足够的重视，往往片面追求经济利益最大化，在履责绩效评价方面与国际标准还存在较大差距。本文在文献研究的基础上，参考SA8000、ISO26000标准、赤道原则、《中国银行业金融机构企业社会责任指引》等标准，构建了多层级的社会责任评价模型，并运用层次分析法确定了5项一级指标，20项二级指标的权重值。同时，本文还对我国16家上市商业银行社会责任的履行状况进行了实证调查，对其履责表现进行了评价和分析，并提出了相应的对策与建议。

---

* 高汉斌，中央财经大学管理学硕士，中国化学工程集团人力资源部，研究方向为人力资源管理与企业社会责任；王文静，中央财经大学经济学硕士，研究方向为财政理论与实务；张爱卿，中央财经大学教授、博导，研究方向为人力资源管理与企业社会责任。

关键词：

　　商业银行　企业社会责任　银行社会责任排名

　　经济全球化背景下，以"关注劳工权益、参与环境保护"为主题的社会责任运动已经成为当前广泛关注的热点问题。作为我国经济社会的重要部门，商业银行履行社会责任，不仅有助于获取公众信任、提升品牌竞争力，也关系到自身经营目标的实现与企业的可持续发展。那么，如何进一步科学评价商业银行的社会责任现状，阐明我国银行业在社会责任方面存在的问题及管理对策，就成为一个值得研究的现实问题。

一　商业银行履行社会责任的标准及重要性

（一）商业银行社会责任的评价标准

　　随着企业社会责任研究的不断深入，国际上的一些评价标准和倡议也先后诞生，如多米尼社会责任投资指数（KLD）、SA8000 标准、赤道原则、全球报告倡议（GRI）、AA1000 审计标准、ISO26000 等。国内外也出现了一些衡量企业社会责任的评价标准，但是尚未形成统一的体系。我国商业银行可以根据国内外标准的有关规定，并结合我国经济、社会、文化的特点，研究并制定符合我国国情及银行行业特征的社会责任评价标准。目前，商业银行社会责任的评价标准主要有以下几种。

1. SA8000 标准的主要内容

　　SA8000 标准依据国际劳工组织宪章、《世界人权宣言》、联合国《儿童权利公约》等，旨在保障员工的各项基本权利，其主要内容包括童工、强迫性劳动、健康与安全、结社自由与集体谈判权、惩戒性措施、歧视、工作时间、工作报酬、管理系统等方面。自颁布以后，在国际上得到了广泛的支持，并逐步被越来越多的国内企业所认可和接受。

2. ISO26000 标准的主要内容

　　ISO26000 是由国际标准化组织于 2010 年正式发布的一个自愿性标准与指导性

文件，突出了促进性原则，不用于任何第三方的认证。它包括 7 个条款和 2 个附件，鼓励企业组织围绕组织管理、人权、劳工、环境、公平经营、消费者权益保护、社区参与和发展等方面加强社会责任管理，通过提高社会声誉来确立核心竞争优势。

3. 赤道原则的主要内容

赤道原则包括序言和原则声明两部分，共 9 项原则。通过提供通用的基础和框架，来确定、评估和管理项目融资过程所涉及社会和环境风险的金融界指标，以便采用赤道原则的金融机构能够自行实施与项目融资活动相关的内部社会和环境政策、流程及标准。2003 年，荷兰银行、花旗银行等数十家国际领先的商业银行宣布正式实行赤道原则，它第一次把项目融资中模糊的环境和社会标准明确化、具体化。

4. 中国银行业金融机构企业社会责任指引

该指引由中国银行业协会制定，共 27 个条款，它要求银行业主动地承担对员工、股东、消费者、商业伙伴、社区等利益相关者的经济、道德、法律与慈善责任。同时，金融机构应自觉遵守法律法规与商业道德，完善企业社会责任披露制度，不断提高社会责任管理水平，建设具有社会责任感的企业文化，倡导人本管理。

5. 深圳证券交易所上市公司社会责任指引

该指引详细规定了上市公司对国家社会发展、自然环境保护，以及员工、股东、债权人、消费者、社区、供应商等利益相关者的责任，共八章 38 条。同时强调公司应在自愿、诚信、公平原则的基础上，自觉遵守商业道德，自愿披露公司社会责任信息，并主动接受政府和社会监督，定期评估公司社会责任的表现。

6. 上市公司环境信息披露指引

该标准由上海证券交易所于 2008 年 5 月发布，它要求上市公司及时披露与环境保护相关的重大事件，在年度社会责任报告中披露重要的环境信息，并向上海证券交易所及时提交公告文稿等必要文件。该指引推动了上市公司积极履行环境保护的社会责任，促进其重视并改进环境保护工作，加强了对上市公司环境保护的社会监督。

（二）商业银行履行社会责任的重要性

商业银行参与社会责任评价，已经成为一种顺应时代发展的必然趋势，其

履行社会责任的范围也随之越来越广泛，涵盖了劳工权益保护、社区金融服务、公益慈善、环境保护等方面。目前，国际知名商业银行越来越关注自身社会责任管理的问题，主动将社会责任融入到整体战略、日常管理与企业文化中，并踊跃加入国际社会责任机构，及时披露信息资料，自觉接受社会舆论的监督。如巴克莱银行、花旗银行、渣打银行、汇丰银行、荷兰银行等数十家国外商业银行先后加入了"赤道原则"，开始对融资过程中的环境和社会问题进行评估审查，在实现经济效益的同时，又推动了社会的可持续发展，对我国商业银行承担社会责任提供了可资借鉴的思路。

我国商业银行是指除了中国人民银行与三大政策性银行以外的全部金融机构。2011 年，全行业利润突破了万亿元大关，资本回报率远超过实体经济。然而商业银行在攫取暴利的同时，在慈善公益、环境保护、社区服务等方面却鲜有作为。实际上，我国商业银行直到 2000 年以后才逐渐重视起企业社会责任问题。2006 年，浦东发展银行成为我国首家正式公布企业社会责任报告的商业银行。2007 年，上海银监局印发了《上海银行业金融机构企业社会责任指引》。2008 年，我国 13 家商业银行共同发布了《全国股份制商业银行社会责任宣言》。随后，中国银行业协会连续 3 年发布《中国银行业社会责任报告》，并于 2009 年出台了《中国银行业金融机构企业社会责任指引》。2010年，中国银行业协会制定了《中国银行业社会责任工作评价体系》，2011 年发布了《中国银行业社会责任共同宣言》。

商业银行作为准公关部门，是当今社会进行资源分配的重要载体，其提供的金融产品与服务影响社会生产、生活的方方面面，其社会责任的承担水平更是关系到股东、客户、供应商、员工、社区、环境等众多利益相关者的诉求。因此，积极开展我国商业银行社会责任指标体系的研究，制定并推行符合国际惯例又切合中国实际状况的企业社会责任标准，对商业银行的社会责任表现进行评价和同业对比，不但能为科学评价其社会责任表现提供客观的衡量标准，而且有助于银行业树立良好的社会形象，提升品牌价值，助推其参与国际金融合作。由此可见，积极履行社会责任既是商业银行实现自身社会价值最大化的基本要求，也是顺应环境变革和时代发展的必然选择。

二　我国商业银行社会责任指标体系设计

本文在国内外社会责任理论研究的基础上，结合我国商业银行的行业特点，采纳系统性、科学性、定量与定性相结合、行业导向与可比性等原则，运用层次分析法确定了社会责任评价的指标与权重，总结和归纳出了一套比较适合我国商业银行社会责任评价的指标体系。

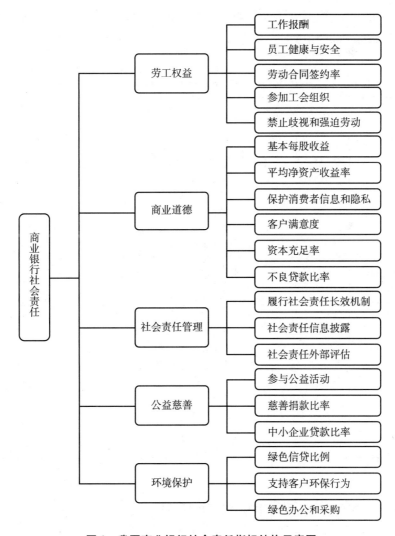

图1　我国商业银行社会责任指标结构示意图

191

（一）评价指标体系的结构

本文在全面考察 SA8000、ISO26000、赤道原则、《中国银行业金融机构企业社会责任指引》和《深圳证券交易所上市公司社会责任指引》等国内外标准的基础上，以商业银行对员工、股东、客户、监管机构、社区、环境等不同利益相关者的责任类型为主要依据，划分了3层社会责任指标体系。第一个层次为目标层；第二个层次为准则层，可以分为劳工权益、商业道德、社会责任管理、公益慈善、环境保护等五个指标；第三个层次有 20 个指标，为子准则层，在选择指标的过程中，力求减少指标之间的相关性，努力增强指标的独立性与代表性。

表1　商业银行社会责任评价指标体系

研究对象	一级指标名称	二级指标名称	所占权重
商业银行的社会责任 A	劳工权益 B1	员工工作报酬 C1	W1
		员工健康与安全 C2	W2
		劳动合同签约率 * C3	W3
		员工参加工会组织情况 C4	W4
		禁止歧视与强迫劳动 C5	W5
	商业道德 B2	基本每股收益 * C6	W6
		平均净资产收益率 * C7	W7
		保护消费者信息和隐私 C8	W8
		客户满意度 * C9	W9
		资本充足率 * 10	W10
		不良贷款比率 * C11	W11
	社会责任管理 B3	履行社会责任长效机制 C12	W12
		社会责任信息披露 C13	W13
		社会责任外部评估 C14	W14
	公益慈善 B4	参与公益活动 C15	W15
		慈善捐款比率 * C16	W16
		中小企业贷款比率 * C17	W17
	环境保护 B5	绿色信贷比例 * C18	W18
		支持客户环境保护行为 C19	W19
		开展绿色办公和采购 C20	W20

（二）商业银行社会责任的指标类别

（1）按指标性质可以分为定量和定性两类指标。定量指标主要是在社会责任履行方面具体、可量化的指标，可以直接从商业银行公开披露的信息资料（如年度社会责任报告、年度财务报告、社会舆论报道）中获取，便于进行数学处理和运算。定性指标主要体现商业银行社会责任履行的性质、程度、方式等，如相关制度建设、公益慈善活动、员工工资按时发放等，需要由第三方专家依据商业银行公开的材料进行定性打分。

（2）按指标的作用可以分为正向、适中和逆向指标等三种。正向指标是指该项指标的取值或得分越高，代表着银行社会责任履行的效果越好，即指标值与社会责任评价结果的变动方向是一致的，如平均净资产收益率、劳动合同签约率、外部评估情况等。适中类指标是该项指标的取值不宜太高或太低，指标值偏向最大值或最小值的极端情况将会降低银行社会责任评价的得分，如中小企业贷款率；逆向类指标是指标取值越高，意味着银行履行社会责任的效果越差，即该项指标与社会责任评价结果的变动方向是相反的，如不良贷款比率。

（三）评价指标的具体说明

本文通过对 SA8000、ISO26000、赤道原则、《中国银行业金融机构企业社会责任指引》和《深圳证券交易所上市公司社会责任指引》等评价标准进行综合比较研究，并结合我国商业银行的实际情况，确定了社会责任评价标准的一级指标分为劳工权益、商业道德、社会责任管理、公益慈善、环境保护等五类。为了增加社会责任评价指标的具体性和可操作性，本文又在五个一级指标之下设置了 20 个二级指标。其中，定量指标共 9 个（后附"＊"表示），占二级指标总数的 45%；定性指标共 11 个，占二级指标总数的 55%（见表 2）。

表 2 商业银行社会责任评价二级指标含义

序号	二级指标名称	指标含义
C1	员工工作报酬	是否按照劳动法律要求，及时、足额支付工资、执行最低工资待遇和加班补贴；正向，定性
C2	员工健康与安全	是否为员工创造健康的工作环境，并定期组织专门的健康与安全方面的培训；正向，定性
C3	劳动合同签约率＊	劳动合同签约率＝与银行签订劳动合同的员工人数/全体员工人数；正向，定量

序号	二级指标名称	指标含义
C4	员工参加工会组织情况	员工参加工会组织的比例,以及工会开展业余活动、丰富员工生活情况;正向,定性
C5	禁止歧视与强迫劳动	严禁因性别、种族、宗教、风俗、性取向等差异而产生的用工歧视,并禁止强迫员工进行劳动;正向,定性
C6	基本每股收益*	每股收益=(税后利润-优先股股利)/发行在外的普通股平均股数;正向,定量
C7	平均净资产收益率*	平均净资产收益率=净利润/平均净资产;正向,定量
C8	保护消费者信息和隐私	是否妥善保管客户资料信息,切实保护消费者个人隐私;正向,定性
C9	客户满意度*	客户对商业银行服务水平感到满意的程度;正向,定量
C10	资本充足率*	资本充足率=(资本-资本扣除项)/(风险加权资产+12.5倍市场风险资本);正向,定量
C11	不良贷款比率*	不良贷款率=(次级类贷款+可疑贷款+损失类贷款)/各项贷款×100%;逆向,定量
C12	履行社会责任长效机制	在发展战略、治理结构、企业文化和业务流程方面搭建履行社会责任机制;正向,定性
C13	社会责任信息披露	每年向社会公布CSR报告,通过报刊、网站等渠道公开披露社会责任情况;正向,定性
C14	社会责任外部评估	银行接受社会舆论的外部评估的情况,包括信贷业务对社会与环境的影响;正向,定性
C15	参与公益活动	商业银行直接参与的除捐款活动以外的社会公益活动的次数及影响(含社区服务);正向,定性
C16	慈善捐款比率*	慈善捐款比率=年度慈善捐款总额/商业银行年度利润总额×100%;正向,定量
C17	中小企业贷款比率*	中小企业贷款比率=中小企业信贷余额/全部企业贷款×100%;适中,定量
C18	绿色信贷比例*	绿色信贷比例=符合绿色信贷要求的信贷总额/银行信贷总额×100%;正向,定量
C19	支持客户环境保护行为	是否采用灵活、丰富的金融工具支持客户节约资源、保护环境的努力;正向,定性
C20	绿色办公和采购	商业银行在日常运营和办公材料采购中尽量减少对环境的负面影响;正向,定性

（四）商业银行社会责任评价理论模型的建立

下面本文将采取层次分析法、专家评价法等方法来确定一级指标和二级指标的权重，从而搭建一个科学、有效的社会责任评价体系。

1. 评价方法的选取

层次分析法是一种通过构造判断矩阵将定性和定量相结合、简便而又实用的多准则决策方法。运用这种方法大致可以分为以下四个步骤：首先，要构造研究对象的层次结构；其次，要建立将任意两者比较的判断矩阵，然后由判断矩阵计算指标的权重；最后，计算各层次指标的组合权重。同时，本文采用两两因素比较的 1～9 标度法对商业银行的社会责任指标进行评价（如表 3）：

表 3　1～9 标度法的含义

含　义	极重要	很重要	重要	稍微重要	同等重要	稍微不重要	不重要	很不重要	极不重要
甲、乙指标相比	9:1	7:1	5:1	3:1	1:1	1:3	1:5	1:7	1:9
备　注	取 8,6,4,2,1/2,1/4,1/6,1/8 为两个相邻判断的中间值								

第三方专家评价法是结合定量和定性分析的手段，邀请专家以打分的方式为研究对象做出定量的评价。具体来讲，首先要依据理论研究和评价对象的实际情况设计出相应的评价指标，并将每个指标细化为不同的评价等级；然后邀请相关研究人员对商业银行社会责任影响因素的重要性进行分析和评价，测算出指标之间相对重要程度的均值，再经过数学运算得到各个指标的权重。在此基础上，由专家对 16 家上市商业银行的表现进行评价，并对不同层次和性质的指标值进行标准化处理，由此计算出研究对象的总分值，并得到最终的评价结果。

2. 评价指标权重的确定

本文运用 1～9 标度法对商业银行的社会责任指标进行了评价，并通过建立判断矩阵进行数学运算，求出相应的特征向量与特征值，以此作为评价指标权重的重要依据。接下来，本文还按照 Satty 的理论对指标权重进行了一致性检验（Consistence Ratio，C. R.）。当 C. R. ＜ 0.1 时，通常认为该判断矩阵的

一致性可以接受。否则，应对调查问卷进行反馈，以便对判断矩阵及时做出适当的修正。

经过检验，层次总排序的结果符合一致性，满足了信度与效度的要求，从而可以将本文设计的社会责任指标运用到商业银行的评价中。同时，我们得到了商业银行社会责任的指标体系及最终权重表（见表4）。

表4 中国商业银行社会责任评价指标体系

目标层	准则层	权重	C. R. 值	子准则层	权重	C. R. 值	组合权重	排序
商业银行的社会责任 A	劳工权益 B1	0.3717	0.0315	员工工作报酬 C1	0.3650	0.0211	0.1357	1
				员工健康与安全 C2	0.1825		0.0678	5
				劳动合同签约率 * C3	0.1084		0.0403	10
				员工参与工会组织 C4	0.0675		0.0251	17
				禁止歧视与强迫劳动 C5	0.2766		0.1028	2
	商业道德 B2	0.2453		基本每股收益 * C6	0.1624	0.0439	0.0398	11
				平均净资产收益率 * C7	0.1912		0.0469	8
				保护消费者信息和隐私 C8	0.1419		0.0348	13
				客户满意度 * C9	0.3096		0.0759	4
				资本充足率 * 10	0.0744		0.0183	19
				不良贷款比率 * C11	0.1205		0.0296	15
	社会责任管理 B3	0.1859		履行社会责任长效机制 C12	0.5396	0.0090	0.1003	3
				社会责任信息披露 C13	0.2970		0.0552	7
				社会责任外部评估 C14	0.1634		0.0304	14
	公益慈善 B4	0.1299		参与公益活动 C15	0.1951	0.0516	0.0254	16
				慈善捐款比率 * C16	0.4938		0.0641	6
				中小企业贷款比率 * C17	0.3111		0.0404	9
	环境保护 B5	0.0672		绿色信贷比例 * C18	0.5396	0.0090	0.0362	12
				支持客户环境保护行为 C19	0.2970		0.0200	18
				开展绿色办公和采购 C20	0.1634		0.0110	20

3. 评价指标体系的建立

本文结合国内外社会责任评价标准的要求以及商业银行业自身的经营特点，并运用层次分析的方法，确定了多层级评价指标的权重及组合权重（见表4），从而在整体上建立了商业银行社会责任评价的具体模型。一方面，该指标体系综合考虑了我国商业银行的行业特点，明确了商业银行加强社会责任建设的努力方向；另一方面，充分实现了定量分析与定性分析的结合，提高了社会责任评价的可操作性与科学性。

第一，从准则层的各指标权重及排序来看，在上市商业银行中，劳工权益（0.3717）是最为重要的，其余指标按相对重要性分别为商业道德（0.2453）、社会责任管理（0.1859）、公益慈善（0.1299）、环境保护（0.0672）。这五项指标的权重差异较为明显，体现出了银行业履行社会责任的一般规律：商业银行首先要着力打造"以人为本"的企业文化，尊重人、关心人、爱护人，特别是要积极维护和保障员工的各项劳动权利，并努力承担起对股东、客户、消费者及监管机构等利益相关各方的商业道德；此外，商业银行要自觉接受内外部的社会责任监督，加强社会责任管理的长效机制建设，并切实履行公益慈善与环境保护的责任。

第二，从子准则层 20 项指标的组合权重及排序来看，前三项指标占相对权重的比例为 33.88%。其中，员工工作报酬（0.1357）、禁止歧视与强迫劳动（0.1028）是排在前 2 位的指标，反映商业银行要注重维护员工的基本权益，尊重员工的劳动价值创造，坚持以人为本。同时，紧随其后的是履行社会责任长效机制（0.1003），强调银行业加强企业社会责任管理与制度建设的重要性与紧迫性。而开展绿色办公和采购（0.0110）所占的比重最低，也说明银行内部的环保行为在社会责任评价标准中的重要性相对较低。

三　我国商业银行社会责任现状的评价分析

为了进一步测量上述社会责任评价标准的应用价值，本文选取了全部上市商业银行作为研究对象，运用该指标体系对商业银行的社会责任表现进行科学、客观的评价。

（一）我国上市商业银行社会责任现状的实证调查

1. 样本选取与数据来源

本文依据商业银行社会责任评价指标体系的要求，选取了中国工商银行、交通银行、中信银行、招商银行、北京银行、宁波银行等 16 家国内上市商业

表5　我国上市商业银行类型分布（截至 2011 年 12 月 31 日）

类　型	名称	总部地点	上市时间	上市地点	股票代码
国有商业银行	中国工商银行	北京	2006 年	上交所	601398
			2006 年	港交所	01398
	中国银行	北京	2006 年	上交所	601988
			2006 年	港交所	03988
	中国建设银行	北京	2007 年	上交所	601939
			2005 年	港交所	00939
	中国农业银行	北京	2011 年	上交所	601288
			2011 年	港交所	01288
	交通银行	上海	2007 年	上交所	601328
			2005 年	港交所	03328
股份制商业银行	光大银行	北京	2010 年	上交所	601818
	华夏银行	北京	2003 年	上交所	600015
	浦发银行	上海	1999 年	上交所	600000
	深发展银行	深圳	1991 年	深交所	000001
	民生银行	北京	2000 年	上交所	600016
	兴业银行	福州	2007 年	上交所	601166
	中信银行	北京	2007 年	上交所	601998
			2007 年	港交所	00998
	招商银行	深圳	2002 年	上交所	600036
城市商业银行	南京银行	南京	2007 年	上交所	601009
	宁波银行	宁波	2007 年	深交所	002142
	北京银行	北京	2007 年	上交所	601169

银行作为研究对象，涵盖了国有银行、股份制银行、城市银行等多种类型，具有一定的代表性。同时，本文选取 2010 年为考察期，利用这些商业银行在考察期内公布的年度社会责任报告、财务报告以及网络、媒体、社会舆论等外部资料进行分析，逐步确定了这些商业银行社会责任表现的评价等级，并在整体上认清了社会责任的现状及存在的问题。

通过对 16 家商业银行的社会责任表现进行比较分析，本文可以直接从已经披露的信息资料中获得 9 个定量指标的具体数值；对于定性指标，本文邀请相关专家按照 1~9 分的评价等级对上市商业银行的社会责任表现进行了定性分析，得到了 11 个定性指标的评价情况，现将有关数据资料整理如下。

表6 我国16家上市商业银行社会责任评价的指标值

一级指标	二级指标	光大银行	工商银行	华夏银行	建设银行	交通银行	浦发银行	深发展	民生银行	农业银行	兴业银行	中信银行	中国银行	招商银行	南京银行	宁波银行	北京银行
劳工权益 B1	员工工作报酬 C1	3	2	6	3	7	9	7	8	3	7	8	3	8	7	8	8
	员工健康与安全 C2	5	7	7	6	5	8	7	7	6	7	5	6	2	5	9	7
	劳动合同签约率 * C3（%）	100	100	100	99.1	100	100	100	100	99.6	100	100	100	99.6	99.3	100	100
	员工参加工会组织情况 C4	5	7	9	8	5	6	4	4	7	3	5	9	8	6	4	6
	禁止歧视与强迫劳动 C5	2	3	7	4	8	7	8	1	1	3	7	4	2	4	3	7
商业道德 B2	基本每股收益 * C6（元）	0.36	0.48	1.2	0.56	0.73	1.60	2.01	0.66	0.33	3.28	0.55	0.39	1.23	0.78	0.91	1.24
	平均净资产收益率 * C7（%）	20.99	22.79	18.25	22.61	20.20	23.27	23	18.29	22.49	24	19.24	18.87	22.73	17.21	20.53	17
	保护消费者信息和隐私 C8	2	7	7	3	1	8	8	2	3	6	9	2	1	7	6	6
	客户满意度 * C9（%）	98	95	50	76.35	98.3	99	94.7	99	89	91.2	96	96	93	90	91	86
	资本充足率 * C10（%）	11.02	12.20	10.58	12.68	12.36	12.02	10.19	10.44	11.59	11.14	11.31	12.58	11.47	14.63	16.20	12.62
	不良贷款比率 * C11（%）	0.75	1.08	1.18	1.14	1.12	0.51	0.58	0.69	2.03	0.42	0.67	1.10	0.70	0.97	0.69	0.69
社会责任管理 B3	履行社会责任长效机制 C12	7	7	3	5	8	7	8	8	5	9	8	2	7	6	7	7
	社会责任信息披露 C13	8	6	9	6	5	6	3	6	7	5	8	8	7	7	6	6
	社会责任外部评估 C14	6	3	7	2	6	8	7	9	3	9	9	3	2	5	6	8
公益慈善 B4	参与公益活动 C15	6	7	8	7	7	7	4	6	9	8	6	7	8	7	7	6
	慈善捐款比率 * C16（%）	0.104	0.038	0.44	0.048	0.37	0.12	0.066	0.85	0.048	0.35	0.13	0.075	0.049	0.152	0.31	0.094
	中小企业贷款比率 * C17（%）	14.39	44.18	18.94	29.65	13.41	49.31	58.64	33	47.62	60.94	51.59	25.5	49.72	44.56	80	36.07
环境保护 B5	绿色信贷比例 * C18（%）	2.87	2.5	1.14	3.63	7.35	1.87	0.25	0.84	1.2	4.52	1.63	4.65	3.56	0.72	4.91	3.69
	支持客户环境保护行为 C19	6	4	7	3	6	7	7	6	5	5	5	6	4	4	8	7
	开展绿色办公和采购 C20	4	6	7	6	7	8	9	9	8	6	3	7	9	8	8	9

2. 评价过程

由于本文采用的社会责任评价指标中既有定性分析，也有定量分析，并且指标之间的量纲和数量形式均有所不同，所以不能将各个指标的取值直接进行比较，而要对评价指标的原始值进行标准化处理，从而增强评价结果的可比性与准确性。

具体来讲，本文首先通过上市商业银行披露的社会责任信息，得到了 9 个定量指标的绝对值，再经过极差正规化处理得到了各定量指标的标准值。其次，本文向相关专家和工作人员发放了定性指标的评价问卷 12 份，由 12 位经过专门培训的专家对上市商业银行的 11 项定性指标进行打分，其中有效问卷 11 份，无效问卷 1 份，由此得到了各定性指标的绝对平均值，再进行极差正规化，由此得到各项评价指标的标准化值。最后，运用数学公式对 16 家上市商业银行各评价维度的标准化值与组合权重进行计算，就可以得到最终的企业社会责任排名情况。

（二）我国商业银行社会责任现状的评价分析

1. 上市商业银行社会责任评价结果排名

本文采用表 6 的数据作为研究依据，通过对不同量纲和性质的指标值进行极差正规化处理后，得到了 16 家上市商业银行的社会责任评价的最终得分，并进行了排序（详见图 2），按照最终得分由高至低顺序依次为：浦发银行、兴业银行、中信银行、北京银行、深圳发展银行、宁波银行、交通银行、民生银行、招商银行、华夏银行、南京银行、中国工商银行、光大银行、中国银行、中国农业银行、中国建设银行，具体数据见表 7。

2. 上市商业银行社会责任表现的总体分析

本文通过对已经披露的信息资料进行比较分析，发现大部分商业银行基本履行了对于员工、国家、股东、社区、环境、客户等利益相关者的社会责任。同时，就 16 家上市商业银行的整体而言，社会责任表现的平均得分是 54.92 分，说明商业银行的社会责任管理水平还有待提高。具体来讲，准则层五个一级指标的平均绝对得分依次为：劳工权益（21.71）、商业道德（13.96）、社会责任管理（11.32）、公益慈善（4.91）、环境保护（3.02）。

表 7　我国 16 家上市商业银行社会责任评价结果排名

银行名称	C1	C2	C3	C4	C5	C6	C7	C8	C9	C10	C11
光大银行	0.1429	0.4286	1	0.3333	0.1429	0.0102	0.57	0.125	0.9796	0.1381	0.795
中国工商银行	0	0.7143	1	0.6667	0.2857	0.0508	0.8271	0.75	0.9184	0.3344	0.59
华夏银行	0.5714	0.7143	1	1	0.8571	0.2949	0.1786	0.75	0	0.0649	0.528
中国建设银行	0.1429	0.5714	0	0.8333	0.4286	0.078	0.8014	0.25	0.5378	0.4143	0.5528
交通银行	0.7143	0.4286	1	0.3333	1	0.1356	0.4571	0	0.9857	0.3611	0.5652
浦发银行	1	0.8571	1	0.5	0.8571	0.4305	0.8957	0.875	1	0.3045	0.9441
深圳发展银行	0.7143	0.7143	1	0.1667	1	0.5695	0.8571	0.75	0.9122	0	0.9006
民生银行	0.8571	0.7143	1	0.1667	0	0.1119	0.1843	0.125	1	0.0416	0.8323
中国农业银行	0.1429	0.5714	0.5109	0.6667	0	0	0.7843	0.25	0.7959	0.2329	0
兴业银行	0.7143	0.7143	1	0	0.2857	1	1	0.625	0.8408	0.1581	1
中信银行	0.8571	0.4286	1	0.3333	0.8571	0.0746	0.32	1	0.9388	0.1864	0.8447
中国银行	0.1429	0.5714	1	1	0.4286	0.0203	0.2671	0.125	0.9388	0.3977	0.5776
招商银行	0.8571	0	0.9565	0.8333	0.1429	0.3051	0.8186	0	0.8776	0.213	0.8261
南京银行	0.7143	0.4286	0.2391	0.5	0.4286	0.1525	0.03	0.75	0.8163	0.7388	0.6584
宁波银行	0.8571	1	1	0.3333	0.2857	0.1966	0.5043	0.625	0.8367	1	0.8323
北京银行	0.8571	0.7143	1	0.5	0.8571	0.3085	0	0.625	0.7347	0.4043	0.8323

续表

银行名称	C12	C13	C14	C15	C16	C17	C18	C19	C20	最终得分	排序
光大银行	0.7143	0.8333	0.5714	0.4	0.0813	0.0355	0.369	0.5	0.1667	42.07	13
中国工商银行	0.7143	0.5	0.1429	0.6	0	0.9208	0.3169	0.1667	0.5	47.14	12
华夏银行	0.1429	1	0.7143	0.8	0.4951	0.2004	0.1254	0.6667	0.6667	51.91	10
中国建设银行	0.4286	0.5	0	0.6	0.0123	0.4149	0.4761	0	0.5	36.33	16
交通银行	0.8571	0.3333	0.5714	0.4	0.4089	0	1	0.5	0.6667	61.41	7
浦发银行	0.7143	0.5	0.8571	0.6	0.101	0.7889	0.2282	0.8333	0.8333	74.68	1
深圳发展银行	0.8571	0	0.7143	0	0.0345	0.5491	0	0.6667	1	63.39	5
民生银行	0.8571	0.5	1	0.4	1	0.7098	0.0831	0.5	0.6667	59.52	8
中国农业银行	0.4286	0.6667	0.1429	1	0.0123	0.8324	0.1338	0.3333	0.8333	37.02	15
兴业银行	1	0.3333	1	0.8	0.3842	0.49	0.6014	1	0.5	68.09	2
中信银行	0.8571	1	1	0.4	0.1133	0.7303	0.1944	0.3333	0	66.68	3
中国银行	0	0.8333	0.1429	0.6	0.0456	0.438	0.6197	0.5	0.6667	40.69	14
招商银行	0.7143	0.6667	0	0.8	0.0135	0.7784	0.4662	0.1667	1	52.82	9
南京银行	0.5714	0.6667	0.4286	0.6	0.1404	0.9111	0.0662	0.1667	0.6667	50.20	11
宁波银行	0.7143	0.5	0.5714	0.6	0.335	0	0.6563	0.8333	0.8333	62.47	6
北京银行	0.7143	0.5	0.8571	0.4	0.069	0.8210	0.4845	0.6667	1	64.24	4

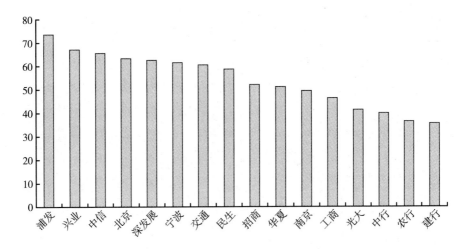

图2　我国16家上市商业银行社会责任评价排名

为衡量商业银行业在社会责任不同维度的评价情况，本文引入了平均相对得分率的概念，即用某指标的平均分值除以该指标在组合权重中所占的比重分值，其中，S指平均相对得分率，代表第i家商业银行的第j个指标的取值，代表第j个指标的组合权重。平均相对得分率越高，意味着商业银行在这一社会责任的评价维度表现越好；平均相对得分率越低，则在这一评价维度表现越差。以表8中的应用举例：

表8　平均相对得分率的应用举例

一级指标权重	二级指标权重	二级指标平均得分
	0.1	0.7
0.6	0.2	0.9
	0.3	0.8

经过计算，上市商业银行社会责任各评价维度的平均相对得分率按照得分高低顺序依次为：社会责任管理（0.6091）、劳工权益（0.5842）、商业道德（0.569）、环境保护（0.4491）、公益慈善（0.3777）。这说明商业银行业在社会责任管理机制建设、劳工权益保护方面做得较好，在公益慈善方面做得最差。这表明商业银行随着近年来经营业绩的提升不断改善了员工的工资报酬、工作环境等，社会责任制度建设也取得了长足的进步，但对慈善公益、环境保

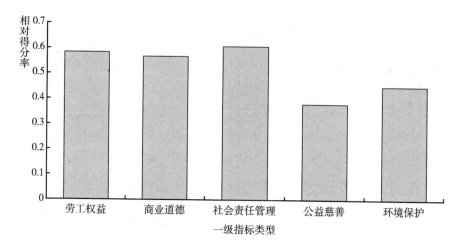

图3　商业银行一级指标的平均相对得分率

护依然非常忽视，没有协调好社会效益、经济效益、环境效益三者之间的关系。

3. 上市商业银行社会责任表现的分类评价

从银行类别来看，股份制商业银行（平均分为59.9）好于城市商业银行（58.97），城市商业银行好于国有商业银行（平均分为44.52）。其中，三家股份制商业银行浦发银行、兴业银行、中信银行位列前三名。浦东发展银行全面梳理社会责任战略，将企业社会责任作为浦发银行文化、品牌以及核心竞争优势的有机组成部分，贯彻"绿色、幸福、责任"的理念，尊重利益相关者的诉求，依托专业金融优势，形成了具有浦发特色的责任竞争力。兴业银行遵循"社会责任与可持续金融"的核心理念与价值导向，着力构建环境与社会风险管理机制，成为国内首家赤道银行，并在贯彻社会责任的过程中，协调好利益相关者，积极探寻新的商机，创新业务蓝海。中信银行在整体发展战略中引入了企业社会责任的理念，针对不同的利益相关者制定了细分的使命价值，积极打造"绿色银行、人文银行、爱心银行、诚信银行、价值银行、品牌银行"，实现了经济效益、社会效益和环境效益的共同发展。

与此同时，国有商业银行的社会责任表现却差强人意，中国建设银行、中国农业银行、中国银行、中国工商银行位居后四名。一方面，国有商业银行历史遗留问题较多，如内退人员、转业人员、编外人员等纷繁复杂的员工结构，在工资发放、健康安全保障、歧视与强迫劳动等员工基本权益方面引起了较多的纠纷；另一方面，国有商业银行改制上市以后，迫于经营压力，往往片面追求经济利益最大化，忽视了环境保护、慈善公益等社会责任，如投放巨额信贷到"两高"行业，造成了一定的恶劣影响。

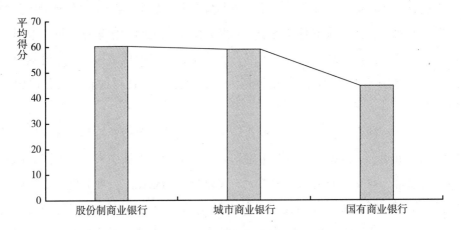

图4　不同类型商业银行的平均得分

四　我国商业银行社会责任存在的问题及管理对策

（一）我国商业银行社会责任现存的问题

通过比较研究，我们发现近年来商业银行虽然在银监会以及社会舆论的督促下逐步改善了自身的社会责任表现，但目前仍然存在着一些不容忽视的问题，制约着商业银行社会责任管理水平的提升。具体而言，主要表现在以下几个方面。

第一，侵犯劳工基本权益的现象仍然存在。在维护员工权益方面，中国工商银行、中国建设银行、民生银行、中国农业银行等10家商业银行存在歧视、强迫加班、克扣工资及津贴，甚至由于工作压力过大导致员工自杀的现象，特别是针对派遣制员工没有认真遵守SA8000标准的内容，严重侵犯了劳工的基本权益。同时，个别商业银行一味延长劳动时间，导致超强度的工作压力，并

对员工健康、安全造成了严重损害。这说明商业银行未能全面营造和谐的劳动关系，也没有树立起"以人为本"的社会责任管理理念。

第二，履行社会责任的长效机制有待完善。目前，很多商业银行都存在短视行为，并没有充分重视社会责任管理水平的提高，具体表现为社会责任管理机构缺失、社会责任目标不够具体、企业规章制度缺失，等等。在编制社会责任报告方面，也往往偏重对经济指标和经营情况的说明，像华夏银行、中国银行就没有将社会责任理念认真融入到发展战略、公司治理结构、业务流程等方面，而且往往将"事业留人、待遇留人、感情留人"这样的企业文化停留在口头上。

第三，对社会慈善等公益事业比较冷淡。虽然一些商业银行参与到扶危济贫、灾后重建、定点扶贫、普及金融知识、推动社区发展中来，但不同的商业银行对慈善公益支持力度的差别很大。仅以慈善捐款比率一项为例，占比最高的民生银行（0.85%）与占比最低的中国工商银行（0.038%）即相差22倍之多。此外，我国商业银行对慈善公益社会事业的支持，无论是参与的广度还是深度，都远远落后于其他企业或组织，更与银行业攫取的暴利不相适应，显示出其对社会公益事业的漠然态度。

第四，片面追求经济利益，忽视环保责任。尽管商业银行在绿色信贷、环境保护制度建设等方面取得了长远的进步，但在巨大的商业利益面前，还是将大量的信贷资源投放到了"两高"行业，对环境保护造成了负面影响。如中国工商银行、中国建设银行、中国农业银行、招商银行等多家银行在紫金矿业的汀江污染事件中提供了融资支持；而深圳发展银行、民生银行的贷款总额中仅有0.25%、0.72%符合绿色信贷的要求，可见一些商业银行还没有真正重视起环境保护方面的责任。

第五，信息披露主观性强，不够规范统一。尽管近年来上市商业银行在银监会的要求下连续公布社会责任报告，但由于没有配套的信息披露制度，导致商业银行没有统一的标准来公布社会责任信息，如有的商业银行是按照银监会的《中国银行业金融机构企业社会责任指引》的要求公布，有的则是按照国际上比较流行的ISO26000或是赤道原则来公布。因为商业银行在编制报告过程中信息披露的随意性较大，往往选择对自身有利的指标和数据予以公布，而对负面消息则经常回避，这不利于对银行业的社会责任表现进行客观、公正的评价。

（二）加强商业银行社会责任管理的对策与建议

本文选取了16家上市商业银行作为研究对象，对其社会责任的履行情况进行了系统、全面的综合评价，并从商业银行自身、监管部门、立法机构、行业协会等不同角度提出了完善社会责任管理的对策建议。

一是商业银行应牢固树立履行社会责任的意识。商业银行要将社会责任纳入企业文化、发展战略、公司治理、组织架构的方方面面，切实塑造"以人为本"的企业文化，不断强化社会责任管理的意识。首先，要认真界定"三会一层"在社会责任建设中的分工与职责，在组织架构和公司治理机制上突出社会责任管理，逐步健全专门的社会责任治理机构，如社会责任委员会、社会责任工作领导小组、企业文化部等。其次，要自上而下加强员工的日常培训，及时传播社会责任理念，持续提高社会责任管理水平。最后，要严把商业银行的业务流程，加强社会责任的过程管理，可以通过完善绿色信贷的审核机制，减少对高耗能、高污染行业的信贷支持，并在生产经营活动中引导客户重视环境保护。

二是监管部门要不断加强监督管理和政策引导。各级监管部门要进一步规范、细化社会责任的信息披露制度，指导商业银行按照统一的标准编制社会责任报告，及时、准确地向利益相关者公布重大信息，并要求聘请独立的第三方机构进行企业社会责任鉴定与审计，从而形成有效的外部监督。同时，要努力营造商业银行公平的竞争环境，通过综合运用税收调节与政策引导等手段，减轻商业银行由于承担社会责任所带来的经营业绩压力，努力调动其提高社会责任管理水平的积极性。

三是立法机构要加快完善社会责任相关法律法规。第一，要加快研究和制定《企业社会责任法》，以法律的形式详细规定商业银行履行社会责任的内容、评价标准、奖惩机制等。第二，要在现有的《劳动法》《合同法》《商业银行法》《环境保护法》《公司法》《税法》以及即将出台的《公益慈善法》等法律框架内，加强对商业银行履行社会责任的制度性约束。第三，要引导商

业银行树立合法合规的意识，保证日常经营活动的连续性，尽量减少经营风险所带来的不确定性，推进社会责任的法制化、规范化管理。

四是行业协会要推广商业银行社会责任评价机制。银行业协会要结合我国国情与行业特点，并综合考虑 SA8000、ISO26000、赤道原则、《中国银行业金融机构企业社会责任指引》和《深圳证券交易所上市公司社会责任指引》等国内外标准，逐步建立、完善和推广社会责任的评价指标体系。对在劳工权益、商业道德、社会责任管理长效机制、公益慈善、环境保护等方面取得突出成绩的商业银行要进行鼓励和扶持。同时，要针对全体商业银行进行定期的社会责任评价，并将最终结果公布于众。

总之，本文从商业银行社会责任管理的现状出发，通过文献研究、实证分析、应用举例，主要取得了下面的研究结论：一是在回顾国内外文献研究的基础上，结合我国商业银行业的特点，总结归纳了企业社会责任的标准。二是综合考虑国内外相关标准，设计了一套完整的社会责任评价指标体系，并运用层次分析法计算出了社会责任评价指标的权重。三是利用公开披露的信息资料对16 家上市商业银行的社会责任表现进行了评价分析，并得到了上市商业银行社会责任的排名。四是在应用指标体系对商业银行的社会责任履行情况进行评价的过程中，也遇到了一些问题，如信息披露的随意性、样本数据的真实性等。同时，本文针对这些问题提出了相应的对策与建议。

参考文献

［1］H. R. Bowen, *Social Responsibilities of the Businessman*, New York：Harper & Row, 1953：35 - 37.

［2］Plaine J. Daniel, The OECD Guidelines for Multinational Enterprises, *International Lawyer*, 1977（2）：339.

［3］A. B. Carroll, A Three-Dimensional Conceptual Model of Corporate Performance. *The Academy of Management Review*, 1979（4）：497 - 505.

［4］R. E. Freeman, *Strategic Management：A Stakeholder Approach*. Boston：Pitman, 1984：73 - 74.

［5］Commission of the European Communities. Green Paper：*Promoting a European Framework for Corporate Social Responsibility.* Brussels：EU Commission，2001：73 - 82.

［6］Kofi Annan，UN Global Compact . Switzerland：World Economic Forum in Davos，1999.

［7］Stephen P. Robbins and Mary Coulter. *Management*（*7th Edition*）. Prentice Hall，2004：215.

［8］Joseph K. Achua，Corporate Social Responsibilityin Nigerian Banking System，*Society and Business Review*，2008（1）：59 - 71.

［9］Jeremy Galbreath，Building Corporate Socialresponsibility into Strategy，*European Business Review*，2009（2）：109 - 128.

［10］Samuel O. Idowu，An Exploratory Study of the Historicallandscape of Corporate Social Responsibilityin the UK ，*Corporate Governance*，2011（2）：149 - 160.

［11］Diogo Hildebrand and Sankar Sen. Corporate Social Responsibility：A Corporate Marketing Perspective ，*European Journal of Marketing*，2011（9）：1353 - 1365.

［12］Oana Pop，George Christopher Dina，Catalin Martin. Promoting the Corporate Social Responsibility for a Green Economyand Innovative Jobs，*Procedia Social and Behavioral Sciences*，2011（3）：1020 - 1024.

［13］World Economic Forum，Global Corporate Citizenship：The Leadership Challenge for CEOsandBoards，http：//www. weforum. org/corporatecitizenship.

［14］International Organization for Standardization. ISO 26000 - Social responsibility，http：//www. iso. org/iso/social_ responsibility.

［15］吴鹤松、陈义方等：《SA8000 社会责任标准认证解读》，中国商务出版社，2004。

［16］〔美〕斯蒂芬·P. 罗宾斯、玛丽·库尔特著《管理学》（第七版），孙健敏译，中国人民大学出版社，2004。

［17］刘凤军、李敬强、李辉：《企业社会责任与品牌影响力关系的实证研究》，《中国软科学》2012 年第 1 期。

［18］孔凡河：《缺失与重塑：金融危机背景下企业社会责任的反思》，《未来与发展》2009 年第 7 期。

［19］张兆国、梁志钢、尹开国：《利益相关者视角下企业社会责任问题研究》，《中国软科学》2012 年第 2 期。

［20］中国银行业协会：《中国银行业金融机构企业社会责任指引》，http：//www. china-cba. net/bencandy. php? fid = 44&id = 6901。

B.10

中国民营企业社会责任调查报告

杨宗岳*

摘　要：

本报告主要介绍2011～2012年国内民营企业社会责任案例，并对其进行了调查、整理，将最新的民营企业社会责任实例与公众一起分享和思考，旨在与社会各界一起检阅中国民营企业社会责任行动成果，思考其中的得与失，以此来增强我国民营企业对企业社会责任的认知，促进公众对民营企业的了解，改变部分守旧者对私有经济的偏见和误识。在对待私有制和民营企业的发展与意义上，越来越多的民众能够达成共识，共同促进民营企业的长足发展。同时，号召更多的民众和媒体增加对民营企业履行社会责任的关注度，用外部压力推动民营企业的社会责任履行和企业社会责任体系构建，改善企业社会责任报告"只报喜不报忧"的局面，快速推动中国经济融入全球一体化，为构建公民社会奉献力量，为实现伟大中国梦而合力前行。

关键词：

员工保护　消费者权益　慈善责任　反商业贿赂　社区服务责任

随着中共十八大的召开，在新一届决策层的执政理念和当前的政治经济环境下，我国的民营经济也发生着润物无声的变化。处于转型期的中国，一个个变幻的政治经济节奏让民众的神经搏动不已。在这样的环境下，民营企业家们敏感地做出各种应对的招数，企业社会责任的大旗，在这些已经积累了一定特

---

* 杨宗岳，男，河南人，北京大学民营经济研究院"中国家族企业传承模式课题组"副组长；德国德累斯顿工业大学理学硕士。研究方向：公共管理、民营经济、家族企业治理、企业文化。

殊经验的群体中，依然屹立不倒，并变换着各种姿态，耐人寻味。不管如何，我们的民营企业家在承担社会责任方面，愈加庞大、理性和成熟。但在不断出现的新的市场经济模式中，也会让一部分民营企业家迷失，迷失于社会责任，直至失去自我。我们的市场研究者和民营企业家们，要洞若观火，以过去和现在的事实预测将来，让社会责任这面大旗在每一个企业家的心中飘扬，扬起百年基业，然后生生不息。这是人类的使命，也是每一个国家、每一个民营企业和每一个群体领袖的使命。

民营企业作为改革开放以来一支飞速发展的力量，为我国社会、经济的发展和人民生活水平的提高做出了巨大贡献。但在很长一段时间内，"民营企业"这个概念并不被执政党和政府最高层接纳，直到2013年3月十二届人大一次会议上，李克强当选为新一届政府总理，"民营企业"这个概念才从决策最高层中发出。在当选总理后的第一次记者招待会上，李克强就提到了"民营企业"，他说"不论是怎样的财富创造者，是国企、民企、还是个体经营者，只要靠诚信公平竞争，都可以获得应有的成功"。① 这是执政党决策层首次正面提出"民企"（民营企业）的概念，这是一个进步，表明了决策层对民营企业的认知是不断深入的。

随着民营企业实力的增强，众多民营企业，特别是大中型企业积极参与公益事业的活动日益增多，社会责任意识明显增强。特别是最近两年，越来越多的民营企业、家族企业积极参与企业公民建设和实践，例如河南省工商联于2011年8月成立了"河南省民营企业社会责任促进中心"，在中心的大力推动下，2012年8月，《河南日报》发布了国内首份省级民营企业社会责任报告——《2011年河南省民营企业社会责任调查报告》，2013年1月举办"河南省首届民营企业社会责任高峰论坛暨2012河南企业社会责任榜发布活动"。② 由此可见，民营企业社会责任问题已经引起了越来越多人的重视。但是，目前我国民营企业的发展还处于初级阶段，受历史和现实制度环境影响，我国民营企业在社会责任履行的范围和程度上还不够深入，多数停留于表层要

---

① 资料来源：《中国新任总理李克强答记者问实录》，网易财经频道，2013年3月17日。
② 许长江：《河南首次举办民企社会责任论坛》，《中华工商时报》2013年1月17日。

求，忽略保障员工、回报社区等社会责任的义务，缺乏履行社会责任的内外部制度保障，没有完全将社会责任内化为企业的文化，没有把企业的发展战略和企业传承与履行社会责任有机结合起来。另外，由于民营企业家队伍内部构成复杂，素质参差不齐，部分企业急功近利、制假贩假、不讲诚信、克扣员工工资、参与商业贿赂等现象还大量存在。当然，对于这其中的很多问题，我们的执政部门也负有相当的责任，在大量的"权力寻租"之下，民营企业的生存空间相当狭窄，既得利益群体不断挤压民营企业，导致民营企业面对社会责任，心有余而力不足。还有企业家在深入感知社会责任之后，竟是甘做公共领域的"局外人"，挂起了"莫谈国事"的牌子。所以，这不仅是一个民营企业担当社会责任的表象问题，其背后是一个关乎全局的改革攻坚大任。这是中共十八大之后，全民族面临的一个重大的问题，面对这场改革大任，唯有壮士断腕的决心，才有中国梦的成真，也才会迎来包括企业公民建设在内的公民社会的全面建设时代。

一 民营企业履行员工保护责任调查

（一）民营企业员工保护实例回顾

2013 年初，由零点研究咨询集团等机构发布的一份名为《中国企业员工福利保障指数调研报告》的白皮书显示，按照福利保障指数排序，各类型所有制企业由高至低的顺序为：外商独资、合资、股份制企业/上市公司、国企、港澳台资企业、民营企业。[①] 一时间，人们对民营企业的员工权益保护议论纷纷。2012 年初，普茨迈斯特被三一重工收购，由于三一重工方面没有对其中国籍员工的去留表示明确意见，担心失去工作的数百名员工前往上海市松江区政府进行集会抗议。

三一重工出现这样的问题，虽然和全球经济环境低迷，众多民营企业面临内忧外患的严峻局面有关，然而，困顿时候恰恰也是见证企业凝聚力的时刻。

---

① 《中国企业员工福利刚达"基础水平"民企拖后腿》，《广州日报》2013 年 2 月 18 日。

与此同时，在我国民营企业的先行之地——浙江宁波，那里的民营企业家们，则显得尤为成熟和具有远见。宁波的民营企业家们在30多年的奋斗中发现，坚持以人为本，与员工同呼吸共命运，是企业壮大前行的最重要的推力。

宁波奥克斯以其卓越的业绩跻身中国500强企业，"三星"和"奥克斯"皆是其名下的中国名牌，奥克斯的人性化关怀，让2万多名员工的幸福感和就业安全感大大提升。奥克斯的全员培训工作一直在有条不紊地进行着，在为员工提供职业生涯规划的同时不忘把员工的生活放在心上。40多辆免费班车为住在市区的员工提供了方便；非本地员工也住上了电器设备齐全的员工宿舍；在春节期间，企业还组织车辆送外地员工返乡过年；"金点子"工程等益智类活动成为员工和企业共同成长的平台；员工子女入学难、看病难等问题也被企业一一解决，在这里，员工感受到"家"的温暖。广博集团，创建于1992年，员工达7000多名，产业涉及轻工文具、新型材料电子、投资、贸易等。企业迅猛发展的同时员工也明白了工作的意义，找到了未来要努力的方向；员工维权中心、绿色信箱的设立，激发了员工的主人翁精神；集团看重每个员工的职业规划，与浙江工商职业技术学院等多家院校达成合作协议，建立了一整套加强一线员工培训、技能提升、学历进修的项目，实现了员工与企业的共同成长。与此同时，企业还租用车辆送外地员工与家人团聚过春节，出台职工"回乡创业计划"，设立"广博奖学金"，成立职工互助储金会，开展希望工程，发展慈善事业，为员工谋福利、谋发展，得到了员工的一致好评。

20世纪90年代中期，大多数玻璃小作坊还在靠订单过日子，江花玻璃在这个时候就开始着手品牌建设，走特色发展道路，发展成一家从事玻璃深加工的高新技术企业。江花的招牌功课是"员工的幸福温暖学"。在这里，员工的工作服、午餐、集体住宿、返乡车票都是免费的。几年前，外地员工孙某因车祸导致截肢，在整个就医、法院判决、申请赔偿的过程中，江花玻璃企业一直陪伴在他身边，让他感受到了企业的温暖，这件事情使员工感受到了公司的诚意与关怀。集团的劳动合同签订率、职工社保参保率、工资足额按时发放率、劳动保护覆盖率、加班工资支付率均为100%；集团里的劳动争议、重大伤亡事故和职业病均未发生过。

十余年的发展让宁波雪龙集团从一家濒临倒闭的镇办小厂转制成长为中国最大的汽车散热风扇生产基地。"再先进的生产工艺也离不开人的力量。"这是董事长贺财霖常常挂在嘴边的一句话。"以人为本"这四个字在雪龙集团体现得淋漓尽致;公司为每个员工购买五险一金,从制度上保证员工工资收入保持逐年合理增长。职工宿舍、厂房人性化、员工班车、员工旅游与体检,这些都由企业为员工埋单。与此同时,企业还不断推出人性化福利,如购车补贴、子女入学补助等。积极创建"学习型企业",每年提供百万元作为员工培训经费,有合理的晋升制度和优秀员工评选机制,全体员工的工作热情与激情被极大地调动。飞速发展的雪龙集团一直秉承"人才是最大生产力"的理念并用事实验证了和谐劳资关系的巨大能量。浙江宁波地区的民营企业家们,经历了中国民营经济从无到有、从小到大、从弱到强的各个阶段,一幕幕盛衰浮沉,让宁波的民营企业家愈加认识到履行社会责任的重要性,使他们认识到员工才是最重要的财富。而陕西贝斯特企业集团在员工保护方面则偏重发挥企业工会的作用,为民营企业员工权益保护机制开辟了新的路径。

有了劳动争议调解委员会和女工委员会,员工就可以在此维护自己的权益了。集团公司工会成立后,一个基本的任务就是维护员工合法权益,行使民主监督权,保障员工工资按时足额发放,公司规定每月10号发工资,但有的时候会出现10号是星期天的情况,按大多数公司的做法,顺延一天是很正常的,但工会提出,要按时发放,所以遇到10号是星期天的情况,公司财务人员就要加班,保证让员工能及时拿到工资。

2012年初,一名员工被莫名地辞退,该员工希望工会能还原真相,为自己申诉。经工会劳动争议调解委员会的调查,委员会认为对该员工的处理是错误的决定,为该员工据理力争,使一名本不该辞退的员工又重新回到了工作岗位。集团工会明确规定,以后辞退员工必须由工会委员会与其谈话,使员工的合法权益在集团公司得到充分的体现和保护。

集团公司在遇到重大问题和重大决策时,通过各种形式,征求集团工会和各级工作委员会的意见,实行民主管理制度。这几年中,凡是遇到较大的项目开发或对企业发展有较大影响的决策时,公司能够通过工会征求各个层面员工的意见,使公司避免和减少重大决策的失误。同时,工会组织员工长期开展

"我为企业献一策"活动，广泛征集合理化建议，并对采用的建议给予奖励，也使诸多平时领导没有考虑，甚至忽略的问题得以解决。以前，贝斯特员工的工资整体待遇偏低，工会成立之前无人问津，随着企业的发展壮大，工会成立后意识到提升员工工资势在必行，于是工会直接向集团高层领导提出工资改革要求，制定新的工资方案，以充分维护广大员工的权益，没想到工会出师告捷，此举得到集团高层领导的全力支持，将此项工作很快安排落实下去。最终在工会的努力下，在公司领导的支持下，集团公司新的工资制度出台了，即"三级九等"工资执行标准。它将员工工资细划为三个等级、九个标准，根据个人表现同工不同酬，在基本工资的基础上实行岗位工资、职务工资、工龄工资以及效益工资相结合。完全贯彻按劳取酬、绩效控制、合理公正、多劳多得。与此同时，工会还为广大员工争取到很好的福利待遇、社会失业保险、社会养老保险、医疗保险、住房公积金等，它将逐步在集团得以推行和实施。

工会不仅在集团公司开展工作时起监督作用，同时，工会也为丰富员工的业余生活而争取。工会通过申请资金，为员工建立健身房、活动室、员工培训教室、员工之家，员工可利用业余时间锻炼身体，提高身体素质，坐在一起交谈，加强沟通，互相促进。办好员工之家促使员工热衷于事业，密切了两者之间关系，充分调动了员工的工作热情。除此之外，工会还注重和加强对员工的思想教育，努力提高员工整体素质和个人综合素质，拿出一定数额的资金，集团承担拿到学历证书的员工学习期间的一切费用，鼓励员工进修和自学，挑选员工参加有关专业培训学习，还利用集团公司现有专业人员较集中的特点，定期进行各种专业培训。企业对集团公司工会工作也给予了有力支持，按月拨付工会经费，工会也制定了会员会费标准，按月及时收取汇总，按规定比例上缴，从不拖欠。集团工会及分会、各工会工委均设有办公室，配备了专职工作人员或兼职专干。所有这些都保证了工会可以高效独立地开展工作。

（二）民营企业员工保护的思考和政策建议

调查结果显示，我国民营企业的职工权益保护做得还不够好，存在职工平

均工资较低、企业用工不规范、职工的休息休假权未能切实执行、职工加班未拿到法定补偿、职工社会保险参保率较低、企业的劳动安全设施不到位、企业职工无地位、归属感下降和劳动争议协调机制不健全等问题。要维护职工的权益，就需要循序渐进，切实有效开展工作。

第一，要完善民营企业的结构建设，使董事会、监事会的作用体现在上上下下，在加强管理、实行民主决策、维护职工合法权益、调解劳动关系、调动职工积极性、促进企业发展改革、稳定等方面发挥重要作用。

第二，要健全职业工会干事制度。一直以来，工会都不被企业所重视，工作也被人视作"闲职"，主要负责企业职工的福利工作与文体活动等无关企业发展大计的事务。新世纪的民营企业工会队伍需要专业化的人才，这就要求企业要设立职业工会干事制度，在该制度下，企业要建立一支职业工会干事队伍，组成人员要具备法律常识，要根据法律来切实维护工人的合法权益。

第三，要发挥员工权益保护组织的作用。企业工会的主导仍是企业自身，只有不依附于企业的社会组织，才可能发挥更大的作用，我们期待着有越来越多的有志之士，加入到民营企业员工维权的社会组织活动中来，而政府层面要有信心和宽容度，做好引导疏通工作，在遵纪守法和遵从道德的前提下，放手让相关社会组织活跃起来，更好地维护员工权益。

二 民营企业履行消费者权益保护责任调查

（一）民营企业消费者权益保护实例回顾

最近，国家工商总局公布了9类典型网络商品交易违法行为，将返利网作为典型，称其利用格式合同做出对消费者不公平、不合理的规定。由上海中彦信息科技有限公司建立的返利网属于"第三方返利导购平台"，引导消费者到与当事人有合作关系的电商处购买商品，交易成功后，商家向返利网支付一定比率的佣金，佣金中的一部分以返利形式返还给消费者，一部分佣金作为公司经营收入。消费返利看似诱人，但消费者要享受"返利网"的导购返利服务必须与当事人签订《返利网用户使用协议》，这其中大有玄机。工商部门在调查后发现，在协议中返利网存在利用格式条款免除对提供的商品或者服务依法应当承担保证责任的行为，以及利用格式条款免除因违约依法应当承担的违约责任的行为。

2012 年初，北京市民刘先生在京东商城为儿子购买奶粉，所有网购程序结束后，刘先生发现奶粉型号定错了，随即就取消了订单。到了第二天上午，京东客服打电话告知刘先生货已发出，订单无法取消，解决的办法只能是等收到货物之后再退换，但必须支付 100 元配送费。可刘先生在网络上查询到的是该订单货物并没有发出。下午，刘先生收到奶粉的时候，订单的状态依旧是"未发货"。整个购物过程让刘先生感觉十分不愉快，当初选择京东，看重的就是品牌实力，购买的就是放心和省心，让他觉得诧异和失望的是，在京东商城购买的货物并未提供相应的服务。网络显示"货未发出"，可自己已收到货物，需要调换，还需支付 100 元的调换费，这些霸王条款采用的是什么标准？该事一经曝光，消费者纷纷吐槽"京东遭遇"，像刘先生这样遭遇霸王条款的消费者还有很多，消费者权益屡屡受到侵害，且投诉无门。人们不禁质疑，京东退货货物的配送费用，采用的是什么标准？

（二）民营企业消费者权益保护思考与政策建议

近年来，电子商务的普及，为人们提供了另外一种商业买卖方式，自电商发展以来，在网络上购买、支付的人们越来越多。每产生一种新生事物，与此同时产生的就是它的"负影响"，如何在电子商务中保护消费者权益这个问题成为人们普遍关注的话题。

那么，如何对电子商务中消费者的权益进行保护呢？

首先，政府应该切实担负起行政监管的职责，采取多种手段，运用各种措施来建立一个专门监督网络销售者，同时接受广大消费者投诉的网络监管体系。该体系坚持行政监督和司法救济相结合、国内规范和国际合作相结合的原则，对网络交易行为的监管实现动态化，从而形成一个多部门联动且管理权限分级的综合体系。公证制度被认为是预防争议以及解决争议的有效手段之一。成立网络公证机关，建立网络公证制度，对进行网络购物的消费者提供网络公

证服务，保存网络交易证据，预防网络交易纠纷，从而有力地保障消费者的合法权益。由于我国现阶段特殊的政治经济环境，诸多消费者权益的保护问题无法完全依赖政府和市场来解决，社会组织将会是及时有效的补充。

其次，行业协会在保护消费者权益方面可以发挥更大的作用。目前的行业协会与企业联系比较紧密，但与消费者的沟通渠道还很狭小，当消费者权益受到侵害的时候，很多消费者无法与行业协会进行沟通。行业协会是行业标准的制定者和企业社会责任履行的推动者，但行业协会必须加强与消费者的沟通，否则，行业协会的公信力将失去基础，只有不断加强行业协会与消费者的沟通，才能从根本上保护行业内企业的利益，也能保护消费者的利益和社会公共利益。

最后，除行业协会之外的其他专业社会组织也可以发挥消费者权益保护的作用。特别是在互联网时代，更多的社会组织、微公益团体利用互联网平台，高效地维护了公民权利，这些社会组织和公益平台也将是消费者权益保护的主要力量。但当前我国的社会组织环境，还有很多改革的空间和阻力，社会组织只有摆脱了更多的既得利益集团身影和官方色彩，彻底与行政机关脱钩，才能够更好地维护消费者权益。

三 民营企业公益慈善责任履行调查

（一）民营企业公益慈善责任履行实例回顾

2013年初，中国社会科学院社会政策研究中心发布"慈善蓝皮书"。书中指出，传统的企业慈善行为已经发生转变；根据统计，2012年进行大额捐赠的178家企业或者企业家中，有149家民营、港澳台资和侨资企业，有19家国有企业，有5家外资企业，另外5家为联合捐赠。无论是数量上，还是金额上，民营企业都有"绝对优势"。蓝皮书指出，随着企业社会责任和战略慈善等概念的提出，企业慈善行为变得更加强调社会与企业双赢，发展出捐"平台"、捐"智力"、捐"技术"和公益创投等多元化捐赠形式。

捐"平台"：新浪微公益。2012年2月新浪微公益平台正式上线并投入运营。其滚雪球式的快速成长，充分展示了以微博为代表的社会化媒体与微公益互相扶持的新兴模式。公益平台投入运营的十个月里，有近 10 万网友直接通过该平台进行捐赠，累计发起 2000 多个项目，劝募善款 1600 多万元；超过 6000 名的求助者都是这个平台的受益者。

捐"智力"：IBM 智慧城市。IBM 于 2008 年 11 月提出"智慧的地球"理念，并于 2009 年起通过实际行动将这一理念付诸实践。IBM 的智慧城市项目不是将某个特殊人群视为捐赠对象，而是用其先进的技术和完善的解决方案来帮助政府优化城市环境，提升市民和游客的生活质量。

捐"技术"：李锦记推出了一项旨在帮助寒门青年学厨圆梦的长期公益计划——"李锦记希望厨师项目"。该项目采用授人以渔的方式不断参与其中。李锦记依靠自身在餐饮产业方面的资源优势，以捐"机会"、捐"技术"的方式，为贫困青年提供了一条改变命运的道路。

公益创投：联想公益创投。公益创投为初创期和中小型的公益组织提供创业及发展资金，提供管理和技术上的支持，帮助其发展成为可复制的、高效率的社会组织。目前国内公益创投仍在探索阶段，南都基金会、联想等作为该领域的先驱者，正在探索一条适合中国的公益创投道路。

也是在 2013 年初，浙江省宁波市的"三百"公益活动筹募的资金有千万元之多，这是百家民营企业和百家社会组织"牵手"对接的百个公益项目所筹得的。民营企业参与公益事业的例子不在少数，可这次，方式不同，意义也有所不同，民营企业出资，公益组织做运作，这种优势联合的方式让公益事业运行得更加顺畅，不但使更多人受益，而且也提高了公益组织和民营企业的公信。在宁波，有不少项目是值得长久做下去的，如"送粥奶奶""小候鸟""补胎哥"等，他们不仅弥补了现有社会公共服务的不足，而且还得到了社会的广泛认可。此次"三百"活动的开展，不仅让民营企业的社会责任得到了展示，而且让公益组织也提升了募集资金的能力，获得对接的 108 个公益项目，每个项目所筹集的资金都在 50 万元至 1200 万元不等。虽然宁波市社会组织筹集资金的数量和影响在全国位于前列，但是起步晚、经验少，让这些社会公益组织仍然面临了较大的考验，需要不断有公益实践来检验和提升他们的能力。

（二）民营企业履行慈善公益的思考和政策建议

民营企业履行慈善公益的运转机制与国有企业是有很多区别的，结合最近两年的民营企业履行慈善责任现状，可以从以下几个方面助推民营企业积极履行慈善公益责任。

1. 创新民营企业履行慈善公益方式

从传统的捐款捐物到捐技术、捐平台、捐智力，民营企业和慈善组织应该不断探索创新慈善方式，慈善组织应该在此过程中积极担任沟通角色，将创新的慈善理念落实到各方，积极为捐助方搭建捐助渠道，并保障捐助及时有效地落地。对于创新的捐助方式，慈善组织和捐助方都应该重视捐助落地工作，重视捐助效果，杜绝此种捐助成为"镜中花"和"水中月"。

2. 促进民营企业与非官方社会组织合力慈善

最近几年，大量非官方社会组织和群体进入人们的视野，包括网络慈善救助平台等等，也由于最近几年官方慈善组织的丑闻不断，导致官方慈善组织的公信力每况愈下，于是大量民众转而寻求非官方慈善平台，大多数非官方慈善组织因其较强的透明度得到了不少民众的信任。作为政府相关主管部门，对于这样的社会组织应该采取宽容、信任、支持的态度，只需履行相关监管职能，切莫监管过度。

3. 深入激发民营企业家的慈善情怀

慈善情怀是慈善行为的基础。很多时候，人的爱心也是需要被唤醒和激发的，慈善组织应该加大与民营企业组织、宗教组织的合作力度，举办多种形式的慈善讲座、沙龙、调研、走访等活动，进一步唤醒民营企业家的慈善情怀，让更多的被动慈善转化为主动慈善。

4. 加强慈善活动的透明度和反馈机制

所有慈善组织在协调民营企业举办慈善公益活动的过程中，应坚守"透明"原则，唯有"透明"，才有信任。在捐助之后，应当建立相应的反馈机制，让捐助方及时了解捐助实效，增进对慈善组织的信任度和慈善行为的连续性。

5. 完善慈善基金运营制度

应该进一步完善慈善基金的设立、审批机制，进一步降低相关门槛，让更多中小民营企业、家族企业有更多的慈善权利，让慈善与企业效益、企业文化与家族企业传承更好地统一起来。如此，慈善就可以更好地让民营企业家主动而为，才能更好地兼顾起家庭、集体和国家的利益。

四　民营企业反腐败反商业贿赂责任调查

（一）民营企业反腐败反商业贿赂实例回顾

相关调查显示，2010 年至今，超过 120 位深圳民营企业员工因收受商业贿赂被起诉，其中约六成发生在华为、中兴等大型民企之中。民企防蛀形势不容乐观。在深圳一家大型民企中担任生产部经理的 80 后姜某鹏，由于对多环节供货商提供关照，并以各种理由索要近 150 万元，这些供货商便以次充好、以假乱真，在数量及价格上也做了手脚，姜某鹏最终于 2012 年 8 月被法院以非国家工作人员受贿罪判处有期徒刑 7 年。

这是当前民营企业商业贿赂案的一个典型写照，高职位、高学历、高受贿额、高案发率等已经成为大型民企受贿的几个特点。从目前的发案情况来看，相比于中小民营企业的"腐败"集中在采购等岗位，大型民企收受商业贿赂的人员已涉及部门经理、项目负责人、采购人员、财务人员、工程师、技术支持等，甚至后勤岗位，如车辆管理员、行政管理员、行政监督员也成了案发人员。如深圳一大型民企住宿管理员从协议酒店收取每间客房每天 2.5 元的回扣，半年回扣款就超过 20 万元。大型民企一些员工手中权力很大，拥有的资源也多，很容易成为行贿人员的贿赂目标，由于利益"蛋糕"大，这些员工也愿意为此铤而走险，以期获得更多的经济利益。相比于中小民营企业，大型民企自我清查的能力比较强、力度比较大。近年来，大型民企商业贿赂案之所以比民企多的一个重要原因是因为有些大型企业设有纠察部，对内部员工的腐败问题不能容忍，并费力去调查。

此外，一些民营企业在岗位权限的设置、招投标制度的规范、员工的管理等方面，还存在一定的漏洞。特别是在业务扩张时期，往往注重经济效益，造成了一些员工在权力过大的同时又缺少监督与制约，很容易使他们随波逐流，看见别人收他也收，甚至主动暗示、索取。商业贿赂对民营企业自身发展的伤害是巨大的，不仅虚增了企业的运营成本、侵蚀了利润，还损害了企业的经营环境，制约了企业的发展。企业实现有效防蛀，是加快推动我国经济快速发展的一个重要因素。

当前商业贿赂的另一个重灾区，就是与民众生活紧密相关的医药行业。医药代表本该是制药企业和医院之间传递药品信息的桥梁，可现在，这个桥梁变了味道，医药代表行业的乱象让国内药企与财大气粗的外资交手时被远远甩在后方。"我们的医药代表不得不开始转变销售策略，财力上拼不过，我们就拼感情。之前有位医药代表观察到很多医生在值夜班的时候经常顾不上吃饭，就每天夜里给这些医生送饺子，持续了一个多月。"

若上述方式得不到国家法律法规认可，药企就会考虑举办、赞助学术会议等方式来进行销售，这也是其他国家普遍的做法。医学专家被药企请去做学术、做研究，只要控制在正常范围即可。按道理来讲，药企资助药品研究是正当的，也是应该的，关键问题是要建立透明的制度，接受社会监管部门的监督，要将补贴做到明处。在我国，只有一部分的大型药企有自己专门的医药代表团队，更多的中小药企不具备该实力，他们通常会选择与医药批发商合作，这些批发商有自己专门的医药代表团队可以去进行推销。同时，药品商业公司也"应运而生"，他们与医院合谋，阻挡药品正常进入医院，在这种情况下，药企不得不被商业公司榨取利润，而同时，药企还承担着医生开药的处方费，所以，目前的医药商业贿赂，不仅仅存在于医生与药企中，也扩大到了医药商业公司。整个医药行业的种种"策略"，让专家觉得商业贿赂恐难长久遏制。请医生出席学术会议或者赞助学术研究这种方式也很难变得纯粹，车马费、礼品费等，都不可避免。这种销售模式已经存在许久，盘根错节，一时难以消除。许多医药企业也抱怨净利润太少，毛利虽高，可大都进入了医生和商业医药公司的口袋，与此同时，也促使医生为了拿到更多好处而过度用药、用昂贵的药。过度用药成为我国社会的普遍现象，主要原因正是其可给医生带来极高的回扣。这是我国药品价格形成机制的问题。药品加价率管制政策以及与之配套的药品招标"禁止二次议价"等政策所带来的就是药价虚高、回扣泛滥等问题，这些问题久治不愈，且愈演愈烈，违背了经济规律。除药品价格机制外，"医生黑名单"这一方式也能为商业贿赂解出另一种答案。

（二）民营企业反腐败反商业贿赂的思考与政策建议

有一种观点——"民营企业家也是弱势群体"。这是相对于公权力掌握者而言的。在我们现有政治体制环境下，公共权力集中在各级官员手中，公共资源也多被大大小小的利益集团把控和占有，再加之国有企业的自身强势，此种情形下，民营企业的天生弱小与后天不足，导致它必然参与多种商业贿赂和腐败活动。这个问题从表面上看属于民营企业自身的问题，实则是政治体制的问题。市场经济是目前最具人性的商业活动，唯有真正的市场经济才能让民众富裕，才不会导致财富向极少数人手中集中，才会更大程度地富泽民众，但真正的市场经济必然需要有民主与法治的保障，而我们的社会主义民主，并不是目前最完善的民主方式，所以，我们距离真正的市场经济还有很远，商业贿赂与腐败也只会随这种体制长期共存。因此，在现阶段里，要想更好地解决民营企业商业贿赂和反腐败问题，根本上还是取决于执政党的改革攻略，取决于执政党的反腐决心，不能让腐败分子集团不断深入地用利益去"绑架"民营企业家，更不能依靠手中的公权力去打压不依附既得利益集团的民营企业家，否则，只能加速企业家的离心离德，这将是有愧于良心和历史的。

根据最近几年的民营企业反商业贿赂情况，在具体的操作层面，我们不妨尝试从以下几个方面建立健全反商业贿赂机制。

第一，在反腐败体系和相关机构中开辟专门的"反商业贿赂"部门。开辟专门的"反商业贿赂"渠道，首先充分体现对商业贿赂问题的重视，引起企业和有关权力部门的重视，继而加大反腐机构对商业贿赂的集中治理力度。

第二，建立"反商业贿赂"公示机制。反腐部门可以建立公示机制，建立企业和政府廉洁评价机制并公示，可随时供公众查阅评价指数，由此加大监督力度。现行的行贿犯罪档案查询制度，应该向民营企业铺开，便于企业查询有行贿犯罪记录的投标方、供货商、客户等，并将其列入黑名单。同时，可将收受商业贿赂的犯罪记录作为污点列入个人诚信系统，以便企业在

招聘时查询。

第三，建立和加大民营企业维权组织及其维权力度。在商业贿赂中，有很多是"权力寻租"下的产物。最近两年，民营企业维权组织开始步入人们的视野，但是这些维权组织的维权力度非常有限，特别是这些组织的运营效率还很低下，归根结底是这些组织的权力有限。有关部门可以赋予这些组织更多的自主空间，强化民营企业的法律意识和维权意识，畅通民营企业的维权渠道，保护民营企业和企业家的合法权益，不断净化商业道德氛围和政府与企业之间的关系。

第四，民营企业应完善内部权限设置。企业要在员工管理、招投标程序等制度上加强对员工权力的制约，压缩徇私的空间，对于员工收受商业贿赂的行为，应妥善搜集证据并积极举报，而不应过分容忍。企业员工需增强自身法律意识，明确哪些属于商业贿赂、需要承担什么法律责任等，这也有助于员工在经济交往领域有效地保护自己。

五　民营企业履行社区服务责任调查

（一）民营企业履行社区服务责任实例回顾

荣盛集团是杭州市益农镇的一家民营企业，成立至今，一直致力于当地教育事业发展。2001年，荣盛投资300万元建成了益农镇中心幼儿园。在2002年，荣盛又在益农镇设立了教育奖励基金，用于奖励成绩出色的学生和教育成果显著的教师。从设立至今，该基金已累计发放奖金300多万元，奖励师生2000余人次。2012年，荣盛又出资1000万元支持益农"两中合一"项目的启动。

2012年4月杭州靖江街道的杰牌控股集团在萧山技工学校设立100万元奖学金，并设立了杰牌月度技能大赛，通过技能比武奖励优秀学生。"以奖学金的形式奖励优秀学生，不仅起到捐资助学的效果，还能激发学生的进取心，一举两得。"杰牌控股的一位负责人表示，对一家真正有社会责任感的企业来说，企业规模和经济指标不再是衡量一个企业价值的主要标准。在坚持企业发展的同时，关爱员工、诚信经营、热心社区公益等，才是真正具有社会责任感的企业。

2012年3月，广东省潮州市湘桥区启动优秀民营企业家到村挂职试点工程，选派党员企业家挂任村党组织副书记，非党员企业家挂任村委会主任助理。希望他们发挥各自在发展理念、管理能力、社会资源等方面的优势，帮助农村理清发展思路、制定发展规划，开展村企共建项目，积极兴办公益事业、扶贫济困。在为期一年半的挂职时间里，他们将参与村重大事务的管理决策，但不领取报酬。在桥东街道卧石村挂职村党支部副书记的广东千禧投资有限公司董事长蔡伟群与汕头中医药技工学校合作办学，举办了一个以蔡氏宗亲会子女为主要群体的中药班，希望将他们培养成为我国中医药行业的栋梁之才。只要有合适的人选，公司就会破例招收，并为其承担全部学费，毕业后还提供在企业就职的机会。到意溪镇坪埔村挂职的万丰工业气体有限公司总经理周树辉历来热心社区公益事业，多年来为提升农村居民居住环境投入了大量资金。当他得知坪埔村村道还是条泥土路，给村民的正常生产、生活带来不便时，当即表示愿为该村无偿修建水泥村道，目前，一条投资90多万元的水泥村道已经建成使用。到村挂职后，周树辉还将捐资为坪埔村修缮篮球场，丰富村民的体育文化生活。帮助农村理清发展思路、制定发展规划是此次挂职企业家们的一项重要任务，而实现农村和企业共同发展，是挂职活动的最终目的。城西街道吉街村是位于城市闹区的城中村，村中可用于发展的土地资源已无多少，如何突破发展瓶颈，实现经济转型升级，成为摆在村党组织和村委会面前的一道难题。挂任村委会主任助理的郭森镇（市城西吉街工艺美术彩瓷厂董事长）为村发展开出的"良方"让村干部眼前一亮，思路顿时开阔起来，"村集体拥有枫春市场这一在粤东闻名的批发零售市场，且区域内商铺林立，人货流量大，发展新兴物流行业将是突破现状的一条极好的选择"。郭森镇所在的企业已经抢先一步获得从事物流行业的资格，他表示，如果村集体有需要，将尽自己所能提供进入物流行业的支持。

在河南省南阳市卧龙区，瑞光电气集团是当地政府连年嘉奖的履行社会责任的优秀企业。27年来，这家企业坚持"立足家乡、回报家乡"的理念，积极履行社区服务责任，赢得了社会各界的尊重，企业品牌影响力逐年扩

大。集团在履行社区服务责任方面建立五年规划和年度计划，并设有专人负责，扎实推进服务计划，并及时反馈社区意见，构建起了一个和谐的"瑞光社区"。

在解决就业方面，集团以吸纳社区成员为主，并侧重照顾返乡农民工、复员军人、残障人士和孤寡老人，企业人力资源部门根据这些群体的特点，给予安排相应的岗位。对于社区相关高学历、高技能人才，企业出台了人才引进机制，在工资待遇、福利保障、住房、交通等方面给予优惠与扶持。在扶贫领域，企业每年拿出 10 余万元，用于资助社区内的贫困人口，并优先安排这些群体人员到企业工作，使之掌握一技之长，稳定收入，尽早脱贫致富。

在教育领域，瑞光集团所在社区内共有三所小学、两所中学，集团每年出资十余万元赞助留守儿童、优秀教师和优秀学子，在教育系统举行的各项活动中，企业积极给予场地、资金和物资的支持。

在医疗领域，瑞光集团坚持为社区内孤寡老人提供义务体检服务；坚持组织企业员工义务献血。

在生态环境领域，集团在社区范围内，义务植树 1000 余株，绿化街区 3 万平方米，增设路灯 30 余组，修缮出行道路十余公里，并协助社区建立居民饮用水工程，积极保护水源水质。

在文化体育领域，集团投资 20 余万元，为社区居民修建了"瑞光文化广场"，开辟有篮球场、舞池、戏曲茶座等，并增添了数十组健身器材，极大地丰富了社区居民的文体生活。

（二）民营企业履行社区服务责任的政策建议

通过最近两年的民营企业履行社区服务实例，为了进一步积极推进和谐社区建设，切实提高居民生活质量，有关部门可以从以下几方面予以助推。

1. 建立和完善民营企业家社区挂职制度

各地政府部门应该建立和拓宽民营企业家到社区挂职的制度，选派有群众基础和公共素质的民营企业家到社区挂职，政府部门对此应该给予更多的宽容和支持。

2. 进一步提升民营企业家在社区内的影响力

除了建立完善企业家到社区挂职制度之外，当地政府应该出台相关规定进一步提升社区内民营企业家的影响力，用影响力推动企业家履行社区服务责任，用影响力回报民营企业家。

3. 建立服务于民营企业履行社区责任的专职部门

民营企业的社区服务履行责任需要清晰服务定位，需要不断提高服务项目的专业化，需要不断推进服务信息化建设，也需要在社区内营造企业履行社会责任氛围，更需要在企业履行社会责任的时候，由专职人员协调社区内各方关系。

4. 不断提升民营企业对履行社区服务责任的参与意识

地方政府、工商联组织应该通过举办多种形式的活动，持续不断地向民营企业启蒙和提升企业履行社区服务责任的意识，将企业履行社区服务责任与企业可持续发展和有效传承之间的关系与意义，持续在民营企业家群体中普及，不断提升民营企业履行社区服务责任的主动参与意识。

六 民营企业履行产品质量安全责任调查

（一）民营企业履行产品质量安全责任实例回顾

南阳防爆集团股份有限公司（简称"南防集团"）是中国最大的防爆电机科研生产基地、国家创新型企业、国家机电产品出口基地，是中国电器工业协会防爆电机分会理事长单位，拥有国家认定企业技术中心、博士后科研工作站和国家认可试验室。南防集团始终坚持以顾客为中心，依靠质量赢得市场的发展道路。

企业深入贯彻"用户满意就是我的工作标准"的思想，在全国同行业率先向用户承诺质量保证，按照ISO9001质量管理标准建立产品质量保证体系。将各单位所生产的半成品以及成品与工人绩效工资、质量奖惩、经济责任制挂钩，形成以市场用户为龙头，环环紧扣、层层保证的质量服务链。

深入贯彻"用户第一、信誉至上"的宗旨，全方位满足用户要求。严格

按用户要求进行产品设计，依据用户要求组织生产。制定严于国标、部标的内控标准，实施精细化生产组织。在客户集中区域创建客户服务站，及时、快捷地为用户提供安装、维修、备件配件供应等服务。

南防集团是同行业首家通过 ISO9001 质量管理体系认证的企业，并通过了国标质量管理体系认证。

在组织机构上——应用系统工程、计划控制、并行交叉作业等现代管理方法，建立了协调、高效的组织指挥和调度系统，打破了设计、工艺等部门界限，各个技术环节之间的衔接更加紧密，内部信息的交流也变得快捷，形成了纵横交错、科学合理的技术创新体系。公司每年提取的科研经费占销售收入的 3% 以上，并引进了一系列高精尖设备，提升了科技开发实力。研发产品全部采用计算机优化设计、计算机绘图、计算机监控试验，在行业中率先使用二维CAD、三维 CAD、ERP、PDM 和 OA 系统，有效保证了产品设计的高效与先进。在激励机制上——为员工设置了 6 层 18 级的职业梯，提供不断上升、发展的空间，高级技术人员的待遇甚至可以超过公司领导；研究开发实行项目负责制，员工可以凭借业绩与综合素质通过答辩形式竞争上岗，享受相应的岗位津贴；建立科技创新优秀项目评审奖励制度，项目奖励超过 100 万元/年；设立质量奖励基金，年奖励额 50 万元以上；业绩突出的科技人员还被推荐为省市专业技术拔尖人才、跨世纪学术技术带头人、市劳模等。在创新方式上——公司拥有以中国工程院院士张铁岗为名誉主任的"国家认定企业技术中心"、博士后工作站，始终坚持自主开发与联合开发、引进技术相结合，与中科院、清华大学、浙江大学、西安交通大学、北京科技大学、哈尔滨工业大学等院所保持密切的交流与合作关系。2012 年，南防集团与南车株洲电力机车研究所有限公司成立合资公司，共同研发国内一流、国际先进的电机系统集成产品，希望可以为用户提供完整的系统服务方案。与此同时，河南省防爆电气院士工作站在南防集团设立，由中国工程院院士、株洲所总经理丁荣军担任院士工作站技术专家委员会主任，为合资公司提供强大的技术支持。近年来，公司获得省部级科技进步奖 10 项；参与 1 项国际标准、13 项国家标准、65 项行业标准的制修订工作；获得国家专利 237 项，其中发明专利 20 项，2012 年获得河南省省长质量奖。

雨润集团在创业之初就明确提出"食品工业是道德工业","食品安全是生产企业第一责任"的理念,并踏踏实实地将这一理念融入企业文化,落实于每个角落。企业用健全的规章制度来约束、警示每一个员工:我们所从事的工作关系人民群众的健康和幸福,为他们提供放心满意的产品是雨润人的天职。雨润要求员工恪守职业道德底线,坚持"三不原则",即不接受、不生产、不交付不合格产品;坚持"四不放过",即对产品质量中存在的问题,找不到原因不放过,问题得不到解决不放过,拿不出纠正措施不放过,责任人得不到处理不放过。

为实现食品安全的全过程保障,雨润集团建立了追溯机制,并将此纳入企业长效管理体系。企业为每一批产品建立"户口档案"并存档保存,从原料进厂检验、腌制、杀菌到包装再到出库配发等各个环节的数据都进行记录,任何环节都不容忽视,努力实现食品安全的全程保障。在养殖环节,为降低原料风险,雨润一方面通过建立现代化的养殖基地,提高上游生猪的自给比例;另一方面通过"公司+基地+农户"模式,完成与基地农民的对接,先后建立了良种繁育、畜牧防疫、生产服务、技术培训、保护价收购5大体系,用于保障屠宰业务源头供应的稳定与安全。在流通环节,经过10多年的努力,雨润已构建了覆盖整个中国内地的物流网络体系,拥有5大食品交易平台、40多条专有铁路线、近千辆冷链运输车,实现低温肉品全程冷链运输,从而有效保障了物流环节的食品安全。在销售环节,实施渠道精细化、纵深化发展策略,逐步推进"渠道为王"向"终端为王"转变,不断加大与商超终端零售商、品牌加工企业、连锁餐饮企业的合作。同时,加大了乡村专卖店的建设与投入,目前已拥有5000多家安全可靠的食品销售网点。用高标准和高技术来保证食品的安全。创业之初,企业就率先在行业内制定出《食品安全管理制度》,该制度涵盖生猪屠宰、产品质量管理和产品技术,并逐条落实于生产、销售和管理的各个环节。雨润的执行标准普遍高于国家标准和行业标准,其中冷却肉微生物企业标准高于国家标准100倍,低温肉制品微生物企业标准更是高于国家标准1000倍。为了不断提高产品品质,企业高度重视科技创新,科研经费以年均20%以上的速度递增。同时,企业借力于国内外高校、科研机构,成为全国首家同时拥有"一室两站三中心"的民营企业,从事研发的人

员达 1392 人，拥有博士 12 名，硕士 112 名。依托科研平台，企业在食品关键技术领域取得了上百项专利，先后承担国家"十五""十一五""十二五"科技支撑计划和大部分行业重大科技攻关项目。在国际上，企业除保持与德国肉类研究中心的长期合作外，还与美国肉类协会等保持不定期的科技交流活动，花费巨资从德国、比利时等国引进先进设备，并按照美国农业部和欧盟的标准，建成了当今国际上最先进的无菌生产车间和全自动生产车间，使工艺流程和技术水平始终保持在国际先进水平，为生产高品位产品提供了技术保证。

（二）民营企业履行质量安全责任的政策建议

民营企业的质量安全管理是一项由企业直接操作、需要全社会参与的系统工程，最近两年的实例对我们有了以下几个启发。

1. 加大对小微型民营企业的质量监管工作

调查显示，小微型民营企业的质量安全责任意识低于大中型企业，由于小微型企业起步晚、实力弱，质量安全意识差，质监部门应加大对小微企业的质量监督和安全普及教育工作。

2. 加强对食品、药品企业的质量监管工作

食品、药品与民众生活最息息相关，也是最易引人议论的质量安全责任话题，有关部门应该加大对这些重点领域的监管工作，尽量降低质量安全事故频发的势头。

3. 深入发挥行业协会和社会组织的监管作用

作为第三方的行业协会和社会组织，应该进一步摆脱体制内的身影，真正独立于政府和企业，给企业增加承担质量安全责任的压力，增强企业承担质量安全责任的主动性，打造一个高效的平台与窗口，及时发布质量安全信息，以此促进企业产品质量安全管理建设。

4. 加大媒体监督力度

大众媒体应该积极发挥其监督职能，不论是电视、广播、报纸、杂志，还是网络媒体，应该加大对企业产品质量安全的监管，可以开辟专门的频道和栏目，集中报道质量安全问题，特别是与民众日常生活联系紧密的产品与行业。

七　结论与管理建议

　　民营经济的大发展是民众富足的基础。这是被全世界众多族群所检验了的真理。我们国家目前所存在的种种矛盾，其根源大多即在于此。其实，民营企业履行社会责任的力度根本的推动力还是执政党的改革力度，只要更好地保障每一个公民和每一个民营企业的权益，民营企业就会有更好的觉悟和发展，企业履行社会责任的效率自然就会提升，这是社会发展的必然轨迹。若非如此，我们的市场研究者和民营企业家们，要么远走逃避，要么忍受而心不甘，也有的一不小心竟成了众矢之的、待宰羔羊。但无论如何，我们还是要努力地践行社会责任，因为没有这一点一滴的汇聚，就不会有大改革前进的动力。针对现阶段的情况，除了企业社会责任研究者常谈的各种宏观措施之外，为了更快更好地积极推进民营企业公民建设，有关部门不妨从以下具体层面给予助推。

（一）建立全国性的民营企业社会责任平台

　　可由相关部门组织全国性的民营企业社会责任平台，例如全国工商联等部门。该平台会聚国内各界研究、关注企业社会责任的机构和专家、企业家等，深入开展民营企业社会责任研究、宣传、培训等工作；建立国家级的民营企业社会责任评价体系和权威发布平台，联合、协调各行业协会、媒体、公众、企业社会责任研究机构、社会组织共同推进民营企业履行社会责任，使民营企业社会责任问题引起各方的高度重视，主要使企业能够领会构建企业公民的重大意义，进而引导民营企业的社会责任建设从自由探索到标准规范的转变。

（二）制定出台民营企业社会责任引导性文件

　　针对国有企业履行社会责任，国务院国资委曾于2010年发布《关于中央企业履行社会责任的指导意见》，民营企业的相关指导意见亦可由相关工商业、消费者组织、行业协会、社会组织发出倡议或者引导。例如香港消费者委员会就曾于2005年发布了《良好企业社会责任指引》，鼓励企业更好地履行

社会责任。我国目前有关民营企业履行社会责任的倡议、号召也推出了不少，但其权威性、系统性还很不够。我们希望有更权威的部门出台相关文件，增强民营企业社会责任报告的实质性、权威性、公正性和及时性，建立相关信息的披露目标，出台民营企业社会责任披露标准，纠正企业社会责任报告发布中存在的滥竽充数、不实事求是的乱象，建立良好的制度环境。

总之，我们希望针对民营企业的各种问题，执政党、政府高层和各级部门，以及社会各阶层人士都能够深入统一思想，达成共识。深入领会市场经济的巨大优势，深入领会全球化的巨大前景，深入领会构建公民社会的重大意义，深入体会个人价值与社会价值的关系，也就可以领会民营企业履行社会责任的动力之源与重要现实价值。只要有更多人的关注和讨论，我们的企业公民建设与公民社会建设就一定能够加快它的步伐，念念不忘，必有回响，伟大的民族复兴之梦必定能够成真。

参考文献

［1］邹东涛、王再文、冯梅主编《中国企业公民报告（2009）》，社会科学文献出版社，2009。

［2］王再文、赵杨：《中央企业履行社会责任报告 2010》，中国经济出版社，2010。

［3］全国工商联研究室：《2011 年全国工商联系统优秀调研成果汇编》，2012。

［4］黎友焕：《企业社会责任》，华南理工大学出版社，2010。

［5］林厉军：《企业的社会责任与质量安全》，《中国质量技术监督》2011 年第 10 期。

［5］南方周末报社：《企业社会责任报告》，《南方周末》2011 年 12 月 29 日。

［7］虎岩：《我国企业公民建设的法律思考》，《经济师》2008 年第 3 期。

B.11

社会组织在企业公民建设中的作用研究报告

王玉珍 *

摘　要：

　　在社会治理结构中，企业与社会组织是相互制衡又相互补充的主体。因此，在企业公民建设中，社会组织起着非常重要的作用。本报告在研究中指出，2012 年是我国社会组织蓬勃发展的一年，呈现出以下几个特征：社会组织长足发展，结构得到调整；管理体制"松绑"，发展环境得到优化；政府的重视与支持，使社会组织的主体地位得到重视；社会各界的关注与合作，使社会组织社会参与度得到提高。之后，本报告认为随着社会组织管理体制的"松绑"和中央财政对社会组织开创性的扶持，开创了社会组织与政府协同治理社会公共事务的新局面，为其深入参与企业公民建设创造了良机。具体体现在，社会组织参与企业公民建设的机制多元化；行业性社团成为企业公民践行社会责任的倡导与监督者；非公募基金会成为企业公民践行社会责任的生力军。最后，本报告指出，社会组织的行政化、垄断化，立法滞后和法律粗线条化，自身能力弱、运作不规范等成为制约社会组织在企业公民建设中发挥作用的主要因素，并提出了相应的对策建议。

关键词：

　　社会组织　企业公民建设　社会治理结构

在一个良好的社会治理结构中，政府、企业和社会组织三种主体相互制

---

* 王玉珍，女，山西新绛人，博士，山西财经大学副教授。研究方向：市场组织理论。

衡、缺一不可。企业作为营利性组织，是社会生产和流通的直接承载者，是社会财富最集中的创造者；政府和社会组织则被视作社会公共事务的治理者。作为公共管理部门，政府更多地倾向于通过制定法律等相关规章制度来构建一种公共秩序；作为一种非政府、非企业组织形态，社会组织则通过中间治理机制构建一种治理公共事务的私人秩序。但企业公民化已经使企业超越了单纯对利润最大化的追求，走向企业不断承担相应社会责任、强调企业和社会共赢与融合的过程，如推动社会进步、参与社区发展、维护生态环境、支持社会公益、保障员工权益等。

如果说，建立科学合理的企业战略、构建高效的法人治理结构、培育优秀的企业公民文化是中国式企业公民建设的企业内部机制的话，那么建立企业公民评估评价体系、加强对企业公民建设的监督力度、完善激励机制、发挥相关专业服务机构的作用和充分发挥非政府组织在企业公民建设中的积极作用则是促进企业公民建设的外部机制。[①] 不难看出，在促进企业公民建设的外部机制中，不论是哪个机制均离不开社会组织的作用。可见，不仅在社会治理结构中企业与社会组织是相互制衡又相互补充的主体，在企业公民建设中社会组织更是直接促进主体。社会组织的发育发展程度直接影响着企业公民建设的进程。对于一个不断向成熟阶段演进的社会，在刚刚过去的 2012 年，我国社会组织经历了怎样的发展、对企业公民建设产生怎样的影响、存在哪些问题等，本报告将对此进行分析与阐述。

一 2012 年社会组织：外部环境优化，内部结构调整

党的十八大报告指出，加强社会建设，必须加快推进社会体制改革。要围绕构建中国特色社会主义社会管理体系，加快形成党委领导、政府负责、社会协同、公众参与、法治保障的社会管理体制，加快形成政社分开、权责明确、依法自治的现代社会组织体制。2012 年，是我国社会组织蓬勃发展的一年，

---

① 邹东涛：《探索中国式企业公民建设的路径》，《中国企业公民报告 No.2》，社会科学文献出版社，2012。

面对国内发展环境的不断深化和优化，我国社会组织得到了快速的发展，发生了显著的变化。具体来看，主要体现在以下几个方面。

（一）社会组织长足发展，结构得到调整

在我国，社会组织主要包括社会团体、基金会和民办非企业单位三类组织形态。社会组织的发展是经济社会发展到一定程度的结果，同时也是社会文明进步的表现。2012年，我国社会组织得到长足发展。截至2012年底，我国社会组织数量已经接近50万个，达到49.9万个；增长速度达到8.01%，是自2008年以来增长速度最快的一年（见图1）。同时，社会组织的增加值达到525.6亿元，占第三产业增加值的比重为0.23%。

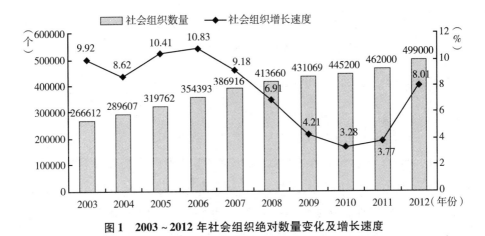

图1　2003~2012年社会组织绝对数量变化及增长速度

资料来源：民政部《社会服务发展统计公报》。

截至2012年底，近50万个社会组织中，其中社会团体为27.1万个，占全部社会组织绝对数量的54.2%。与2011年相比，2012年社会团体增加了1.6万个，增长6.3%。在社会团体的各类组织中，农业及农村发展类数量最多，占到整个社会团体数量的20.51%；社会服务类其次，占到14.16%。同时，社会团体各类组织中，结构性变动比较大。其中，社会服务类、文化类和体育类增长均超过10%；科技研究类、教育类、卫生类、生态环境类和国际及其他涉外组织类却相比上年而减少，尤以教育类减少最多，比2011年减少837个，同比下降6.7%（见图2）。

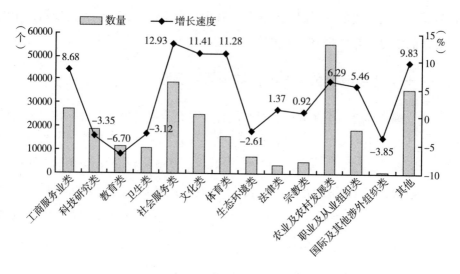

图2 2012年社会团体内各类组织的绝对数量和增长速度

资料来源：民政部《2012年社会服务发展统计公报》。

截至2012年底，全国民办非企业单位数量达到22.5个，占全部社会组织的45.09%。与2011年相比，民办非企业单位增加2.1万个，增长10.1%。在2012年民办非企业单位中，仅教育类就占到52.01%。从各类民办非企业单位内的组织发展来看，除卫生类和宗教类外，其他9类均保持不同幅度的上升。其中，国际及其他涉外组织类增长幅度最大，达到36.11%，由2011年的36个增加到49个；生态环境类由2011年846个增加到1065个，增长幅度达25.89%；商务服务类的增长幅度也达到26.39%。在各类民办非企业单位中，只有卫生类和宗教类较2011年有所减少。其中，宗教类由2011年的169个减少为2012年的132个，减少幅度高达21.89%；卫生类则只是小幅波动，与2011年相比减少2.75%（见图3）。

基金会是社会组织的第三种组织形态。截至2012年底，全国共有基金会组织3029个，比2011年增加415个，增长速度达到15.9%。从基金会内组织发展来看，均比2011年有所增加。其中，公募基金会由2011年的1218个增加到2012年的1316个，增长幅度达8.05%；非公募基金会自2011年首次超过公募基金会后快速发展，由2011年的1370个增加到1686个，增长幅度高达23.07%。2012年基金会组织共接收社会各种捐赠达305.7亿元，同比增长39.14%。

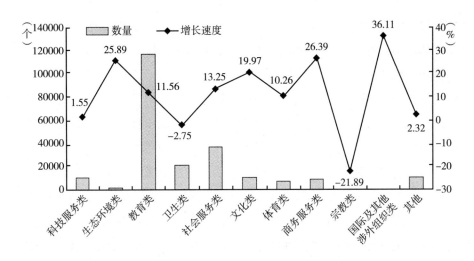

图3　2012年民办非企业单位内各类组织的绝对数量和增长速度

资料来源：民政部《2012年社会服务发展统计公报》。

　　综合以上分析，可以看出2012年社会组织从数量来看得到长足发展，从结构来看得到调整。社会团体、民办非企业单位和基金会从总量上均比上年有所增长，尤其是基金会的发展速度最快。从结构来看，社会组织内部不断得到调整；尤其是社会团体内部，社会服务类和与文化产业紧密相关的文化类、体育类增长比较快，教育类则减少比较多。我们知道，一种组织力量的强大往往与其数量直接相关。社会组织的快速发展，将为其在社会治理结构中发挥应有的作用提供强有力的组织支撑。与此同时，随着社会组织治理作用的发挥与体现，均衡性的社会治理结构将逐渐形成。

（二）管理体制"松绑"，发展环境得到优化

　　一直以来，我国对社会组织实行双重管理制度，即根据现行的《社会团体登记管理条例》（1998年）、《民办非企业单位登记管理暂行条例》（1998年）和《基金会管理条例》（2004年）规定，在我国社会组织要获得合法性身份，必须先获得业务主管部门的前置审批同意后，方可到民政部门进行登记注册。但这种双重管理体制在现实社会生活中，往往使很多社会组织因无法找到业务主管单位而不能获取"合法"的身份。因此，这种针对社会组织的管

理体制被大家所诟病。进入21世纪，为了促使社会组织在社会治理结构中充分发挥其作用，各地纷纷对管理体制进行了多元化的探索，如上海的"三元"管理模式、深圳的"新二元"管理模式、广东的"一元"管理模式、温州的"齐抓共管"模式和鞍山的"社团管理"模式等等。

2012年，在我国延续数十年的社会组织管理体制迎来了前所未有的"破冰期"。截至2012年底，我国已有广东、北京、安徽等19个省份开展或试行了社会组织直接登记制度，即社会组织无须再经过业务主管部门的前置审批，而是根据相关规定直接到民政部门完成登记注册即可获得合法身份，如图4所示。这种尝试与变革为社会组织在进入门槛上进行了"松绑"，使许多之前找不到业务主管部门而无法获得合法性身份的社会组织成为合法性组织。如广东在2012年提出"除法律法规规定和特殊领域，其他种类社会组织直接在民政部门登记"后，在各级民政部门登记的社会组织达到35324个，占全国总量的7.08%，比2011年增长15.1%，远高于全国社会组织增长的平均水平（8.0%）。①安徽在加大对社会组织管理体制的改革之后，2012年底社会组织数量达到19419个，比2011年增长12.2%，同样高于全国社会组织增长的平均水平（8.0%）。②随着业务主管部门退出对社会组织的前置审批而变为以业务指导为主，政府与社会组织之间的关系将被逐渐重构：政府作为社会公共事务的治理者和管理者，更多的是要培育社会组织的成长，使社会组织参与公共事务治理的作用得到充分发挥。这种政府与社会组织的良性互动将会形成一种新型的社会治理结构。

当然，在采取各种制度与手段促进社会组织发展的同时，政府加强了对社会组织进行有效监管的多方面尝试与改革。2012年，针对社会组织存在的并引起社会广泛质疑的公益资金使用不透明、乱评比、乱收费等问题，民政部会同有关部门先后出台了规范基金会行为、社会团体合作活动、社会组织举办研讨会论坛和评比达标表彰活动、社会组织评估指标以及登记管理机关行政处罚

---

① 廖丽丽：《广东社会组织登记开闸去年猛增15% 将严查违规行为》，2013，http://www.chinanews.com/fz/2013/05-29/4870581.shtml。
② 《安徽依法登记社会组织达19419个 比上年增12.2%》，中国网，2013，http://www.chinanpo.gov.cn/3501/60999/nextnewsindex.html。

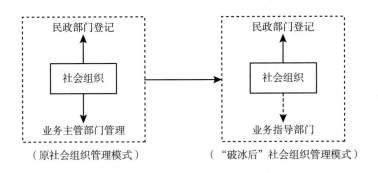

图4　社会组织管理体制变革前后对比

程序等一系列规定。① 这是社会组织管理方式由事后查处变成事前规范、被动管理转向积极引导的有益尝试。与此同时，社会组织自身在如何有效监督方面也做了有益的探索与尝试。中国红十字会作为社会组织综合改革试点单位，在去行政化、实现社会性回归等方面作了有益尝试。2012 年 12 月，中国红十字会设立了由 16 人组成的社会监督委员会；作为由多名社会知名人士组成的社会监督委员会，承担着对中国红十字会的财务、项目、捐赠款物的使用和分配以及涉及红十字会的重大事件进行调查和发布等监督作用。中国红十字会此举被视作我国社会组织管理创新和改革的重要信号。

2012 年，在全国大范围内除了对社会组织登记制度的"破冰"之外，还有一些省份在具体管理领域也对社会组织管理进行了有益的尝试与探索。如江西等 9 省份将非公募基金会登记的管理权限下放到地级市；福建省将公募基金会登记管理权限下放到计划单列市；黑龙江等 8 个省份将异地商会登记管理权限下放至地级市。② 2012 年 4 月，广东省委、省政府正式印发的《关于进一步培育发展和规范管理社会组织的方案》，允许"一业多会"的存在；打破了公益慈善类社会组织的字号限制，探索将非公募基金会登记管理权限下放至地级市。当然，对于社会组织管理体制在登记制度"破冰"之后，其他方面也纷纷纳入尝试和改革领域。管理体制的"松绑"，将为社会组织在社会治理结构中发挥应有作用提供一个适宜的"生长"环境。

---

① 《2012 年社会组织十件大事》，《中国社会组织》2013 年第 1 期。
② 高一村：《社会组织生态 2012》，《中国社会组织》2013 年第 1 期。

（三）政府重视与支持力度加强，主体地位得到重视

在国家"十二五"规划中，提出要"加强社会组织建设"，在促进社会组织发展的同时要加强社会组织监管。2012年，党的十八大报告进一步指出，要围绕构建中国特色社会主义社会管理体系，加快形成党委领导、政府负责、社会协同、公众参与、法治保障的社会管理体制，加快形成政社分开、权责明确、依法自治的现代社会组织体制。在一系列政府报告和文件相关规定中，都对社会组织给予了极大的关注。事实上，政府对社会组织的关注不仅表现在文件和报告中，更是在实际行动中给予了极大重视和支持。

2012年，中央财政安排2亿元对社会组织参与社会服务进行专项资金支持，这是我国首次通过公共财政对社会组织建立的资助和奖励机制。其中项目资金主要用于发展示范项目、承接社会服务试点项目、社会工作服务示范项目、人员培训示范项目以及根据社会管理工作需要财政部、民政部确定的其他示范项目（见《中央财政支持社会组织参与社会服务项目资金使用管理办法》财社〔2012〕138）。这个事件被视作我国社会组织发展史上的一个里程碑，具有重要的现实和符号意义。

除了中央运用公共财政对社会组织给予专项资金支持外，各级地方政府对社会组织的扶持力度也在2012年逐渐加大。广东省公布了《2012年省级政府向社会组织购买服务目录》，共包括基本公共服务服务、社会事务服务、行业管理与协调服务、技术服务、政府履职所需服务性和技术性事务等5个大类、49个领域共262项；江苏省明确提出将教育培训、科技研发、标准研制、等级评定、资质认定、工作评估、社区便民服务、各类服务运营8项具体事务转移、委托给社会组织。另外，配合中央财政的支持计划，四川等11个省份建立了社会组织培育发展中心或孵化基地；广西提供配套财政资金9000万元，用于扶持3000个示范性农村老年协会组织的建立。

政府首次运用公共财政对社会组织进行大力的扶持，充分体现了政府对社会组织发展与管理的高度重视，很大程度上表明政府对社会组织在社会结构治理中发挥作用的期待，对培育发展社会组织、积极参与社会治理具有非常重要的现实意义。

（四）社会各界关注与合作增加，社会参与度得到提高

2012 年，社会各界对社会组织的关注达到前所未有的高度。2012 年 3 月，第十一届全国人民代表大会第五次会议和政协第十一届全国委员会第五次会议召开。社会道德建设、食品安全监管、缩小贫富差距、房产市场调控和加强反腐倡廉成为"两会"关注的焦点问题。这些焦点问题更多凸显出伴随经济快速发展的各种社会矛盾。因此，在"两会"上，"社会管理创新"成为委员们频频提及的话题。众所周知，"社会管理"的核心正是社会组织作用的发挥。[①]在日益复杂的社会问题面前，政府直接治理的难度越来越大，而很多领域都是属于社会自治的问题，应该回归社会由社会组织进行治理。为此，"两会"上社会各界就加强和创新社会管理、促进社会组织能力建设、健全社会组织的制度、充分调动社会组织力量构建和谐社会、理顺政府和社会组织的关系推动公共管理社会化等建言献策，表现出社会各界人士对社会组织积极参与公共事务治理，构建和谐社会的重视和期许。

同时，2012 年也是政府、企业与社会组织合作与互动的一年。2012 年 7月 12~14 日，由民政部、国资委、全国工商联、广东省人民政府和深圳市人民政府联合主办的首届中国公益慈善项目交流展示会在深圳举行。此次展览会规模空前，共 544 家单位参加，覆盖 31 个省（自治区、直辖市）和港澳台地区，其中公益慈善组织共 260 家、企业 142 家、基金会 104 家，展会共接待参观者 15 万人次。8 月 26~28 日，黄河善谷慈善博览会在宁夏银川召开，吸引了全国 70 个城市、175 家慈善组织、87 家乐善企业参展，共签约项目 67 个，签约资金达 332.8 亿元。12 月 2~4 日，第二届上海公益伙伴日（上海市民政局主办、上海公益事业发展基金会承办）举行，来自全国的 19 家基金会、11家企业和上海本地的 82 家社会组织参与，各类公募活动共募集资金 52061 元，各类跨界公益项目签约总额 4500 余万元。[②] 从深层次看，这些活动背后正体现出政府、企业和社会组织之间的一种新型合作关系：政府"搭台"，社会组

---

① 木椿：《2012 年两会：关于社会组织的问题》，《社团管理研究》2012 年第 4 期。
② 高一村：《社会组织生态 2012》，《中国社会组织》2013 年第 1 期。

织"唱主角",企业"演配角",构建出一个社会治理的新模式,从而也真正使社会组织扎根基层,从基层中寻找需求并进行供给。

与此同时,社会各界通过多种渠道对社会组织进行关注与监督。2012 年 1月 29 日,《福布斯》发布"2012 年中国慈善基金榜",以"透明"为标准对中国的慈善基金进行排名,公布了评选的 2012 年中国最透明的 25 家慈善基金会。这意味着基金会逐渐开始接受社会各界的关注与监督。与此同时,一批有远见的基金会与民间组织在提升自身公开透明性的同时,还积极促进行业的整体透明与健康发展。① 2012 年 12 月 1 日,近百家来自全国各地的民间公益组织成员在北京共同就公益组织的行业自律进行探索和研讨。这些做法均从不同程度上有力地促进了社会组织的健康有序运行。

二 2012 年社会组织在企业公民建设中:机制多元化

2012 年,随着社会组织管理体制的"松绑"和中央财政对社会组织的开创性的扶持,不仅社会组织自身的发展环境得到很大改善,而且更是走上与政府协同治理社会公共事务的新局面。一个"党委领导、政府负责、社会协同、公众参与"的社会管理新格局逐步形成,社会管理主体也逐渐由传统的"一元"主体(即政府)向"多元"(政府和社会组织)主体转变。从中央到地方,各级政府纷纷向社会组织抛出"橄榄枝",向社会组织购买服务,转移政府职能,提升社会组织的地位;同时,通过中央财政带动地方财政积极向社会组织倾斜支持,建设各种社会组织孵化中心,帮助扶持社会组织"苦练内功",培育壮大社会组织力量,使其能以更好的组织形态实现对社会公共事务的治理,以更积极主动的状态参与到企业公民建设中。

(一)社会组织参与企业公民建设的机制多元化

毫无疑问,整体政策环境的宽松和财政支持将给社会组织带来前所未有的

---

① 《基金会与民间公益组织为"透明"共努力》,2012,http://www.chinadaily.com.cn/microreading/dzh/2012 - 12 - 04/content_ 7666825. html。

发展环境，也将会在很大程度上促进企业公民的建设。但是，由于活动主体、活动范围、运作机制等不同，不同的社会组织参与企业公民建设的程度也不同，如图5所示（图中用虚线标出的社会组织并不直接参与企业公民建设，但会间接产生作用，本报告仅考虑对企业公民建设有直接影响作用的社会组织）。

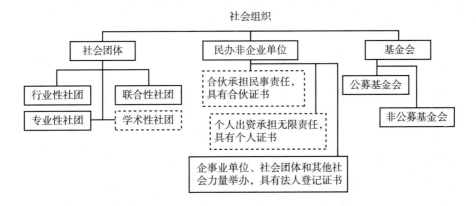

图5　不同社会组织对企业公民建设的参与度

在社会团体中，除学术性团体外，行业性社团、专业性社团和联合性社团均在企业公民建设中发挥主要作用。行业性社团通常包括工业协会、行业协会、商会和同业公会等。这类组织在行业自律、推进行业内企业诚信建设、环保绿色标准制定、产品质量标准、企业安全生产标准等企业对社会责任的承担等方面具有积极的促进和监督作用。专业性社团通常主要是为从事某项事业而成立的非经济类社团，它由专业人士或专业技术和专门资金组成；在企业公民建设中，这类组织成为包括企业家在内的相关人员为某项事业而努力的一个平台，如成立于2004年3月的阿拉善SEE生态协会（SEE）就是由中国近百名知名企业家出资成立的具有公益性质的环境保护组织。联合性社团则是学术性、行业性和专业性等各种团体的联合体，在企业公民建设中同样具有联合作用。

在民办非企业单位中，由企事业单位、社会团体和其他社会举办，具有法人地位的社会组织，给企业提供了一个直接参与企业公民建设的路径。在民办非企业单位广泛存在的教育、科技、文化、卫生、体育、交通、社会福利、信息咨询、法律服务等领域中，给企业公民提供了参与社区发展、支持社会公益等承担社会责任的路径。在基金会中，根据基金来源的不同可分为公募基金会

和非公募基金会两种。根据 2004 年国务院颁布的《基金会管理条例》，公募基金会是指可面向公众募捐的基金会，其中企业是公募基金会募捐的主体之一。非公募基金会则是指不得面向公众募捐的基金会。从我国目前非公募基金会的发起人来看，名人、高校和企业成为主体。

可见，社会组织参与企业公民建设的机制具有多元化特征。它不仅为企业公民实现应履行的社会责任提供了操作性平台和路径，同时也为监督企业公民履行社会责任提供了有效的机制。

（二）行业性社团：企业公民践行社会责任的倡导与监督者

行业性社团作为行业内企业利益的代表，是沟通政府、企业和市场的桥梁与纽带，对于推动企业公民承担社会责任具有责无旁贷的责任。据统计，截至 2012 年底在我国依法登记的行业性社团超过 7 万个，约占 2012 年全国依法登记的社会团体总数的 26%，其中全国性行业协会 600 余个。[①] 行业性社团日渐发展壮大，实力不断增强，其在企业公民建设中的作用和影响日益显现。对于企业公民建设中企业对社会责任的承担，行业性社团通常通过发布行业社会责任报告，向整个行业发出行业履行社会责任的倡议，设定行业内企业承担社会责任的标准等举措来推动行业履行社会责任。

2010 年 10 月 10 日，全国 115 家协会联合发出《行业协会社会责任倡议书》，向全国行业协会发出倡议，即行业协会要完善组织治理，维护社会道德行为准则，增强信用度等；加强行业自律，服务行业发展；推动会员发展，和谐劳动关系；支持公益事业，积极回报社会；践行环保节约，服务"两型社会"；建立长效机制，推进会员履责。2012 年度先后有广东房地产行业协会、中国纺织工业联合会、中国黄金协会、中国煤炭工业协会、中国银行业协会、四川省银行业协会、宁波模具行业协会等数十家全国性和地方性行业协会，纷纷发布 2012 年度行业社会责任报告。与单个企业发布的社会责任报告不同，行业协会发布行业社会责任不仅包含整个行业内企业对社会责任的一种倡导，

---

① 刘晓凯：《行业协会亟待突破立法瓶颈之忧》，2013，http：//www.chinanpo. gov. cn/1940/67707/index. html。

更是通过这种社会组织实施对企业公民履行社会责任的一种监督。

除发布行业社会责任报告外，行业性社团还通过多种渠道与机制促进行业内企业履行社会责任。向整个行业发出倡议，呼吁行业履行社会责任。如2012年4月8日中国互联网协会向整个行业发出倡议，呼吁互联网行业履行社会责任，加强行业自律，自觉抵制网络谣言传播。发布行业内企业社会责任的具体指引，引导企业践行社会责任；如中国粮食行业协会制定并发布《粮油企业社会责任指引》，引导粮油企业践行社会责任。在行业内开展企业履行社会责任的评选，促进企业公民更好地履行社会责任。例如，2012年上海市建筑施工行业协会首次开展"履行社会责任先锋企业"评选活动，以工程质量、节能降耗、客户维护、关爱员工、公益慈善、反哺家乡、保障民生等为标准，评选出行业内10家践行社会责任的先锋模范企业。

事实上，规范运作的行业性社团在整个行业中具有一定的权威性、公信力和影响力。2012年度，行业性社团逐渐介入并成为行业践行社会责任的主体，由此也带动了行业内企业公民对社会责任的承担。

（三）非公募基金会：企业公民践行社会责任的生力军

基金会是社会组织的重要组成部分。2004年，国务院颁布《基金会管理条例》，才使非公募基金会正式登上社会公共事务治理的历史舞台。非公募基金会是指不得面向公众募捐的基金会，但其资金来源于民间资本；同时，其活动范围大多集中在教育、医疗、科研、扶贫、文化、儿童、老年、青少年、安全救灾和公共服务等领域。这与企业公民承担社会责任、介入社会建设的诉求高度吻合，因而非公募基金会是企业公民建设的有效平台。

自2008年以来，非公募基金会的发展如同驶入快车道，其增长数量每年均超过公募基金会的发展；2010年，更是从总量上超过公募基金会；2012年，不仅从总量上超过公募基金会，数量上更是以超过其2倍多而增长。从非公募基金会的发起人来看，名人、高校和企业成为主体。截至2012年底，学校基金会数量达到422家，占据非公募基金会数量的25.71%。可见，学校型基金会在非公募基金会中占据着非常重要的角色。基金会中心网的数据显示，到2011年底我国企业及企业家发起的非公募基金会达到285家，占到整个非公募基金会的 22.3%。① 在企业基金会的领域中,除教育外,扶贫助困、安全救灾、医疗救助、公共服务、环境保护等成为企业基金会的活动领域。以致力于支持中国民间环保组织及其行业发展的北京市企业家环保基金会为例,2012年启动"创绿家"项目,旨在发掘和培育中国环保公益领域新生力量,协助关心环境和家园、富有企业家精神的创业者及创业团队发展壮大,从而推动环保公益行业成长为一个健康、多元的生态系统,最终实现可持续的环境保护目标。

2012 年 11 月以"财劲其用,追求卓越"为主题的第四届非公募基金会发展论坛召开,共有 154 家基金会、82 家 NGO、70 家媒体和 43 家企业、政府、研究机构等共计 597 人参会,会议规模历届最大。这不仅表明非公募基金会发展得如火如荼,更表明非公募基金会已逐渐成为推动社会建设与创新发展的积极力量。可见,非公募基金会尤其是企业基金会已经成为企业公民建设中实现社会责任的主力军和重要平台。

三 2012 年社会组织:问题与对策

2012 年对于社会组织来说,是"松绑""破冰"之年,也是财政资助与扶持之年。社会组织管理体制由"双重"转变为"一元",无疑为更多的社会组织发挥作用打开了进入的门槛;中央财政的资助和扶持无疑培育和壮大了社会组织的力量,促进了社会组织在企业公民建设中作用的发挥。但是,要真正发挥社会组织在社会治理结构中的作用,促进企业公民建设,社会组织在发展中还存在自身能力弱、行政化、立法滞后、运作不规范等问题。

(一)社会组织发展存在问题

1. 行政化、垄断化现象仍未根本改观

长期以来,我国政府与社会组织之间经历了"政社合一"到"行政依附"

---

① 林琳:《中国企业基金会发展报告:企业非公募基金会达 285 家》,2012,http://finance.people.com.cn/money/n/2012/0713/c42877 - 18507611.html。

的过程。这种依附关系严重影响了社会组织的健康成长与发展。它一方面使政府仍然陷于"全能政府"的困境中无法自拔；另一方面，社会组织又无法真正独立承担社会公共事务治理的责任。要使政府与社会组织实现真正的分离，就必须实施"去行政化"。这样，一方面真正转变政府职能，使"全能政府"转为"有限政府"；另一方面使社会组织承接政府剥离出的社会职能，构建政府与社会组织之间的新型合作关系。同时，"出身"的不同还给不同类型的社会组织在实践中带来不公平的发展环境。一些社会组织所特有的政府背景，往往会造成企业向公益组织捐赠的"亲政府"化，如企业会选择具有政府资源的公募基金会捐赠来和政府换取利益，这就造成非公募基金会和公募基金会处于一个不公平的竞争与发展环境中。针对以上问题，十八大报告明确提出要建立现代社会组织体制，实现政社分开、权责明确、依法自治。

但是，从 2012 年社会组织的发展现状来看，"去行政化"因各种阻力而无法真正实施。作为副部级单位、列为中央财政一级预算单位的中国红十字会，是国家发改委社会领域综合改革唯一试点的社会组织。2012 年 7 月 10 日，国务院印发《关于促进红十字事业发展的意见》，但"去行政化"并未真正列入改革任务中。[①] 作为试点，中国红十字会的改革推进力度，将直接影响着我国社会组织改革的进程，"去行政化"遭遇的阻力预示着这将是比较艰难的一场改革。

2. 立法滞后、法律粗线条化

一直以来，我国对社会组织的管理制度都是根据 1998 年颁布的《社会团体登记管理条例》和《民办非企业单位登记管理暂行条例》以及 2004 年颁布的《基金会管理条例》执行的。2012 年社会组织"双重"管理体制无疑"松绑"了社会组织的注册登记，但仍然在一些领域存在立法滞后、条例规定粗线条化和规定过细的问题。

从 1979 年我国第一家行业协会成立至今，行业协会已经发展成为市场经济的新生主体，但是截至目前仍然没有一部专门针对行业协会的法律，

---

① 魏铭言：《红会去行政化阻力巨大　多数职工怕改革丢编制》，2012，http：//politics. people. com. cn/n/2012/1029/c1001 - 19415144. html。

而只是将行业协会纳入到《社会团体登记管理条例》的粗线条管理中。因此，各省市为了可操作性和便于执行，纷纷出台了关于行业协会的地方性法规或规章制度，但这些规章制度往往只是侧重于程序性的规定，不仅执行中存在很大的随意性，而且各省市的规定并不一致，使行业协会面临不同省份执行不同规定的困境。这无疑制约了行业协会在企业公民建设中作用的发挥。

如果说对于行业协会的规章制度过于粗线条化的话，那么，规章制度对于非公募基金会的管理则过于细化。根据 2004 年颁布的《基金会管理条例》规定，基金会工作人员工资福利和行政办公支出不得超过当年总支出的 10%。同时，还规定公益组织员工平均工资不得超过当地平均工资的两倍，否则不可享受减免税待遇。这些规定无疑限制了社会组织自身的发展和对人才的吸引力，对社会组织自身能力建设造成一定的政策性障碍。

3. 自身能力弱、运作不规范

截至 2012 年底，尽管我国社会组织的数量已经达到 49.9 万个，但社会组织的能力并未随着数量的快速增长而提升。社会组织的能力弱化是由多方面原因造成的。一是运作不规范。如一些行业协会存在自身治理结构不完善、制度不健全等问题，从而使其在行业中缺乏凝聚力、权威性和影响力；再如在一些非公募基金会中存在"出资主体导向型"的问题，即出资的企业家或企业在基金会中拥有绝对的权威，而不是按照规范的内部治理结构来行使基金会的职责。二是公益组织的透明度不高。最近几年，我国公益慈善遭遇到前所未有的信任危机。民政部主管的中民慈善捐助信息中心发布的《2012 年度中国慈善透明报告》显示，2012 年我国公益慈善组织的平均透明指数为 45.1（满分为100），公众对公益慈善组织信息公开状况的满意度仅为 39%。[①] 三是人才匮乏使社会组织缺乏精干的人才队伍。与企业和政府不同，规范运作的社会组织需要专业化和专门的管理人才，但目前绝大多数社会组织缺乏专业化的管理人员。

---

① 王亦君：《2012 年度中国慈善透明报告发布，六成公众对慈善组织信息公开不满意》，2013，http：//www. chinadaily. cn/dfpd/2013 - 01/06/content_ 16087086. htm。

（二）对策与建议

根据社会组织在社会公共事务治理和企业公民建设中存在的问题，本报告认为要使社会组织真正能够发展成为政社分开、权责明确、依法自治的现代社会组织体制，应该注意以下几点。一是做到法律先行。随着社会组织力量的不断壮大，其在社会发展中的作用越来越不可忽视。法律的制定应先于组织的发展，这样才能使社会组织的发展有法可依。同时，对于类型多样的社会组织要设立可操作性强的适宜性法律条文，而不是粗线条化或过细的规定。二是改革要坚决与彻底。要真正实现"去行政化""去垄断化"，把社会组织从政府的"影子"中剥离出来，使之真正拥有管理公共事务的能力，就必须克服来自各种既得利益集团的重重阻力。当然，在改革之初应辅之以多种手段和措施扶持、培育壮大社会组织。只有这样，才能真正做到政社分开。三是引导社会组织监督与参与企业公民建设，提高自身透明度。社会组织对于企业公民建设具有天然的外在监督优势，要积极引导与促进社会组织参与企业公民建设，使社会组织成为企业公民建设的承载者、监督者和参与者。

参考文献

［1］邹东涛：《探索中国式企业公民建设的路径》，《中国企业公民报告（No.2）》，社会科学文献出版社，2012。

［2］廖丽丽：《广东社会组织登记开闸去年猛增15% 将严查违规行为》，2013，http：//www. chinanews. com/fz/2013/05 – 29/4870581. shtml。

［3］《安徽依法登记社会组织达19419个比 上年增12.2%》，中国网，2013，http：//www. chinanpo. gov. cn/3501/60999/nextnewsindex. html。

［4］《2012年社会组织十件大事》，《中国社会组织》2013年第1期。

［5］高一村：《社会组织生态2012》，《中国社会组织》2013年第1期。

［6］木椿：《2012年两会：关于社会组织的问题》，《社团管理研究》2012年第4期。

［7］《基金会与民间公益组织为"透明"共努力》，2012，http：//www. chinadaily. com. cn/micro-reading/dzh/2012 – 12 –04/content_ 7666825. html。

［8］刘晓凯：《行业协会亟待突破立法瓶颈之忧》，2013，http：//www. chinanpo. gov. cn/1940/67707/index. html。

［9］林琳:《中国企业基金会发展报告：企业非公募基金会达 285 家》，2012，http：//finance. people. com. cn/money/n/2012/0713/c42877 – 18507611. html。

［10］魏铭言:《红会去行政化阻力巨大　多数职工怕改革丢编制》，2012，http：//politics. people. com. cn/n/2012/1029/c1001 – 19415144. html。

［11］王亦君:《2012 年度中国慈善透明报告发布，六成公众对慈善组织信息公开不满意》，2013，http：//www. chinadaily. com. cn/dfpd/2013 – 01/06/content_ 16087086. htm。

B.12
我国海外企业公民实践报告

冯 梅 刘婷婷*

摘 要：

　　企业公民实践是指公司将日常商业实践与社会基本价值、运作和政策相结合的行为方式。一家公司的成功与社会的福利和健康紧密相关，因此，它必须全面地考虑公司的情况对所有客户、雇员、供应商、社区和自然环境等利益相关方的影响。随着经济全球化的深入发展，企业海外公民责任深刻地影响着企业在全球的投资和贸易，投资政策更是越来越多地体现出与企业社会责任融合的特征，跨国投资和并购也越来越多地受到企业社会责任的约束。从20世纪90年代末，国内开始关注企业社会责任，到随着中国企业海外并购如火如荼地进行，企业社会责任变得更加举足轻重。在这样的大背景下，中国企业必须采用全球企业社会责任标准，在海外的经济活动中履行社会与环境的责任和义务。本文介绍了我国企业在2012年度海外企业公民的具体实践案例，并对我国企业提供建议，以促进我国企业在海外发展的进一步壮大。

关键词：

　　海外企业公民　实践　社会责任

　　伴随着经济全球化的深入发展，企业公民的概念发展到了全球范围，国际组织、非政府组织、跨国公司等从不同角度倡导和诠释着企业的社会责任。"企业海外公民实践"则是指企业在积极地拓展国际业务，在"走出去"的过

＊ 冯梅，北京科技大学东凌经济管理学院教授，经济学博士，管理学博士后，博士生导师，研究方向为企业社会责任和产业竞争力分析；刘婷婷，北京科技大学东凌经济管理学硕士，研究方向为企业决策、国际贸易救济。

程中履行社会责任，积极参与所在国环境保护、慈善捐赠、社区服务等公益事业，实现企业与社会的共同发展。中国公司"走出去"步伐正在加快，在中国公司拓展海外业务过程中，跨国公司更将企业社会责任尤其是跨国公司的海外企业公民社会责任作为公司使命、企业文化和企业核心竞争力的重要组成部分。企业社会责任无处不在，它覆盖公司业务触及的每个角落；它涉及公司全球价值链的每一个环节，包括合资伙伴、供应商、经销商和代理商；它融入公司的所有战略决策，包括绿地投资、跨国并购、战略投资、采购、代工和外包。

本报告主要通过分行业探讨中国企业的海外公民实践，即中国企业社会责任在跨境投资并购等活动中的表现，倡导中国企业在海外公民实践中积极践行"责任投资""责任并购"。

一 中国海外企业公民发展状况

从 2000 年我国正式提出"走出去"战略，到 2012 年底，中国企业的海外发展之路已经有 13 年，而在企业海外发展过程中，海外并购一直是中国企业对外投资的主要形式。从 2000 年仅有 7 宗海外并购数目到 2012 年的 191 宗海外并购，交易额也由 8068 万美元增长到 652 亿美元。

我国的企业在海外并购中，并购主体是国有企业。中石油以 151 亿美元收购加拿大油砂运营商尼克森公司，成为中国企业有史以来最大规模的海外并购案例；三一重工斥资 3.24 亿欧元收购世界混凝土巨头德国普茨迈斯特。81%的中国境外并购交易由国有实体完成，并且进行金额股权收购高达 62%。而最近，民营企业逐渐出现赶超趋势。2012 年，民营企业海外并购数量比例达到 62.2%。民营企业交易活动总额比 2011 年增长 171%，仅大连万达收购美国 AMC 影院，并购交易额就达 31 亿美元，越来越多的民营企业加入到海外并购浪潮中来。

表 1 是近年来（2009~2012 年）中国各企业类型在海外并购中的具体情况。

从以上数据可以看出，虽然国有企业完成的并购交易在数量上未占优势，但凭借其强大的资金实力，在并购金额份额上占据半壁江山，而且平均并购金额超过民营企业十倍以上，如此绝对的优势还在于国有企业所完成的海外并购多

表1　2009～2012年中国企业海外并购统计

企业类型	海外并购数量比重（%）			海外并购金额比重（%）			海外并购平均交易金额（亿美元）		
	2009～2011年	2012年上半年	2012年下半年	2009～2011年	2012年上半年	2012年下半年	2009～2011年	2012年上半年	2012年下半年
国有企业（国资和中央企业）	56.4	50	37.8	88.4	79.8	84.9	5.3	6.2	9.4
民营企业	43.6	50.0	62.2	11.6	20.2	15.1	1.1	1.6	1.1

资料来源：www.zdbchina.com。

发生在能源及矿产、机械制造和金融行业，此类行业的企业资产一般都较为庞大，且国有企业的并购活动通常对国家经济来说具有明显的战略意义。相较"国家队"，民营企业海外并购活动规模较小，在海外并购时多从企业经营角度考虑，策略选择上更为理性和审慎，而同时，国际金融危机和世界经济下行造成国外一部分优质企业经营困难，为民营企业抄底国际市场提供了机会。因此，民企近年来海外并购的积极性日益提升，并不逊于中央企业和国资企业。

从中国企业海外并购行业分布来看，多集中在能源、制造业领域。2012年中国企业在能源及矿产行业共完成并购22起，涉及金额171.31亿美元（未包括中石油收购尼克森公司）。近几年，IT、服装、汽车、影视传媒等行业的并购也悄然兴起。这说明随着中国企业的商品生产在价值链环节上的持续提升以及经济向消费驱动转型的影响，中国战略投资者对于国外行业技术以及消费品牌也愈加热衷。

"十二五"规划关于中国企业的发展展望中，提出中国企业要完成从"机会派"到"实力派"，从"中国制造"到"世界品牌"，从"跟随者"到"领先者"，从"短跑冠军"到"长跑冠军"的跨越。中国企业积极地走出去，并在海外履行着企业公民的各项责任，这无疑有利于中国企业逐步走向世界，开拓海外市场，积极促进"十二五"规划顺利完成。

二　中国企业海外公民实践案例

当前，社会各界对海外企业社会责任逐渐达成了以下共识：在全球经济、

科技、贸易交往日益密切的背景下，由于科技的进步、企业发展理念的趋同，企业由不平等的竞争日益转化为经营管理手段和企业技术创新方面的竞争。正是非政府组织的不懈努力，跨国公司对社会责任的态度已经发生较大的转变，从最初的拒绝社会责任，推诿社会责任，到现在的开始主动承担社会责任。

我国海外企业公民的社会责任，除包含经济、法律、自然环境、道德和人本伦理四个方面以外，还包括海外特定文化环境下的社会责任。在海外环境下，企业必须兼顾当地的风土人情以及法律、自然环境、习俗等，承担与自己的影响力相匹配的社会责任和义务，唯有如此，才能避免企业在发展过程中对当地环境和社会生活产生的负面影响。我国企业能在海外并购成功，并顺利发展，也正是做到了这一点。

（一）中石化的海外公民实践

目前，中国石化的海外油气业务已覆盖20多个国家和地区，初步形成海外油气资源战略基本布局，成功进入"非洲、南美、中东、亚太、俄罗斯－中亚、北美"六大油气区，中国石化的海外扩张战略已悄然形成。

中石化以"每一滴油都是承诺"的社会责任理念为核心，全面深化推进企业社会责任（CSR）的各项工作。不断加强公司治理，为社会责任工作的顺利推进提供坚实的体制保障；不断完善与利益相关方的沟通机制，使其更多地参与到企业的运营中，促进企业发展与利益相关方和谐共赢。大公司要尽大责任，国家公司要尽国家责任，跨国公司要尽国际责任。作为负责任的能源化工企业，中石化在创造社会财富的过程中，更加注重以成为国际企业公民为己任，把海外业务拓展的"独奏曲"化作经济、环境和社会共同发展的"协奏曲"。作为最早加入联合国全球契约的中国企业，以及全球契约中国网络首届轮值主席单位，中石化始终坚持国际化发展与履行社会责任相结合，在建设"世界一流能源化工公司"的征途中，秉承"诚信规范、合作共赢；回报当地，为繁荣当地经济做贡献"的理念，坚持在国际化发展过程中促进经济、环境和社会三者的协调发展，争做模范的国际企业公民，赢得了国际社会和当地各方的尊重和信任。其海外公民实践主要表现在以下几个方面。

1. 尊重当地文化

中国石化秉承"包容、团结、互助、共赢"的中国文化理念，坚持用工当地化，努力帮助当地员工发展，充分尊重项目所在国的民族信仰、风俗文化和生活习惯，积极采取各种举措推动中外员工之间的跨文化交流融合，共同组建一个个和谐温馨的国际大家庭。

2. 坚持"人才国际化、用工当地化"

中国石化立足全球视野和国际化经营，除少数外派的中方管理人员外，主要招聘使用当地人才，并注重培养当地员工。截至2012年底，中国石化海外员工总数4万余人，其中外籍员工27000多人，占比约67%。初步培养和造就了一支人员来源多元化、用工形式多样化的海外员工队伍，进一步密切了公司与当地社会的联系。

3. 帮助员工发展

在与世界各国开展石油合作的同时，中国石化海外企业在人力资源管理中注重员工的本土化、平等机会以及多元化和包容性，唯才是用，为所有员工提供成长的机会。各公司均采取多种形式为员工提供内容全面的培训，有效提升了外籍员工素质，为各驻地国培养了一大批石油勘探开发、物探、钻修井、工程施工等各类专业人才，使许多国家的石油工业走上可持续发展道路。

4. 聚焦当地贫困民众

中国石化加拿大公司设有一座独特的"食物银行"，由公司提供部分资金，员工自发募资并收集食物，捐到"食物银行"以资助当地贫困民众。除了雇用原住民外，该公司投资图书馆、体育馆、教育器材等方面以支持原住民的教育，积极促进当地社区原住民的经济发展。据统计，2012年中国石化参股的辛克鲁德公司捐款数额达到600万加币（约3800万元人民币），涉及教育、社区、医疗、原住民等多个领域，得到了当地政府与居民的一致称赞与认可。

5. 完善当地医疗保障

针对油田所在地区部分居民居住地距离中心城镇较远，城镇医疗卫生保障设施较少的现状，中国石化哥伦比亚公司在参与援建当地医疗救助中

心的基础上，为一些农村边远社区统一配备了流动医疗设施，提高了当地居民的医疗保障水平。针对油田所在社区地处雨林，热带疾病常有发生的特点，积极和当地卫生防疫部门联系，开展定期义诊和免费送药活动。2012 年共开展定期义诊 11 次，免费提供相关的医疗设备和药品价值 18 万美元以上。

6. 改善当地饮水安全

在由当地政府、石油局和当地村民代表组成的"四方委员会"的领导下，中国石化加蓬公司指定专门的社区联络专员，定期召开会议，听取村民的意愿和要求。2012 年，加蓬公司了解到 GONGOUWE 和 INEGANJA 两个村庄的居民一直依靠雨水和树林中的溪水生活，无法喝上干净的饮用水。经过仔细的地质研究和村庄调研，加蓬公司决定为这两个村庄的居民各打一口水井来解决他们的饮用水问题。4 月，加蓬公司与当地专门的水井钻探公司签订了合同，两个村庄各打一口水井，10 月获得政府官方的水质合格检测报告后，将两个水井顺利移交当地政府和村民，让他们喝上了健康、可口的饮用水。

7. 保护生态环境

"以人为本、安全第一、环保优先、质量至上"。无论是在生机盎然的亚马逊热带雨林，还是在广袤无垠的海洋、大漠，中国石化都将安全与可持续发展放在与生产效益同等重要的地位，用"绿巨人"的有力臂膀为公司员工和当地民众打造了一个和谐健康的工作和生活环境。

（二）中海油的海外公民实践

中海油在实施国际化战略过程中，致力于将负责任的公司形象展现给国际公众。

1. 中海油在乌干达

中国海油自进入乌干达市场以来，一直致力于成为社区好邻居，与该社区保持着积极的互动。Ntoroko 省的药品一直短缺，在 2012 年 5 月又出现多个霍乱病例，对药品的需求更加迫切。6 月 15 日，公司向 Ntoroko 省所属两家医院捐赠总价值约 3.5 万美元的药品，以缓解当地疫情。

公司经常访问 Kingfisher 油田所在地的霍伊玛省 Buhuka 社区。当得知该社区唯一能够为当地居民提供饮用水的水塔受损，无法再向下游供水，当地居民的健康状况受到极大影响时，公司当即派出工程技术人员，即时修好水塔，使当地社区的居民重新喝上了干净的饮用水。

2012 年教师节，公司启动了首次捐资助教项目。6 名中外员工一起把印着中国海油标识的书包、文具和粮食送到了 Buhuka 小学的师生手中。

2. 中海油在尼日利亚

公司作为尼日利亚 OML130 项目的合作伙伴之一，积极履行社会责任，每年捐赠约 200 万美元，用于当地教育投入及人员培训；帮助建设 Neuro Psych 联邦中心诊所，并为当地提供医疗应急响应设备，捐赠艾滋病测试成套设备，供应重点护理设备和儿童特殊护理设备，提供救护车等。

3. 中海油在伊拉克

2012 年 9 月 29 日，伊拉克军方 1 组人员在执行排雷任务时触发了地雷，4 人受伤，其中指挥官触雷伤势较重。公司当地负责人到医院探望和慰问，并向各承包商发出了安全提示，在营地及作业区域，务必遵守在雷区作业的安全管理规定。

4. 中海油在澳大利亚

2012 年，公司连续第三年为西澳大学孔子学院承担的西澳大利亚"汉语桥——世界大学生中文比赛"年度选拔赛提供赞助，持续展现了中国海油对中澳文化交流的一贯支持和贡献。

5. 中海油在加拿大

公司从 2012 年起在卡尔加里大学 Schulich 工程学院设立为期三年的奖学金，支持卡尔加里无家可归者基金会与卡尔加里大学社会工作学院奖学金计划，旨在鼓励更多的社会工作者和义工为无家可归人群提供帮助；支持卡尔加里无家可归者基金会 2012 年秋季援助日活动，旨在为深陷无家可归危机及无家可归的弱势群体提供免费午餐、服装、洗漱用品以及理发、必要的医疗服务和法律援助等帮助，受惠人数达 600～1000 人。

除此之外，中海油还特别注重以下几个方面的海外履责。

第一，遵循所在国家的环境保护管理规定，最大限度地降低作业对自然环

境的影响，保护所在地的生态环境，如泥浆池下铺设防渗布，避免对土壤的污染。

第二，提升员工的本地化率。公司高度重视海外业务员工本地化，尊重当地员工价值观和风俗习惯，努力将海油文化与当地文化适度融合。2012年，中海油外籍员工已达3387人，员工本地化程度达到70%。除了在当地加强外籍员工知识、技能培训外，公司还组织优秀外籍员工到公司总部接受相关培训，亲身感受海油文化和中国文化。

另外，公司还切实关心员工的健康和家庭困难。2012年3月28日，为使伊拉克员工Ali Jizer的儿子Jafar能早日进行手术治疗"先天性输尿管狭窄"的疾病，恢复健康，享受快乐幸福的童年，在伊拉克工作的中方员工为其踊跃捐款。

第三，建立海外人员安全管理系统。"海外人员安全管理系统"上线运行。实现了公司海外机构在线填报海外人员信息，能够及时掌握相关信息。

（三）中国五矿的海外公民实践

中国五矿集团总的原则是，回馈社会的办法是使当地社区也发展。不同的国家，中国五矿的做法也不一样。比如在秘鲁，帮助当地人提高技能水平，让他们能找到合适的工作；在老挝，在当地采购食品和工作服，与当地签署运输、航空服务和能源等合同，为当地企业提供更多的商机；在澳大利亚，积极吸纳原住民参与就业，与当地政府以及原住民社区共同签订三方协议，为当地提供教育、培训和就业机会，并保护当地的原住民文化和环境。在国外投资兴业，项目所在国更关注的是企业的环保、安全生产和社区贡献，所以企业一定要促进社区的和谐。中国五矿在海外运营地的项目，都为当地社区做出了贡献，让社区居民感受到了经济增长带来的好处，这是他们一贯坚持的互利共赢。

1. 妥善处理与原住民的关系

在Century矿山，Century理解并深知其开采、洗选及港口设施所在地海湾地区的原住民与他们的土地有着特殊联系。Century设有协议和程序，尊重和支持文化遗产及重要文化遗址，并且确保以下几点。

- 具有重要文化意义的遗址得到保护及管理；

- 在进行土地干扰作业前开展文化遗产工作；

- 业务遵循海湾社区协议（GCA）所载的承诺及条件，该协议为 Century、昆士兰政府及位于低海湾的四个传统拥有人团体之间的原住民所有权协议。

Century 雇用文化监察人员在对与其业务相关的区域开展新的土地干扰工作前进行文化清理。

2012 年是中国五矿 Century 矿山海湾社区协议签署的 15 周年，Century 为海湾社区协议的签署人之一，该协议由矿山和 Waanyi、Mingginda、Gkuthaarn、Kukatj 四个原住民所有权团体及昆士兰政府订立。Century 联络咨询委员会（CLAC）委聘昆士兰大学的矿业社会责任中心（CSRM）协助 CLAC 进行海湾社区协议 15 年回顾（GCA 回顾）。

在原住民就业和培训方面，2012 年的研究显示：

- 在 Century 矿山工作过的 900 多名当地原住民约有 1/3 担任主流职务，此就业成果乃历史首创；

- 自采矿开始以来，已有数百名当地原住民获得正式的操作工匠资格；

- 当地原住民雇员的保留率持续攀升，较 2007 年上升 14%。

2012 年，Century 原住民聘用思路转型，提升当地参与程度，遵循业内最佳常规并为确保培训模式的可持续性进行重组。实地算术及文字协助等教育服务得到保留，而 Century 颇受好评的职前课程升级为场外传授的"工作就绪、岗位就绪"课程。

现在，Century 的原住民就业模式包括以下几点。

- 在 Myuma（一个备受赞誉的原住民培训机构）开展的"工作就绪、岗位就绪"课程，以协助参与者为见习生及学徒工作做准备。该课程由昆士兰政府、Myuma 及 Century 共同出资；

- 实地文字及算术协助；

- 由经验丰富的导师持续指导；

- 为见习生及学徒安排其他地点的实习机会，以获得更全面的工作经验。

2. 中国五矿的环境保护实践

中国五矿集团总裁周中枢说过："我们最大的挑战是安全生产和节能减

排，这个做不好，履行企业社会责任就是一句空话。"

中国五矿于2009年加入了联合国全球契约环境先锋团队，这支团队的成员企业在全球只有20家，中国五矿是三家中国成员企业之一。中国五矿坚持将绿色发展的理念贯穿在生产经营的每一个环节，在勘探、开发、生产、运输和建筑等各个经营领域，努力探索"低能耗、低污染、低排放"的绿色发展模式，全面推进清洁生产战略，提高资源利用效率。在海外公民实践中，中国五矿支持"国际组织应采取联合行动，应对人为因素导致的全球气候变化"这一国际共识。各国政府、社区及私人机构必须通力合作，寻求有效的解决方案，确保以最低成本及不会阻碍贸易发展的方式过渡至低碳经济。

作为再生能源及非再生能源的主要消耗者之一，能源效益自然是五矿关注的焦点。中国五矿继续参与澳大利亚政府的国家温室气体减量策略（National Greenhouse Energy Reduction Strategy）方案，并在公司内部的业务改进过程中实施，在这其中，能源效益正是重要一环。

中国五矿的目标是将碳足印维持在较低水平。五矿的业务运营利用大量的水力发电资源，因此将继续物色长期稳定的再生能源项目，以满足日后营运需要。由此可见，中国五矿的碳足印已经处于相对较低的水平。

五矿的产品为达到再生能源目标所需的各种技术提供有力支持。对电动交通工具的需求增加，带动了对五矿所生产的铅及锌的需求，因城市人口增加而开发更多的再生能源项目，亦推高了铜需求量。

五矿的产品可高度回收利用。铜及铅可100%回收，铅是其中一种最常回收利用的金属，现时使用的铅当中，超过50%来自回收利用。回收铜所耗的能源，远少于利用天然资源生产铜所需的能源，估计目前铜回收利用率为80%~85%。锌产品则由于耐用度有别，现时超过80%的可供回收的锌已回收利用，并占全球锌供应量的30%。

对公司在大洋洲及海外所有运营的碳排放及能源效益实施监控。在澳大利亚，编制了国家温室气体减量策略（National Greenhouse Energy Reduction Strategy, NGERS）报告。

气候变化的预期效应，有可能影响业务运营及其周边社区。五矿已设有紧急应变程序以确保其设施有能力应付该事件。

中国五矿除了在气候方面很好地履行了企业社会责任外，在其他方面也践行了社会责任。例如，针对 Golden Grove 矿区 Wownaminya 湖镉排放超标设计了蒸发池，增加了沉淀时间，同时定期清除污水处理系统中的沉淀，减少蒸发池的沉淀量。该计划的实施，提升了矿区水废水排放处理系统的利用效率，同时废水中的镉含量达到了排放标准。

3. 积极保障员工权益，促进员工发展

为减轻澳大利亚人夏季有可能长时间暴露在太阳光下易引发皮肤癌的现状，MMG 公司为墨尔本办公室员工组织了一个 15 分钟皮肤癌检查和教育研讨会。员工接受了全身皮肤检查并参加了一个有关皮肤癌类型、早期预警信号和自我检查指导的培训，提升了员工的健康意识和水平。Century 和 Golden Grove 矿区也为员工进行了皮肤癌检查。

MMG 为了避免员工的个人需要与传统的工作时间发生冲突，实现员工个人生活与工作的平衡，公司实行弹性工作制。员工在完成规定的工作任务或固定的工作时间长度的前提下，可以自由选择工作的具体时间安排，以代替统一固定的上下班时间制度，增加员工的满意度和生产率，在满足员工个人需求的同时促进了企业的发展。

Rosebery 矿区高度关注社区和游客的安全。在西海岸理事会、当地警方和社区的许可下，在繁忙的节假日期间，在矿区主要路口处放置了一辆坠毁汽车，以警示大家安全第一。

全方位促进员工发展，打造"优异表现团队"。通过执行"优异表现团队"项目流程，确保公司员工发展战略目标的实现。该项目保障中国五矿拥有具有世界一流水平的、符合岗位能力需求的员工团队。通过鼓励和认可员工工作，激发员工发展潜能，同时促进企业的良性发展。

"我的表现"是提升员工素质的重要项目之一。关注个人能力和兴趣的提高，五矿制定了"我的表现"（My Performance）项目。作为促进员工发展的核心，该项目帮助员工清晰了解个人职责，为员工提供更多的发展机会，满足员工与企业的双重需要。

"人尽其才"激发员工发展潜能。作为培训项目中的重点内容之一，"人尽其才"为办公室员工提供为期 4 天的培训，采用国际一流商业教材，旨在

帮助员工进一步了解商业模型和工作流程。员工在接受完该项目的培训之后，丰富了个人知识的积累，并能在工作中使用商业模型工具，提高工作效率。该项目采用团队作业模式，因此还能促进员工内部交流，营造良好的团队工作氛围。

光明食品已经在质量安全体系建设、过程控制、冷链管理等方面加强内部管控力度。同时，食品安全理念由"关注产品质量"升华为"关注整个产品供应链"。在质量安全体系建设方面，公司通过了乳制品 HACCP、GMP、ISO9001、ISO22000、ISO14001 等体系的认证。在此基础上，公司还拥有先进的"牧场千分""工厂千分"为乳品制造保驾护航，乳品质量已经达到与国际接轨的标准。

此外，公司对管理标准进行完善，制定了《食品安全链管理手册》，加强对全过程的风险管理。管理手册覆盖奶源管理、研发环节、生产过程、物流环节、终端销售全过程的风险识别、风险应对及管理措施等。

与此同时，制定质量链环节检查标准。该标准覆盖奶源、生产过程、终端产品流通等各环节。在此基础上，再根据上一年度检查情况以及最新法律法规的要求，对"奶源质量审核标准""工厂质量审核标准""物流配送仓储检查表""商超检查表""社区冷链检查表"等进行补充完善。

在质量过程控制方面，为防止由质量链环节接口不畅等原因造成的危机事件的发生，食品安全办公室每月组织沟通会，建立质量链月度沟通平台，对于月度质量链运作过程中存在的主要问题及潜在隐患进行沟通交流，落实整改措施并跟踪改进情况。工厂、物流、社区冷库等各环节加强交接过程的产品质量监控。

在生产过程控制方面，公司在 2011 年新建立了质量信息电子追溯系统，覆盖下属工厂的所有产品。经过近一年的建设，光明乳业下属各工厂质量信息电子追溯系统已于 2012 年初正式上线运行。通过该系统可实现从原料到成品、再从成品到原料全过程各环节的双向可追溯，并可实现检验报表、生产报表的自动生成、查询功能。为了提高系统运行速度，2012 年在原开发功能基础上增加了 Excel 表格导入功能、FOSS 检测数据自动衔接功能、Web 查询功能等，下阶段还将开发配料领用的条码自动扫描等功能，不断完善追溯系统，以满足消费者溯源的需求。

（四）三一重工的海外公民实践

1. 海外服务，切实保护海外员工包括外籍员工在内的员工权益

2012 年三一重工成功收购普茨迈斯特，成为中国第一家并购世界第一品牌的企业之后，没有解雇普茨迈斯特的员工，而是扩充了原来的产品线，招收了更多的员工。三一重工的这些措施和及时有效的沟通，很快便化解了并购后的矛盾，缓解了紧张局势，减少了文化冲突。

现在三一重工已经成为拥有 30 多家海外子公司，业务覆盖达 150 个国家，产品出口到 110 多个国家和地区的世界级品牌。同时，三一重工已在全球建成 15 个物流中心，超过 1300 名营销和服务人员常年在海外为全球客户提供一流的产品和服务，其中近 300 名外籍员工，已经逐渐成长为三一重工国际化进程中的中坚力量。

2. 三一重工慈善公益实践

从社会道德层面看，海外企业参与公共慈善已经得到了越来越多的肯定，也有越来越多的跨国公司投入大量的精力来参与和倡导慈善活动。早在 2011 年 9 月 19 日，三一重工在河南省郑州市向几内亚捐赠了一台价值 50 万美元的 46 米混凝土泵车，用于援助其战后建设，而这台泵车也成为西非地区的首台泵车。

早在 2002 年，三一重工出口一批平地机到摩洛哥，这笔高达 3000 万美元的大单，是三一重工历史上的第一笔出口业务，也是三一重工在非洲打开的一个突破口。2012 年，在安哥拉政府重点工程凯兰巴·凯亚西（Kilamba Kiaxi）一期项目中，共有 90 台三一设备参与建设，其中拖泵 22 台，搅拌车 43 台，压路机 10 台，平地机 4 台，泵车 10 台，搅拌站 1 座，整个工程的混凝土全部由三一设备负责泵送。这极大地支持了非洲的建设和经济的发展。

另外，凭借三一重工独特的设计和环保理念，三一 180 混包搅拌站在阿拉伯联合酋长国、中国等 12 家混凝土公司中脱颖而出，两套三一 180 环保搅拌站在卡塔尔的多哈新港拔地而起。据了解，从 2014 年开始，三一 180 环保搅拌站将参与多哈体育场馆的建设，助力 2022 年多哈世界杯的基础设施建设。

总之，以上提到的案例都是 2012 年度我国企业在"走出去"过程中积极履行其海外责任的表率。总结他们在 2012 年度海外履责的表现，各有其重点，

而且，民营企业例如三一重工，随着"走出去"步伐的加快，在海外履责中变得举足轻重。总结一下我国企业的海外公民实践，为如下几点。

第一，员工权益方面，由于身处国外，为了企业的本土化发展，不可避免地要聘用外籍当地员工，而且本国的员工外派到外国的工作环境中去，这加剧了在员工管理与员工权益方面的难度。以上企业在员工权益保护实践方面，对员工尤其是外籍员工进行培训，提高外籍员工对公司的认识和了解，以及本土外派员工对环境的适应性。并且，在员工安全方面也做了很多的工作，尤其是五矿，关心员工的身体状况，切实做到了关心员工。

第二，在消费者权益保护实践方面，切实从自身方面做到让消费者，尤其是让当地乃至全球的消费者放心，这也是一个我国企业创立国际品牌，在国际市场立足的重要支撑。把好质量关，对于每个企业来说都至关重要，上述企业中如光明食品，作为一个食品企业，更是关乎生死。光明食品在海外履责中，做到了在生产过程中，以及质量标准方面，都有严格的要求，切实做到了对消费者负责，值得其他企业学习和借鉴。

第三，环境保护，这是全球共同关注的话题和共同的责任。作为一个跨国公司来说，在海外做到不破坏当地的环境，并保护好当地的生态环境，有利于提高企业的形象和当地的信任度，更加有利于企业在海外的可持续发展。中石油、中海油、中国五矿，2012年中都积极地加快"走出去"的步伐，"走出去"之后的海外企业责任中，环境保护对于资源类企业是一个极大的挑战。他们在采用当地资源时，都做到了保护当地的生物多样性，并节约资源，努力做到不破坏，"环保优先"。

中国企业在海外履行其海外企业公民责任，并不仅仅在这几方面，还包括慈善公益实践、商业伙伴关系实践等。很多企业在"走出去"之后的表现，对其他还未"走出去"但是准备向国际化发展的企业来说，有很大的借鉴意义。

三　结论与建议

随着中国企业海外并购的加速发展，"走出去"步伐的逐渐加快，我国企业肩负的海外企业公民责任也越来越艰巨。而且随着企业社会责任意识的不断增强，很多公司都认为，他们开始背负越来越沉重的社会期望。作为一个企业，不仅要对股东负责，还要对债权人、员工、消费者（归纳起来就是那些直接或者间接影响其经营活动的人）的利益相关方负责。对于海外公司公民来说，它们在世界上不同的社会中生产经营，需要应付各种期望，需要适应各种不同的文化地理环境。有些公司，尤其是跨国公司宣称负有企业社会责任，公司的国际性经营目标是履行社会责任，但它们在进行企业公民实践的过程中还有很多不足，经常会违背东道国的社会目标和发展目标。对于一个外国投资者来说，它们不仅仅对东道国负有责任，还需要对母公司负责。从跨国公司自身的角度来看，它们首先要同东道国保持互惠的协作关系，同时也有自身利益的考虑，那就是避免被撤销投资的权利。此外，它们还会考虑到企业的声誉和品牌价值，以免竞争对手趁机获益。而政府之所以欢迎跨国公司在本国投资，是希望它们为国内经济和社会目标做贡献，同时从跨国公司的国际战略和经营能力中获得利益。尽管如此，有关发展中国家经济发展的措施却很少得到关注。

另外，上市跨国公司的企业社会责任报告，尤其是海外责任报告的编制质量还有待提升。通过对已经发布企业社会责任报告的跨国公司的研究发现，只有个别企业能够坚持每年发布海外责任公告，且多数报告整体的质量并不可观。

总之，我国的海外企业公民建设需要优秀海外企业的示范带动，需要政府的引导和支持，需要社会力量的积极推动，更需要海外企业公民自身意识的不断提升。我们相信，中国的企业在全球化背景下，一定会顺利完成"十二五"规划的目标，使更多的企业真正在世界舞台上施展才华，赢得一席之地，甚至取得领先地位。

参考文献

［1］朱锦程：《全球化背景下企业社会责任在中国的发展现状及前瞻》，《中国矿业大

学学报》（社会科学版）2006 年第 3 期。

［2］王仁荣：《企业社会责任和中国企业海外并购》，《上海经济》2012 年第 Z1 期。

［3］郝云宏、唐海燕、胡峰：《论企业公民行为概念在跨国投资中的确立》，《管理现代化》2008 年第 3 期。

［4］王华：《全球治理视野下的跨国公司社会责任》，《经济导刊》2010 年第 6 期。

B.13
招商银行企业公民实践
案例追踪研究

张爱卿 李玉亭 *

摘　要：

　　构建和谐社会，就要在增进"企业公民意识"的讨论和争做"企业公民"的实践活动中正确认识和处理好企业公民权利和社会责任的关系。本文以招商银行为背景，探讨招商银行从成立以来社会责任的履行情况，得出对当今企业发展的一些启示。招商银行企业公民行为主要包括六大方面：企业履行劳工保护责任报告、企业履行消费者权益保护责任报告、企业履行慈善责任报告、企业反腐败反商业贿赂责任报告、企业履行社区服务责任报告、企业履行产品质量安全责任报告。截至 2012 年底，招商银行已连续 7 年发布社会责任报告共 7 份，这些社会责任报告一年比一年完善，内容也更加翔实，同时从 2011 年开始，招商银行在发布的社会责任报告中加入了英文版本，方便了海内外公众的共同阅读。

关键词：

　　招商银行　社会责任　企业公民

一　招商银行企业公民履行状况简介

招商银行成立于 1987 年 4 月 8 日，是中国第一家完全由企业法人持股的

---

* 张爱卿，中央财经大学教授、博导，研究方向为人力资源与企业社会责任；李玉亭，中央财经大学硕士研究生，研究方向为人力资源与企业社会责任。

股份制商业银行，总行设在深圳。2002 年，招商银行在上海证券交易所上市；2006 年，在香港联合交易所上市。

招商银行历来十分重视企业社会责任建设，秉承源于社会、回报社会的宗旨，有意识地将履行社会责任与拓展市场业务、提升品牌价值以及建设企业文化紧密结合起来，实现了招商银行自身商业利益与社会道德诉求的相互融合，成功地将社会责任内化整合为招商银行长期发展战略的有机组成部分，进而为招商银行带来了源源不断的精神财富与发展动力。

具体而言，招商银行履行社会责任主要体现在以下方面：以良好业绩回报股东、以优质服务回报客户、以有效激励回报员工、以关注民生回报社会。在历年的实践中，形成了一些富有特色且广为人知的项目，如绿色金融、理财教育公益行、定点扶贫、金葵花儿童成长基金、爱心操场专项体育慈善基金等，获得了社会各界的一致好评。

招商银行社会责任的战略宗旨：源于社会、回报社会；战略目标：诚信为本、和谐为美、精诚奉献、共赢发展。

2006 年 10 月 15 日，招商银行联合 IBM、万科、诺基亚、平安保险、Cisco、惠普、TCL、南方报业等知名企业和单位，共同发起成立"中国企业社会责任同盟"。该机构是国内首家以倡导社会责任为宗旨的企业民间组织，旨在联合社会各界力量，加强政府机构和非政府组织交流合作，通过政府推动和非政府监督及企业自律机制推进中国企业社会责任建设的发展。当天，同盟首届会长马蔚华行长在成立大会上宣读成立宣言。

2007 年 9 月 21 日，招商银行在北京正式发布《1987~2007 社会责任报告》，这是该行成立 20 年来首次发布此类报告，迄今为止，招商银行共发布 7 份企业社会责任报告。招商银行在企业公民行为方面走在了其他企业的前面，很少有企业可以每年都发布企业社会责任报告。

从 2009 年开始，招商银行的社会责任理念的模型如图 1 所示。2010 年在企业公民报告中加入了招商银行海外机构履行社会责任情况；2011 年增加了英文译本，而且增加了招行的案例，使阅读更加一目了然；2012 年也增加了英文译本，在前面增加了责任专题，2012 年为招商银行成立 25 周年，这次的企业社会责任报告采用问答的形式，更加人性化。

图 1　招商银行企业社会责任模型

　　表 1 对招商银行从 2007 年以来发布的企业社会责任报告进行了总体的概述，下文主要从六大方面来分析招行的企业公民报告：企业履行劳工保护责任报告、企业履行消费者权益保护责任报告、企业履行慈善责任报告、企业反腐败反商业贿赂责任报告、企业履行社区服务责任报告和企业履行产品质量安全责任报告。

二　企业履行劳工保护责任报告

　　坚持企业与员工的共同成长是银行可持续发展的前提条件。招商银行始终秉持"人才立行、科技兴行、专家治行"的理念，建立双通道职业发展模式，创新推广业绩能力双维度考评，多渠道开展员工关爱，努力为员工创造良好的发展环境，使员工与企业的成长同步。行长马蔚华的幸福观是，一群愉快的人在一起愉快地做事，获得对社会、对个人都愉快的结果。

表 1　历年招商银行履行社会责任报告概览

年份	1987~2007	2007	2008	2009	2010	2011	2012
内容	■履行劳工保护责任 ■履行消费者权益保护责任 ■履行慈善责任 ■反腐败反商业贿赂 ■履行社区服务责任 □履行产品质量安全责任	■履行劳工保护责任 ■履行消费者权益保护责任 ■履行慈善责任 ■反腐败反商业贿赂 ■履行社区服务责任 □履行产品质量安全责任	■履行劳工保护责任 ■履行消费者权益保护责任 ■履行慈善责任 ■反腐败反商业贿赂 ■履行社区服务责任 ■履行产品质量安全责任	■履行劳工保护责任 ■履行消费者权益保护责任 ■履行慈善责任 ■反腐败反商业贿赂 ■履行社区服务责任 ■履行产品质量安全责任	■履行劳工保护责任 ■履行消费者权益保护责任 ■履行慈善责任 ■反腐败反商业贿赂 ■履行社区服务责任 ■履行产品质量安全责任	■履行劳工保护责任 ■履行消费者权益保护责任 ■履行慈善责任 ■反腐败反商业贿赂 ■履行社区服务责任 ■履行产品质量安全责任	■履行劳工保护责任 ■履行消费者权益保护责任 ■履行慈善责任 ■反腐败反商业贿赂 ■履行社区服务责任 ■履行产品质量安全责任
主要特点	第一份社会责任报告，详尽阐述招商银行在成立20年以来所做的事情，具有里程碑意义	社会责任报告的内容较为概括，框架比较简单	我国成功举办奥运会，并经历了汶川地震、南方雨雪灾害，此份报告着重点突出招行在这几方面的作为	框架清晰，之后的报告框架均基于此份报告	在企业公民报告中加入了招商银行海外机构履行社会责任情况	增加了英文译本，而且增加招行的案例分析	增加了英文译本，增加责任专题，成立25周年，这次的企业社会责任报告采用问答的形式，更加人性化
所获荣誉	1999年，招商银行的股本回报率位于亚洲首位； 2003年，荣获"中国红十字会博爱奖章"； 2005年，荣获"中国最佳企业公民行为大奖"； 2006年，荣获"中国最受尊敬企业"称号	蝉联"中国最佳零售银行"； 荣获"中国最佳服务奖"； 被评为"2008中国本土最佳现金管理银行"； 荣获"2007中国扶贫公益明星（单位）"称号	荣获"最具爱心企业"称号； 被评为"2008中国民生行动先锋"； 荣获"2008年度中国公益50强； 荣获"中国最佳企业公益模式创新大奖"	授予"中国信誉企业认证"； 荣获"中国区最佳私人银行奖"； 荣获"最受公众认可的公益项目"； 荣获"最佳雇主50强"称号	入围"中国世界级品牌"； 荣获"中国区最佳财富管理品牌"奖项； 授予"中国红十字杰出奉献奖章"； 荣获"2010年度亚太最具社会责任企业大奖"	荣获"中国区最佳投资者关系公司"； 荣获"2011年度中国绿色银行"； 被评为"2011年度最佳顾客满意度银行"； 荣获"品牌中国华誉奖"	荣获"最具社会责任金融机构"； 荣获"2012年度中国金融品牌十大公益项目奖"； 荣获"最佳公司治理奖—白金大奖"； 荣获"中国电子银行最佳用户体验奖"

（一）招商银行人本理念

招商银行提倡"尊重、关爱、分享"的人本理念，积极维护员工权益，提供发展机会和富有竞争力的薪酬待遇，营造以人为本的家园文化。"尊重"：企业尊重员工的人格、尊严、个人需求，员工在充分发挥潜能的同时，忠诚于公司，员工之间要彼此相互尊重。"关爱"：各级管理者要关注员工生活和发展，重视利用物质和精神两种手段，让员工实现个人价值，并使价值得到认可。"分享"：每个员工都是招商银行大家庭中的成员，要同心协力推动企业长足发展；企业与员工间、员工与员工间应公开和诚实地沟通，相互信任、相互支持，共同成长。

（二）具体措施

1. 保障员工合法权益

招商银行始终坚持平等、多元化的用工原则，不断完善自身劳动保障制度，维护员工的职业健康安全；同时通过职代会等多种途径保证员工言路畅通，鼓励员工为企业发展献计献策。

（1）保障员工民主权利。

招商银行非常重视员工的民主权利，深化完善民主管理制度，设立多样化信息传递通道和信息表达渠道，激励员工参与企业管理，保证员工享有知情权、监督权、参与权与决策权。2009年，总行工会在全行广泛开展劳动关系专题调研。为保障广大职工参与公司治理和企业决策的民主权利，从源头上加强对职工合法权益的维护力度。2010年招商银行印发了《招商银行职工代表大会组建操作规程》，同时招商银行通过开展家访活动、座谈会、网络论坛、问卷调查等形式，积极听取员工意见并实现员工诉求。

（2）完善薪酬福利体系。

招商银行严格执行国家劳动法律法规，在岗员工100%签订劳动合同，按时足额缴纳"五险一金"，反对强迫劳动，不以任何原因歧视员工。第一，健全劳动保障制度；第二，强化激励机制；第三，优化福利待遇。招商银行福利体系见图2。

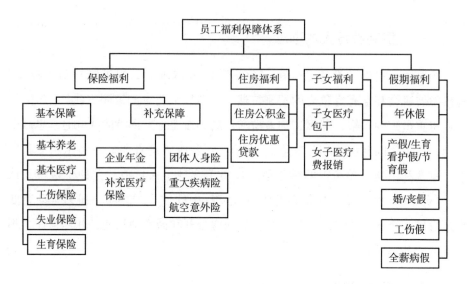

图2 招商银行福利体系

（3）维护员工健康安全。

招商银行每年对工作环境进行评价，并进行必要的改进，以确保员工身心的健康、安全和工作的舒适性。招商银行严格执行国家劳动法规，确保员工健康和安全，并在办公场所都设有紧急情况通道和标识，制定了一系列的紧急情况预案，通过宣传、预演，使得员工了解相关的处置措施。2009年，招商银行举办了"远离亚健康－职场养生与保健"员工关怀系列讲座，帮助员工树立正确的健康观念，掌握基本保健方法；同时，在组织员工体检的过程中，也根据性别和年龄，安排有针对性的体检项目。

2. 加强员工能力培养

招商银行历来重视员工素质和能力的提升，通过培训、技能竞赛等多种渠道，促进员工价值与企业价值的共同实现。

（1）打造招行品牌培训。

2008年，招商银行各级机构根据发展战略以及本单位年度工作安排，结合员工素质状况及所在岗位需要，制订了详尽的员工年度培训计划，包括新员工培训、管理骨干培训、客户经理培训、专业知识培训。2009年，招商银行持续加大资源投入，完善现有员工培训体系，企业人才培养工作成绩明显。

2011 年，招行加强重点资源整合，不断提高培训绩效。2012 年，招商银行以"转型"为主线，在"基于能力、联结绩效、关注发展"的学习发展观指导下，研究制定第二个教育培训中期发展规划。

（2）重视员工知识管理。

招商银行大力推广知识管理系统，构建业界领先的培训信息化支持体系，加快知识传递和分享，促进隐性知识显性化，培育学习型组织。2011 年，招商银行通过加强培训、开展知识管理等措施，切实提升员工的综合素质和能力水平。招商银行知识管理系统于 2011 年 7 月完成系统开发，于 2012 年初在全行推广。

（3）提升员工业务素质。

提升员工业务素质是实现二次转型的重要保障，2012 年，招商银行组织举办全行人力资源管理条线培训班、"两小"业务人力资源支持政策思路研讨班等培训和适应不同业务种类、不同岗位特点的技能比赛活动，促进员工综合能力及业务素质的提升。

3. 重视员工职业成长

（1）不断规范招聘管理。

2012 年，招商银行招聘管理，组织全行"招聘官"培训，提升招聘官水平，形成人才招聘系统改版优化方案，严格对招聘信息发布的管理，规范全行校园招聘流程，按照"一笔四面"的标准流程开展 2013 届应届毕业生招聘工作。

（2）完善激励约束机制。

完善的薪酬分配体系是实现人力资源资本化的有效保障。2011 年招商银行出台《招商银行薪酬管理规定》，结合员工职业生涯发展规划，创新序列管理模式，构建多层次人才激励机制，激发员工的积极性、主动性和创造性。2012 年，招商银行探索薪酬分配体系改革，增加员工的薪酬收入与福利保障。

（3）健全职业发展通道。

2007 年，招商银行积极推进 131 人才工程①和专业职务序列建设，以拓宽员工职业发展通道。2009 年，招商银行进一步推动内部"人才市场化"的探

---

① 131 人才工程：第一个"1"是指 100 名高级管理人才，"3"是指 300 名专家型人才，第二个"1"是指 1000 名客户经理。

索。招商银行对员工职业生涯的管理是通过员工发展计划与评估来实现的，具体的机制流程是按照制度先行、总行先试、分行落地这三步来具体实施的。企业对员工的职业管理表现在：提供一个富有挑战性的最初工作，人力资源部门为其记录职业兴趣，管理者则倾听、澄清、询问员工的生涯需求，并同时注意组织文化的培养与传输。2011年，招商银行制定了《招商银行双通道职业发展管理规定》，形成了灵活的人员配置机制，提供"专业序列发展＋行政晋升"的双发展职业通道，完善了覆盖全员的职业发展体系，进一步拓宽了员工的职业发展空间。

（4）对管理者的培训。

培养管理者掌握管理"知识型员工"所需的技能，并针对知识型员工的特点调整态度，重视团队建设并身体力行，形成合适的管理风格，建立与员工之间顺畅的双向沟通机制，保证员工的不良情绪及时得到宣泄。

4. 致力于开展员工关爱活动

招商银行各级工会通过定期组织员工体检、举办健康讲座、发放健康书籍、倡导体育锻炼等多种形式，帮助员工了解自身身体状况、丰富健康知识、增强锻炼意识、保持健康的体魄，以更好的状态投身招行建设。

（1）员工关爱行动。

2009年，招商银行进一步健全了员工关爱制度，同时针对不同员工群体，开展了各具特色的关爱活动，帮扶困难职工、关爱女员工、关怀离退休干部。2011年招行积极组织员工体检，开展了弹性工作制、健康知识讲座、员工心理关爱专题项目等活动，搭建起员工保健平台。

（2）丰富多彩的企业文化节。

2008年，招商银行通过开展迎春晚会、行庆晚会、运动会、摄影大赛、征文比赛、集体观影等活动，进一步丰富了员工精神文化生活。2009年，招商银行通过建设员工俱乐部和举办企业文化节，组织了一系列精彩的文体活动，以丰富员工生活，帮助员工寻求工作和生活的平衡。2010年，招商银行组织了一系列精彩的文体活动，加强员工俱乐部建设，不断丰富员工业余生活。2011年，招商银行继续加强员工俱乐部建设，鼓励员工参加体育锻炼和文艺活动，培养健康文明的生活方式。

三 企业履行消费者权益保护责任报告

提供感动客户的优质服务是商业银行可持续发展的关键环节。招商银行始终坚持从客户和市场需求入手，推动产品创新和服务创新，大力构建全方位、立体式的服务体系，努力提升客户体验，赢得客户感动。

（一）招商银行服务客户理念

坚持以客户为中心，尊重和关爱客户，发现客户需求，提供个性化的产品和服务，满足客户期待与梦想；强调内部服务，内部服务是外部服务的基础，各级管理者都要有很强的服务意识，做好对内部客户的服务、一线服务。

树立"大服务"和"客户本位"的思想。所谓"大服务"理念是将一系列完整的服务流程全部集于一身，形成从上游到下游全线的网络和实施能力。要做到"三个转变"：一是员工角色定位"代表招商银行"向"代表顾客"转变；二是标准化服务向个性化、细微化、亲情化服务转变；三是从重视接待重要顾客转向接待好每一位客户。达到"三个境界"：一是让客户满意——用专业技能，为客户提供一切所能提供的服务让顾客满意；二是让客户惊喜——用心做事，向客户提供个性化服务，从满意达到"满溢"；三是让客户感动——用情服务，在生理感受和心理感受上都超出客人的预期值。

（二）具体措施

1. 创新客户服务模式

（1）有效的客户关系管理。

根据"为客户提供最新最好的金融服务"的使命，招商银行建立了如图3所示的客户关系管理模型。

第一，招商银行从客户服务体系组织架构上建立了多层次、全方位的客户服务体系。第二，招商银行依托先进的技术创新能力，在网上银行、自助银行、电话银行等电子银行业务上处于国内银行业领先地位。第三，招商银行通过制定服务管理制度，加强服务管理，优化服务流程，强化服务意识。第四，

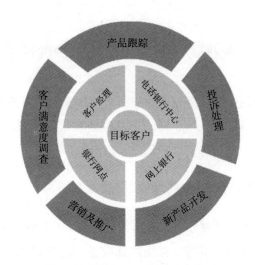

图3　招商银行客户关系管理模型

招商银行为客户提供了多种服务渠道和多样化服务手段。第五，招商银行通过为客户提供高品质和亲和力的产品售后服务，不断提高客户的忠诚度和满意度。2012年，招商银行进一步落实银行领导关于以客户为中心实施流程再造的要求，推动该项目的顺利进行，稳步推进项目的落地实施，致力于早日向客户提供"ONE BANK"（一个银行）的全新服务体验。

（2）关注特殊群体的服务需求。

招商银行践行"因您而变"的理念，竭诚为各类客户提供金融服务，尤其注重为特殊群体提供最迫切需要的金融产品和服务，为促进社会的和谐与共同发展尽一己之力，招商银行关注的特殊群体包括偏远地区客户、农民工客户、外籍客户和少数民族客户，为他们提供具有特色的金融服务。

（3）为奥运提供优质服务。

2008年，第29届奥运会在中国北京举办，招商银行将完善外币兑换服务、强化奥运服务保障支持、加强ATM机具管理、提高客户投诉处理效率与质量、落实各项应急管理措施等作为在奥运金融服务方面着力推进的工作，重点确保北京、青岛、上海、天津和沈阳5座奥运城市的金融服务高效顺畅运行。

（4）全力保障世博会、亚运会金融服务。

为保障世博会召开期间的金融服务工作，招商银行专门制定下发了《招商银行世博金融服务工作方案》，成立招商银行世博金融服务工作领导小组，明确了世博金融服务工作目标和工作内容。在广州亚运会召开期间，招商银行高度重视，早部署、早行动，全力做好亚运会金融服务工作。

2. 拓宽客户服务渠道

2009 年，招商银行特别加大了对中西部地区的金融覆盖力度，截至 2009 年底，中西部分支机构占招行的比重由 2000 年的 25% 上升至 31.41%。2011 年，招商银行积极加强客户服务渠道建设，通过网点升级改造、电子银行及远程银行建设等举措，为客户提供更加便捷的服务。2012 年，招商银行持续拓宽创新客户服务渠道，从物理渠道、电子渠道等多方面进行升级和创新，尽可能地为客户提供便捷、舒心的服务，真正将招行"因您而变"的理念体现到服务的每个细节。

3. 保证客户资金安全

伴随金融产品的普及和丰富，金融工具和金融产品的风险日益成为客户关注的重点，招商银行通过多种渠道，积极向客户宣传相关风险的防控，保障客户的资产安全。招商银行从账户信息安全、密码安全、额度管理、防范网络风险，以及"一网通网盾"安全体系八重防御等各个维度向持卡人进行宣传和风险提示，在开卡环节由柜员在开卡过程中，提示客户安全用卡的要点。

2010 年，招商银行组织开展了打击银行卡犯罪专项行动，制定了《招商银行打击银行卡犯罪专项行动工作方案》，成立了专项行动领导小组和工作小组，建立银行卡案件联合防控工作机制，加强对自助设备环境安全管理和技防设施设备的安全检查。自 2010 年 3 月起陆续与腾讯、快钱、盛大、益充、银联支付等支付平台类商户建立防假链接技术合作，假链接案件防范取得较好成效。2012 年，加强对总行机关技防项目的管理，加强对各分行技防项目的督导，加强对总行外地办公场所及各分行安全管理的督导，全力打击银行卡违法犯罪和电信诈骗行为，加强护卫队伍管理，多措并举，确保客户信息和客户交易安全。

4. 普及客户金融教育

要防范和化解金融风险，逐步建立与社会主义市场经济发展相适应的金融机构体系、金融市场体系和金融调控监督体系，需要全社会的理解、配合、支

持。因此，在全社会宣传普及金融知识显得尤为重要。

（1）普及金融知识。

一方面，通过营业网点建设、现代咨询服务手段推出等，重视改进金融服务窗口的宣传功能，让广大消费者通过窗口了解金融政策信息，学会相关的金融常识技巧；另一方面，通过路演、理财投资讲座等多种渠道宣讲金融知识，让人们能用并善用金融。

1998年12月22日至1999年3月8日，由总行统一组织的"招商银行'穿州过省，一卡通行'全国巡回展示会"在全国16个大中城市举行。2000年3月9日，招商银行全程赞助的"中国大学生电脑节"在南国花城广州拉开帷幕。2009年，招商银行与搜狐网合作举办"招商银行理财牛博大赛"，该活动得到了公众的广泛参与。

（2）理财教育公益行。

2007年，我国资本市场火热，市场规模迅速扩大，为了增进公众对当代金融的了解，普及大众理财知识，提高广大投资者的金融风险意识和自我保护能力，招商银行开展了为期三个多月的"理财教育公益行"活动，活动期间，招商银行出版了《人生必上的16堂理财课》等课件教材，免费发放给广大投资者。2008年资本市场的大幅调整使许多投资者遭遇无所适从或进退两难的境遇，招行立足客户需要，持续开展了"理财教育公益行"活动，以帮助客户和广大投资者提高理财技能，增强抵御风险的能力，与市场共同成长。2010年7月起，招商银行在全行范围内开展招商银行"第四届理财教育公益"行活动。

5. 持续提高客户满意度

招商银行一直自比为葵花，客户为太阳，在二次转型中，力争设计更多更好的产品来满足不同客户的需求。

（1）积极应对客户投诉管理。

在客户意见信息的内部传导方面，招商银行通过电子工作流程，将信息高效地传递给相应的负责人，并高效地处理。1997年招商银行建立"投诉处理管理系统"，受理、处理、分析和反馈各类客户投诉。针对每一笔投诉，招商银行的受理部门均认真登记、及时传递，处理部门按时处理，并以谁受理、谁反馈和处理与监督相分离的管理原则，由受理人员在规定的时间内反馈给客户，专职人员对客户满意与否进行事后验证。2007年，绝大多数投诉得到了妥善处理和解决，客户满意度达到99%。2009年每个季度通过开展客户投诉分析，推动改进服务，并以编辑《客户之声参考》的形式，将客户投诉情况及时反馈给相关部门。

（2）全方位的客户满意度测量。

招商银行积极借鉴国外先进的管理技术，在同业中率先获得了ISO9001质量体系认证，并建立了"客户满意度指标体系"，为管理质量和服务质量的持续提升提供了有力保障。2008年3月，招商银行成立了由马蔚华行长任主任的全行服务监督管理委员会，下设总行服务监督管理中心，对全行服务体系的设计、运行状况以及服务质量进行监测、评价和考核。招商银行通过对与客户沟通交流的回顾，评估交流效果，调查客户满意度，持续改善客户关系，以更加适应银行业务发展的需要。2009年，招商银行加强服务监督管理，以"健全体系，提高标准，协调改进，强化考核"为工作指导思想，持续完善以客户为导向的全面服务管理体系，增加客户满意度。招商银行在2011年度中国银行业文明规范服务百佳示范单位评选中，是入选的12家银行中比例最高的银行。

（3）创新金融产品。

成立20年多来，秉承"因您而变"的经营理念，招商银行打造了"一卡通"、"一网通"、"金葵花理财"、"点金理财"、招商银行信用卡、财富账户等一系列知名金融品牌，致力于为客户提供高效、便利、温馨的金融服务，普及金融知识，被誉为创新能力强、服务好、技术领先的新锐银行。2009年，招商银行创新各类金融产品和业务管理平台，针对个人客户、企业客户和同业银行的实际需求，综合本行优势，致力于提供多维度和分层次的产品服务。2010年招商银行推出了全国首创的网络互动银行——"i理财"，倾力打造移动互联网时代的全新移动金融生活平台，迈出了移动金融全面电子化重要的一步，正式推出远程银行和财务公司代理结算与ECDS电子商业票据同业版产品，以移动互联网快速发展为契机，推出"掌上生活"创新产品，为客户提供优质便捷的支付体验。2011年，创新推出移动金融生活解决方案、"节节高

升"主题理财产品、快乐伙伴卡等一批市场领先的产品，使金融产品创新更好地融入了百姓生活。2012 年，招商银行全面推动网点营业厅建立 WiFi 网工作，大部分网点都已实现免费上网，创新推出运通百夫长白金卡、黑金卡、QQ 会员联名卡、微博达人卡；延续"非常旅游"品牌，推出"非常三亚""非常港澳""非常美国"主题旅游营销活动。

四　企业履行慈善责任报告

企业发展成果人人共享，是企业实现长远发展的必由之路。招商银行始终秉持可持续发展理念，坚持依法合规诚信经营、持续定点帮扶武定、永仁，不断加强与利益相关方的互利合作，积极参与社会公益，努力实现企业与社会的和谐发展。中共中央政治局常委、国务院总理李克强如是说：慈善作为一种社会责任，贵在见诸行动。通过自身行为，引导更多的人、更多的社会资源参与慈善活动，汇入献爱心的洪流之中，以自己的点滴行动，昭示和弘扬"人人皆可慈善"的理念。

（一）招商银行慈善理念

招商银行在保持各项业务稳健发展、经济利益增长的同时，努力以各种方式回馈社会，履行一名优秀企业公民的义务，通过优化信贷结构、助力中小企业发展，促进国家经济的稳健发展，通过连续 14 年的定点扶贫工作和资助当地教育事业，推动贫困地区的快速发展。

（二）具体内容

1. 定点帮扶武定、永仁

1998 年 9 月，国务院扶贫工作领导小组将云南省楚雄彝族自治州所辖的武定、永仁两县确定为招商银行的定点帮扶县，2012 年是招商银行定点帮扶云南永仁、武定两县的第十四年，招商银行继续秉承"教育扶贫是基础、产业扶贫是关键、文明脱贫是最终目标"的扶贫理念，继续加大帮扶力度，推动城乡交流，增强两县可持续发展能力。

2. 捐资助学

（1）关注青少年成长。

2004年5月16日，招商银行员工和来自60多个国家和地区的第16届世界模特小姐在招商银行大厦现场捐款，共同捐助旨在帮助失学女童重返校园的"春蕾计划"。2006年5月29～31日，招商银行与中国企业社会责任联盟、云南省教育厅等单位联合主办"天使之翼百万助学行动"。2007年3月，招商银行联合中国儿童少年基金会建立"金葵花儿童成长基金"，帮助贫困地区儿童远离危害，健康成长。2007年3月，设立希望工程专项体育慈善基金。2007年8月，与中国儿童少年基金会合办"留守儿童教育援助千乡慈善计划"。

（2）在高等院校设立奖教、奖学金。

据统计，招商银行已在清华大学、复旦大学等近30家高等院校设立奖教、奖学、助学金，奖励教师、学生达7000多人次，对各校教育事业的发展起到了积极的作用。

（3）为教育事业直接捐款。

招商银行先后向中国扶贫基金会中国新长城特困大学生关爱行动捐款52万元；为新疆克孜勒苏柯尔自治州助学活动捐款10万元，教师节慰问教师并捐款45万元；为上海交通大学捐款60万元；为中国金融教育发展基金捐款50万元；为深圳教育发展捐款51万元；为中国高级检察官教育基金会捐款50万元。

3. 抗击特大自然灾害

在祖国人民有困难和危难之际，招商银行总会伸出热情的双手，慷慨解囊。抗"非典"、扶贫、助学等只是热心招商银行公益事业的一部分，哪里有难，招行人都会用爱浇灌"心的沙漠和爱的荒原"。

（1）抗洪救灾。

1998年，长江流域发生百年不遇的洪涝灾害，招商银行向灾区捐款500万元；同时，招商银行发动全行员工捐献衣物、药物、文具等物资给灾区人民。2005年夏季，广东省遭遇了特大洪涝灾害，招商银行人在短短3天之内就捐赠了100多万元以及1000床军用棉被。2010年12月，招商银行向江西水灾地区捐赠100万元帮助灾区人民抗洪救灾和进行灾后重建工作。

（2）抗击"非典"。

2003 年 5 月，为抗击"非典"，招商银行一举向中国红十字总会捐款 800 万元，以实际行动全力支持非典防治工作，这也是当时中国红十字会总会接受的用于抗击"非典"的最大一笔捐款。

（3）抗震救灾。

2008 年 5 月 12 日，四川汶川地震灾害发生后，招商银行积极响应党中央、国务院的号召，认真贯彻银监会的有关部署，立即启动突发事件应急处理预案，全力做好赈灾捐助、金融服务等工作。截至 2008 年 12 月 31 日，招商银行累计募集赈灾捐款达 1.64 亿元，其中包括公司捐款、员工捐款和客户捐款。2010 年 4 月，青海玉树地震发生后，招商银行通过中国红十字会向青海地震灾区捐款 500 万元，全力支持灾区人民抗震救灾，重建家园，此次捐款定向用于青海受灾地区儿童和学校的建设。

（4）抵御风雪灾害。

2008 年初，中国南方地区遭受的雨雪冰冻灾害，招商银行发起了"风雪无情招行有爱——捐款救灾援助行动"，并于 2 月 1 日晚通过中国红十字总会为受灾群众捐赠首批款项 600 万元。雪灾期间，招商银行发动员工捐款，累计达 284.5 万元。将招商银行和中国儿童少年基金会联合成立的"金葵花儿童成长基金"捐往灾区，用于受灾地区中、小学校舍的重建。

4. 与第三方共同开展公益活动

为支持我国慈善事业，2008 年招商银行携手中国红十字会李连杰壹基金推出了壹基金爱心信用卡，壹基金爱心卡是内地金融消费领域第一张采用"爱心额度"为信用卡核发及升级标准的慈善认同卡。

五 企业反腐败反商业贿赂责任报告

招商银行从建行筹备开始，就按照国际惯例创建现代企业管理制度，制定了《招商银行章程》，并组建了董事会，明确董事会是招商银行最高权力机构，凡重大事宜应由董事会讨论决策，并实行严格意义上的董事会领导下的行长负责制，同时建立监事会，于 1987 年 5 月召开了第一次监事会，制定并通过了监事会章程。

（一）招商银行公司治理结构特点

20多年来，招商银行一直把完善公司治理结构、建立现代企业制度作为追求的目标，并在中国人民银行、中国银行业监督管理委员会、中国证券监督管理委员会等监管部门的支持和帮助下，逐步建立了"运作规范、管理精细、专家参与、发展稳健"为主要特点的公司治理结构。其特点主要包括：股权较分散，经营具有独立性；银行所有权和经营权、监督权和管理权有效分离；建立起一套相对健全、可操作性强、责权利明确的治理准则；形成了特点鲜明的高管人员考核和激励机制。

（二）具体措施

1. 优化公司治理结构

招行自成立以来一直致力于根据自身发展、经营环境和监管要求的变化，不断完善公司治理机制，平衡"三会一层"相互关系，保障股东权益，为提升股东长期回报提供坚实的基础。招商银行坚持以良好的公司治理为基础，以完善的内部控制为依托，不断完善信息披露机制，保证投资者能够及时、准确、平等地获取有关信息。

（1）完善信息披露管理。

招商银行作为在上海、香港两地上市的公司，严格按照境内外信息披露法律法规的要求，及时、准确、真实、完整地披露各项重大信息，继续保持良好的信息透明度，确保投资者及时了解招商银行重大事项，最大限度地保护投资者的利益。2007年7月，招商银行审议制定了《信息披露事务管理制度》。2008年，招商银行从投资者关心的角度，特别披露了美国次货危机的影响分析、持有"两房"债券的情况、汶川地震的影响和应对措施、房地产贷款、住房按揭贷款、中小企业贷款的分析等。2010年，招商银行通过信息披露的全过程控制，不断完善信息披露的质量，进一步增强披露主动性。2011年，招商银行制定了《业绩预告和业绩快报发布机制》，规范了信息披露流程。

（2）加强关联交易管理。

招商银行专门设立董事会关联交易控制委员会，负责本行关联交易的检

查、监督和审核工作，审议关联交易审计报告和管理情况报告等专门事项，并对各重大关联项目进行审核，从而保障股东及招行利益。招商银行对经董事会批准后的所有重大关联方授信业务进行实时披露，并积极推动关联公司集团授信总额的审批。2008年，招商银行对关联交易管理制度做了进一步的完善和规范，将香港联交所重点和严格监控的非授信类关联交易业务列入管理的范畴，建立了全面的关联交易管理组织体系，进一步规范关联交易行为。

2. 实施全面风险管理

完善的全面风险管理是银行金融机构可持续发展的基本保证。招行高度重视风险管理工作，不断完善风险管理机制，持续加强全面风险管理体系建设，细化各类风险的识别与管理，风险防控能力进一步提升。

（1）信用风险管理。

2010年是招商银行"二次转型"元年，招商银行信用风险管理工作认真贯彻全行"应对危机、创新求变、二次转型、再创辉煌"的工作部署，提高信贷业务竞争力；实施"基础提升"，提升信用风险管理能力；促进"结构调整"，控制敏感行业信用风险；加快新系统上线，打造全新信用风险操作和管理平台。2011年，招商银行优化信用风险量化工具，大力推进信用风险管理基础提升计划，认真落实贷款新规，加大风险监测和资金调控力度，保障流动性安全。2012年，招商银行持续加强信用风险管理制度和工具系统建设，强化数据质量管理，着力推进分支机构提升信用风险管理。

（2）市场风险管理。

2010年，招商银行深入开展风险对冲，实行利率风险主动管理，通过完善利率风险管理方面的政策制度，搭建利率风险限额体系，改进风险计量方法，提高了风险计量水平。2011年，开展利率风险主动管理，在同业中率先实现银行账户利率风险对冲及套期会计。

（3）声誉风险管理。

招商银行高度重视声誉风险管理工作，通过制度建设、系统开发及日常监测等措施，进一步完善声誉风险管理工作。2010年，招商银行制定了《招商银行股份有限公司声誉风险管理办法》《招商银行重大声誉事件应急处置规定》，明确了声誉风险管理的组织体系，完成了声誉风险管理系统开发，为银行业首创。2011 年，构建集团声誉风险管理架构，完善管理制度、工具和流程，严密监测并有效应对声誉风险事件。2012 年，逐步完善声誉风险管理体系，提升声誉风险意识。

（4）操作风险管理。

招商银行以实施"巴塞尔新资本协议"为契机，以完善操作风险管理框架体系为目标，从管理制度、管理流程、管理工具、管理系统和资本计量等方面全面加强操作风险管理基础建设。2010 年，招商银行制定和发布了《招商银行股份有限公司操作风险管理政策》及配套管理制度，进一步完善了操作风险管理制度体系。2011 年，健全操作风险管理体系，发布操作风险报告 7 次，操作风险岗覆盖率达到 100%。

（5）合规风险管理。

2008 年，招商银行制定了《招商银行实施全面合规管理工作方案》，并印发《合规政策》，明确合规纲领。2009 年，招商银行审计覆盖范围，首次开展对永隆银行、纽约分行的常规审计。2010 年，招商银行通过突出管理重点，提升管理技术，服务创新发展，进一步优化合规风险管理，一是制订并实施合规风险管理计划，二是推动系统运用，挖掘系统功能。2011 年，加大审计检查力度，防范合规风险。2012 年，加大审计力度，持续提升审计质量和效率，防范和揭示各类风险隐患。

3. 依法诚信合规经营

招商银行高度重视依法合规诚信经营，持续推进反腐倡廉工作，不断加强内控合规管理，加快推进开展反洗钱工作，认真开展廉洁自律教育，最大限度地保障企业的公开透明运营，维护企业的健康稳定发展。

（1）完善内控合规管理。

2008 年，招商银行紧紧围绕"以风险为导向，以内部控制为核心，以流程检查为重点，以提升管理为目的，重视新产品、新业务和新系统，强化问题整改和持续审计，提升审计手段和技术含量，切实提高审计工作的有效性"的指导思想开展工作。2010 年 6 月，根据银监会关于在全国银行业金融机构中组织开展银行业"内控和案防制度执行年"活动的通知要求，招商银行进行了认真的贯彻部署。2011 年，董事会、监事会及各专门委员会全面贯彻落

实国家宏观调控政策和监管要求，围绕企业战略转型实施，认真履职，科学决策。2012年，招商银行按照国家五部委《企业内部控制评价指引》的要求编制《招商银行股份有限公司内部控制评价办法》，规范了内部控制评价工作的流程，并完成全行内部控制评价相关工作，对外披露招商银行内部控制评价报告，并对内部控制评价中发现的内控缺陷进行整改。

（2）加强反洗钱风险防控。

招商银行积极落实以法人为主体和以风险为本的监管理念，推进新一代反洗钱系统顶层设计，加快反洗钱系统整合，创新反洗钱监测模式。2008年，根据新的反洗钱法律法规要求，招商银行拟定了新的反洗钱检查方案，使检查更具针对性，更符合合规要求，并对总行营业部、深圳分行、上海分行、乌鲁木齐分行、大连分行、兰州分行、福州分行等进行了现场检查。2012年，招商银行积极修订或新增反洗钱制度和工作指引，完善反洗钱制度，修订《招商银行反洗钱规定》，完成《总行反洗钱系统框架结构》、《反洗钱可疑交易监测分析系统》、《招商银行国际业务反洗钱工作指引》和《客户洗钱风险评级系统》的编写。

（3）推进反腐倡廉工作。

以招商银行文化熏陶和影响员工，树立廉洁自律的工作原则，是招行稳步发展的保障。招商银行运用多种形式开展廉洁从业和案防警示教育，强化法纪、案例警示教育，同时不断健全纪检监察组织，贯彻落实党风廉政建设责任制，规范员工从业行为。2007年，招商银行印发了《员工治理商业贿赂专项工作须知》，对全行员工进行了深刻的治理商业贿赂和反不正当行为的再教育。2009年，招商银行组织各分支机构对《招商银行集中采购管理办法》、《招商银行廉洁采购管理规定》和《招商银行客户经理和柜面业务人员违反行为禁令处理办法》三项制度贯彻执行情况开展执法监察。2012年5月1日开始，招商银行组织开展"增强自律意识，提升职业操守"主题教育活动，此次活动主要以非法集资、盗泄信息和商业贿赂等案例警示为载体，增强干部员工的自律意识，提升干部员工的职业操守。

六　企业履行社区服务责任报告

致力于社会各方共享企业的发展成果是银行可持续发展的必由之路，招商银行不断加强与利益相关方的互利合作，热心参与社会公益，努力实现企业与社会的持续共赢发展，推动和谐社会目标的实现。

（一）招商银行社区服务理念

一个好的企业与一个伟大的企业的区别在于，一个好的企业能为顾客提供优秀的产品和服务，而一个伟大的企业不仅能提供产品和服务，还能竭尽全力使这个世界变得更美好。

（二）具体内容

1. 扶持文化体育事业

文化体育事业发展水平，是一个国家、一个地区综合实力和社会文明程度的体现。多年来，招商银行积极支持、热情参与我国文化体育事业项目，为文化体育事业的繁荣做出了自己的贡献。

（1）文化事业。

自 2002 年 12 月 20 日开始，招商银行开始以每年 100 万元赞助中国围棋电视快棋赛。2004 年 10 月 30 日，招商银行独家赞助中法文化年第七届北京音乐节。2005 年，招商银行信用卡中心全面赞助中国大学生广告艺术节。2005 年 8 月 21 日至 10 月 22 日，"星期广播音乐会进社区"系列活动由上海市精神文明建设委员会办公室、上海东方广播电台音乐频率、上海大剧院艺术中心、招商银行上海分行共同主办，在全市十大社区共举行十场演出。2006 年 8 月 20 ~ 22 日，由招商银行主办、巴特菲传媒承办、大连金石高尔夫球会协办的招商银行"2006 金葵花"杯高尔夫邀请赛在大连举行。2007 年 1 月 18 日，招商银行独家赞助上海交响乐团 2007 ~ 2008 年的演出季。

（2）体育事业。

2003 年 8 月 27 日，招商银行南京分行冠名捐赠中国第六届残疾人运动会首场演出。2006 年，招商银行赞助 F1 摩托艇世锦赛中国大奖赛。2007 年 3 月 24 日，招商银行成为国家帆船帆板队和国家赛艇队在金融领域唯一的赞助商。2007 年 3 月 27 日，招商银行与青少年发展基金会合作，正式成立了"希望工程——招商银行专项体育慈善基金"，致力于发展希望小学的体育教育事业。

2011 年，招商银行为深圳 2011 年第 26 届世界大学生夏季运动会首家合作伙伴。

2. 促进经济稳健发展

（1）助力中小企业发展。

招商银行始终关心中小企业融资难的问题，积极发展中小企业信贷业务，助力小企业及小微企业发展既是招商银行响应国家号召、促进经济繁荣发展的责任实践，也是招商银行加快推进二次转型战略目标实现的重要举措。

2009 年，招商银行践行"银企相拥，共度严冬"的承诺，积极推进中小企业金融战略，采取系列措施，助力中小企业发展，包括推进体制改革，提高服务水平；打造多渠道的营销体系；开发产品，助力业务发展；突出重点。2010 年遵循"积极探索、大胆尝试、办法完善、风险可控"的基本原则，以产品为先导、以流程为重点、以考核为导向、以专业为方向，密切关注国内外宏观经济形势对中小企业经营的影响。

（2）支持创新型企业发展。

招商银行积极促进经济发展方式转变，大力支持创新型企业的发展，为其量身打造综合性的金融服务，培育和扶植创新型企业成长。"千鹰展翼"计划是招商银行 2010 年推出的旨在培育创新型成长企业发展的战略举措，该计划依托招行的服务体系和资源，联合外部合作机构，为企业提供股权加债券的叠加式服务。2011 年，招商银行联合科技部及地方政府，专门开发了"科技贷"系列产品，对当地持有代转化科技成果的企业提供专项服务。截至 2011 年底，获得该计划支持的创新型成长企业客户达到 3239 家，较年初增加 2519 家。

3. 热心参与社会公益

招商银行充分认识到带动更多力量关注社区发展的重要意义，积极投身公益事业，鼓励员工参与志愿者活动，通过加入各种公益组织，依托企业优势拓展公益渠道等方式，动员更多力量参与公益，搭建更为广阔的公益平台，招商银行先后加入阿拉善 SEE 生态协会、中国企业社会责任同盟、深圳市综研软科学发展基金会等几十个国内外公益组织，通过资助和专业知识的贡献，促进相关社会问题的解决。2005 年 3 月 12 日，招商银行启动"百年招银林"工程。

招商银行时刻关注需要帮助的群体，通过多种形式改善弱势群体的生存状态。2009 年 1 月启动了"金葵花"羌族少儿合唱团音乐教育公益计划，并结合羌族爱心义卖、爱心家庭温暖结对等活动，增加活动的社会效益。2011 年 7 月 23 日，招商银行联合壹基金及广州市慧灵托养中心开展探访儿童活动，从自愿报名者中筛选出 20 名招行壹基金信用卡持卡人为孩子们送去祝福与关爱。

七 企业履行产品质量安全责任报告

关于产品质量安全，招商银行作为一个银行业的企业，更多的是其在保护生态环境方面做的贡献。绿色发展、循环发展、低碳发展，是国家经济发展方式转变的新主线，是国家实现"五位一体"建设目标的唯一出路。正因为如此，绿色金融作为国家可持续发展战略被提到前所未有的高度。2007 年 10 月 11 日，招商银行在北京召开绿色金融研讨会，对外正式宣告加入联合国环境规划署金融行动，并于 2009 年 10 月派团参加了该组织的年度大会与"投资变革、变革投资"的圆桌峰会，其间招商银行在发展绿色金融方面所采取的措施和取得的成绩获得了国际同行的广泛认可和高度评价，并为发展绿色金融积累了宝贵经验。

（一）招商银行绿色发展理念

保护生态环境是商业银行可持续发展的基本要求，招商银行坚持绿色发展理念，积极探索绿色金融创新与绿色运营，致力于推进绿色经济发展，为"资源节约型、环境友好型"社会建设贡献力量。

（二）具体措施

1. 大力推行绿色信贷

2007 年 7 月，招商银行颁布了《关于高耗能、高污染行业信贷风险管理的指导意见》。2008 年，招商银行将高能耗、高污染行业作为风险排查的重点行业，先后对水泥、电力、纺织、印染等行业开展了专项风险排查，进行了综合风险评估，加大了贷款的压缩和退出力度。2009 年初，招商银行颁布了《绿色金融信贷政策》与《可再生能源行业营销指引》，从信贷政策与资产营

销方面对绿色金融给予了充分的指导和支持。2011 年，招商银行积极响应国家关于"加快绿色信贷"的宏观政策，健全绿色信贷制度，严控"两高一剩"行业贷款，加大绿色产业领域信贷支持力度，助推绿色经济发展，同年，招商银行制定了《绿色信贷规划》，提出"建设国内一流绿色信贷银行"的目标。截至 2012 年底，招商银行绿色信贷余额为 610.57 亿元，比年初增长 100.75 亿元；清洁能源贷款余额为 143.63 亿元；环境保护等领域贷款余额为 466.94 亿元，有效地促进了绿色经济的发展。

2. 持续推进绿色创新

招商银行积极探索绿色金融产品创新，主动加强与国内外环保机构的合作，努力探索绿色金融的发展之路。

2008 年，招商银行发布《招商银行绿色金融营销指导意见》，确定了"专业营销、信贷支持、多元合作、实效为先"的指导思想，同年，启动了与财政部、法国政府合作的中法绿色中间信贷项目。2010 年 8 月，招商银行绿色金融产品营销指引发文，推出了排污权抵押贷款、节能收益抵押贷款、法国开发署（AFD）绿色转贷款、绿色设备买方信贷、绿色融资租赁、清洁发展机制（CDM）融资综合解决方案六项新产品，初步实现了绿色金融产品体系的构建。这一产品体系的建立，为未来绿色金融业务的开拓奠定了坚实的基础，同年，招商银行发行了首只绿色文明生态理财产品——"金葵花"安心回报系列之生态文明特别理财计划。2011 年与贵阳市政府联合主办第三届"生态文明贵阳会议"，倡导节能环保精神，并荣获了"绿色银行创新奖"等多项大奖，造就了招商银行探索绿色发展之路的一个又一个里程碑。

3. 努力开展绿色运营

招商银行重视办公场所中的环境保护，将低碳环保理念融入日常运营中，降低自身运营对环境的影响。

（1）办公环节节能减排。

招商银行在日常运营管理过程中积极倡导"绿色办公"理念，从 2009 年开始，积极响应政府关于节能减排的号召，以适度为原则，以规范管理、技术改造为手段，倡导全行员工节约用水用电、减少垃圾制造，大力推进"无纸化"办公，扩大电子账单服务，减少差旅、提倡视频电话会议，大幅节约了银行资源，降低了碳排放量。2011 年，招行进一步推进绿色建筑、绿色采购及办公环保制度建设，扩展电子账单服务，努力实现绿色运营。

（2）实施绿色采购。

招商银行将"低碳、节能、环保"作为选择物资供应商的条件，并作为必要条件加入合同条款，保证物资采购环节的节能环保要求。优先选用取得相关环保资质的供应商，带动供应商的绿色环保。在产品采购上，把好环保节能关，明确提出产品功能、环保等方面的要求，并加入现金自助设备等产品回购要求，促进了供应链企业的绿色发展，营造了"绿色环保"的良好氛围。

（3）绿色账单产品。

招商银行通过普及电子账单常识，引导客户低碳用卡，大力推行电子账单服务，有效提高客户电子账单使用率。为了鼓励客户的这种环保行为，招商银行坚持利用各方面渠道传递绿色环保理念，并利用信用卡积分奖励回馈电子账单客户。

4. 积极支持绿色公益

招商银行将绿色理念扎根于企业文化，不断加强绿色金融知识普及，积极开展绿色环保公益活动，致力于提升利益相关方的绿色金融意识，促进企业与经济、环境和社会的可持续发展。2012 年，招商银行信用卡发起"买辆车种棵树"绿色公益车展，推出多款低排量的环保车型，向社会大力传播环保低碳理念。同时，还推出了"十分友爱，千万送福"活动，倡导更多人参与到绿色公益中来。

八　结论与启示

总而言之，招商银行在履行社会责任方面是走在了大多数企业的前面，从以上分析中可以看出，它在劳工保护、消费者权益保护、慈善责任、反腐败反商业贿赂、社区服务责任和产品质量安全六个方面都体现出了作为一个企业所应该承担的社会责任。

招商银行从 2007 年发布第一份《1987～2007 年企业社会责任报告》以来，保持着每年一份的速度，向社会公众公布自己社会责任的履行状况，截至

2012 年底，已发布社会责任报告共 7 份，这是当今很多企业难以做到的。这些社会责任报告一年比一年完善，内容更加翔实，制作也更加精美，同时从 2011 年开始，招商银行在发布的社会责任报告中加入了英文版本，方便了海内外公众的共同阅读。招商银行的实践表明，企业在社会责任方面的积极参与，不仅会增加整个社会的福利，而且可以提升企业的可持续发展能力。它有助于员工树立正确的人生观、价值观和责任意识，有助于增强企业的荣誉感、归属感和自豪感，有助于增强团队的协作能力和凝聚力。同时，企业履行社会责任所表现出的人文关怀和服务，又会无形地渗透到经营管理的每一个环节，成为企业道德和价值理念的重要组成部分。

招商银行可以作为银行业履行社会责任的一个标杆，其他企业可以向其学习在履行社会责任方面的实践观，将企业的社会责任落到实处，真正地承担起一个企业所背负的责任。

首先，实践表明，企业履行社会责任，有利于社会发展，更有利于企业自身的可持续发展，从招商银行的实践来看，更可以发现这一特点。在招商银行成长的过程中，招商银行凭借持续的金融创新、优质的客户服务、稳健的经营风格、良好的经营业绩以及勇于担当的社会责任感，已发展成为中国第六大商业银行，跻身全球前 100 家商业银行之列，成为中国境内最具品牌影响力的商业银行之一。

其次，履行社会责任，可以使中国企业获得通向国际市场的通行证，也是中国企业创建国际化强势品牌的战略举措。在国际化经营方面，目前，招商银行的海外机构有香港分行、纽约分行、永隆银行、招银国际、美国代表处和伦敦代表处等。2012 年，招商银行荣登美国《财富》发布的 2012 年度全球最大的 500 家公司排行榜第 498 名。

最后，"一个好的企业与一个伟大的企业的区别在于，一个好的企业能为顾客提供优秀的产品和服务，而一个伟大的企业不仅能提供产品和服务，还能竭尽全力使这个世界变得更美好"，福特汽车公司董事长兼首席执行官比尔·福特如是说。因此，企业作为一种人格化的组织，对于其所处社会系统的要求和期望，负有做出回应的道德责任和社会义务。对中国的企业来说，履行社会责任，弘扬商业伦理，是时代赋予中国企业的光荣使命。

参考文献

[1] http：//baike. baidu. com/link？url = ＿ azDbegPeRKS5elVxixukG55ACPEd1SHGozC2S2r-
bdZeXuCBJPWvKSf9cYu48PB.

[2] 于扬：《招商银行发布首份社会责任报告》，2007 年 9 月 21 日，http：//cq. qq.
com/a/20070921/000380. htm。

[3] 招商银行 1987～2007 年社会责任报告。

[4] 招商银行 2007 年度社会责任报告。

[5] 招商银行 2008 年度社会责任报告。

[6] 招商银行 2009 年度社会责任报告。

[7] 招商银行 2010 年度社会责任报告。

[8] 招商银行 2011 年度社会责任报告。

[9] 招商银行 2012 年度社会责任报告。

附 录

Appendix

$\mathbb{B}.14$

附录1 书香育人润心田

——红云红河集团以红云图书室项目推进公益社会化的实践

张晓 姚盼 卢文华*

　　屹立于祖国西南边境90余年来，红云红河集团不仅为中国烟草行业引进并实践了先进的生产技术，提供了优质的产品，还通过企业社会责任工作为社会贡献着自己的一份力量。

　　文化兴国，奖教助学，挂钩扶贫是红云红河集团践行社区责任的关注重点。在强劲的组织力和员工的参与下开展企业社会责任，以标明红云红河"履行社会责任、创造恒久价值"的企业使命、"报效祖国、关爱他人"的社

* 张晓，云南人，北京东方君和管理顾问有限公司总裁，中央财经大学中国企业公民研究中心执行主任，民盟盟员。主要研究方向为商业伦理、社会责任与可持续发展、社会监管、烟草产业经济、现代传媒与媒介管理；姚盼，安徽人，北京东方君和管理顾问有限公司咨询顾问，天津师范大学管理学院在读MBA。主要研究方向为战略管理、社会责任与可持续发展；卢文华，山东人，北京东方君和管理顾问有限公司咨询顾问，公共管理硕士（MPA），毕业于中央财经大学政府管理学院。主要研究方向为社会责任与可持续发展、社会企业。

会责任观，和作为一个负责任的企业公民的定位，以支持红云红河集团的可持续发展。

红云图书室作为文化兴国、奖教助学项目的一部分，不仅是红云红河集团关注企业所在地的重点项目之一，同时也是红云红河集团全国关注的重点之一。

一 红云图书室项目实践

2007 年，通过走访贫困地区的学校，发现不少学校没有图书室，即便有图书室，图书也比较破旧，跟不上现在教学的需要。通过对教师的沟通采访，他们也认为，送书比直接送钱更有意义，因为知识是可以传递下去的精神财富。于是，2007 年红云红河集团联合中国青年报开展了"红云书卷润心田·百书赠百校"活动，在活动评选阶段，共收到有效选票 9.8 万张，得到了较高的社会响应。最后选出了 220 所受赠学校，各赠送 100 册图书。这便是"红云图书室"公益活动的开始。

"红云图书室"的项目支持的重点是，以红云红河集团及生产厂所在地省市县为主，同时覆盖全国，向当地贫困小学提供图书。截至目前，此项目已经覆盖全国 29 个省、自治区、直辖市，其中包括北京、云南、山西、内蒙古自治区、新疆维吾尔自治区等地区。

所有捐赠的图书都是由红云红河集团委托中国青年报咨询教育专家，根据教育部推荐中小学生必读书目，选择的合适的书籍。每个学校的图书馆拥有历史、科学、短篇小说、名著、社会、军事等各类书籍，特别是根据这些中小学所在地都是贫困地区的现状，增加了农业科普、医药卫生等方面的实用书籍，以加大对农村青少年成长成才的帮助，并由申请学校从书目中自行选择更符合自己需要的书籍，加强适用性和针对性。

（一）计划阶段

计划阶段的主要内容是：发布评选"红云图书室"的消息，确定建立图书室的学校。

每一年红云红河集团会与中国青年报通过一系列的会议和相关资料确定当年"红云图书室"项目方案，在确定方案后，发布评选"红云图书室"的消息，并委托中国青年报组织青少年教育专家评估每一所参加图书室项目捐赠的申请学校。

红云图书室主要通过三种方式申请：一是由各市、县教育局，各级团委组织推荐；二是由各县乡中学自荐；三是由个人推荐母校或家乡的学校。对中小学的评估包括学校的基本信息、现有图书的情况以及所需要的图书类型。红云红河集团主要从以下三个方面选择图书室项目的合作学校。

（1）学校详细情况，希望申请建立"红云图书室"的理由；

（2）学校现有图书和学生阅读的情况，优先考虑开设有阅读课的学校；

（3）学校希望得到的图书类别及理由。

每个学校的情况不尽相同，红云红河集团会根据受助学校的具体情况为学校提供图书资助及服务，并且着眼于将"红云图书室"做成一个持续性的项目，旨在为中小学生提供直接读物，培养学生思考、自我管理的能力和激发学习兴趣。在过去的六年里，已经建成"红云图书室"的学校达到600所。

（二）实施阶段

在图书室捐助阶段，有如下工作。

（1）书籍采购：为了对项目整体进行管控，并做到公开透明，图书采购由红云红河集团通过公开招标完成。通过招标，书籍有专业的图书公司根据红云红河集团和中国青年报提供的书单向出版商进行图书采购，并对过程进行监督，以确保采购图书的数量和质量。

（2）图书运送：让专业的人做专业的事在这一项工作中得到了充分的体现。在前期项目运行中，红云红河集团和中国青年报自己的工作人员进行图书打包和运送，往往效率不高，对包装箱的利用也不能得到最大化，造成了包装箱的浪费。如今，图书的运送也在书籍采购招标的时候纳入到采购公司的义务中，他们能够更专业、更节省空间地打包图书，节约资源，节省不必要的开支。

（3）组织接受：图书邮寄均由采购公司负责，但是在寄送之前，中国青年报和红云红河集团会组织人员给每一所受助学校打电话确认接收信息、告知估计送递日期，避免造成无法送达的情况，并在寄送后进行电话跟踪邮寄情况。

二 红云图书室项目业绩

"红云图书室"每年开展不同的活动，变"输血"为"造血"，不断地加强"红云图书室"的利用率，提高中小学生的学习兴趣，提升贫困地区中小学生的文化水平。

2007年，主办方了解到贫苦地区学校课外书籍匮乏的现状，希望建立"红云图书室"能有助于改善这些学校图书室的面貌，并增加农业科普、医药卫生等方面的实用书籍。

2008年，第二届"红云书卷润心田·红云图书室"大型公益项目如火如荼地开展，120所贫困地区县乡中小学建立了由红云红河集团捐建的"红云图书室"。每个图书室分别获赠300册优秀图书及全年的《中国青年报》、《青年参考》和《中国青年》各一份。

2009年，第三届"红云图书室"大型公益项目一如既往地陪伴贫困地区的孩子成长。全国29个省、市、自治区的516所县乡中小学向主办方发来受赠申请，经过评定，最终160所贫困地区中小学成立"红云图书室"，每所学校获赠300余册全新优秀图书以及全年《中国青年报》一份。为了鼓励学生养成爱书读书的良好习惯，主办方还发起了"书香心脾——红云读书奖学金"活动，以奖学金的形式鼓励认真读书并写下优秀读后感的同学。当年，主办方共收到2651篇读后感，经过一个月的评选，70名同学分别获得500元"红云读书奖学金"，云南省马龙县通泉中学、宁夏银川市关庆区掌政中学等3所积极参与活动的学校被评为金牌"红云图书室"。

2010年，为了维护和管理好"红云图书室"，提高"红云图书室"的品质，让孩子们更有效地利用图书室，主办方推出"2010年金牌红云图书室评选"活动，每个"金牌红云图书室"补充优秀图书300余册；同时，为了让孩子们了解和认识自己家乡的传统文化，还推出"红云图书室之寻根文化大

行动"，让孩子们通过自己的调查访问，唤起对家乡的热爱并产生自豪感。组委会选出 80 篇优秀作品，每份获奖报告作者获得 500 元奖学金。

2011 年，"红云图书室"大型公益活动继续评选 100 个"金牌红云图书室"，入选学校获赠优秀图书 300 册。为了让农村学生克服自卑心理，增长知识，主办方特别推出"名家走进红云图书室"活动，邀请著名青少年心理专家陆晓娅和著名编剧、作家陈彤前往广西、湖南、云南部分建有"红云图书室"的学校，以讲座和对话等形式，帮助学生通过阅读来理解和表达自己的内心感受，将读书与心理健康教育结合起来。另外，为了培养孩子们的阅读兴趣，激发写作热情，主办方还推出"红云图书室之小剧本评选"，学生可以通过身边发生的真实事例为原型，创作一个情景剧。

2012 年，"红云图书室"活动响应团中央号召，专门推出了"关爱农民工子女志愿服务行动"，在全国农村中小学、城市农民工子女较为集中的学校建立"红云图书室"。由青年志愿者与学校结对，定期为学校农民工子女服务，形成长期有效帮扶，并邀请知名教育专家走进学校和开展征文活动，与农民工子女对话，倾听孩子们的心声，帮助孩子们成长成才。向新建立的 100 所"红云图书室"学校和 50 名获奖学生分别赠送总价值 1 万元的 300 余册图书和 500 元奖学金。"红云图书室"组委会走访了新疆、山西、内蒙古和云南的 6 所学校，著名心理学家陆晓娅、青少年问题研究专家周小西、广东华南师范大学中文系副教授张舸分别为这些学校的学生和老师带来了"'我的未来不是梦'——和流动儿童对话""'我要快乐成长'——与孩子们的欢畅沟通""'老师说话的艺术'——用语言去打动学生的理智与心灵"等精彩的讲座。这些讲座无不受到了当地教师和学生的热烈欢迎，取得了良好反响。

为了更好地服务于受助学校和未来可能捐赠的其他学校，受捐赠学校所在地的中国青年报和集团生产厂共同完成了对红云图书室的项目评估，对受助学校进行回访，旨在通过回访、总结等，得到项目实施经验，并不断改进。

从"红云图书室"落户云南省昆明市富民县第一中学以来，红云红河集团已经向富民一中捐赠了总价值 1 万多元的图书。6 年来，具有深厚人文底蕴的富民一中不仅积极组织学生参与"红云图书室"的每一项活动，并且投来的作品质量高、获奖学生多。2010 年，富民一中还将学生们所做的所有寻根文化调查报告集结成册,作为以后指导学生开展各类社会调查活动的校本教材。

富民一中语文教师马世成说:"自从'红云图书室'建立以后,红云红河集团捐赠的新书像一股新鲜的空气涌进了图书阅览室,使图书结构得到了较大的改善,新书数量明显充实。红云红河集团捐赠的书籍,符合现代高中生的口味,文学类、社会类、军事类、科学类的书籍都是同学们的最爱。"随着"红云图书室"活动的持续开展,富民一中已形成了"好读书、读好书、读书好"的书香校园氛围。"红云图书室"伴随富民一中走过的六年,恰恰是学校发展最为迅速的六年。

三 红云图书室项目意义

"红云图书室"社会公益项目是红云红河集团履行社会责任,关注生产活动所在社区,推动社会共同发展的典型案例。

一方面,集团在项目的运行过程中注重与利益相关方的沟通,尊重利益相关方的意愿,从项目一开始就响应贫困地区师生的诉求,通过捐赠图书给予经济落后地区精神食粮,并间接通过此项活动帮助学校通过教育部门对学校的图书室审验。

另一方面,在"红云图书室"的项目运行中,集团注重文化的培养,通过每年与教育专家调研发起主题活动,让受助学校的师生能够更加积极主动地参与到读书的活动中,在学校中形成了浓厚的文化学习氛围。

最后,"红云图书室"项目是一项持续性的活动,此种持续性不仅体现在每年都发起设立图书室,还在于每年通过不同的主题活动推动文化发展,还在于通过与学校、教师、学生的不断沟通提升主题活动的质量,使活动更贴近教育和学习生活,还在于定期对受助学校进行回访评估,以改进项目的运营成效。

一个公益项目只有不断地社会化,才能获得更强大的生命力。红云红河集团在红云图书室的运作过程中,不断努力去推动公益项目的社会化发展,积极与中青报、青基会、教委、出版公司等全国范围内的各类机构建立长期合作,

并号召员工与公众的广泛参与。通过有效的社会参与模式和系统化管理，红云图书室项目为全社会有志于提升贫困地区中小学生文化素质的个人与组织构筑了一个可持续发展的公益平台。我们相信，能有越来越多的专业机构和人员加入到红云图书室项目中来，为广大贫困地区中小学生提供更加专业的文化扶持，产生更加广泛、深远的社会价值。

B.15
附录2　公益同行，仁义桂商

——北京广西企业商会企业公民实践报告

王睿淑*

一　商会基本概况

北京广西企业商会是在广西壮族自治区人民政府驻北京办事处的指导和支持下，由广西在京企业家自愿联合、共同发起，于2006年10月29日在北京广西大厦成立；旨在搭建广西在京企业界和经济界的交流合作平台，实现信息和资源的共享，发展壮大桂商企业，推动京桂两地的经济交流与合作。目前商会共有会员企业300多家，涵盖了金融资本、房地产开发、生物制药、现代电子机械、旅游文化、商贸物流和农产品深加工等多个行业。

商会成立七年多来，大力支持和帮助各种企业公民实践事业。在商会的积极组织推动和赞助支持下，北京广西文化艺术联谊会、北京广西大学生联谊会、北京广西博士生联谊会、北京广西企业商会共青团工委等组织相继成立，并举行了多次社会企业公民实践活动；在2008年发生的南方冰雪灾害、四川汶川地震灾害、青海玉树地震和2010年西南大旱灾中，商会会员个人和企业先后捐款达5000多万元，为遭受冰雪灾害的桂林龙胜少数民族贫困山区援建了一所希望小学；2009年，商会会员企业在中华红丝带基金会的防治艾滋病活动中捐助了2000万元；2011年春节前夕，商会企业家还通过广西团区委向受冻贫困灾区捐款200万元人民币。同时，商会积极推动广西全民体育健康和特色文化事业发展，大力资助广西青少年健康成长事业，为此会员企业先后捐款超过2.5亿元人民币。

---

* 王睿淑，中央财经大学经济学学院，硕士研究生。研究方向：企业社会责任、制度经济学。

商会为推动国家扶贫产业发展，先后为国务院扶贫办在 2009 年、2010 年举行的扶贫大会上提供了组织协调服务，签订合作协议金额达 30 多亿元，并积极推动商会企业家到国家贫困县进行扶贫产业投资与合作。商会因在国家扶贫事业中做出的突出贡献，获得国务院扶贫办颁发的年度全国十大"扶贫爱心贡献机构奖"。

伴随着商会的迅速成长，商会的企业公民实践事业也蒸蒸日上，商会依然坚持"立足北京，做大做强，服务会员，回报家乡"的目标不动摇，将企业公民实践事业上升到商会的发展战略高度，加强规范化管理，采取了产业扶贫、爱心捐助、救灾援助、友好交流、品牌打造等多种多样的活动形式来践行商会的企业公民建设。

由于出色的企业公民实践活动，在 2007 年底中国商业联合会举行的"首届中国商人精神高峰论坛"上，商会荣获"年度十大中国最具表现力民间商会"称号；2008 年 11 月，在山东举行的天下儒商峰会上，商会被评为"国际知名商会"；2010 年 11 月，商会因在国家扶贫事业中做出突出贡献，获得国务院扶贫办颁发的年度全国十大扶贫"爱心贡献奖"；2011 年，在北京市民政局对在京各省商会进行的全面综合评估中，商会获得 5A 级社团最高评价；2013 年初商会在全国工商联组织主办的年度十佳商会评比活动中被评为"全国十佳服务典范"，同年 3 月由民政部主管主办的《中国社会组织》杂志对商会进行整版报道，并给予高度评价。通过商会的有效组织，会员积极参与企业公民实践活动，北京广西企业商会充分展示了广西人情系民生、无私奉献的精神和良好的社会形象。

二　商会企业公民实践探索

（一）商会企业公民价值理念

2006 年以来，商会本着"振兴桂商文明，打造桂商品牌"的基本理念，依靠商会在资金、人才和信息方面的优势，努力建设和谐商会、特色商会和品牌商会，围绕着商会的相关利益方全面发展，包括会员、员工、环境、文化和社区。只有实现了这五个层面的和谐共进，才能不断为广西和首都的社会经济发展注入新的活力，做出新的贡献。

（二）商会企业公民实践方式分类

商会的企业公民实践方式具有多样化、全面化、具体化、实际化的特点，详细分类可见表1。

表1　北京广西商会企业公民实践方式分类标准

划分标准	方式名称	具体做法
按照实践主体划分	独立实践	独自承担公益实践活动
	联合实践	与其他会员进行资源整合，最大限度地扩大公益活动受众群体
按照实践目的划分	兴边富民类实践	响应国家政策号召，招商引资，帮助贫困地区脱贫致富
	助学支教类实践	资助贫困学生，向基金会捐助，建立希望小学，优先搞好教育
	救灾助困类实践	面对突发事件进行紧急的人、财、物的捐赠
	疾病防治实践	为疾病防治基金捐助
	文化产业类实践	支持各类文化活动的举办
	公民体育建设实践	建造公益性公园，回报社会健康休闲的社区环境
	法律维权类实践	组织专家对会员单位进行法律讲座培训
	推动联谊类实践	积极搭建各类广西人在京联谊会的成立
按照实践规模划分	集体层面的实践	引导集团内部的会员，积极参与公益活动
	个人层面的实践	通过商会的宣传和号召，使员工自觉主动地参与社会公益活动

（三）商会企业公民实践制度保障

为了充分发挥商会的组织作用，对会员管理科学化、规范化和制度化，增强商会的凝聚力；同时，也为了使商会更好地为会员服务，以优质的服务来体现出商会"政企之桥，会员之家"的作用，北京广西企业商会结合实际，从健全商会组织机构、建立服务三大发展平台、完善商会议事决策制度、建立健全的财务管理制度、坚持依法照章治会原则等方面坚持制度化建设，大力推进商会规范化管理和标准化发展，加强商会内部治理。

1. 健全商会组织架构

按照商会章程规定并结合商会实际情况，商会明确了制度化建设的目标，大力推进商会标准化和规范化内部治理的目标。商会会员大会由全体会员组成，是商会的最高权力机构和最高决策机构（见图1）。

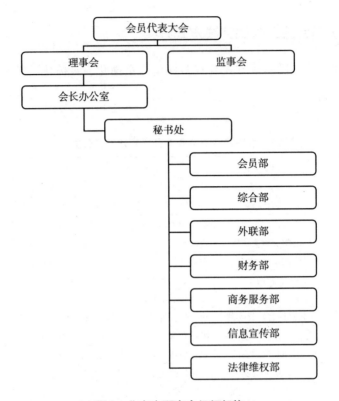

图1 北京广西商会组织架构

商会内设机构由理事会、监事会和会长办公会组成，分别履行商会战略决策职能、纪律监督职能和经营管理职能，在遵照职权相互制衡的前提下，客观、公正、专业地开展商会治理，对会员大会负责，以维护和争取商会实现更好的发展。

秘书处是商会的办事机构。

商会会员大会、理事会和监事会皆以形成决议的方式履行职能，会长办公会则以行政决定和执行力予以履行职能。

2. 建立服务三大发展平台

"服务创造价值，团结促进力量"，商会成立以来，牢牢抓住服务这条主线，以服务为本，坚持有为有位，逐步构建起服务会员的项目、金融、法律三大发展平台，大幅提升商会凝聚力与竞争力。

项目平台的建设：成立北京广西企业商会项目发展平台，发挥会员企业资源优势，促进会员企业之间开展投资项目合作，优势互补；同时为推动地方经济的发展和繁荣，加强商会会员企业与政府之间的交流与合作，落实投资项目对接。

金融平台的建设：设立小微企业信用贷款风险补偿互助基金，由小微企业共同出资成立，作为出资企业的担保，帮助企业从银行申请相应额度的信用贷款，解决企业融资困难。

法律平台的建设：成立北京广西企业商会法律维权中心，为会员企业提供法律帮助，充分维护会员企业的合法权益，为会员企业投资发展保驾护航。

三大平台的稳健建设，就是商会企业排忧解难、提供服务的具体行动，是商会切实对会员企业负责的表现。

3. 完善商会议事决策制度

商会建立了由会员大会、理事会、监事会和会长办公会等组成的商会议事决策机制，先后召开会员大会 7 次、监事会 7 次、会长办公会 18 次，分别对商会开展的企业公民实践活动事宜进行充分的讨论和最终表决。

4. 规范的财务管理制度

商会严格按照"办公室财务部初拟，秘书长审核，会长审批"的财务审批流程，在年度预算之外超过两万元的支出必须经过会长办公会讨论并签字通过方可实施，保证财务开支更加公开、透明，保证会费切实用于为会员服务。监事会每季度审查一次财务支出情况，同时向会长办公会和理事会汇报，提高企业公民实践活动财务透明度，维护商会信用机制。

5. 坚持依法照章治会原则

商会自成立以来，就十分注重规范和科学发展，从商会的注册、内部治理到具体运营都严格按照相关的规章制度进行，确保所有的日常行为都依法依规进行；同时，对于未有明确规定的方面，商会在努力学习相关政策文件的基础前提下，参照各种商协会通行的做法，分别在会长办公会和理事会上讨论审议，从而逐步制定了一系列符合商会实际的各种规章制度，比如《商会会长轮值制度》《商会会费管理办法》《商会对外交往交流管理办法》《商会重大事项报告制度》《商会协办各种活动的管理办法》《商会顾问聘请管理办法》《商会秘书处工作管理规定》等等。通过制度来约束会员企业和秘书处工作人员的日常行为，保证了商会企业公民实践事业开展的规范化和科学化。

三　商会企业公民实践成果

商会在不断发展壮大过程中义不容辞地履行各种社会责任。商会由于具备群聚效应和团队作用，组织和协调会员企业从事社会企业公民实践往往具有不可替代的优势和作用。北京广西企业商会自成立以来就一直大力推动企业公民实践事业发展，从战略规划、系统部署到规范管理，各方面配合统筹商会的企业公民实践事业发展，取得的成绩硕果累累，收到了社会各界的高度赞扬。

（一）产业扶贫，招商引资

商会以"沟通政企的纽带，链接京桂的桥梁"为出发点，搭建北京和广西各地市进行招商引资项目，不断吸引在京的人才、技术、资金和企业到广西寻找商机，引导广大会员单位回广西投资兴业，促进京桂贸易以及投资项目的互通有无，拉动地方经济发展，增加就业机会，为区域经济建设做出了贡献。

（1）积极响应广西壮族自治区党委和政府大力推进北部湾经济区开发及"百企入桂"的发展战略，多次组织商会企业赴家乡广西进行投资考察。据不完全统计，会员企业回广西实际投资已超过 200 亿元人民币，组织大型企业参与广西对路桥等基础设施投资达 400 多亿元人民币。为表彰商会企业多年来回广西进行投资合作做出的卓越贡献，时任广西区党委书记郭声琨、时任广西区主席马飚等主要党政领导在 2012 年 3 月 10 日举行的北京广西企业商会五周年庆典上，为商会回广西进行重大投资的企业颁发"返乡投资奖"。

（2）为了加强与各界的联系，搭建商会发展合作的大平台，2012 年 3 月 10 日，商会主办并策划承办了"首届全球桂商发展论坛"，汇聚了海内外近 30 家广西商会的近百名桂商代表，共谋桂商发展大计。

（3）2010 年 8 月和 2011 年 3 月 12 日，与广西区投资促进局联合在北京承办了广西项目推介活动，先后组织了 500 多名客商出席大会，签订项目协议金额达 1000 多亿元。此外，还先后 10 多次为北京市投资促进局组织的推介交流活动提供组织协调工作，并且得到了良好的评价。

（4）商会先后为广西南宁、柳州、桂林、玉林、来宾、崇左、防城港等各市在京举办的宣传推介活动，提供组织协调服务，得到了各地政府的高度评价和赞美。

（5）商会在2009年和2010年，先后组织30多家企业到广西贫困地区进行产业扶贫，并签订项目合作协议金额30多亿元，并积极推动商会企业到国家贫困县进行扶贫产业投资与合作。

（6）商会还组织了在京省级商会和有投资意向的企业家走进广西各市县，进行实地项目考察。仅2013年东盟博览会期间，商会就组织了12家最有实力的在京省级商会近50位企业家奔赴广西10个地市，与当地政府、投资促进局、招商局和企业家面对面进行交流，并达成了部分项目合作。

由于商会出色的专业、突出的成效，国务院扶贫办、广西区人民政府、广西区党委统战部、广西招商局、广西区工商联、广西区团委、广西区驻京办和北京市投资促进局等政府部门先后多次给商会发来感谢信，对商会做出的努力和贡献表达了赞赏和感谢。2010年11月18日，商会获得国务院扶贫办颁发的年度全国十大"扶贫爱心贡献机构奖"。

（二）爱心捐助，情洒八桂

2008年1月15日，广西驻京办领导与商会代表给身残志坚的广西女孩谭伊琳送去商会企业家捐赠的慰问金。2009年，商会副会长单位李宁基金会捐资1亿元修建国内最大的公益性体育公园李宁体育园，同年捐资5000万元重建广西最大的佛学院柳州开元寺。2010年12月1日，中华红十字丝带基金在京举办了"爱与爱的相连"公益慈善晚会，北京广西企业商会会长单位北京远洋投资集团捐赠2000万元人民币。2011年，商会常务副会长单位阳光100向有成基金会捐赠240万元人民币用于在广西全面开展"有成常青义教"。2011年1月19日，商会企业家在广西共青团委"青春暖流"行动中捐赠总价值200万元的现金及物资。2011年，商会副会长、北京贤良投资有限公司董事长姚贤良向百色市扶贫教育项目捐款50万元支持教育事业发展。

在个人层面上，商会会长郑志率先做出表率，多次以个人名义为公益事业捐资。2011年5月，在"2011友成常青义教研讨会"召开之际，郑志以个人

名义为常"青义教捐"资 10 万元人民币。2011 年 6 月，商会会长郑志为广西大学生党员创先争优社会服务活动捐款 20 万元。

（三）抗震救灾，捐款援助

在 2008 年发生的南方冰雪灾害、四川汶川地震灾害、青海玉树地震和 2010 年西南大旱灾中，商会会员个人和企业先后捐款达 5000 多万元，积极捐款为灾区人民尽出了自己的力量。商会还特别为遭受冰雪灾害的桂林龙胜少数民族贫困山区援建了一所希望小学，并赠送了一批图书和学习用品。2011 年春节前夕，商会企业家还通过广西区委、团委向受冻贫困灾区捐赠价值 200 万元人民币的现金和物资。

通过赞助和组织各种企业公民实践事业，商会为会员企业树立了榜样，并为会员和商会赢得了来自社会的好评与尊敬。

（四）友好往来，共同发展

资源联系和整合是商会的突出功能与特征，资源丰富，商会的服务功能就强大。目前，商会的资源整合主要体现在以下两个方面。

第一，与相关政府部门建立畅通的联络渠道。广西壮族自治区人民政府驻北京办事处是商会的业务主管部门，商会在其指导和支持下发展，多年来保持良好的沟通与交流；同时商会与广西各地市驻京联络处建立起了密切来往联系，在地方招商和项目合作等方面都达成了长期交流与合作意向；与广西党委统战部、招商局、工商联和团委、广西国际博览事务局以及国务院扶贫办外资管理中心和北京相关部门建立起直接沟通和联络的渠道。

第二，与各种商会、专业机构建立密切往来。先后与世界各地广西商会、北京各商会、东盟各国在华商会以及中国商业联合会、中国民营企业家协会、中国饭店协会等社会组织建立起密切友好来往。

在每一年度，北京广西企业商会都会举办三次大型的联谊活动：广西在京企业家联谊宴会（或者是商会的周年庆典）、国庆中秋联谊宴会、新年新春团拜会。这三大宴会中，广西在京企业家联谊宴会由于出席领导众多、嘉宾云集、具备隆重精彩的文艺演出而成为商会年度的盛会，国庆中秋联谊宴会和新年新春团拜会则更多体现的是浓浓的乡情；每年的春夏和秋冬之际，商会还会举行一两次大型户外联谊活动，既能放松游玩又能充分交流。平时，根据需要商会还定期或不定期举行各种小型沙龙交流活动，专门根据会员的需求组织十多位会员进行主题交流。

2007年10月18日，在商会的大力推动和组织下，北京商会友好联盟第一届秘书长联谊会在广西大厦举行。在京各省秘书长齐聚一堂，共同探讨商会发展大计。2008年1月28日，商会发起、倡导并组织了2008各省（市）、自治区北京各商会新春联谊会，积极推动了相互间的交流与合作。2009年，在商会的大力组织推动下，首届桂商发展座谈会在住总大厦举行，来自全国商会的会长、秘书长参与联席交流，共同探讨桂商发展、机遇与合作。

2012年3月10日，由广西区党委统战部、广西区政府驻京办、广西区投资促进局、广西区工商联、北京广西企业商会联合主办，北京广西企业商会承办的"首届全球桂商发展论坛暨北京广西企业商会五周年庆典活动"在国家会议中心隆重举行。国家部委和北京市的有关领导，自治区党委政府和经济界、企业界及海内外的各广西商会嘉宾代表约800多人相聚一堂，共商桂商发展大业。

2012年7月31日，商会主办第三届在京省级商会秘书长联席会，来自安徽、浙江、广东、江苏、山西、黑龙江、陕西等24家在京省级商会秘书长齐聚一堂，就商会发展中的热点、焦点和难点问题进行了认真的探讨交流。

2013年9月23日，在全国工商联副秘书长、中国民（私）营经济研究会常务副会长兼秘书长王忠明的号召下，北京广西企业商会举办了"首届商会秘书长联谊交流活动"，多家在京异地商会以及各行业直属商会秘书长共20多人出席了活动，共同探讨交流。

（五）宣传文化，打造品牌

文化是商会发展的生命与核心，缺乏文化力的商会是苍白和虚弱的，是无法长久的。商会自成立以来就把"全力打造北京新桂商""振兴桂商文明，打造桂商品牌"作为商会的发展理念和基本目标。一方面结合商会实践，经常组织进行商会文化发展研究，撰写各种商会发展理论文章，并在《中华工商

时报》《中国商人》等媒体上发表,例如《异地商会如何为会员创造商机》
《商会的规范化和制度化发展》《成功商会必须具备的三大因素》等;另一方
面,通过大力挖掘广西本土民族文化和商业文化,商会结合新时代的特征,提
炼出新桂商的精神特质和文化内涵,进行大力的弘扬和宣传,为此国家级媒体
经过深入采访调查整理,先后发表了《新桂商,走在打造品牌商会的路上》
《新桂商,团结才是力量》《激扬广西精神,振兴桂商文明》《首都广西商人走
向"抱团"》等大篇幅深度文章;同时经过通力合作,商会制作了《京桂商》
和《八桂商道》的宣传短片,内容震撼,画面精美。另外,商会定期出版报
纸杂志,制作精美的《京桂商情》电子期刊、发布微博微信资讯、制作商会
宣传台历和宣传彩页,还建设了图文并茂、内容丰富的商会网站等,可谓是形
式多样、精彩纷呈。商会出版的《京桂商》杂志被北京市工商联评为年度优
秀刊物;2012 年 12 月,《京桂商》杂志荣获"中国商业文化传播奖"。

同时,商会还充分利用各种机会大力宣传办会经验、发展成果、会员信息
和商会文化。在 2008 年 12 月广西壮族自治区成立五十周年和 2011 年 2 月广
西"两会"召开之际,《广西日报》和《广西政协报》先后对商会进行了全
面的宣传和报道;在每年的全国"两会"期间,广西电视台、《广西日报》和
广西广播电台等重要媒体都对商会进行重点报道;《中国商人》和《中华工商
时报》也对商会杰出企业家进行了全面报道。经过近七年的努力发展,商会
已经形成了独具一格的京桂商文化,同时通过大力宣传,既得到了商会领导、
广大会员、兄弟商会等各界的高度认可和良好评价,又极大提高了商会的知名
度和社会影响力。

四 商会企业公民历程与未来发展趋势

(一)商会企业公民建设历程

商会自筹备成立之初,就认真研究国内外优秀商会的做法,并结合自身的
情况,形成了独特的发展思路,为此避免走了很多弯路。随着近七年来的发展
实践以及不断地摸索研究,商会逐步总结出了属于自己的发展道路和模式,比

如在发展会员、机构设置、对外宣传和活动开展等方面都体现出自身鲜明的特色和特点，有些方面甚至还被兄弟商会竞相学习和效仿。北京浙江企业商会、北京四川企业商会、北京陕西企业商会、北京广东企业商会、广西投资企业联合会、上海广西商会等多家兄弟商会还到北京广西企业商会进行拜访学习。2013年9月23日，在全国工商联副秘书长、中国民（私）营经济研究会常务副会长兼秘书长王忠明的号召下，北京广西企业商会举办了"首届商会秘书长联谊交流活动"，多家在京异地商会以及各行业直属商会秘书长共20多人出席了活动，共同探讨交流。

由于商会组织工作十分出色，并有一定的创新，在2007年底中国商业联合会举行的"首届中国商人精神高峰论坛"上，商会荣获"年度十大中国最具表现力民间商会"称号；2008年11月，在山东举行的天下儒商峰会上，被大会评为"国际知名商会"；2010年6月4日，广西区党委统战部在防城港举行"广西各大商会座谈会"上，商会获邀重点做商会发展经验和成果介绍；2011年2月24日，北京市工商联在北京国际饭店会议中心召开2011年外埠在京企业商会座谈会，25家省级外埠商会、23家地市级商会负责人参加了会议，北京广西企业商会会长郑志受邀作为四家商会代表之一，介绍商会发展经验和成果，得到了北京市委常委、统战部部长牛有成等领导的高度赞扬和评价。

（二）商会企业公民实践发展趋势

随着商会的逐渐壮大，商会面临的社会责任也越大，对此商会更加注重对未来发展的社会责任的探索与思考。

1. 加强商会发展的自律与自觉

商会出台了各项规章制度来约束和规范商会的运作，与此同时商会的自律与自觉也尤为关键。任何商会如果只是代表一小部分会员的利益，或者暗箱操作、瞒天过海，就很容易出现偏差和混乱，甚至出现动荡，导致瘫痪；相反，商会的发展如果坚持公正和公道，自觉接受会员和相关部门的监督，就会获得健康良性的发展，从而更好地开展各项企业公民实践活动以回报社会。

2. 增加行业内领先的企业会员

截至2013年，北京广西企业商会会员数量仅有300多家。造成这种状况

一方面是由于广西在京企业总体数量相对较少，另一方面是由于很多企业对商会的认识程度不够。根据商会第二届发展规划，商会要通过一系列宣传活动，增加为会员服务的内容，争取在第二届商会领导班子的带领下，会员规模达到500家以上，奠定商会资本基础，增强商会履行社会责任的力量。

3. 逐步建立"以商养会"的发展模式

目前商会以会费、政府购买服务资金以及企业赞助来维持商会的运营，真正的"以商养会"发展模式尚未建立起来。今后，商会将在项目、金融、法律三大平台加大服务力度，逐步建立起"以商养会"的发展模式，争取独立完成更多的企业公民实践捐助活动，建立商会企业公民实践品牌。

4. 完善商会各组织机构

2013年商会已经在驻京机构的支持下成立了共青团工委、党总支，还将计划成立商会工会、妇联等人民团体，更有针对性地开展会员活动，更及时有效地维护会员权利、履行社会责任。

5. 商会《发展报告》的发布

2010年7月8日，商会首次发布了《北京广西企业商会第一届发展报告》，报告对商会服务社会、承担责任，对企业公民实践事业做出的巨大贡献进行了总结，提出完善社会责任议题履责机制、系统化推进履责行动的要求。

随后，商会承上启下、继往开来、争创一流，积极承担社会责任，参与到构建社会主义和谐社会的伟大事业中。2012年北京广西企业商会编制了《广西商会宣传册》，进一步回顾了商会的发展历程，其中商会在企业公民实践活动中的表现是浓墨重彩的一笔。但是北京广西企业商会并没有就此止步，而是提出了更高的要求：建立自己的商会社会责任报告，在进行企业公民建设的过程中逐渐形成标准化和规范化。

凭借深入践行的社会责任、完善的商会治理结构、健全的内部管理体系和良好的品牌效应，商会蓬勃发展，为社会和家乡的发展注入了强劲的活力。展望未来，北部湾经济区风生水起，东盟商务圈势头正劲，伴随新一轮的机遇和发展，商会将不断规范公民实践形式，丰富公民实践的内容，开拓公民实践新局面，在全国乃至全世界崭露头角，成为公民建设领域的新标杆。

附录3 企业公民大事记

1月

1月1日 环境保护部公布即日起实施的国家环境保护标准，包括《火电厂大气污染物排放标准（GB13223—2011）》、《汽车维修业水污染物排放标准（GB26877—2011）》、《环境影响评价技术导则 总纲（HJ2.1—2011）》等十五项。

1月9日 民政部日前启动第七届"中华慈善奖"评选表彰活动，共设立"最具爱心捐赠个人"、"最具爱心捐赠企业"、"最具爱心慈善楷模"和"最具影响力慈善项目"四类奖项，共100个表彰名额，但其"最具爱心奖"设置的百万捐款基本标准遭媒体质疑。

1月10日 北京出现大雾天，北京市环保局环境监测中心首次公布PM10最高浓度，城南城北相差7倍，北京城区和南部城区一度出现中重度污染。

1月12日 第七次全国环境保护大会在北京召开。环境保护部部长周生贤与31个省、自治区、直辖市人民政府和新疆生产建设兵团，以及华能、大唐、华电、国电、中电投、国家电网、中石油、中石化等公司主要负责人正式签署《"十二五"主要污染物总量减排目标责任书》。

1月13日 国务院发布《"十二五"控制温室气体排放工作方案》，明确了"十二五"减排目标。同时，国家发展和改革委员会也发布通知，同意北京市、天津市、上海市、重庆市、湖北省、广东省及深圳市开展碳排放权交易试点，逐步建立国内碳排放交易市场。

1月15日 中国合作贸易企业协会、中国企业改革与发展研究会联合发布《中国企业信用发展报告2011》，这是首次向社会推出的中国企业信用发展研究报告。

2 月

2 月 3 日　国务院发展研究中心企业研究所在近期举办的企业发展高层论坛上，发布了《中国企业发展报告 2012》，报告指出中国企业较好地履行了对股东及利益相关者的经济责任，但存在部分企业忽视消费者权益等社会责任不足的问题。

2 月 8 日　国务院发布《关于批转促进就业规划（2011～2015 年）的通知》，这是我国首部由国务院批转的促进就业专项规划，规划把促进就业作为经济社会发展的优先目标。

2 月 9 日　爱德曼国际公关公司在北京发布"2012 年度爱德曼全球信任度调查"中国报告，调查显示，过去一年，多个发达国家企业信任度下降超过 20 个百分点，而中国企业信任度上升幅度位列全球第一。

2 月 13 日　建信上证社会责任交易型开放式指数证券投资基金（ETF），及建信上证社会责任 ETF 联接基金于近日发行，这是国内首支社会责任指数基金。上证社会责任指数是以上证公司治理板块中在社会责任的履行方面表现良好的公司股票作为样本股编制而成的指数，用于反映上交所 100 只优秀社会责任公司股票的整体走势。

2 月 20 日　国家主席胡锦涛在世界媒体峰会上发表重要讲话，特别强调媒体应切实承担起社会责任，促进新闻信息真实、准确、全面、客观传播，树立起一种全新的社会责任意识，全心全意为人民服务。

2 月 29 日　环境保护部和国家质检总局联合发布《环境空气质量标准》。新的标准强调以保护人体健康为首要目标，调整了环境空气功能区分类方案，进一步扩大了人群保护范围，增设了 PM2.5 平均浓度限值和臭氧八小时平均浓度限值。

3 月

3 月 8 日　广东工商局发布《广东省 2011 年流通领域日用陶瓷质量监测

情况通报》。沃尔玛、华润万家等多家企业及超市部分陶瓷用品不合格，铅超标最高达 11 倍。此次检测暴露出家具用品送检流于形式及儿童餐具标准缺失等问题。

3 月 13 日 世界经济论坛发布报告《中国企业国际化新兴最佳实践——全球企业公民挑战》，报告查阅了 95 家拥有大规模海外作业的中国企业的公民责任报告，最终评选出 10 个最佳案例。这是首次针对中国企业进行的一项全面的全球企业公民责任活动研究。

3 月 13 日 国资委发布《关于中央企业开展管理提升活动的指导意见》，从 2012 年 3 月起，用 2 年时间在中央企业全面开展以"强基固本、控制风险，转型升级、保值增值，做强做优、科学发展"为主题的管理提升活动，国资委明确了 13 个管理领域作为专项管理提升的重点，社会责任管理是其中之一。此举标志着国资委进一步将社会责任纳入中央企业管理范畴，也是 2012 年成为中国企业社会责任管理元年的主要标志。

3 月 20 日 2012 年度《财富》（中文版）企业社会责任排行榜新闻发布会暨企业社会责任 25 强颁奖典礼在京举行，国航荣获"中国企业社会责任 25 强"，并名列排行榜第 17 位。

3 月 22 日 国务院发布关于落实《政府工作报告》重点工作部门分工意见。意见要求，深入收入分配制度改革，严格规范国有企业、金融机构高管人员薪酬管理，扩大中等收入者比重。

3 月 26 日 中国互联网络信息中心（CNNIC）首次编写了《2011 年社会责任报告》，《报告》围绕"为国之责、民之益、人之和而奋力前行"的社会责任观，以丰富翔实的案例和数据阐述了 2011 年 CNNIC 履行社会责任的主要工作，同时对过去 14 年践行的社会责任进行了总结。

4 月

4 月 3 日 中国民营企业联合会会长保育钧在博鳌亚洲论坛"民间金融与银行业的开放"分论坛上坦率发言，表示对"吴英案"死刑判决有意见，为中小微型企业贷款难喊苦，指出"吴英案"的根源是金融垄断，是银行机构

不合理，监管不到位的结果。

4月4日 中美战略与经济对话闭幕，对话焦点之一是中方承诺提高国有企业红利上缴比例，增加上缴利润的中央国企和省级国企的数量，将国有资本经营预算纳入国家预算体系，同时对利率市场化改革予以稳步推进。

4月6日 国资委正式公布了央企退出房地产业务的进展，航天科工等27家非房地产主业的中央企业利用产权市场加快房地产项目退出，公开挂牌转让40宗房地产企业股权，通过辅业资产变现，为主业项目提供支撑。

4月9日 国家发展改革委员会组织实施信息产业、生物产业、航空航天产业、新能源新材料产业四个领域70个高技术产业化专项，3000多项高技术产业化项目，总投资超过4400亿元，大力支持重大技术突破，营造高技术产业化发展环境。

4月15日 全国纠风工作电话会议在京召开，国务委员兼国务院秘书长马凯强调，2013年坚决治理六个重点领域乱收费问题，严禁电信企业搞价格同盟和联合垄断，继续做好纠正征地拆迁、保障性住房、食品药品安全、医疗卫生等方面的不正之风。

4月27日 《2012年中国慈善排行榜》上，房地产企业的捐赠仍是主力，在2011年度超亿元的企业捐赠中，房地产及关联行业个人及企业捐赠约为48亿元，贡献率超过40%，位居所有行业第一。同时，《2012福布斯中国慈善榜》上的前十名中，来自房地产业的有6席，前三甲分别被恒大地产、珠江投资和大连万达集团占据。

5 月

5月8日 欧洲委员会发布2011年度《保证欧盟消费者安全报告》，《报告》显示，欧盟超过一半被通报的非食品类危险商品是中国制造。该报告强调，尽管大部分危险商品产自中国，但该比率"已经从2010年的58%降至2011年的54%"。

5月9日 北京市住房城乡建设委就《关于公布我市出租房屋人均居住面积标准有关问题的通知（征求意见稿）》公开征求社会意见。文件要求，出租房人均居住面积不得低于5平方米，单个房间居住人数不得超过2人。

5月11日　北京、上海、山东、安徽、浙江、河南等地同天召开"阶梯电价"听证会，预计自6月起，通过"阶梯电价"上调部分居民电价。

5月18日　国务院国有资产监督管理委员会办公厅成立国资委中央企业社会责任指导委员会。指导委员会的主要职责是研究审议国资委及中央企业社会责任工作的重大问题，指导中央企业建立完善社会责任工作体制和制度等。

5月23日　由国家信息中心和全球报告倡议组织主办的首届中荷企业社会责任国际高层论坛在北京召开。论坛探讨适合中国国情的企业社会责任公共政策，并分享国内外企业在管理供应链社会责任方面的最佳实践。

5月26日　《2012中国工业经济行业企业社会责任报告》发布。《报告》指出，2011年共有898家中国企业公开发布社会责任报告，同比增长18%，其中工业企业639家。中国航天科技集团公司作为与会的唯一一家军工企业，现场发布了2011年企业社会责任报告。

6月

6月1日　中国首次对外正式发布《中华人民共和国可持续发展国家报告》，《报告》指出，中国未来将从转变经济发展方式、建立资源节约型和环境友好型社会、保障和改善民生、推动科技创新和深化体制改革扩大对外开放合作等五方面着手，继续实施可持续发展战略。

6月14日　国家质检总局通报称，通过婴幼儿配方乳粉汞含量专项应急监测，除伊利集团公司所属婴幼儿乳粉生产企业的个别批次产品汞含量异常外，未发现国内其他企业生产的婴幼儿配方乳粉汞含量异常问题，伊利集团对问题奶粉紧急召回。

6月15日　国资委公布了2012年央企对外捐赠情况。截至2011年底，117家央企中有108家发生对外捐赠支出，累计支出总金额为37.70亿元。同时需注意的是，2011年国有资本经营预算支出769亿元，用于社保和就业支出的仅5100万元，其他部分用于央企资本性支出、费用性支出。

6月18日　中国石化在巴西里约热内卢发布了中国石化首份社会责任国别

报告——《中国石化在巴西》，这也是中国企业在南美的第一份社会责任报告。

6月21日 国家认监委发布《认证机构履行社会责任指导意见》，这是我国认证认可行业发布的首个以履行社会责任为主要内容的指导性文件。《指导意见》明确要求认证机构建立健全认证机构社会责任管理体系，定期发布社会责任报告。

6月29日 因担心引发环境污染问题造成了群体性事件，四川什邡总投资104亿元、年产值500亿元的宏达集团钼铜多金属资源深加工项目停建。

7月

7月3日 中国铝业公司召开首届社会责任工作大会，发布了《ISO26000在中国企业的应用研究》成果，填补了ISO26000在国内应用领域的一项空白，对履行社会责任标准提出更多、更新、更高的要求。

7月10日 世界企业财富500强中，中国内地（含香港，不包括台湾）上榜公司连续第九年增加，共有73家公司上榜，比2012年增加12家。中国内地上榜公司数量已经超过日本（68家），仅次于美国。

7月12日 《第一财经日报》对四年多来上市央企大盘进行梳理，发现十大央企近年来损失市值近万亿元，央企拥有庞大规模，也具备业绩高成长的优势，基本面无忧但股票市值却一跌再跌。

7月12~14日 民政部、国务院国资委、中华全国工商业联合会、广东省人民政府、深圳市人民政府共同主办的首届中国公益慈善项目交流展示会在深圳会展中心举行，这场以"发展·融合·透明"为主题的慈展会是我国首次国家级、综合性公益慈善交流会。

7月16日 国外权威反腐组织评选出全球最大的105家公司的财务报表透明度排行榜。榜单中有六家中国公司，中国银行和交通银行垫底，中国建设银行倒数第四，剩余三家均排中下游。

7月18~19日 在第四届中非企业家大会举行期间，中国国际贸易促进委员会联合国家开发银行、中国有色集团、中国重汽集团、中国土木工程集团等共同发布了《中非企业家大会——中国企业社会责任宣言》。

8 月

8 月 1 日 中国对外劳务合作领域的第一部专门法规《对外劳务合作管理条例》正式实施，条例全面要求对外劳务合作相关标准，推动了中国对外劳务合作进入良性发展轨道。

8 月 15 日 中国海油对口援建藏北尼玛县 10 年，投入援藏资金 2 亿元，实施援藏项目 76 个，计划"十二五"时期，加大援藏力度，增加援藏资金超过 1 亿元。

8 月 23 日 国旅集团发布第一份社会责任报告——《中国国旅集团有限公司 2009～2011 年社会责任报告》，全面反映了国旅集团 2009～2011 年三年来在企业社会责任领域开展的工作和取得的成果，充分披露了国旅集团在经济、社会和环境方面的责任信息。

8 月 24 日 媒体报道，中石油、中石化、中国移动、中国联通四家公司，最近四年来向海外投资者分红高达 7000 亿，年收益达 130%，相当于每个中国人贡献约 600 元人民币。

8 月 25 日 国家认监委、工信部确定并发布了从事国家统一推行的电子信息产品污染控制自愿性认证的认证机构和实验室名单，并为首批获证企业进行颁证，这标志着我国电子信息产品污染控制认证工作正式实施。

8 月 30 日 全国工商联在京召开 2012 年民营企业 500 强发布会，江苏沙钢、华为投资及苏宁电器分列 500 强榜单的前三。《每日经济新闻》记者对比后发现，2011 年民营企业 500 强利润之和为 4387.31 亿元，远远不及五大行净利润总和 6808.49 亿元。

9 月

9 月 2 日 十一届全国人大常委会第二十八次会议表决通过了《全国人民代表大会常务委员会关于修改〈中华人民共和国民事诉讼法〉的决定》，首次将公益诉讼制度写入民事诉讼法。

9月5日　世界经济论坛在瑞士和伦敦面向全球发布了《2012～2013年全球竞争力报告》。排名显示，中国内地的全球竞争力排名在经过5年的稳定上升后，2013年下降了3个位次，在全球144个经济体中排行第29位。

9月12日　《证券时报》消息，中国证券业协会近日发布了《2011年度证券公司履行社会责任情况报告》，首次向社会披露证券公司在履行社会责任方面的年度工作情况。

9月13日　道琼斯可持续发展指数2012年成分股名单中，中国移动连续5年入选该指数，截至目前，中国移动是大陆唯一一家入选该指数的公司。

9月26日　英特尔在上海举行首届全球供应商可持续发展领导力峰会。近二百位来自英特尔和英特尔供应商高层及政府机构、公益组织和学术界的专家围绕"塑造环境与社会的未来"主题，共同探讨了企业在员工管理、环境保护、安全生产、企业透明度等可持续发展方面的议题。

9月28日　商务部发布首部《中国对外承包工程行业社会责任指引》，为中国对外承包工程企业提升社会责任能力和水平提供了一套系统的行为框架，是首部对外承包工程行业的自愿性社会责任标准。

10 月

10月1日　新版《绿色食品标志管理办法》正式施行，标志着我国"三品一标"农产品发展步入了一个整体推进、规范管理、协调发展的新时期。

10月17日　国家质检总局发布2012年第1批产品质量国家监督抽查不合格产品生产企业整改结果，11家企业整改不合格被停止生产，在6家未完成整改复查的企业中，5家均位于北京且产品种类为服装。

10月24日　由环保部牵头制定的《重点区域大气污染防治规划（2011～2015年)》已获国务院批准，这是我国第一部综合性的大气污染防治专项规划。规划囊括了三大区域、九大城市群共107个城市，重点解决PM2.5和臭氧等突出的区域大气污染问题。

10月27日　三峡集团向家坝水电站蓄水后放流首批珍稀特有鱼类品种，包括国家一级保护动物达氏鲟、国家二级保护动物胭脂鱼、金沙江特有鱼类岩原鲤、厚颌鲂、长薄鳅等五种鱼苗超过 10 万余尾。

10 月 28 日 因民众抗议，浙江宁波市政府宣布总投资 558.73 亿元的宁波镇海炼化扩建一体化项目停止兴建。这是当前企业对社会责任的认识尚停留在遵纪守法层面，忽略对社区公众利益环境保护的责任。

10 月 29 日 《经济参考报》报道，由国家发改委和国家认证认可监督管理委员会共同制定的《低碳产品认证管理办法（暂行）》和相关技术支撑文件将于近期发布。届时，我国将实施全国统一、自愿性的低碳产品认证制度。

11 月

11 月 12 日 针对"如何防止环境问题引发群体性事件"的提问，十八大代表、环境保护部部长周生贤指出，中央和国务院已经明确规定凡是重大建设项目，都要进行社会风险评估。

11 月 20 日 在武汉召开的中国水利学会 2012 年学术年会上，中国水利部副部长胡四一表示，中国已经开始实行最严格的水资源管理制度，将对包括取水、用水、排水的三大水资源利用环节实行"红线管理"，对水资源开发利用全过程实施管控。

11 月 22 日 财政部发布消息表示，针对我国单位 GDP 能耗是发达国家的 3~6 倍，重点产品单位能耗比国际先进水平普遍高 20%~40% 这一问题，中央财政已经安排 3380 多亿元资金用于节能减排。

11 月 27 日 以"性别平等和企业社会责任：增强企业竞争力"为主题的我国第一次关注性别平等和企业社会责任的国际会议在京召开。

11 月 28 日 2012 全球契约中国网络年会在北京举行。20 多家企业在社会责任管理、环境保护、员工权益保护、合规经营和促进社会发展等领域的 30 个案例获选"2012 全球契约中国最佳实践"。

11 月 29 日 中石化在北京发布《中国石油化工集团公司环境保护白皮书》，将实施绿色低碳战略，推行节能减排和清洁能源生产，这是中国企业发布的首个环境保护白皮书。

12 月

12 月 5 日 平安养老保险和中华全国总工会直属中国工运研究所联合发布了"中国企业员工福利保障指数",这是我国首个聚焦企业员工福利保障的指数研究报告。研究数据显示,2012 年中国企业员工福利保障指数为 65.37,反映出目前国内员工福利仍处于基础满意水平。

12 月 6 日 《交通运输行业 2009 – 2011 年度企业社会责任发展报告》在京发布。该份报告是专门研究中国交通运输行业企业社会责任问题的首个年度报告。

12 月 13 日 在中国绿色食品 2012 上海博览会新闻发布会上,农业部绿色食品管理办公室负责人宣布,新版《绿色食品标志管理办法》已颁布实施,明确 3 年内发生质量安全事故和不诚信记录的生产单位,将不能再申报绿色食品。

12 月 15 ~ 16 日 中央经济工作会议在北京举行。会议明确了 2013 年经济工作六大主要任务,其中就包括要加强民生保障,提高人民生活水平;稳定和扩大就业,要善待和支持小微企业发展,强化大企业社会责任等民生问题。

12 月 26 日 甘肃省工业和信息化委员会首次向社会发布了 44 家重点用能企业的清洁生产社会责任报告,以推进工业企业履行清洁生产的社会责任,实现节约集约利用资源和发展循环经济。

12 月 29 日 由中国电建集团投资 1.26 亿元援建的西藏昌都应急电源工程全部并网发电,实现了 12 台柴油发电机组在藏历新年前全部投运的目标,也结束了昌都地区无备用电源的历史。

B.17

后 记

　　21世纪初期，中国开启了企业公民理念的传播和推广。近年来，随着认识的不断深入，越来越多的企业开始关注企业公民建设。企业公民建设作为推动企业与社会、环境和谐发展的时代潮流，逐渐得到了政府、社会和企业的高度关注和支持。2012年以来，国内外环境的巨大变化进一步促进了企业公民建设的开展。第一，各地频发食品卫生安全事件，使社会公众对此类问题的敏感度增加，促使企业进一步关注企业公民建设；第二，树立科学发展观、构建和谐社会的理念已经深入人心，这要求企业改变过去简单粗放的生产方式，承担更多的社会责任；第三，全球网络信息化时代的到来使曾经的天然信息屏障逐渐丧失了保护作用，使企业几近透明地暴露在社会公众面前，企业公民建设成为企业可持续发展的必然选择；第四，全球已经进入后危机时代，企业处于恢复期，利益相关者之间的矛盾并未完全缓和，促使企业与相关社会团体加快了企业公民建设的步伐。总之，企业公民建设取得了前所未有的发展。这预示着企业公民不仅仅是一个理论研究的课题，而且已经成为一种全球性的社会运动，它将经济行为与更广泛的社会信任相联系。因而，对企业公民建设的进一步研究不仅为企业公民注入了新的内涵，而且有利于促进企业承担社会责任，促进社会的和谐、稳定和健康发展。鉴于上述原因，中央财经大学中国发展和改革研究院联合社会科学文献出版社共同推出《中国企业公民报告No.3》，本书是"企业公民蓝皮书"系列的第三本，在前两本书的基础上，继续详尽深入地评述了企业在公民建设中的现状、成就与不足，以总报告和分报告的形式记录了中国企业公民建设的轨迹，并从理论的角度给予了建设性的分析。

　　为了提高企业公民的理论和应用研究水平，推动企业公民建设的进一步发展，本书在研究和写作过程中积极跟踪企业公民理论和实践的最新进展，定期

举行企业公民理论的学习、交流活动，为推动企业公民的研究进程奠定了坚实的基础。由于本课题的研究对象复杂多变，研究本身具有诸多困难和不确定性因素，所以我们不能肯定是否向读者交出了一份满意的答卷。但本研究无论是在收集最新国内外前沿文献、进行实地调研，还是在研究写作过程中，都力图做到真诚、客观、公正。现将本书呈交到读者的面前，诚恳期待读者给予批评和指正，以便在今后的研究中吸收各方的有益意见。

另外，在本书的研究和写作过程中得到了国家有关领导人、政府有关部门、有关协会、有关企业以及各方面专家、学者的积极支持。特别需要感谢的是山西省临汾市中小企业职工教育培训中心以及临汾市中小企业高级人才及专家咨询中心，正是上述两所单位的大力支持，本书的编撰和出版工作才能够顺利的完成。在调研工作中也得到了社会各界的大力支持和热心帮助。我们真诚地向所有对企业公民研究提供帮助以及对本书的撰写和出版做出贡献的各界领导、专家和朋友表示衷心的感谢！

中国企业公民报告课题组

2013 年 10 月

中国皮书网

www.pishu.cn

发布皮书研创资讯，传播皮书精彩内容
引领皮书出版潮流，打造皮书服务平台

栏目设置：

☐ 资讯：皮书动态、皮书观点、皮书数据、 皮书报道、皮书新书发布会、电子期刊

☐ 标准：皮书评价、皮书研究、皮书规范、皮书专家、编撰团队

☐ 服务：最新皮书、皮书书目、重点推荐、在线购书

☐ 链接：皮书数据库、皮书博客、皮书微博、出版社首页、在线书城

☐ 搜索：资讯、图书、研究动态

☐ 互动：皮书论坛

中国皮书网依托皮书系列"权威、前沿、原创"的优质内容资源，通过文字、图片、音频、视频等多种元素，在皮书研创者、使用者之间搭建了一个成果展示、资源共享的互动平台。

自2005年12月正式上线以来，中国皮书网的IP访问量、PV浏览量与日俱增，受到海内外研究者、公务人员、商务人士以及专业读者的广泛关注。

2008年、2011年中国皮书网均在全国新闻出版业网站荣誉评选中获得"最具商业价值网站"称号。

2012年，中国皮书网在全国新闻出版业网站系列荣誉评选中获得"出版业网站百强"称号。

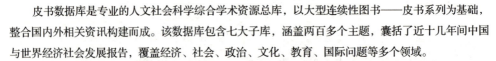

当代中国与世界发展的高端智库平台

皮书数据库　www.pishu.com.cn

　　皮书数据库是专业的人文社会科学综合学术资源总库，以大型连续性图书——皮书系列为基础，整合国内外相关资讯构建而成。该数据库包含七大子库，涵盖两百多个主题，囊括了近十几年间中国与世界经济社会发展报告，覆盖经济、社会、政治、文化、教育、国际问题等多个领域。

　　皮书数据库以篇章为基本单位，方便用户对皮书内容的阅读需求。用户可进行全文检索，也可对文献题目、内容提要、作者名称、作者单位、关键字等基本信息进行检索，还可对检索到的篇章再作二次筛选，进行在线阅读或下载阅读。智能多维度导航，可使用户根据自己熟知的分类标准进行分类导航筛选，使查找和检索更高效、便捷。

　　权威的研究报告、独特的调研数据、前沿的热点资讯，皮书数据库已发展成为国内最具影响力的关于中国与世界现实问题研究的成果库和资讯库。

皮书俱乐部会员服务指南

1. 谁能成为皮书俱乐部成员？
- 皮书作者自动成为俱乐部会员
- 购买了皮书产品（纸质皮书、电子书）的个人用户

2. 会员可以享受的增值服务
- 加入皮书俱乐部，免费获赠该纸质图书的电子书
- 免费获赠皮书数据库100元充值卡
- 免费定期获赠皮书电子期刊
- 优先参与各类皮书学术活动
- 优先享受皮书产品的最新优惠

社会科学文献出版社　皮书系列
卡号：8607456729098203
密码：

3. 如何享受增值服务？

（1）加入皮书俱乐部，获赠该书的电子书

　　第1步 登录我社官网（www.ssap.com.cn），注册账号；

　　第2步 登录并进入"会员中心"—"皮书俱乐部"，提交加入皮书俱乐部申请；

　　第3步 审核通过后，自动进入俱乐部服务环节，填写相关购书信息即可自动兑换相应电子书。

（2）免费获赠皮书数据库100元充值卡

　　100元充值卡只能在皮书数据库中充值和使用

　　第1步 刮开附赠充值的涂层（左下）；

　　第2步 登录皮书数据库网站（www.pishu.com.cn），注册账号；

　　第3步 登录并进入"会员中心"—"在线充值"—"充值卡充值"，充值成功后即可使用。

4. 声明

　　解释权归社会科学文献出版社所有

皮书俱乐部会员可享受社会科学文献出版社其他相关免费增值服务，有任何疑问，均可与我们联系
联系电话：010-59367227　企业QQ：800045692　邮箱：pishuclub@ssap.cn
欢迎登录社会科学文献出版社官网（www.ssap.com.cn）和中国皮书网（www.pishu.cn）了解更多信息

社会科学文献出版社

皮书系列

"皮书"起源于十七、十八世纪的英国,主要指官方或社会组织正式发表的重要文件或报告,多以"白皮书"命名。在中国,"皮书"这一概念被社会广泛接受,并被成功运作、发展成为一种全新的出版形态,则源于中国社会科学院社会科学文献出版社。

皮书是对中国与世界发展状况和热点问题进行年度监测,以专业的角度、专家的视野和实证研究方法,针对某一领域或区域现状与发展态势展开分析和预测,具备权威性、前沿性、原创性、实证性、时效性等特点的连续性公开出版物,由一系列权威研究报告组成。皮书系列是社会科学文献出版社编辑出版的蓝皮书、绿皮书、黄皮书等的统称。

皮书系列的作者以中国社会科学院、著名高校、地方社会科学院的研究人员为主,多为国内一流研究机构的权威专家学者,他们的看法和观点代表了学界对中国与世界的现实和未来最高水平的解读与分析。

自20世纪90年代末推出以《经济蓝皮书》为开端的皮书系列以来,社会科学文献出版社至今已累计出版皮书千余部,内容涵盖经济、社会、政法、文化传媒、行业、地方发展、国际形势等领域。皮书系列已成为社会科学文献出版社的著名图书品牌和中国社会科学院的知名学术品牌。

皮书系列在数字出版和国际出版方面成就斐然。皮书数据库被评为"2008~2009年度数字出版知名品牌";《经济蓝皮书》《社会蓝皮书》等十几种皮书每年还由国外知名学术出版机构出版英文版、俄文版、韩文版和日文版,面向全球发行。

2011年,皮书系列正式列入"十二五"国家重点出版规划项目;2012年,部分重点皮书列入中国社会科学院承担的国家哲学社会科学创新工程项目;2014年,35种院外皮书使用"中国社会科学院创新工程学术出版项目"标识。

法 律 声 明

权威·前沿·原创

社会科学文献出版社

皮书系列

2014年

盘点年度资讯　预测时代前程

社会科学文献出版社 学术传播中心 编制

社会科学文献出版社
SOCIAL SCIENCES ACADEMIC PRESS (CHINA)

社会科学文献出版社成立于1985年，是直属于中国社会科学院的人文社会科学专业学术出版机构。

成立以来，特别是1998年实施第二次创业以来，依托于中国社会科学院丰厚的学术出版和专家学者两大资源，坚持"创社科经典，出传世文献"的出版理念和"权威、前沿、原创"的产品定位，社科文献立足内涵式发展道路，从战略层面推动学术出版的五大能力建设，逐步走上了学术产品的系列化、规模化、数字化、国际化、市场化经营道路。

先后策划出版了著名的图书品牌和学术品牌"皮书"系列、"列国志"、"社科文献精品译库"、"中国史话"、"全球化译丛"、"气候变化与人类发展译丛""近世中国"等一大批既有学术影响又有市场价值的系列图书。形成了较强的学术出版能力和资源整合能力，年发稿3.5亿字，年出版新书1200余种，承印发行中国社科院院属期刊近70种。

2012年，《社会科学文献出版社学术著作出版规范》修订完成。同年10月，社会科学文献出版社参加了由新闻出版总署召开加强学术著作出版规范座谈会，并代表50多家出版社发起实施学术著作出版规范的倡议。2013年，社会科学文献出版社参与新闻出版总署学术著作规范国家标准的起草工作。

依托于雄厚的出版资源整合能力，社会科学文献出版社长期以来一直致力于从内容资源和数字平台两个方面实现传统出版的再造，并先后推出了皮书数据库、列国志数据库、中国田野调查数据库等一系列数字产品。

在国内原创著作、国外名家经典著作大量出版，数字出版突飞猛进的同时，社会科学文献出版社在学术出版国际化方面也取得了不俗的成绩。先后与荷兰博睿等十余家国际出版机构合作面向海外推出了《经济蓝皮书》《社会蓝皮书》等十余种皮书的英文版、俄文版、日文版等。

此外，社会科学文献出版社积极与中央和地方各类媒体合作，联合大型书店、学术书店、机场书店、网络书店、图书馆，逐步构建起了强大的学术图书的内容传播力和社会影响力，学术图书的媒体曝光率居全国之首，图书馆藏率居于全国出版机构前十位。

作为已经开启第三次创业梦想的人文社会科学学术出版机构，社会科学文献出版社结合社会需求、自身的条件以及行业发展，提出了新的创业目标：精心打造人文社会科学成果推广平台，发展成为一家集图书、期刊、声像电子和数字出版物为一体，面向海内外高端读者和客户，具备独特竞争力的人文社会科学内容资源供应商和海内外知名的专业学术出版机构。

社长致辞

我们是图书出版者，更是人文社会科学内容资源供应商；

我们背靠中国社会科学院，面向中国与世界人文社会科学界，坚持为人文社会科学的繁荣与发展服务；

我们精心打造权威信息资源整合平台，坚持为中国经济与社会的繁荣与发展提供决策咨询服务；

我们以读者定位自身，立志让爱书人读到好书，让求知者获得知识；

我们精心编辑、设计每一本好书以形成品牌张力，以优秀的品牌形象服务读者，开拓市场；

我们始终坚持"创社科经典，出传世文献"的经营理念，坚持"权威、前沿、原创"的产品特色；

我们"以人为本"，提倡阳光下创业，员工与企业共享发展之成果；

我们立足于现实，认真对待我们的优势、劣势，我们更着眼于未来，以不断的学习与创新适应不断变化的世界，以不断的努力提升自己的实力；

我们愿与社会各界友好合作，共享人文社会科学发展之成果，共同推动中国学术出版乃至内容产业的繁荣与发展。

社会科学文献出版社社长
中国社会学会秘书长

2014 年 1 月

　　"皮书"起源于十七、十八世纪的英国，主要指官方或社会组织正式发表的重要文件或报告，多以"白皮书"命名。在中国，"皮书"这一概念被社会广泛接受，并被成功运作、发展成为一种全新的出版形态，则源于中国社会科学院社会科学文献出版社。

　　皮书是对中国与世界发展状况和热点问题进行年度监测，以专家和学术的视角，针对某一领域或区域现状与发展态势展开分析和预测，具备权威性、前沿性、原创性、实证性、时效性等特点的连续性公开出版物，由一系列权威研究报告组成。皮书系列是社会科学文献出版社编辑出版的蓝皮书、绿皮书、黄皮书等的统称。

　　皮书系列的作者以中国社会科学院、著名高校、地方社会科学院的研究人员为主，多为国内一流研究机构的权威专家学者，他们的看法和观点代表了学界对中国与世界的现实和未来最高水平的解读与分析。

　　自20世纪90年代末推出以经济蓝皮书为开端的皮书系列以来，至今已出版皮书近1000余部，内容涵盖经济、社会、政法、文化传媒、行业、地方发展、国际形势等领域。皮书系列已成为社会科学文献出版社的著名图书品牌和中国社会科学院的知名学术品牌。

　　皮书系列在数字出版和国际出版方面成就斐然。皮书数据库被评为"2008~2009年度数字出版知名品牌"；经济蓝皮书、社会蓝皮书等十几种皮书每年还由国外知名学术出版机构出版英文版、俄文版、韩文版和日文版，面向全球发行。

　　2011年，皮书系列正式列入"十二五"国家重点出版规划项目，一年一度的皮书年会升格由中国社会科学院主办；2012年，部分重点皮书列入中国社会科学院承担的国家哲学社会科学创新工程项目。

经 济 类

经济类皮书涵盖宏观经济、城市经济、大区域经济，
提供权威、前沿的分析与预测

经济蓝皮书

2014 年中国经济形势分析与预测（赠阅读卡）

李 扬 / 主编　　2013 年 12 月出版　　估价 :69.00 元

◆ 本书课题为"总理基金项目"，由著名经济学家李扬领衔，
联合数十家科研机构、国家部委和高等院校的专家共同撰写，
对 2013 年中国宏观及微观经济形势，特别是全球金融危机及
其对中国经济的影响进行了深入分析，并且提出了 2014 年经
济走势的预测。

世界经济黄皮书

2014 年世界经济形势分析与预测（赠阅读卡）

王洛林　张宇燕 / 主编　　2014 年 1 月出版　　估价 :69.00 元

◆ 2013 年的世界经济仍旧行进在坎坷复苏的道路上。发达
经济体经济复苏继续巩固，美国和日本经济进入低速增长通
道,欧元区结束衰退并呈复苏迹象。本书展望 2014 年世界经济，
预计全球经济增长仍将维持在中低速的水平上。

工业化蓝皮书

中国工业化进程报告（2014）（赠阅读卡）

黄群慧 吕 铁 李晓华 等 / 著　　2014 年 11 月出版　　估价 :89.00 元

◆ 中国的工业化是事关中华民族复兴的伟大事业，分析跟踪
研究中国的工业化进程，无疑具有重大意义。科学评价与客
观认识我国的工业化水平，对于我国明确自身发展中的优势
和不足，对于经济结构的升级与转型，对于制定经济发展政策，
从而提升我国的现代化水平具有重要作用。

金融蓝皮书

中国金融发展报告（2014）（赠阅读卡）

李　扬　王国刚/主编　2013年12月出版　　定价：69.00元

◆　由中国社会科学院金融研究所组织编写的《中国金融发展报告（2014）》，概括和分析了2013年中国金融发展和运行中的各方面情况，研讨和评论了2013年发生的主要金融事件。本书由业内专家和青年精英联合编著，有利于读者了解掌握2013年中国的金融状况，把握2014年中国金融的走势。

城市竞争力蓝皮书

中国城市竞争力报告No.12（赠阅读卡）

倪鹏飞/主编　　2014年5月出版　　估价：89.00元

◆　本书由中国社会科学院城市与竞争力研究中心主任倪鹏飞主持编写，汇集了众多研究城市经济问题的专家学者关于城市竞争力研究的最新成果。本报告构建了一套科学的城市竞争力评价指标体系，采用第一手数据材料，对国内重点城市年度竞争力格局变化进行客观分析和综合比较、排名，对研究城市经济及城市竞争力极具参考价值。

中国省域竞争力蓝皮书

中国省域经济综合竞争力发展报告（2012~2013）（赠阅读卡）

李建平　李闽榕　高燕京/主编　　2014年3月出版　　估价：188.00元

◆　本书充分运用数理分析、空间分析、规范分析与实证分析相结合、定性分析与定量分析相结合的方法，建立起比较科学完善、符合中国国情的省域经济综合竞争力指标评价体系及数学模型，对2011~2012年中国内地31个省、市、区的经济综合竞争力进行全面、深入、科学的总体评价与比较分析。

农村经济绿皮书

中国农村经济形势分析与预测(2013~2014)（赠阅读卡）

中国社会科学院农村发展研究所　国家统计局农村社会经济调查司/著

2014年4月出版　　估价：59.00元

◆　本书对2013年中国农业和农村经济运行情况进行了系统的分析和评价，对2014年中国农业和农村经济发展趋势进行了预测，并提出相应的政策建议，专题部分将围绕某个重大的理论和现实问题进行多维、深入、细致的分析和探讨。

西部蓝皮书

中国西部经济发展报告（2014）（赠阅读卡）

姚慧琴　徐璋勇 / 主编　　2014 年 7 月出版　　估价 :69.00 元

◆　本书由西北大学中国西部经济发展研究中心主编，汇集了源自西部本土以及国内研究西部问题的权威专家的第一手资料，对国家实施西部大开发战略进行年度动态跟踪，并对 2014 年西部经济、社会发展态势进行预测和展望。

气候变化绿皮书

应对气候变化报告（2014）（赠阅读卡）

王伟光　郑国光 / 主编　　2014 年 11 月出版　　估价 :79.00 元

◆　本书由社科院城环所和国家气候中心共同组织编写，各篇报告的作者长期从事气候变化科学问题、社会经济影响，以及国际气候制度等领域的研究工作，密切跟踪国际谈判的进程，参与国家应对气候变化相关政策的咨询，有丰富的理论与实践经验。

就业蓝皮书

2014 年中国大学生就业报告（赠阅读卡）

麦可思研究院 / 编著　王伯庆　郭　娇 / 主审
2014 年 6 月出版　估价 :98.00 元

◆　本书是迄今为止关于中国应届大学毕业生就业、大学毕业生中期职业发展及高等教育人口流动情况的视野最为宽广、资料最为翔实、分类最为精细的实证调查和定量研究；为我国教育主管部门的教育决策提供了极有价值的参考。

企业社会责任蓝皮书

中国企业社会责任研究报告（2014）（赠阅读卡）

黄群慧　彭华岗　钟宏武　张　蒽 / 编著
2014 年 11 月出版　估价 :69.00 元

◆　本书系中国社会科学院经济学部企业社会责任研究中心组织编写的《企业社会责任蓝皮书》2014 年分册。该书在对企业社会责任进行宏观总体研究的基础上，根据 2013 年企业社会责任及相关背景进行了创新研究，在全国企业中观层面对企业健全社会责任管理体系提供了弥足珍贵的丰富信息。

社 会 政 法 类

社会政法类皮书聚焦社会发展领域的热点、难点问题，
提供权威、原创的资讯与视点

社会蓝皮书

2014 年中国社会形势分析与预测（赠阅读卡）

李培林　陈光金　张　翼 / 主编　2013 年 12 月出版　估价 :69.00 元

◆　本报告是中国社会科学院"社会形势分析与预测"课题组 2014 年度分析报告，由中国社会科学院社会学研究所组织研究机构专家、高校学者和政府研究人员撰写。对 2013 年中国社会发展的各个方面内容进行了权威解读，同时对 2014 年社会形势发展趋势进行了预测。

法治蓝皮书

中国法治发展报告 No.12（2014）（赠阅读卡）

李　林　田　禾 / 主编　2014 年 2 月出版　估价 :98.00 元

◆　本年度法治蓝皮书一如既往秉承关注中国法治发展进程中的焦点问题的特点，回顾总结了 2013 年度中国法治发展取得的成就和存在的不足，并对 2014 年中国法治发展形势进行了预测和展望。

民间组织蓝皮书

中国民间组织报告（2014）（赠阅读卡）

黄晓勇 / 主编　2014 年 8 月出版　估价 :69.00 元

◆　本报告是中国社会科学院"民间组织与公共治理研究"课题组推出的第五本民间组织蓝皮书。基于国家权威统计数据、实地调研和广泛搜集的资料，本报告对 2012 年以来我国民间组织的发展现状、热点专题、改革趋势等问题进行了深入研究，并提出了相应的政策建议。

社会保障绿皮书

中国社会保障发展报告（2014）No.6（赠阅读卡）

王延中 / 主编　2014 年 9 月出版　估价 :69.00 元

◆　社会保障是调节收入分配的重要工具，随着社会保障制度的不断建立健全、社会保障覆盖面的不断扩大和社会保障资金的不断增加，社会保障在调节收入分配中的重要性不断提高。本书全面评述了 2013 年以来社会保障制度各个主要领域的发展情况。

环境绿皮书

中国环境发展报告（2014）（赠阅读卡）

刘鉴强 / 主编　　2014 年 4 月出版　　估价 :69.00 元

◆　本书由民间环保组织"自然之友"组织编写，由特别关注、生态保护、宜居城市、可持续消费以及政策与治理等版块构成，以公共利益的视角记录、审视和思考中国环境状况，呈现 2013 年中国环境与可持续发展领域的全局态势，用深刻的思考、科学的数据分析 2013 年的环境热点事件。

教育蓝皮书

中国教育发展报告（2014）（赠阅读卡）

杨东平 / 主编　2014 年 3 月出版　估价 :69.00 元

◆　本书站在教育前沿，突出教育中的问题，特别是对当前教育改革中出现的教育公平、高校教育结构调整、义务教育均衡发展等问题进行了深入分析，从教育的内在发展谈教育，又从外部条件来谈教育，具有重要的现实意义，对我国的教育体制的改革与发展具有一定的学术价值和参考意义。

反腐倡廉蓝皮书

中国反腐倡廉建设报告 No.3（赠阅读卡）

中国社会科学院中国廉政研究中心 / 主编
2013 年 12 月出版　　估价 :79.00 元

◆　本书抓住了若干社会热点和焦点问题，全面反映了新时期新阶段中国反腐倡廉面对的严峻局面，以及中国共产党反腐倡廉建设的新实践新成果。根据实地调研、问卷调查和舆情分析，梳理了当下社会普遍关注的与反腐败密切相关的热点问题。

行业报告类

行业报告类皮书立足重点行业、新兴行业领域，
提供及时、前瞻的数据与信息

房地产蓝皮书

中国房地产发展报告 No.11（赠阅读卡）

魏后凯　李景国 / 主编　　2014 年 4 月出版　　估价：79.00 元

◆　本书由中国社会科学院城市发展与环境研究所组织编写，秉承客观公正、科学中立的原则，深度解析 2013 年中国房地产发展的形势和存在的主要矛盾，并预测 2014 年及未来 10 年或更长时间的房地产发展大势。观点精辟，数据翔实，对关注房地产市场的各阶层人士极具参考价值。

旅游绿皮书

2013~2014 年中国旅游发展分析与预测（赠阅读卡）

宋　瑞 / 主编　　2013 年 12 月出版　　定价：69.00 元

◆　如何从全球的视野理性审视中国旅游，如何在世界旅游版图上客观定位中国，如何积极有效地推进中国旅游的世界化，如何制定中国实现世界旅游强国梦想的线路图？本年度开始，《旅游绿皮书》将围绕"世界与中国"这一主题进行系列研究，以期为推进中国旅游的长远发展提供科学参考和智力支持。

信息化蓝皮书

中国信息化形势分析与预测（2014）（赠阅读卡）

周宏仁 / 主编　　2014 年 7 月出版　　估价：98.00 元

◆　本书在以中国信息化发展的分析和预测为重点的同时，反映了过去一年间中国信息化关注的重点和热点，视野宽阔，观点新颖，内容丰富，数据翔实，对中国信息化的发展有很强的指导性，可读性很强。

企业蓝皮书

中国企业竞争力报告（2014）（赠阅读卡）

金 碚 / 主编　　2014 年 11 月出版　　估价 :89.00 元

◆　中国经济正处于新一轮的经济波动中，如何保持稳健的经营心态和经营方式并进一步求发展，对于企业保持并提升核心竞争力至关重要。本书利用上市公司的财务数据，研究上市公司竞争力变化的最新趋势，探索进一步提升中国企业国际竞争力的有效途径，这无论对实践工作者还是理论研究者都具有重大意义。

食品药品蓝皮书

食品药品安全与监管政策研究报告（2014）（赠阅读卡）

唐民皓 / 主编　　2014 年 7 月出版　　估价 :69.00 元

◆　食品药品安全是当下社会关注的焦点问题之一，如何破解食品药品安全监管重点难点问题是需要以社会合力才能解决的系统工程。本书围绕安全热点问题、监管重点问题和政策焦点问题，注重于对食品药品公共政策和行政监管体制的探索和研究。

流通蓝皮书

中国商业发展报告（2013~2014）（赠阅读卡）

荆林波 / 主编　　2014 年 5 月出版　　估价 :89.00 元

◆　《中国商业发展报告》是中国社会科学院财经战略研究院与香港利丰研究中心合作的成果，并且在 2010 年开始以中英文版同步在全球发行。蓝皮书从关注中国宏观经济出发，突出中国流通业的宏观背景反映了本年度中国流通业发展的状况。

住房绿皮书

中国住房发展报告（2013~2014）（赠阅读卡）

倪鹏飞 / 主编　　2013 年 12 月出版　　估价 :79.00 元

◆　本报告从宏观背景、市场主体、市场体系、公共政策和年度主题五个方面，对中国住宅市场体系做了全面系统的分析、预测与评价，并给出了相关政策建议，并在评述 2012~2013 年住房及相关市场走势的基础上，预测了 2013~2014 年住房及相关市场的发展变化。

国别与地区类

国别与地区类皮书关注全球重点国家与地区，
提供全面、独特的解读与研究

亚太蓝皮书

亚太地区发展报告（2014）（赠阅读卡）

李向阳 / 主编　　2013 年 12 月出版　　定价 :69.00 元

◆　本书是由中国社会科学院亚太与全球战略研究院精心打造的又一品牌皮书，关注时下亚太地区局势发展动向里隐藏的中长趋势，剖析亚太地区政治与安全格局下的区域形势最新动向以及地区关系发展的热点问题，并对 2014 年亚太地区重大动态作出前瞻性的分析与预测。

日本蓝皮书

日本研究报告（2014）（赠阅读卡）

李　薇 / 主编　　2014 年 2 月出版　　估价 :69.00 元

◆　本书由中华日本学会、中国社会科学院日本研究所合作推出，是以中国社会科学院日本研究所的研究人员为主完成的研究成果。对 2013 年日本的政治、外交、经济、社会文化作了回顾、分析与展望，并收录了该年度日本大事记。

欧洲蓝皮书

欧洲发展报告 (2013~2014)（赠阅读卡）

周　弘 / 主编　　2014 年 3 月出版　　估价 :89.00 元

◆　本年度的欧洲发展报告，对欧洲经济、政治、社会、外交等面的形式进行了跟踪介绍与分析。力求反映作为一个整体的欧盟及 30 多个欧洲国家在 2013 年出现的各种变化。

拉美黄皮书

拉丁美洲和加勒比发展报告（2013~2014）（赠阅读卡）

吴白乙 / 主编　2014 年 4 月出版　估价 : 89.00 元

◆　本书是中国社会科学院拉丁美洲研究所的第 13 份关于拉丁美洲和加勒比地区发展形势状况的年度报告。本书对 2013 年拉丁美洲和加勒比地区诸国的政治、经济、社会、外交等方面的发展情况做了系统介绍，对该地区相关国家的热点及焦点问题进行了总结和分析，并在此基础上对该地区各国 2014 年的发展前景做出预测。

澳门蓝皮书

澳门经济社会发展报告（2013~2014）（赠阅读卡）

吴志良　郝雨凡 / 主编　2014 年 3 月出版　估价 : 79.00 元

◆　本书集中反映 2013 年本澳各个领域的发展动态，总结评价近年澳门政治、经济、社会的总体变化，同时对 2014 年社会经济情况作初步预测。

日本经济蓝皮书

日本经济与中日经贸关系研究报告（2014）（赠阅读卡）

王洛林　张季风 / 主编　2014 年 5 月出版　估价 : 79.00 元

◆　本书对当前日本经济以及中日经济合作的发展动态进行了多角度、全景式的深度分析。本报告回顾并展望了 2013~2014 年度日本宏观经济的运行状况。此外，本报告还收录了大量来自于日本政府权威机构的数据图表，具有极高的参考价值。

美国蓝皮书

美国问题研究报告（2014）（赠阅读卡）

黄平　倪峰 / 主编　2014 年 6 月出版　估价 : 89.00 元

◆　本书是由中国社会科学院美国所主持完成的研究成果，它回顾了美国 2013 年的经济、政治形势与外交战略，对 2013 年以来美国内政外交发生的重大事件以及重要政策进行了较为全面的回顾和梳理。

地方发展类

地方发展类皮书关注大陆各省份、经济区域，
提供科学、多元的预判与咨政信息

社会建设蓝皮书

2014 年北京社会建设分析报告（赠阅读卡）

宋贵伦 / 主编　2014 年 4 月出版　估价：69.00 元

◆　本书依据社会学理论框架和分析方法，对北京市的人口、就业、分配、社会阶层以及城乡关系等社会学基本问题进行了广泛调研与分析，对广受社会关注的住房、教育、医疗、养老、交通等社会热点问题做了深刻了解与剖析，对日益显现的征地搬迁、外籍人口管理、群体性心理障碍等进行了有益探讨。

温州蓝皮书

2014 年温州经济社会形势分析与预测（赠阅读卡）

潘忠强　王春光　金　浩 / 主编　2014 年 4 月出版　估价：69.00 元

◆　本书是由中共温州市委党校与中国社会科学院社会学研究所合作推出的第七本"温州经济社会形势分析与预测"年度报告，深入全面分析了 2013 年温州经济、社会、政治、文化发展的主要特点、经验、成效与不足，提出了相应的政策建议。

上海蓝皮书

上海资源环境发展报告（2014）（赠阅读卡）

周冯琦　汤庆合　王利民 / 著　2014 年 1 月出版　估价：59.00 元

◆　本书在上海所面临资源环境风险的来源、程度、成因、对策等方面作了些有益的探索，希望能对有关部门完善上海的资源环境风险防控工作提供一些有价值的参考，也让普通民众更全面地了解上海资源环境风险及其防控的图景。

广州蓝皮书

2014 年中国广州社会形势分析与预测（赠阅读卡）

易佐永 杨 秦 顾涧清 / 主编   2014 年 5 月出版   估价 :65.00 元

◆ 本书由广州大学与广州市委宣传部、广州市人力资源和社会保障局联合主编，汇集了广州科研团体、高等院校和政府部门诸多社会问题研究专家、学者和实际部门工作者的最新研究成果，是关于广州社会运行情况和相关专题分析与预测的重要参考资料。

河南经济蓝皮书

2014 年河南经济形势分析与预测（赠阅读卡）

胡五岳 / 主编   2014 年 4 月出版   估价 :59.00 元

◆ 本书由河南省统计局主持编纂。该分析与展望以 2013 年最新年度统计数据为基础，科学研判河南经济发展的脉络轨迹、分析年度运行态势；以客观翔实、权威资料为特征，突出科学性、前瞻性和可操作性，服务于科学决策和科学发展。

陕西蓝皮书

陕西社会发展报告（2014）（赠阅读卡）

任宗哲 石 英 江 波 / 主编   2014 年 1 月出版   估价 :65.00 元

◆ 本书系统而全面地描述了陕西省 2013 年社会发展各个领域所取得的成就、存在的问题、面临的挑战及其应对思路，为更好地思考 2014 年陕西发展前景、政策指向和工作策略等方面提供了一个较为简洁清晰的参考蓝本。

上海蓝皮书

上海经济发展报告（2014）（赠阅读卡）

沈开艳 / 主编   2014 年 1 月出版   估价 :69.00 元

◆ 本书系上海社会科学院系列之一，报告对 2014 年上海经济增长与发展趋势的进行了预测，把握了上海经济发展的脉搏和学术研究的前沿。

广州蓝皮书

广州经济发展报告（2014）（赠阅读卡）

李江涛　刘江华 / 主编　　2014 年 6 月出版　　估价：65.00 元

◆　本书是由广州市社会科学院主持编写的"广州蓝皮书"系列之一，本报告对广州 2013 年宏观经济运行情况作了深入分析，对 2014 年宏观经济走势进行了合理预测，并在此基础上提出了相应的政策建议。

文 化 传 媒 类

 文化传媒类皮书透视文化领域、文化产业，探索文化大繁荣、大发展的路径

新媒体蓝皮书

中国新媒体发展报告 No.4(2013)（赠阅读卡）

唐绪军 / 主编　　2014 年 6 月出版　　估价：69.00 元

◆　本书由中国社会科学院新闻与传播研究所和上海大学合作编写，在构建新媒体发展研究基本框架的基础上，全面梳理 2013 年中国新媒体发展现状，发表最前沿的网络媒体深度调查数据和研究成果，并对新媒体发展的未来趋势做出预测。

舆情蓝皮书

中国社会舆情与危机管理报告（2014）（赠阅读卡）

谢耘耕 / 主编　　2014 年 8 月出版　　估价：85.00 元

◆　本书由上海交通大学舆情研究实验室和危机管理研究中心主编，已被列入教育部人文社会科学研究报告培育项目。本书以新媒体环境下的中国社会为立足点，对 2013 年中国社会舆情、分类舆情等进行了深入系统的研究，并预测了 2014 年社会舆情走势。

经济类

产业蓝皮书
中国产业竞争力报告（2014）No.4
著(编)者:张其仔　2014年5月出版 / 估价:79.00元

长三角蓝皮书
2014年率先基本实现现代化的长三角
著(编)者:刘志彪　2014年6月出版 / 估价:120.00元

城市竞争力蓝皮书
中国城市竞争力报告No.12
著(编)者:倪鹏飞　2014年5月出版 / 估价:89.00元

城市蓝皮书
中国城市发展报告No.7
著(编)者:潘家华 魏后凯　2014年7月出版 / 估价:69.00元

城市群蓝皮书
中国城市群发展指数报告(2014)
著(编)者:刘士林 刘新静　2014年10月出版 / 估价:59.00元

城乡统筹蓝皮书
中国城乡统筹发展报告（2014）
著(编)者:程志强、潘晨光　2014年3月出版 / 估价:59.00元

城乡一体化蓝皮书
中国城乡一体化发展报告（2014）
著(编)者:汝信 付崇兰　2014年8月出版 / 定价:59.00元

城镇化蓝皮书
中国城镇化健康发展报告（2014）
著(编)者:张占斌　2014年10月出版 / 定价:69.00元

低碳发展蓝皮书
中国低碳发展报告（2014）
著(编)者:齐晔　2014年7月出版 / 估价:69.00元

低碳经济蓝皮书
中国低碳经济发展报告（2014）
著(编)者:薛进军 赵忠秀　2014年5月出版 / 估价:79.00元

东北蓝皮书
中国东北地区发展报告（2014）
著(编)者:鲍振东 曹晓峰　2014年8月出版 / 估价:79.00元

发展和改革蓝皮书
中国经济发展和体制改革报告No.7
著(编)者:邹东涛　2014年7月出版 / 估价:79.00元

工业化蓝皮书
中国工业化进程报告（2014）
著(编)者:黄群慧 吕铁 李晓华 等
2014年11月出版 / 估价:89.00元

国际城市蓝皮书
国际城市发展报告（2014）
著(编)者:屠启宇　2014年1月出版 / 估价:69.00元

国家创新蓝皮书
国家创新发展报告（2013~2014）
著(编)者:陈劲　2014年3月出版 / 估价:69.00元

国家竞争力蓝皮书
中国国家竞争力报告No.2
著(编)者:倪鹏飞　2014年10月出版 / 估价:98.00元

宏观经济蓝皮书
中国经济增长报告（2014）
著(编)者:张平 刘霞辉　2014年10月出版 / 估价:69.00元

减贫蓝皮书
中国减贫与社会发展报告
著(编)者:黄承伟　2014年7月出版 / 估价:69.00元

金融蓝皮书
中国金融发展报告（2014）
著(编)者:李扬 王国刚　2013年12月出版 / 定价:69.00元

经济蓝皮书
2014年中国经济形势分析与预测
著(编)者:李扬　2013年12月出版 / 估价:69.00元

经济蓝皮书春季号
中国经济前景分析——2014年春季报告
著(编)者:李扬　2014年4月出版 / 估价:59.00元

经济信息绿皮书
中国与世界经济发展报告（2014）
著(编)者:王长胜　2013年12月出版 / 定价:69.00元

就业蓝皮书
2014年中国大学生就业报告
著(编)者:麦可思研究院　2014年6月出版 / 估价:98.00元

民营经济蓝皮书
中国民营经济发展报告No.10（2013～2014）
著(编)者:黄孟复　2014年9月出版 / 估价:69.00元

民营企业蓝皮书
中国民营企业竞争力报告No.7（2014）
著(编)者:刘迎秋　2014年1月出版 / 估价:79.00元

农村绿皮书
中国农村经济形势分析与预测（2014）
著(编)者:中国社会科学院农村发展研究所
　　　　国家统计局农村社会经济调查司 著
2014年4月出版 / 估价:59.00元

企业公民蓝皮书
中国企业公民报告No.4
著(编)者:邹东涛　2014年7月出版 / 估价:69.00元

企业社会责任蓝皮书
中国企业社会责任研究报告（2014）
著(编)者:黄群慧 彭华岗 钟宏武 等
2014年11月出版 / 估价:59.00元

气候变化绿皮书
应对气候变化报告（2014）
著(编)者:王伟光 郑国光　2014年11月出版 / 估价:79.00元

区域蓝皮书
中国区域经济发展报告（2014）
著(编)者:梁昊光　2014年4月出版 / 估价:69.00元

人口与劳动绿皮书
中国人口与劳动问题报告No.15
著(编)者:蔡昉　2014年6月出版 / 估价:69.00元

生态经济（建设）绿皮书
中国经济（建设）发展报告（2013~2014）
著(编)者:黄浩涛　李周　2014年10月出版 / 估价:69.00元

世界经济黄皮书
2014年世界经济形势分析与预测
著(编)者:王洛林　张宇燕　2014年1月出版 / 估价:69.00元

西北蓝皮书
中国西北发展报告（2014）
著(编)者:张进海　陈冬红　段庆林　2014年1月出版 / 定价:65.00元

西部蓝皮书
中国西部发展报告（2014）
著(编)者:姚慧琴　徐璋勇　2014年7月出版 / 估价:69.00元

新型城镇化蓝皮书
新型城镇化发展报告（2014）
著(编)者:沈体雁　李伟　宋敏　2014年3月出版 / 估价:69.00元

新兴经济体蓝皮书
金砖国家发展报告（2014）
著(编)者:林跃勤　周文　2014年3月出版 / 估价:79.00元

循环经济绿皮书
中国循环经济发展报告（2013~2014）
著(编)者:齐建国　2014年12月出版 / 估价:69.00元

中部竞争力蓝皮书
中国中部经济社会竞争力报告（2014）
著(编)者:教育部人文社会科学重点研究基地
　　南昌大学中国中部经济社会发展研究中心
2014年7月出版 / 估价:59.00元

中部蓝皮书
中国中部地区发展报告（2014）
著(编)者:朱有志　2014年10月出版 / 估价:59.00元

中国科技蓝皮书
中国科技发展报告（2014）
著(编)者:陈劲　2014年4月出版 / 估价:69.00元

中国省域竞争力蓝皮书
中国省域经济综合竞争力发展报告（2012~2013）
著(编)者:李建平　李闽榕　高燕京　2014年3月出版 / 估价:188

中三角蓝皮书
长江中游城市群发展报告（2013~2014）
著(编)者:秦尊文　2014年6月出版 / 估价:69.00元

中小城市绿皮书
中国中小城市发展报告（2014）
著(编)者:中国城市经济学会中小城市经济发展委员会
　　《中国中小城市发展报告》编纂委员会
2014年10月出版 / 估价:98.00元

中原蓝皮书
中原经济区发展报告（2014）
著(编)者:刘怀廉　2014年6月出版 / 估价:68.00元

社会政法类

殡葬绿皮书
中国殡葬事业发展报告（2014）
著(编)者:朱勇 副主编 李伯森　2014年3月出版 / 估价:59.00元

城市创新蓝皮书
中国城市创新报告（2014）
著(编)者:周天勇　旷建伟　2014年7月出版 / 估价:69.00元

城市管理蓝皮书
中国城市管理报告2014
著(编)者:谭维克　刘林　2014年7月出版 / 估价:98.00元

城市生活质量蓝皮书
中国城市生活质量指数报告（2014）
著(编)者:张平　2014年7月出版 / 估价:59.00元

城市政府能力蓝皮书
中国城市政府公共服务能力评估报告（2014）
著(编)者:何艳玲　2014年7月出版 / 估价:59.00元

创新蓝皮书
创新型国家建设报告（2014）
著(编)者:詹正茂　2014年7月出版 / 估价:69.00元

慈善蓝皮书
中国慈善发展报告（2014）
著(编)者:杨团　2014年6月出版 / 估价:69.00元

法治蓝皮书
中国法治发展报告No.12（2014）
著(编)者:李林　田禾　2014年2月出版 / 估价:98.00元

反腐倡廉蓝皮书
中国反腐倡廉建设报告No.3
著(编)者:李秋芳　2013年12月出版 / 估价:79.00元

非传统安全蓝皮书
中国非传统安全研究报告（2014）
著(编)者:余潇枫　2014年5月出版 / 估价:69.00元

妇女发展蓝皮书
福建省妇女发展报告（2014）
著(编)者:刘群英　2014年10月出版 / 估价:58.00元

妇女发展蓝皮书
中国妇女发展报告No.5
著(编)者:王金玲　高小贤　2014年5月出版 / 估价:65.00元

妇女教育蓝皮书
中国妇女教育发展报告No.3
著(编)者:张李玺　2014年10月出版 / 估价:69.00元

公共服务满意度蓝皮书
中国城市公共服务评价报告（2014）
著(编)者:胡伟　2014年11月出版 / 估价:69.00元

公共服务蓝皮书
中国城市基本公共服务力评价（2014）
著(编)者:侯惠勤　辛向阳　易定宏
2014年10月出版 / 估价:55.00元

公民科学素质蓝皮书
中国公民科学素质调查报告（2013~2014）
著(编)者:李群　许佳军　2014年2月出版 / 估价:69.00元

公益蓝皮书
中国公益发展报告（2014）
著(编)者:朱健刚　2014年5月出版 / 估价:78.00元

国际人才蓝皮书
中国海归创业发展报告（2014）No.2
著(编)者:王辉耀　路江涌　2014年10月出版 / 估价:69.00元

国际人才蓝皮书
中国留学发展报告（2014）No.3
著(编)者:王辉耀　2014年9月出版 / 估价:59.00元

行政改革蓝皮书
中国行政体制改革报告（2014）No.3
著(编)者:魏礼群　2014年3月出版 / 估价:69.00元

华侨华人蓝皮书
华侨华人研究报告（2014）
著(编)者:丘进　2014年5月出版 / 估价:128.00元

环境竞争力绿皮书
中国省域环境竞争力发展报告（2014）
著(编)者:李建平　李闽榕　王金南
2014年12月出版 / 估价:148.00元

环境绿皮书
中国环境发展报告（2014）
著(编)者:刘鉴强　2014年4月出版 / 估价:69.00元

基本公共服务蓝皮书
中国省级政府基本公共服务发展报告（2014）
著(编)者:孙德超　2014年1月出版 / 估价:69.00元

基金会透明度蓝皮书
中国基金会透明度发展研究报告（2014）
著(编)者:基金会中心网　2014年7月出版 / 估价:79.00元

教师蓝皮书
中国中小学教师发展报告（2014）
著(编)者:曾晓东　2014年4月出版 / 估价:59.00元

教育蓝皮书
中国教育发展报告（2014）
著(编)者:杨东平　2014年3月出版 / 估价:69.00元

科普蓝皮书
中国科普基础设施发展报告（2014）
著(编)者:任福君　2014年6月出版 / 估价:79.00元

口腔健康蓝皮书
中国口腔健康发展报告（2014）
著(编)者:胡德渝　2014年12月出版 / 估价:59.00元

老龄蓝皮书
中国老龄事业发展报告（2014）
著(编)者:吴玉韶　2014年2月出版 / 估价:59.00元

连片特困区蓝皮书
中国连片特困区发展报告（2014）
著(编)者:丁建军　冷志明　游俊　2014年3月出版 / 估价:79.00元

民间组织蓝皮书
中国民间组织报告（2014）
著(编)者:黄晓勇　2014年8月出版 / 估价:69.00元

民族发展蓝皮书
中国民族区域自治发展报告（2014）
著(编)者:郝时远　2014年6月出版 / 估价:98.00元

女性生活蓝皮书
中国女性生活状况报告No.8（2014）
著(编)者:韩湘景　2014年3月出版 / 估价:78.00元

汽车社会蓝皮书
中国汽车社会发展报告（2014）
著(编)者:王俊秀　2014年1月出版 / 估价:59.00元

青年蓝皮书
中国青年发展报告（2014）No.2
著(编)者:廉思　2014年6月出版 / 估价:59.00元

全球环境竞争力绿皮书
全球环境竞争力发展报告（2014）
著(编)者:李建平　李闽榕　王金南　2014年11月出版 / 估价:69.00元

青少年蓝皮书
中国未成年人新媒体运用报告（2014）
著(编)者:李文革　沈杰　季为民　2014年6月出版 / 估价:69.00元

区域人才蓝皮书
中国区域人才竞争力报告No.2
著(编)者:桂昭明 王辉耀　2014年6月出版 / 估价:69.00元

人才蓝皮书
中国人才发展报告（2014）
著(编)者:潘晨光　2014年10月出版 / 估价:79.00元

人权蓝皮书
中国人权事业发展报告No.4（2014）
著(编)者:李君如　2014年7月出版 / 估价:98.00元

世界人才蓝皮书
全球人才发展报告No.1
著(编)者:孙学玉 张冠梓　2013年12月出版 / 估价:69.00元

社会保障绿皮书
中国社会保障发展报告（2014）No.6
著(编)者:王延中　2014年4月出版 / 估价:69.00元

社会工作蓝皮书
中国社会工作发展报告（2013~2014）
著(编)者:王杰秀 邹文开　2014年8月出版 / 估价:59.00元

社会管理蓝皮书
中国社会管理创新报告No.3
著(编)者:连玉明　2014年9月出版 / 估价:79.00元

社会蓝皮书
2014年中国社会形势分析与预测
著(编)者:李培林 陈光金 张翼 2013年12月出版 / 估价:69.00元

社会体制蓝皮书
中国社会体制改革报告（2014）No.2
著(编)者:龚维斌　2014年5月出版 / 估价:59.00元

社会心态蓝皮书
2014年中国社会心态研究报告
著(编)者:王俊秀 杨宜音　2014年1月出版 / 估价:59.00元

生态城市绿皮书
中国生态城市建设发展报告（2014）
著(编)者:李景源 孙伟平 刘举科　2014年6月出版 / 估价:128.00元

生态文明绿皮书
中国省域生态文明建设评价报告（ECI 2014）
著(编)者:严耕　2014年9月出版 / 估价:98.00元

世界创新竞争力黄皮书
世界创新竞争力发展报告（2014）
著(编)者:李建平 李闽榕 赵新力 2014年11月出版 / 估价:128

水与发展蓝皮书
中国水风险评估报告（2014）
著(编)者:苏杨　2014年9月出版 / 估价:69.00元

危机管理蓝皮书
中国危机管理报告（2014）
著(编)者:文学国 范正青　2014年8月出版 / 估价:79.00元

小康蓝皮书
中国全面建设小康社会监测报告（2014）
著(编)者:潘璠　2014年11月出版 / 估价:59.00元

形象危机应对蓝皮书
形象危机应对研究报告（2014）
著(编)者:唐钧　2014年9月出版 / 估价:118.00元

政治参与蓝皮书
中国政治参与报告（2014）
著(编)者:房宁　2014年7月出版 / 估价:58.00元

政治发展蓝皮书
中国政治发展报告（2014）
著(编)者:房宁 海海蛟　2014年6月出版 / 估价:98.00元

宗教蓝皮书
中国宗教报告（2014）
著(编)者:金泽 邱永辉　2014年8月出版 / 估价:59.00元

社会组织蓝皮书
中国社会组织评估报告（2014）
著(编)者:徐家良　2014年3月出版 / 估价:69.00元

政府绩效评估蓝皮书
中国地方政府绩效评估报告（2014）
著(编)者:贠杰　2014年9月出版 / 估价:69.00元

行业报告类

保健蓝皮书
中国保健服务产业发展报告No.2
著(编)者:中国保健协会 中共中央党校
2014年7月出版 / 估价:198.00元

保健蓝皮书
中国保健食品产业发展报告No.2
著(编)者:中国保健协会
　　　　中国社会科学院食品药品产业发展与监管研究中心
2014年7月出版 / 估价:198.00元

保健蓝皮书
中国保健用品产业发展报告No.2
著(编)者:中国保健协会　2014年3月出版 / 估价:198.00元

保险蓝皮书
中国保险业竞争力报告（2014）
著(编)者:罗忠敏　2014年1月出版 / 估价:98.00元

餐饮产业蓝皮书
中国餐饮产业发展报告（2014）
著(编)者:中国烹饪协会 中国社会科学院财经战略研究院
2014年5月出版 / 估价:59.00元

测绘地理信息蓝皮书
中国地理信息产业发展报告（2014）
著(编)者:徐德明　2014年12月出版 / 估价:98.00元

茶业蓝皮书
中国茶产业发展报告（2014）
著(编)者:李闽榕 杨江帆　2014年4月出版 / 估价:79.00元

产权市场蓝皮书
中国产权市场发展报告（2014）
著(编)者:曹和平　2014年1月出版 / 估价:69.00元

产业安全蓝皮书
中国出版与传媒安全报告（2014）
著(编)者:北京交通大学中国产业安全研究中心
2014年1月出版 / 估价:59.00元

产业安全蓝皮书
中国医疗产业安全报告（2014）
著(编)者:北京交通大学中国产业安全研究中心
2014年1月出版 / 估价:59.00元

产业安全蓝皮书
中国医疗产业安全报告（2014）
著(编)者:李孟刚　2014年7月出版 / 估价:69.00元

产业安全蓝皮书
中国文化产业安全蓝皮书(2013~2014)
著(编)者:高海涛 刘益　2014年3月出版 / 估价:69.00元

产业安全蓝皮书
中国出版传媒产业安全报告（2014）
著(编)者:孙万军 王玉海　2014年12月出版 / 估价:69.00元

典当业蓝皮书
中国典当行业发展报告（2013~2014）
著(编)者:黄育华 王力 张红地
2014年10月出版 / 估价:69.00元

电子商务蓝皮书
中国城市电子商务影响力报告（2014）
著(编)者:荆林波　2014年5月出版 / 估价:69.00元

电子政务蓝皮书
中国电子政务发展报告（2014）
著(编)者:洪毅 王长胜　2014年2月出版 / 估价:59.00元

杜仲产业绿皮书
中国杜仲橡胶资源与产业发展报告（2014）
著(编)者:杜红岩 胡文臻 俞瑞
2014年9月出版 / 估价:99.00元

房地产蓝皮书
中国房地产发展报告No.11
著(编)者:魏后凯 李景国　2014年4月出版 / 估价:79.00元

服务外包蓝皮书
中国服务外包产业发展报告（2014）
著(编)者:王晓红 李皓　2014年4月出版 / 估价:89.00元

高端消费蓝皮书
中国高端消费市场研究报告
著(编)者:依绍华 王雪峰　2013年12月出版 / 估价:69.00元

会展经济蓝皮书
中国会展经济发展报告（2014）
著(编)者:过聚荣　2014年9月出版 / 估价:65.00元

会展蓝皮书
中外会展业动态评估年度报告（2014）
著(编)者:张敏　2014年8月出版 / 估价:68.00元

基金会绿皮书
中国基金会发展独立研究报告（2014）
著(编)者:基金会中心网　2014年8月出版 / 估价:58.00元

交通运输蓝皮书
中国交通运输服务发展报告（2014）
著(编)者:林晓言 卜伟 武剑红
2014年10月出版 / 估价:69.00元

金融监管蓝皮书
中国金融监管报告（2014）
著(编)者:胡滨　2014年9月出版 / 估价:65.00元

金融蓝皮书
中国金融中心发展报告（2014）
著(编)者:中国社会科学院金融研究所
　　　　中国博士后特华科研工作站 王力 黄育华
2014年10月出版 / 估价:59.00元

金融蓝皮书
中国商业银行竞争力报告（2014）
著(编)者:王松奇　2014年5月出版 / 估价:79.00元

金融蓝皮书
中国金融发展报告（2014）
著(编)者:李扬 王国刚　2013年12月出版 / 估价:69.00元

金融蓝皮书
中国金融法治报告（2014）
著(编)者:胡滨 全先银　2014年3月出版 / 估价:65.00元

金融蓝皮书
中国金融产品与服务报告（2014）
著(编)者:殷剑峰　2014年6月出版 / 估价:59.00元

金融信息服务蓝皮书
金融信息服务业发展报告（2014）
著(编)者:鲁广锦　2014年11月出版 / 估价:69.00元

抗衰老医学蓝皮书
抗衰老医学发展报告（2014）
著(编)者：罗伯特·高德曼 罗纳德·科莱兹
尼尔·布什 朱敏 金大鹏 郭弋
2014年3月出版 / 估价：69.00元

客车蓝皮书
中国客车产业发展报告（2014）
著(编)者：姚蔚 2014年12月出版 / 估价：69.00元

科学传播蓝皮书
中国科学传播报告（2014）
著(编)者：詹正茂 2014年4月出版 / 估价：69.00元

流通蓝皮书
中国商业发展报告（2014）
著(编)者：荆林波 2014年5月出版 / 估价：89.00元

旅游安全蓝皮书
中国旅游安全报告（2014）
著(编)者：郑向敏 谢朝武 2014年6月出版 / 估价：79.00元

旅游绿皮书
2013~2014年中国旅游发展分析与预测
著(编)者：宋瑞 2013年12月出版 / 估价：69.00元

旅游城市绿皮书
世界旅游城市发展报告（2013~2014）
著(编)者：张辉 2014年1月出版 / 估价：69.00元

贸易蓝皮书
中国贸易发展报告（2014）
著(编)者：荆林波 2014年5月出版 / 估价：49.00元

民营医院蓝皮书
中国民营医院发展报告（2014）
著(编)者：朱幼棣 2014年10月出版 / 估价：69.00元

闽商蓝皮书
闽商发展报告（2014）
著(编)者：李闽榕 王日根 2014年12月出版 / 估价：69.00元

能源蓝皮书
中国能源发展报告（2014）
著(编)者：崔民选 王军生 陈义和
2014年10月出版 / 估价：59.00元

农产品流通蓝皮书
中国农产品流通产业发展报告（2014）
著(编)者：贾敬敦 王炳南 张玉玺 张鹏毅 陈丽华
2014年9月出版 / 估价：89.00元

期货蓝皮书
中国期货市场发展报告（2014）
著(编)者：荆林波 2014年6月出版 / 估价：98.00元

企业蓝皮书
中国企业竞争力报告（2014）
著(编)者：金碚 2014年11月出版 / 估价：89.00元

汽车安全蓝皮书
中国汽车安全发展报告（2014）
著(编)者：赵福全 孙小端 等 2014年1月出版 / 估价：69.00元

汽车蓝皮书
中国汽车产业发展报告（2014）
著(编)者：国务院发展研究中心产业经济研究部
中国汽车工程学会 大众汽车集团（中国）
2014年7月出版 / 估价：79.00元

清洁能源蓝皮书
国际清洁能源发展报告（2014）
著(编)者：国际清洁能源论坛（澳门）
2014年9月出版 / 估价：89.00元

人力资源蓝皮书
中国人力资源发展报告（2014）
著(编)者：吴江 2014年9月出版 / 估价：69.00元

软件和信息服务业蓝皮书
中国软件和信息服务业发展报告（2014）
著(编)者：洪京一 工业和信息化部电子科学技术情报研究所
2014年6月出版 / 估价：98.00元

商会蓝皮书
中国商会发展报告 No.4（2014）
著(编)者：黄孟复 2014年4月出版 / 估价：59.00元

商品市场蓝皮书
中国商品市场发展报告（2014）
著(编)者：荆林波 2014年7月出版 / 估价：59.00元

上市公司蓝皮书
中国上市公司非财务信息披露报告（2014）
著(编)者：钟宏武 张旺 张蕙 等
2014年12月出版 / 估价：59.00元

食品药品蓝皮书
食品药品安全与监管政策研究报告（2014）
著(编)者：唐民皓 2014年7月出版 / 估价：69.00元

世界能源蓝皮书
世界能源发展报告（2014）
著(编)者：黄晓勇 2014年9月出版 / 估价：99.00元

私募市场蓝皮书
中国私募股权市场发展报告（2014）
著(编)者：曹和平 2014年4月出版 / 估价：69.00元

体育蓝皮书
中国体育产业发展报告（2014）
著(编)者：阮伟 钟秉枢 2013年2月出版 / 估价：69.00元

体育蓝皮书·公共体育服务
中国公共体育服务发展报告（2014）
著(编)者:戴健　2014年12月出版 / 估价:69.00元

投资蓝皮书
中国投资发展报告（2014）
著(编)者:杨庆蔚　2014年4月出版 / 估价:79.00元

投资蓝皮书
中国企业海外投资发展报告（2013~2014）
著(编)者:陈文晖　薛誉华　2013年12月出版 / 估价:69.00元

物联网蓝皮书
中国物联网发展报告（2014）
著(编)者:龚六堂　2014年1月出版 / 估价:59.00元

西部工业蓝皮书
中国西部工业发展报告（2014）
著(编)者:方行明　刘方健　姜凌等
2014年9月出版 / 估价:69.00元

西部金融蓝皮书
中国西部金融发展报告（2014）
著(编)者:李忠民　2014年10月出版 / 估价:69.00元

新能源汽车蓝皮书
中国新能源汽车产业发展报告（2014）
著(编)者:中国汽车技术研究中心
　　　　日产（中国）投资有限公司
　　　　东风汽车有限公司
2014年9月出版 / 估价:69.00元

信托蓝皮书
中国信托业研究报告（2014）
著(编)者:中建投信托研究中心　中国建设建投研究院
2014年9月出版 / 估价:59.00元

信托蓝皮书
中国信托投资报告（2014）
著(编)者:杨金龙　刘屹　2014年7月出版 / 估价:69.00元

信息化蓝皮书
中国信息化形势分析与预测（2014）
著(编)者:周宏仁　2014年7月出版 / 估价:98.00元

信用蓝皮书
中国信用发展报告（2014）
著(编)者:章政　田侃　2014年4月出版 / 估价:69.00元

休闲绿皮书
2014年中国休闲发展报告
著(编)者:刘德谦　唐兵　宋瑞
2014年6月出版 / 估价:59.00元

养老产业蓝皮书
中国养老产业发展报告（2013~2014年）
著(编)者:张车伟　2014年1月出版 / 估价:69.00元

移动互联网蓝皮书
中国移动互联网发展报告（2014）
著(编)者:官建文　2014年5月出版 / 估价:79.00元

医药蓝皮书
中国药品市场报告（2014）
著(编)者:程锦锥　朱恒鹏　2014年12月出版 / 估价:79.00元

中国林业竞争力蓝皮书
中国省域林业竞争力发展报告No.2（2014）
（上下册）
著(编)者:郑传芳　李闽榕　张春霞　张会儒
2014年8月出版 / 估价:139.00元

中国农业竞争力蓝皮书
中国省域农业竞争力发展报告No.2（2014）
著(编)者:郑传芳　宋洪远　李闽榕　张春霞
2014年7月出版 / 估价:128.00元

中国信托市场蓝皮书
中国信托业市场报告（2013~2014）
著(编)者:李旸　2014年10月出版 / 估价:69.00元

中国总部经济蓝皮书
中国总部经济发展报告（2014）
著(编)者:赵弘　2014年9月出版 / 估价:69.00元

珠三角流通蓝皮书
珠三角商圈发展研究报告（2014）
著(编)者:王先庆　林至颖　2014年8月出版 / 估价:69.00元

住房绿皮书
中国住房发展报告（2013~2014）
著(编)者:倪鹏飞　2013年12月出版 / 估价:79.00元

资本市场蓝皮书
中国场外交易市场发展报告（2014）
著(编)者:高峦　2014年3月出版 / 估价:79.00元

资产管理蓝皮书
中国信托业发展报告（2014）
著(编)者:智信资产管理研究院　2014年7月出版 / 估价:69.00元

支付清算蓝皮书
中国支付清算发展报告（2014）
著(编)者:杨涛　2014年4月出版 / 估价:45.00元

文化传媒类

传媒蓝皮书
中国传媒产业发展报告（2014）
著(编)者:崔保国　2014年4月出版 / 估价:79.00元

传媒竞争力蓝皮书
中国传媒国际竞争力研究报告（2014）
著(编)者:李本乾　2014年9月出版 / 估价:69.00元

创意城市蓝皮书
武汉市文化创意产业发展报告（2014）
著(编)者:张京成　黄永林　2014年10月出版 / 估价:69.00元

电视蓝皮书
中国电视产业发展报告（2014）
著(编)者:卢斌　2014年4月出版 / 估价:79.00元

电影蓝皮书
中国电影出版发展报告（2014）
著(编)者:卢斌　2014年4月出版 / 估价:79.00元

动漫蓝皮书
中国动漫产业发展报告（2014）
著(编)者:卢斌　郑玉明　牛兴侦　2014年4月出版 / 估价:79.00元

广电蓝皮书
中国广播电影电视发展报告（2014）
著(编)者:庞井君　杨明品　李岚
2014年6月出版 / 估价:88.00元

广告主蓝皮书
中国广告主营销传播趋势报告N0.8
著(编)者:中国传媒大学广告主研究所
　　　中国广告主营销传播创新研究课题组
　　　黄升民　杜国清　邵华冬等
2014年5月出版 / 估价:98.00元

国际传播蓝皮书
中国国际传播发展报告（2014）
著(编)者:胡正荣　李继东　姬德强
2014年1月出版 / 估价:69.00元

纪录片蓝皮书
中国纪录片发展报告（2014）
著(编)者:何苏六　2014年10月出版 / 估价:89.00元

两岸文化蓝皮书
两岸文化产业合作发展报告（2014）
著(编)者:胡惠林　肖夏勇　2014年6月出版 / 估价:59.00元

媒介与女性蓝皮书
中国媒介与女性发展报告（2014）
著(编)者:刘利群　2014年8月出版 / 估价:69.00元

全球传媒蓝皮书
全球传媒产业发展报告（2014）
著(编)者:胡正荣　2014年12月出版 / 估价:79.00元

视听新媒体蓝皮书
中国视听新媒体发展报告（2014）
著(编)者:庞井君　2014年6月出版 / 估价:148.00元

文化创新蓝皮书
中国文化创新报告（2014）No.5
著(编)者:于平　傅才武　2014年7月出版 / 估价:79.00元

文化科技蓝皮书
文化科技融合与创意城市发展报告（2014）
著(编)者:李凤亮　于平　2014年7月出版 / 估价:79.00元

文化蓝皮书
2014年中国文化产业发展报告
著(编)者:张晓明　胡惠林　章建刚
2014年3月出版 / 估价:69.00元

文化蓝皮书
中国文化产业供需协调增长测评报（2013）
著(编)者:高书生　王亚楠　2014年5月出版 / 估价:79.00元

文化蓝皮书
中国城镇文化消费需求景气评价报告（2014）
著(编)者:王亚南　张晓明　祁述裕
2014年5月出版 / 估价:79.00元

文化蓝皮书
中国公共文化服务发展报告（2014）
著(编)者:于群　国家新　2014年10月出版 / 估价:98.00元

文化蓝皮书
中国文化消费需求景气评价报告（2014）
著(编)者:王亚南　2014年5月出版 / 估价:79.00元

文化蓝皮书
中国乡村文化消费需求景气评价报告（2014）
著(编)者:王亚南　2014年5月出版 / 估价:79.00元

文化蓝皮书
中国中心城市文化消费需求景气评价报告（201
著(编)者:王亚南　2014年5月出版 / 估价:79.00元

文化蓝皮书
中国少数民族文化发展报告（2014）
著(编)者:武翠英　张晓明　张学进
2014年3月出版 / 估价:69.00元

文化建设蓝皮书
中国文化建设发展报告（2014）
著(编)者:江畅 孙伟平 2014年3月出版 / 估价:69.00元

文化品牌蓝皮书
中国文化品牌发展报告（2014）
著(编)者:欧阳友权 2014年5月出版 / 估价:75.00元

文化软实力蓝皮书
中国文化软实力研究报告（2014）
著(编)者:张国祚 2014年7月出版 / 估价:79.00元

文化遗产蓝皮书
中国文化遗产事业发展报告（2014）
著(编)者:刘世锦 2014年3月出版 / 估价:79.00元

文学蓝皮书
中国文情报告（2014）
著(编)者:白烨 2014年5月出版 / 估价:59.00元

新媒体蓝皮书
中国新媒体发展报告No.5（2014）
著(编)者:唐绪军 2014年6月出版 / 估价:69.00元

移动互联网蓝皮书
中国移动互联网发展报告（2014）
著(编)者:官建文 2014年4月出版 / 估价:79.00元

游戏蓝皮书
中国游戏产业发展报告（2014）
著(编)者:卢斌 2014年4月出版 / 估价:79.00元

舆情蓝皮书
中国社会舆情与危机管理报告（2014）
著(编)者:谢耘耕 2014年8月出版 / 估价:85.00元

粤港澳台文化蓝皮书
粤港澳台文化创意产业发展报告（2014）
著(编)者:丁未 2014年4月出版 / 估价:69.00元

地方发展类

安徽蓝皮书
安徽社会发展报告（2014）
著(编)者:程桦 2014年4月出版 / 估价:79.00元

安徽社会建设蓝皮书
安徽社会建设分析报告（2014）
著(编)者:黄家海 王开玉 蔡宪 2014年4月出版 / 估价:69.00元

北京蓝皮书
北京城乡发展报告（2014）
著(编)者:黄序 2014年4月出版 / 估价:59.00元

北京蓝皮书
北京公共服务发展报告（2014）
著(编)者:张耘 2014年3月出版 / 估价:65.00元

北京蓝皮书
北京经济发展报告（2014）
著(编)者:赵弘 2014年4月出版 / 估价:59.00元

北京蓝皮书
北京社会发展报告（2014）
著(编)者:缪青 2014年10月出版 / 估价:59.00元

北京蓝皮书
北京文化发展报告（2014）
著(编)者:李建盛 2014年5月出版 / 估价:69.00元

北京蓝皮书
中国社区发展报告（2014）
著(编)者:于燕燕 2014年8月出版 / 估价:59.00元

北京蓝皮书
北京公共服务发展报告（2014）
著(编)者:施昌奎 2014年8月出版 / 估价:59.00元

北京旅游绿皮书
北京旅游发展报告（2014）
著(编)者:鲁勇 2014年7月出版 / 估价:98.00元

北京律师蓝皮书
北京律师发展报告No.2（2014）
著(编)者:王隽 周塞军 2014年9月出版 / 估价:79.00元

北京人才蓝皮书
北京人才发展报告（2014）
著(编)者:于淼 2014年10月出版 / 估价:89.00元

城乡一体化蓝皮书
中国城乡一体化发展报告·北京卷（2014）
著(编)者:张宝秀 黄序 2014年6月出版 / 估价:59.00元

创意城市蓝皮书
北京文化创意产业发展报告（2014）
著(编)者:张京成 王国华 2014年10月出版 / 估价:69.00元

创意城市蓝皮书
青岛文化创意产业发展报告（2014）
著(编)者:马达 2014年5月出版 / 估价:69.00元

创意城市蓝皮书
无锡文化创意产业发展报告（2014）
著(编)者:庄若江 张鸣年 2014年8月出版 / 估价:75.00元

23

服务业蓝皮书
广东现代服务业发展报告（2014）
著(编)者:祁明　程晓　2014年1月出版 / 估价:69.00元

甘肃蓝皮书
甘肃舆情分析与预测（2014）
著(编)者:陈双梅　郝树声　2014年1月出版　估价:69.00元

甘肃蓝皮书
甘肃县域社会发展评价报告 （2014）
著(编)者:魏胜文　2014年1月出版 / 估价:69.00元

甘肃蓝皮书
甘肃经济发展分析与预测（2014）
著(编)者:魏胜文　2014年1月出版 / 估价:69.00元

甘肃蓝皮书
甘肃社会发展分析与预测（2014）
著(编)者:安文华　2014年1月出版 / 估价:69.00元

甘肃蓝皮书
甘肃文化发展分析与预测（2014）
著(编)者:周小华　2014年1月出版 / 估价:69.00元

广东蓝皮书
广东省电子商务发展报告（2014）
著(编)者:黄建明　祁明　2014年11月出版 / 估价:69.00元

广东蓝皮书
广东社会工作发展报告（2014）
著(编)者:罗观翠　2013年12月出版 / 估价:69.00元

广东外经贸蓝皮书
广东对外经济贸易发展研究报告（2014）
著(编)者:陈万灵　2014年3月出版 / 估价:65.00元

广西北部湾经济区蓝皮书
广西北部湾经济区开放开发报告（2014）
著(编)者:广西北部湾经济区规划建设管理委员会办公室
　　　广西社会科学院 广西北部湾发展研究院
2014年7月出版 / 估价:69.00元

广州蓝皮书
2014年中国广州经济形势分析与预测
著(编)者:庚建设 郭志勇 沈奎　2014年6月出版 / 估价:69.00元

广州蓝皮书
2014年中国广州社会形势分析与预测
著(编)者:易佐永 杨秦 顾涧清　2014年5月出版 / 估价:65.00元

广州蓝皮书
广州城市国际化发展报告（2014）
著(编)者:朱名宏　2014年9月出版 / 估价:59.00元

广州蓝皮书
广州创新型城市发展报告（2014）
著(编)者:李江涛　2014年8月出版 / 估价:59.00元

广州蓝皮书
广州经济发展报告（2014）
著(编)者:李江涛 刘江华　2014年6月出版 / 估价:65.00元

广州蓝皮书
广州农村发展报告（2014）
著(编)者:李江涛 汤锦华　2014年8月出版 / 估价:59.00元

广州蓝皮书
广州青年发展报告（2014）
著(编)者:魏国华 张强　2014年9月出版 / 估价:65.00元

广州蓝皮书
广州汽车产业发展报告（2014）
著(编)者:李江涛 杨再高　2014年10月出版 / 估价:69.00元

广州蓝皮书
广州商贸业发展报告（2014）
著(编)者:陈家成 王旭东 荀振英
2014年7月出版 / 估价:69.00元

广州蓝皮书
广州文化创意产业发展报告（2014）
著(编)者:甘新　2014年10月出版 / 估价:59.00元

广州蓝皮书
中国广州城市建设发展报告（2014）
著(编)者:董皞 冼伟雄 李俊夫
2014年8月出版 / 估价:69.00元

广州蓝皮书
中国广州科技与信息化发展报告（2014）
著(编)者:庚建设 谢学宁　2014年8月出版 / 估价:59.00元

广州蓝皮书
中国广州文化创意产业发展报告（2014）
著(编)者:甘新　2014年10月出版 / 估价:59.00元

广州蓝皮书
中国广州文化发展报告（2014）
著(编)者:徐俊忠 汤应武 陆志强
2014年8月出版 / 估价:69.00元

贵州蓝皮书
贵州法治发展报告（2014）
著(编)者:吴大华　2014年3月出版 / 估价:69.00元

贵州蓝皮书
贵州社会发展报告（2014）
著(编)者:王兴骥　2014年3月出版 / 估价:59.00元

贵州蓝皮书
贵州农村扶贫开发报告（2014）
著(编)者:王朝新 宋明　2014年3月出版 / 估价:69.00元

贵州蓝皮书
贵州文化产业发展报告（2014）
著(编)者:李建国　2014年3月出版 / 估价:69.00元

海淀蓝皮书
海淀区文化和科技融合发展报告（2014）
著(编)者:陈名杰 孟景伟　2014年5月出版 / 估价:75.00元

海峡经济区蓝皮书
海峡经济区发展报告（2014）
著(编)者:李闽榕 王秉安 谢明辉（台湾）
2014年10月出版 / 估价:78.00元

海峡西岸蓝皮书
海峡西岸经济区发展报告（2014）
著(编)者:福建省人民政府发展研究中心
2014年9月出版 / 估价:85.00元

杭州蓝皮书
杭州市妇女发展报告（2014）
著(编)者:魏颖 揭爱花　2014年2月出版 / 估价:69.00元

河北蓝皮书
河北省经济发展报告（2014）
著(编)者:马树强 张贵　2013年12月出版 / 估价:69.00元

河北蓝皮书
河北经济社会发展报告（2014）
著(编)者:周文夫　2013年12月出版 / 估价:69.00元

河南经济蓝皮书
2014年河南经济形势分析与预测
著(编)者:胡五岳　2014年3月出版 / 估价:65.00元

河南蓝皮书
2014年河南社会形势分析与预测
著(编)者:刘道兴 牛苏林　2014年1月出版 / 估价:59.00元

河南蓝皮书
河南城市发展报告（2014）
著(编)者:林宪斋 王建国　2014年1月出版 / 估价:69.00元

河南蓝皮书
河南经济发展报告（2014）
著(编)者:喻新安　2014年1月出版 / 估价:59.00元

河南蓝皮书
河南文化发展报告（2014）
著(编)者:谷建全 卫绍生　2014年1月出版 / 估价:69.00元

河南蓝皮书
河南工业发展报告（2014）
著(编)者:龚绍东　2014年1月出版 / 估价:59.00元

黑龙江产业蓝皮书
黑龙江产业发展报告（2014）
著(编)者:于渤　2014年10月出版 / 估价:79.00元

黑龙江蓝皮书
黑龙江经济发展报告（2014）
著(编)者:曲伟　2014年1月出版 / 估价:59.00元

黑龙江蓝皮书
黑龙江社会发展报告（2014）
著(编)者:艾书琴　2014年1月出版 / 估价:69.00元

湖南城市蓝皮书
城市社会管理
著(编)者:罗海藩　2014年10月出版 / 估价:59.00元

湖南蓝皮书
2014年湖南产业发展报告
著(编)者:梁志峰　2014年5月出版 / 估价:89.00元

湖南蓝皮书
2014年湖南法治发展报告
著(编)者:梁志峰　2014年5月出版 / 估价:79.00元

湖南蓝皮书
2014年湖南经济展望
著(编)者:梁志峰　2014年5月出版 / 估价:79.00元

湖南蓝皮书
2014年湖南两型社会发展报告
著(编)者:梁志峰　2014年5月出版 / 估价:79.00元

湖南县域绿皮书
湖南县域发展报告No.2
著(编)者:朱有志 袁准 周小毛　2014年7月出版 / 估价:69.00元

沪港蓝皮书
沪港发展报告（2014）
著(编)者:尤安山　2014年9月出版 / 估价:89.00元

吉林蓝皮书
2014年吉林经济社会形势分析与预测
著(编)者:马克　2014年1月出版 / 估价:69.00元

江苏法治蓝皮书
江苏法治发展报告No.3（2014）
著(编)者:李力 龚廷泰 严海良　2014年8月出版 / 估价:88.00元

京津冀蓝皮书
京津冀区域一体化发展报告（2014）
著(编)者:文魁 祝尔娟　2014年3月出版 / 估价:89.00元

经济特区蓝皮书
中国经济特区发展报告（2014）
著(编)者:陶一桃　2014年3月出版 / 估价:89.00元

辽宁蓝皮书
2014年辽宁经济社会形势分析与预测
著(编)者:曹晓峰 张晶 张卓民　2014年1月出版 / 估价:69.00元

流通蓝皮书
湖南省商贸流通产业发展报告No.2
著(编)者:柳思维　2014年10月出版 / 估价:75.00元

内蒙古蓝皮书
内蒙古经济发展蓝皮书(2013~2014)
著(编)者:黄育华　2014年7月出版 / 估价:69.00元

内蒙古蓝皮书
内蒙古反腐倡廉建设报告No.1
著(编)者:张志华　无极　2013年12月出版 / 估价:69.00元

浦东新区蓝皮书
上海浦东经济发展报告（2014）
著(编)者:左学金　陆沪根　2014年1月出版 / 估价:59.00元

侨乡蓝皮书
中国侨乡发展报告（2014）
著(编)者:郑一省　2013年12月出版 / 估价:69.00元

青海蓝皮书
2014年青海经济社会形势分析与预测
著(编)者:赵宗福　2014年2月出版 / 估价:69.00元

人口与健康蓝皮书
深圳人口与健康发展报告（2014）
著(编)者:陆杰华　江捍平　2014年10月出版 / 估价:98.00元

山西蓝皮书
山西资源型经济转型发展报告（2014）
著(编)者:李志强　容和平　2014年3月出版 / 估价:79.00元

陕西蓝皮书
陕西经济发展报告（2014）
著(编)者:任宗哲　石英　裴成荣　2014年3月出版 / 估价:65.00元

陕西蓝皮书
陕西社会发展报告（2014）
著(编)者:任宗哲　石英　江波　2014年1月出版 / 估价:65.00元

陕西蓝皮书
陕西文化发展报告（2014）
著(编)者:任宗哲　石英　王长寿　2014年3月出版 / 估价:59.00元

上海蓝皮书
上海传媒发展报告（2014）
著(编)者:强荧　焦雨虹　2014年1月出版 / 估价:59.00元

上海蓝皮书
上海法治发展报告（2014）
著(编)者:潘世伟　叶青　2014年1月出版 / 估价:59.00元

上海蓝皮书
上海经济发展报告（2014）
著(编)者:沈开艳　2014年1月出版 / 估价:69.00元

上海蓝皮书
上海社会发展报告（2014）
著(编)者:卢汉龙　周海旺　2014年1月出版 / 估价:59.00元

上海蓝皮书
上海文化发展报告（2014）
著(编)者:蒯大申　2014年1月出版 / 估价:59.00元

上海蓝皮书
上海文学发展报告（2014）
著(编)者:陈圣来　2014年1月出版 / 估价:59.00元

上海蓝皮书
上海资源环境发展报告（2014）
著(编)者:周冯琦　汤庆合　王利民　2014年1月出版 / 估价:5

上海社会保障绿皮书
上海社会保障改革与发展报告（2013~2014）
著(编)者:汪泓　2014年1月出版 / 估价:65.00元

社会建设蓝皮书
2014年北京社会建设分析报告
著(编)者:宋贵伦　2014年4月出版 / 估价:69.00元

深圳蓝皮书
深圳经济发展报告（2014）
著(编)者:吴忠　2014年6月出版 / 估价:69.00元

深圳蓝皮书
深圳劳动关系发展报告（2014）
著(编)者:汤庭芬　2014年6月出版 / 估价:69.00元

深圳蓝皮书
深圳社会发展报告（2014）
著(编)者:吴忠　余智晟　2014年7月出版 / 估价:69.00元

四川蓝皮书
四川文化产业发展报告（2014）
著(编)者:向宝云　2014年1月出版 / 估价:69.00元

温州蓝皮书
2014年温州经济社会形势分析与预测
著(编)者:潘忠强　王春光　金浩　2014年4月出版 / 估价:69.0

温州蓝皮书
浙江温州金融综合改革试验区发展报告（2013~2
著(编)者:钱水土　王去非　李义超
2014年4月出版 / 估价:69.00元

扬州蓝皮书
扬州经济社会发展报告（2014）
著(编)者:张爱军　2014年1月出版 / 估价:78.00元

义乌蓝皮书
浙江义乌市国际贸易综合改革试验区发展报告
（2013~2014）
著(编)者:马淑琴　刘文革　周松强
2014年4月出版 / 估价:69.00元

云南蓝皮书
中国面向西南开放重要桥头堡建设发展报告（20
著(编)者:刘绍怀　2014年12月出版 / 估价:69.00元

长株潭城市群蓝皮书
长株潭城市群发展报告（2014）
著(编)者:张萍　2014年10月出版 / 估价:69.00元

郑州蓝皮书
2014年郑州文化发展报告
著(编)者:王哲　2014年7月出版 / 估价:69.00元

中国省会经济圈蓝皮书
合肥经济圈经济社会发展报告No.4(2013~2014)
著(编)者:董昭礼　2014年4月出版 / 估价:79.00元

国别与地区类

G20国家创新竞争力黄皮书
二十国集团(G20)国家创新竞争力发展报告(2014)
著(编)者:李建平 李闽榕 赵新力
2014年9月出版 / 估价:118.00元

澳门蓝皮书
澳门经济社会发展报告(2013~2014)
著(编)者:吴志良 郝雨凡　2014年3月出版 / 估价:79.00元

北部湾蓝皮书
泛北部湾合作发展报告(2014)
著(编)者:吕余生　2014年7月出版 / 估价:79.00元

大湄公河次区域蓝皮书
大湄公河次区域合作发展报告(2014)
著(编)者:刘稚　2014年8月出版 / 估价:79.00元

大洋洲蓝皮书
大洋洲发展报告(2014)
著(编)者:魏明海 喻常森　2014年7月出版 / 估价:69.00元

德国蓝皮书
德国发展报告(2014)
著(编)者:李乐曾 郑春荣等　2014年5月出版 / 估价:69.00元

东北亚黄皮书
东北亚地区政治与安全报告(2014)
著(编)者:黄凤志 刘雪莲　2014年6月出版 / 估价:69.00元

东盟黄皮书
东盟发展报告(2014)
著(编)者:黄兴球 庄国土　2014年12月出版 / 估价:68.00元

东南亚蓝皮书
东南亚地区发展报告(2014)
著(编)者:王勤　2014年11月出版 / 估价:59.00元

俄罗斯黄皮书
俄罗斯发展报告(2014)
著(编)者:李永全　2014年7月出版 / 估价:79.00元

非洲黄皮书
非洲发展报告No.15(2014)
著(编)者:张宏明　2014年7月出版 / 估价:79.00元

港澳珠三角蓝皮书
粤港澳区域合作与发展报告(2014)
著(编)者:梁庆寅 陈广汉　2014年6月出版 / 估价:59.00元

国际形势黄皮书
全球政治与安全报告(2014)
著(编)者:李慎明 张宇燕　2014年1月出版 / 估价:69.00元

韩国蓝皮书
韩国发展报告(2014)
著(编)者:牛林杰 刘宝全　2014年6月出版 / 估价:69.00元

加拿大蓝皮书
加拿大国情研究报告(2014)
著(编)者:仲伟合 唐小松　2013年12月出版 / 估价:69.00元

柬埔寨蓝皮书
柬埔寨国情报告(2014)
著(编)者:毕世鸿　2014年6月出版 / 估价:79.00元

拉美黄皮书
拉丁美洲和加勒比发展报告(2014)
著(编)者:吴白乙 刘维广　2014年4月出版 / 估价:89.00元

老挝蓝皮书
老挝国情报告(2014)
著(编)者:卢光盛 方芸 吕星　2014年6月出版 / 估价:79.00元

美国蓝皮书
美国问题研究报告(2014)
著(编)者:黄平 倪峰　2014年5月出版 / 估价:79.00元

缅甸蓝皮书
缅甸国情报告(2014)
著(编)者:李晨阳　2014年4月出版 / 估价:79.00元

欧亚大陆桥发展蓝皮书
欧亚大陆桥发展报告(2014)
著(编)者:李忠民　2014年10月出版 / 估价:59.00元

欧洲蓝皮书
欧洲发展报告(2014)
著(编)者:周弘　2014年3月出版 / 估价:79.00元

葡语国家蓝皮书
巴西发展与中巴关系报告2014（中英文）
著(编)者:张曙光　David T. Ritchie
2014年8月出版 / 估价:69.00元

日本经济蓝皮书
日本经济与中日经贸关系发展报告（2014）
著(编)者:王洛林 张季风　　2014年5月出版 / 估价:79.00元

日本蓝皮书
日本发展报告（2014）
著(编)者:李薇　2014年2月出版 / 估价:69.00元

上海合作组织黄皮书
上海合作组织发展报告（2014）
著(编)者:李进峰 吴宏伟 李伟　2014年9月出版 / 估价:98.00元

世界创新竞争力黄皮书
世界创新竞争力发展报告（2014）
著(编)者:李建平　2014年1月出版 / 估价:148.00元

世界能源黄皮书
世界能源分析与展望（2013~2014）
著(编)者:张宇燕 等　　2014年1月出版 / 估价:69.00元

世界社会主义黄皮书
世界社会主义跟踪研究报告（2014）
著(编)者:李慎明　2014年5月出版 / 估价:189.00元

泰国蓝皮书
泰国国情报告（2014）
著(编)者:邹春萌　2014年6月出版 / 估价:79.00元

亚太蓝皮书
亚太地区发展报告（2014）
著(编)者:李向阳　2013年12月出版 / 估价:69.00元

印度蓝皮书
印度国情报告（2014）
著(编)者:吕昭义　2014年1月出版 / 估价:69.00元

印度洋地区蓝皮书
印度洋地区发展报告（2014）
著(编)者:汪戎 万广华　2014年6月出版 / 估价:79.00元

越南蓝皮书
越南国情报告（2014）
著(编)者:吕余生　2014年8月出版 / 估价:65.00元

中东黄皮书
中东发展报告No.15（2014）
著(编)者:杨光　2014年10月出版 / 估价:59.00元

中欧关系蓝皮书
中国与欧洲关系发展报告（2014）
著(编)者:周弘　2013年12月出版 / 估价:69.00元

中亚黄皮书
中亚国家发展报告（2014）
著(编)者:孙力　2014年9月出版 / 估价:79.00元

中国皮书网
www.pishu.cn

栏目设置:

☐ 资讯:皮书动态、皮书观点、皮书数据、 皮书报道、皮书新书发布会、电子期刊

☐ 标准:皮书评价、皮书研究、皮书规范、皮书专家、编撰团队

☐ 服务:最新皮书、皮书书目、重点推荐、在线购书

☐ 链接:皮书数据库、皮书博客、皮书微博、出版社首页、在线书城

☐ 搜索:资讯、图书、研究动态

☐ 互动:皮书论坛

皮 书 大 事 记

☆ 2012年12月，《中国社会科学院皮书资助规定（试行）》由中国社会科学院科研局正式颁布实施。

☆ 2011年，部分重点皮书纳入院创新工程。

☆ 2011年8月，2011年皮书年会在安徽合肥举行，这是皮书年会首次由中国社会科学院主办。

☆ 2011年2月，"2011年全国皮书研讨会"在北京京西宾馆举行。王伟光院长（时任常务副院长）出席并讲话。本次会议标志着皮书及皮书研创出版从一个具体出版单位的出版产品和出版活动上升为由中国社会科学院牵头的国家哲学社会科学智库产品和创新活动。

☆ 2010年9月，"2010年中国经济社会形势报告会暨第十一次全国皮书工作研讨会"在福建福州举行，高全立副院长参加会议并做学术报告。

☆ 2010年9月，皮书学术委员会成立，由我院李扬副院长领衔，并由在各个学科领域有一定的学术影响力、了解皮书编创出版并持续关注皮书品牌的专家学者组成。皮书学术委员会的成立为进一步提高皮书这一品牌的学术质量、为学术界构建一个更大的学术出版与学术推广平台提供了专家支持。

☆ 2009年8月，"2009年中国经济社会形势分析与预测暨第十次皮书工作研讨会"在辽宁丹东举行。李扬副院长参加本次会议，本次会议颁发了首届优秀皮书奖，我院多部皮书获奖。

皮书数据库
www.pishu.com.cn

皮书数据库三期即将上线

• 皮书数据库（SSDB）是社会科学文献出版社整合现有皮书资源开发的在线数字产品，全面收录"皮书系列"的内容资源，并以此为基础整合大量相关资讯构建而成。

• 皮书数据库现有中国经济发展数据库、中国社会发展数据库、世界经济与国际政治数据库等子库，覆盖经济、社会、文化等多个行业、领域，现有报告30000多篇，总字数超过5亿字，并以每年4000多篇的速度不断更新累积。2009年7月，皮书数据库荣获"2008～2009年中国数字出版知名品牌"。

• 2011年3月，皮书数据库二期正式上线，开发了更加灵活便捷的检索系统，可以实现精确查找和模糊匹配，并与纸书发行基本同步，可为读者提供更加广泛的资讯服务。

更多信息请登录

中国皮书网
http://www.pishu.cn

中国皮书网
http://www.pishu.cn

皮书微博
http://weibo.com/pishu

皮书博客
http://blog.sina.com.cn/pishu

皮书微信
皮书说
